OS TRIBUNAIS DE CONTAS E A EFETIVIDADE DOS DIREITOS HUMANOS

APACs e auditoria operacional

DURVAL ÂNGELO ANDRADE

Prefácio
Gustavo Vidigal Costa

Apresentação
Luiz Carlos Rezende e Santos
Valdeci Antônio Ferreira
Tatiana Flávia Faria de Souza

OS TRIBUNAIS DE CONTAS E A EFETIVIDADE DOS DIREITOS HUMANOS
APACs e auditoria operacional

Belo Horizonte

2023

© 2023 Editora Fórum Ltda.

É proibida a reprodução total ou parcial desta obra, por qualquer meio eletrônico, inclusive por processos xerográficos, sem autorização expressa do Editor.

Conselho Editorial

Adilson Abreu Dallari
Alécia Paolucci Nogueira Bicalho
Alexandre Coutinho Pagliarini
André Ramos Tavares
Carlos Ayres Britto
Carlos Mário da Silva Velloso
Cármen Lúcia Antunes Rocha
Cesar Augusto Guimarães Pereira
Clovis Beznos
Cristiana Fortini
Dinorá Adelaide Musetti Grotti
Diogo de Figueiredo Moreira Neto (*in memoriam*)
Egon Bockmann Moreira
Emerson Gabardo
Fabrício Motta
Fernando Rossi
Flávio Henrique Unes Pereira

Floriano de Azevedo Marques Neto
Gustavo Justino de Oliveira
Inês Virgínia Prado Soares
Jorge Ulisses Jacoby Fernandes
Juarez Freitas
Luciano Ferraz
Lúcio Delfino
Marcia Carla Pereira Ribeiro
Márcio Cammarosano
Marcos Ehrhardt Jr.
Maria Sylvia Zanella Di Pietro
Ney José de Freitas
Oswaldo Othon de Pontes Saraiva Filho
Paulo Modesto
Romeu Felipe Bacellar Filho
Sérgio Guerra
Walber de Moura Agra

FÓRUM
CONHECIMENTO JURÍDICO

Luís Cláudio Rodrigues Ferreira
Presidente e Editor

Coordenação editorial: Leonardo Eustáquio Siqueira Araújo
Aline Sobreira de Oliveira

Rua Paulo Ribeiro Bastos, 211 – Jardim Atlântico – CEP 31710-430
Belo Horizonte – Minas Gerais – Tel.: (31) 99412.0131
www.editoraforum.com.br – editoraforum@editoraforum.com.br

Técnica. Empenho. Zelo. Esses foram alguns dos cuidados aplicados na edição desta obra. No entanto, podem ocorrer erros de impressão, digitação ou mesmo restar alguma dúvida conceitual. Caso se constate algo assim, solicitamos a gentileza de nos comunicar através do *e-mail* editoraforum@editoraforum.com.br para que possamos esclarecer, no que couber. A sua contribuição é muito importante para mantermos a excelência editorial. A Editora Fórum agradece a sua contribuição.

Dados Internacionais de Catalogação na Publicação (CIP) de acordo com ISBD

A554t	Andrade, Durval Ângelo Os Tribunais de Contas e a efetividade dos direitos humanos: APACs e auditoria operacional / Durval Ângelo Andrade. Belo Horizonte: Fórum, 2023. 345 p. 14,5x21,5 cm ISBN 978-65-5518-531-7 1. Direitos humanos. 2. Tribunal de Contas – TCE-MG. 3. Auditoria Operacional. 4. Terceiro setor. 5. Prestação de contas. 6. APAC. I. Título. CDD: 341 CDU: 342.7

Ficha catalográfica elaborada por Lissandra Ruas Lima – CRB/6 – 2851

Informação bibliográfica deste livro, conforme a NBR 6023:2018 da Associação Brasileira de Normas Técnicas (ABNT):

ANDRADE, Durval Ângelo. *Os Tribunais de Contas e a efetividade dos direitos humanos*: APACs e auditoria operacional. Belo Horizonte: Fórum, 2023. ISBN 978-65-5518-531-7.

Meus sinceros agradecimentos à equipe do TCE responsável pela auditoria: Cláudio Márcio de Souza Rezende, Jacqueline Alves Moreira César, José Kaerio França Lopes, Marck Carvalho Leão, Roberta Moraes Raso Leite Soares – Coordenadora – 3ª CFE, Joelma Terezinha Diniz de Macedo e Ryan Brwnner Lima Pereira.

E um agradecimento especial à Caroline Lima Paz, servidora do meu gabinete.

Nunca considerei qualquer homem como meu superior, seja em minha vida fora ou dentro da prisão, e nunca considerei qualquer homem como meu inferior. Fazê-lo, acredito, é distorcer a própria base da justiça. Se as pessoas são ensinadas a odiar, podem ser ensinadas a amar, pois o amor vem mais naturalmente ao coração humano do que seu oposto. Mesmo nos momentos mais sombrios na prisão, quando meus companheiros e eu fomos levados ao limite, eu via um lampejo de humanidade em um dos guardas, talvez por apenas um segundo, mas era o suficiente para me tranquilizar e me manter firme. A bondade do homem é uma chama que pode ser escondida, mas nunca extinta.

(MANDELA, N. *Long walk to freedom*. Nova York: Little, Brown and Company, 1994)

SUMÁRIO

PREFÁCIO
Gustavo Vidigal Costa 13

APRESENTAÇÃO
Luiz Carlos Rezende e Santos, Valdeci Antônio Ferreira, Tatiana
Flávia Faria de Souza 17

CAPÍTULO I
OS TRIBUNAIS DE CONTAS E A EFETIVIDADE DOS DIREITOS
HUMANOS 21

CAPÍTULO II
AUDITORIA OPERACIONAL 33
1   Introdução 37
1.1   Identificação do tema 42
1.2   Fatos antecedentes da auditoria 53
1.3   Objeto e escopo da auditoria 57
1.4   Critério geral 65
1.5   Metodologia de planejamento e análise da auditoria 65
1.6   Seleção da amostra 67
1.7   Estrutura interna da Sejusp 68
1.8   Limitações da auditoria 70
1.9   Estrutura do relatório 70
2   Visão geral da metodologia apaqueana 71
3   Achados de auditoria 81
3.1   Deficiência no controle e monitoramento do desempenho das
       Apacs pela Sejusp 81
3.1.1 Dos relatórios de monitoramento elaborados pelas OSCs 90
3.1.2 Dos relatórios de monitoramentos e avaliação produzidos pela
       Sejusp 94
3.1.3 Dos relatórios das visitas *in loco* 99

3.1.4	Das pesquisas de satisfação realizadas pela Sejusp com os beneficiários dos planos de trabalho...	102
3.2	Morosidade na conclusão das análises de prestações de contas pela Sejusp	105
3.3	Necessidade de implementar melhorias e novas funcionalidades no Cagec...	118
3.3.1	Existência e eficiência da integração do Cagec com outros sistemas públicos	120
3.3.2	Grau de confiabilidade das informações e dos dados extraídos do Cagec...	125
3.3.3	Avaliar se as informações constantes do Cagec estão padronizadas e se são essenciais e suficientes para atenderem às demandas da Sejusp na celebração de convênios e parcerias.	127
3.4	Necessidade de aprimoramento do sistema eletrônico SIGCON-Saída	129
3.5	Liberação de perfis de acesso à Sejusp e ao Poder Judiciário para consulta e utilização dos dados do sistema eletrônico Infoapac..	142
3.6	Deficiência de informações disponibilizadas nos Portais de Transparência e no SIGCON-Saída relativas às parcerias firmadas entre Sejusp e Apacs	148
3.6.1	Da transparência ativa nos portais do estado e dos órgãos convenentes parceiros..	148
3.6.2	Da transparência no sistema eletrônico SIGCON-Saída	159
3.7	Dificuldade no preenchimento e na manutenção do quadro total de funcionários das Apacs propostos nos planos de trabalho dos termos de parcerias firmados com a Sejusp............	162
3.8	Necessidade de aprimorar os procedimentos de monitoramento das taxas de ocupação e otimizar o processo de ampliação e preenchimento de vagas dos CRSs das Apacs...	173
3.9	Insuficiência de capacitação dos gestores e encarregados de tesouraria das Apacs e dos servidores da Sejusp.........................	182
3.10	Insegurança jurídica em razão de divergências de entendimento entre Sejusp e Apacs, nos processos de prestação de contas, a respeito das irregularidades que caracterizam dano..	193
3.11	Dificuldade no ressarcimento de valores a receber provenientes de prestação de contas reprovadas	202
4	Síntese dos achados de auditoria	215
5	Conclusão...	217
6	Propostas de encaminhamento...	218
	Referências	227

Apêndice I – Análise dos comentários do gestor 231
Apêndice II – Lista final de recomendações/determinações 253

CAPÍTULO III
VOTO AUDITORIA OPERACIONAL APAC 273

POSFÁCIO
Gente que faz o bem 343

PREFÁCIO

A presente obra, organizada pelo Conselheiro Durval Ângelo, é fruto dos trabalhos desenvolvidos pelo Tribunal de Contas do Estado de Minas Gerais no âmbito das Associações de Proteção e Assistência aos Condenados (Apacs), em parceria com a Secretaria de Estado de Justiça e Segurança Pública de Minas Gerais (Sejusp) e com o Tribunal de Justiça do Estado.

A Constituição Federal de 1988 traz em seu bojo os princípios basilares que devem orientar a Administração Pública em todas as suas ações, notadamente os princípios da legalidade, impessoalidade, moralidade, publicidade e eficiência (art. 37) para a consecução, sobretudo, das políticas públicas aos cidadãos.

O dinamismo das complexas relações estabelecidas pela Administração Pública deve estar umbilicalmente associado ao controle realizado pelos diversos entes, inclusive pela sociedade. Gerir os escassos recursos públicos arrecadados na sociedade impõe a utilização dos mecanismos de controle para orientar as ações estatais.

No que se refere ao controle externo, as competências e atribuições exercidas pelos Tribunais de Contas objetivam a fiscalização e o controle da utilização dos recursos públicos em todas as esferas de poder – Executivo, Judiciário e Legislativo –, bem como qualquer pessoa física ou jurídica que administre recursos públicos (art. 70 e respectivo parágrafo único da CR/88).

Ressalta-se que a função fiscalizadora é talvez a mais importante atribuição do Tribunal de Contas, uma vez que por meio dela é que poderão ser apuradas eventuais irregularidades. Atuando de forma preventiva, concomitante e/ou *a posteriori*, o Tribunal tem condições de propor correções de "rumo" na Administração Pública. Além do mais, tal função pode inibir a atuação ilegal e irregular dos administradores públicos no controle dos recursos da Administração.

Assim, a finalidade do Tribunal em desempenhar suas diversas funções é dinamizada/exteriorizada pelos diversos métodos de fiscalização instrumentalizados em auditorias de conformidade, financeira e operacional (entre outros), utilizados em denúncias, representações, pareceres prévios.

A auditoria é um importante método para examinar detalhadamente a ação governamental, possibilitando que os auditores públicos trabalhem bem próximos daqueles que prestam as informações, cabendo a eles analisar documentos e entender os processos, conforme o escopo dos trabalhos, que podem variar de auditoria para auditoria (conformidade, financeira e ou operacional).

Observa-se, portanto, que a auditoria de conformidade se presta ao *compliance* dos atos administrativos em relação às normas aplicáveis. Por sua vez, a auditoria financeira representa os procedimentos de análise das demonstrações financeiras da entidade auditada, verificando se estão em consonância com as regras de contabilidade vigentes.

Dessa forma, a auditoria financeira visa dar credibilidade às contas apresentadas pelas entidades da Administração direta e indireta, por meio da análise de toda a documentação que lastreia o financeiro. Por fim, a auditoria operacional, que é objeto desta obra, serve à análise da gestão dos recursos pela Administração Pública.

Cabe registrar que, de acordo com o art. 2º da Resolução do TCEMG nº 16/2011:

> a auditoria operacional consiste em avaliar programas, projetos e atividades governamentais dos órgãos e entidades que integram a Administração Pública e aqueles realizados pela iniciativa privada sob delegação, contrato de gestão ou congêneres, especialmente quanto aos aspectos da economicidade, eficiência, eficácia, efetividade e equidade, com a finalidade de obter resultados aplicáveis ao aperfeiçoamento do objeto auditado e otimizar o emprego dos recursos públicos, sem prejuízo do exame da legalidade dos atos do gestor responsável.

A auditoria operacional não se limita à análise da observância aos requisitos da economicidade, eficácia e eficiência da ação, programas e projetos governamentais. Seu propósito é identificar se as ações do governo estão alinhadas a esses requisitos, fornecendo uma ampla visão de onde o governo deve melhorar na aplicação dos recursos e em onde poderá obter os melhores resultados. Na auditoria operacional é possível firmar um plano de ação para correção dos rumos dos gestores públicos de forma concomitante e efetiva; o plano de ação é, pois,

> documento elaborado pelo órgão ou entidade auditada que contemple as ações que serão adotadas para o cumprimento das determinações e recomendações, indique os responsáveis e fixe os prazos para implementação de cada ação, e registre os benefícios previstos após a execução dessas ações, nos termos do modelo anexo.

A Auditoria Operacional nº 1.119.965, da relatoria do Conselheiro Durval Ângelo e objeto deste estudo, cinge-se na fiscalização instaurada com a finalidade de avaliar o desempenho da Secretaria de Estado de Justiça e Segurança Pública (Sejusp) na gestão das parcerias firmadas com as Associações de Proteção e Assistência aos Condenados (Apacs), considerando todas as fases, bem como analisar o problema do acúmulo do passivo de prestações de contas.
De acordo com o relatório da equipe de auditoria do Tribunal:

conclui-se pela relevância e importância social do tema que envolve a auditoria em questão, pois como é notório, a situação carcerária em Minas Gerais e em todo país, há muito é criticada pelas condições degradantes das prisões e do tratamento desumano recebido pelos presos, resultando em alto índice de reincidência, e não atingindo o objetivo previsto na lei de execução penal (nº 7.210, de 11 de julho de 1984), de proporcionar condições humanas de recuperação do condenado e de seu retorno à convivência em sociedade, bem como segurança, prevenção, dignidade da pessoa humana, punição e ressocialização.

Ademais, foi objeto de apreciação dos auditores do Tribunal e, por conseguinte, no voto deliberado em 7.3.2023 pela 1ª Câmara do TCEMG, a adequação da Lei nº 13.019/2014 (Marco Regulatório das Organizações da Sociedade Civil – MROSC) às parcerias firmadas entre as Apacs e a Sejusp, pois:

[...] com o surgimento do MROSC, é importante que se promova uma mudança de cultura no âmbito da Administração Pública, tendo em vista que o foco das análises do Poder Público nas parcerias firmadas com as Apacs passou a ser nos resultados, não se restringindo aos aspectos estritamente financeiros [trecho do relatório da equipe de auditoria operacional].

Inquestionavelmente, a presente obra proporciona um giro hermenêutico em relação à concepção de análise das prestações de contas abrangidas pela Lei nº 13.019/2014, priorizando o atendimento das metas e resultados contidos nos planos de trabalho. Trata-se de verdadeira mudança de cultura nos órgãos de controle externo, na Administração Pública, nas organizações da sociedade civil e na sociedade.
Por fim, devo acrescentar que o estudo de caso oriundo do TCEMG propiciou a elevação da concepção moderna da Administração Pública e dos órgãos de controle em mirar a obtenção dos resultados qualitativos e aprimoramento dos instrumentos de avaliação e de

monitoramento. Trata-se, portanto, de uma verdadeira revolução do controle das parcerias.

Belo Horizonte, 13 de março de 2023.

Gustavo Vidigal Costa
Mestre e Doutor em Direito Público pela PUC Minas. Servidor do Tribunal de Contas do Estado de Minas Gerais. Professor universitário.

Referências

MINAS GERAIS. Tribunal de Contas. *Resolução nº 16/2011*. Art. 2º. Disponível em: https://www.tce.mg.gov.br/projetoauditar/normas/Auditoria%20Operacional%20TCEMG.pdf. Acesso em: 13 mar. 2022.

MINAS GERAIS. Tribunal de Contas. *Resolução nº 16/2011*. Art. 8º. Disponível em: https://www.tce.mg.gov.br/projetoauditar/normas/Auditoria%20Operacional%20TCEMG.pdf. Acesso em: 13 mar. 2022.

APRESENTAÇÃO

O trabalho da auditoria operacional, realizado por especialistas em gestão pública financeira e orçamentária e integrantes do quadro de servidores do TCE – Tribunal de Contas do Estado, é um marco histórico no contexto dos convênios e parcerias celebrados entre as Apacs – Associações de Proteção e Assistência aos Condenados e a Administração Pública estadual.

Tanto as Apacs, na qualidade de organizações da sociedade civil, quanto a Administração Pública deverão realizar diversas ações e atividades para a gestão de excelência dos instrumentos de parceria, não de acordo com entendimentos e convicções isoladas de dirigentes das OSCs e gestores públicos, mas pautadas pelos achados estabelecidos em relatório final da auditoria operacional realizada, aprovado por unanimidade em plenário da 1ª Câmara, através do voto primoroso do relator, Conselheiro Durval Ângelo.

Desse modo, as entidades parceiras atuam de acordo com as diretrizes estabelecidas pelo órgão que detém as atribuições constitucionais do controle das contas públicas, qual seja, o Tribunal de Contas do Estado, o que inclui a avaliação de políticas públicas, quanto à sua eficácia, eficiência e economicidade no emprego de recursos públicos, e confere segurança jurídica, sobretudo à Administração Pública, para cumprir as recomendações e determinações advindas da auditoria operacional, as quais, ressalta-se, são de natureza cogente, e deverão constar em plano de ação a ser apresentado no prazo preestabelecido, sob pena de multa.

Como dirigentes da FBAC – Fraternidade Brasileira de Assistência aos Condenados, entidade que estabelece as diretrizes da aplicação da metodologia, dos padrões de disciplina e segurança, e da gestão das unidades em funcionamento e em implantação, recebemos com entusiasmo o trabalho dos auditores, por inúmeras razões.

Primeiro, porque o trabalho respalda os resultados positivos da política pública de Apac e a credencia para continuar sendo financiada com recursos públicos; reforça as potencialidades dos parceiros, mas também atribui responsabilidades a todos os envolvidos quanto à necessidade de permanente atuação para o aprimoramento da gestão pública do projeto das Apacs, como deve acontecer em qualquer parceria em regime jurídico de mútua cooperação, como é o caso da relação jurídica estabelecida entre as Apacs e a Sejusp – Secretaria de Estado de Justiça e Segurança Pública.

E, sobretudo, as determinações da auditoria contribuirão sobremaneira para o aperfeiçoamento da gestão das Apacs. Além disso, o projeto é reconhecido pelos altos índices de ressocialização de presos condenados à pena privativa de liberdade (média de 13,9% de reincidência no Estado de Minas Gerais, de acordo com estudo do Tribunal de Justiça), custo *per capita* médio de R$1.408,00 (mil, quatrocentos e oito reais), e tem uma metodologia pautada nos princípios e garantias individuais constitucionais, tendo como base a dignidade humana. As Apacs pretendem ser imediatamente lembradas quando se falar em excelência na governança, *compliance* e *accountability*.

O cumprimento, na íntegra, das determinações e recomendações advindas da auditoria, permitirá que a sociedade aumente sua confiabilidade nas Apacs, através da demonstração de que os recursos públicos são executados corretamente, conforme prevê a legislação, e tão relevante quanto ao aspecto financeiro, é que os resultados positivos das Apacs, acima mencionados, além de inúmeros outros, contribuem para um sistema prisional eficiente, humanização da execução penal e melhora nos índices de segurança pública.

E, finalmente, os leitores poderão verificar que o primoroso trabalho de auditoria operacional poderá contribuir com as discussões atinentes às parcerias regulamentadas pela Lei nº 13.019/2014 em todo o país, no aprimoramento do sistema de metas e indicadores a serem estabelecidos em planos de trabalho dos instrumentos celebrados para uma efetiva avaliação dos interesses públicos.

As normas e princípios desta legislação específica têm sido objeto de intensos debates e são baseados na primazia dos resultados. No entanto, muitos dispositivos ainda não estão sendo aplicados de forma efetiva devido à insegurança jurídica enfrentada por muitos gestores. Nesse sentido, o posicionamento dos Tribunais de Contas é fundamental para os avanços almejados no terceiro setor, uma vez que aproxima essas cortes dos beneficiários das políticas públicas.

Luiz Carlos Rezende e Santos
Presidente da Amagis – Associação dos Magistrados e do Conselho de Administração da FBAC.

Valdeci Antônio Ferreira
Diretor do Ciema – Centro Internacional de Estudos do Método Apac.

Tatiana Flávia Faria de Souza
Diretora-Geral da FBAC – Fraternidade Brasileira de Assistência aos Condenados.

CAPÍTULO I

OS TRIBUNAIS DE CONTAS E A EFETIVIDADE DOS DIREITOS HUMANOS

Liberdade é uma palavra que o sonho humano alimenta, não há ninguém que explique e ninguém que não entenda.
(Cecília Meirelles)

Introduzindo o tema em questão, deve-se ressaltar, de forma basilar, que os direitos e os princípios estatuídos na Constituição da República de 1988 não são absolutos (ilimitados, ou plenos),[1] pois não há primazia entre as normas constitucionais, e, sim, contínuo sopesamento ou relevância específica em cada caso concreto, em relação aos direitos e garantias constitucionais.

Da mesma forma, o art. 29, item 2, da Declaração Universal dos Direitos Humanos de 1948, expõe que:

> No exercício deste direito e no gozo destas liberdades, ninguém está sujeito senão às limitações estabelecidas pela lei com vista exclusivamente a promover o reconhecimento e o respeito dos direitos e liberdades dos outros e a fim de satisfazer as justas exigências da moral, da ordem pública e do bem-estar numa sociedade democrática.[2]

Trata-se de um verdadeiro "mantra", no sentido universal de vivência e de evolução da comunidade, e segundo o qual cada ser

---

[1] Talvez o sejam somente em relação aos direitos de "não ser escravizado" e "não ser submetido à escravidão".

[2] Disponível em: https://declaracao1948.com.br/declaracao-universal/declaracao-direitos-humanos/?gclid=CjwKCAiAzp6eBhByEiwA_gGq5CF4O6TF0iSFy82WuM6Rx9W24JgY_aG5JVPV4sihvh2gBbGOfyZaFxoCcK0QAvD_BwE. Acesso em: 18 jan. 2023.

humano (ou quase todos) tem o dever de se portar, no que se refere à sua liberdade e aos seus limites de ação (ou omissão), tendo em vista que:

> [...] o abuso do direito não será aceito, pois os limites à liberdade de um encontram-se, precisamente, na realização dos direitos e liberdades dos outros; há que se considerar, também, o respeito aos valores, ao bem-estar e às exigências da moral e da ordem pública, que permitem a manutenção de uma existência pacífica.³

Nesse sentido, apresento uma provocação ao exercício do pensamento crítico, recorrendo às palavras do Ministro da Justiça, Flávio Dino, e de Paulo Calmon Nogueira da Gama, mestre da teoria do Estado e direito constitucional pela PUC-Rio e Desembargador no Tribunal de Justiça de Minas Gerais. Este último, por meio do artigo *A Declaração Universal dos Direitos Humanos só para alguns...*,⁴ aduz a relação dos "direitos humanos" com o (quase) golpe – ou "Dia da Infâmia" – deflagrado em 8.1.2023, na Praça dos Três Poderes, em Brasília.

É evidente que o golpe negava a democracia. Diga-se golpe, pois tecnicamente, segundo o Ministro da Justiça, Flávio Dino,⁵ por cerca de duas horas, houve no país a sua concretização em relação aos três poderes da República, que foram literalmente tomados e destruídos pelos golpistas, mesmo em tão curto intervalo de tempo. "O golpe se consumou? Tecnicamente, sim. Um golpe se consuma quando os conspiradores tomam os palácios. Pela primeira vez na história, eles ocuparam as sedes dos Três Poderes", diz o ministro.

Por ironia e em um paradoxo, como aponta o Desembargador Paulo Calmon, depois de presos, com observância ao devido processo legal, exigiam para si a garantia dos "direitos humanos" aqueles e aquelas que sempre os negaram e atacaram, com afirmações covardes, como "bandido bom é bandido morto"; ou ainda com posicionamentos preconceituosos e discriminatórios, frequentemente reforçados pelo Ex-Presidente Bolsonaro em absurdas declarações, a exemplo de:

---

³ Disponível em: https://www.direitocom.com/declaracao-universal-dos-direitos-humanos/artigo-29o. Acesso em: 18 jan. 2023.
⁴ Disponível em: https://www.migalhas.com.br/depeso/379977/a-declaracao-universal-dos-direitos-humanos-so-para-alguns-. Acesso em: 17 jan. 2023.
⁵ Merece menção que Flávio Dino foi aprovado em 1º lugar para juiz federal no mesmo concurso em que foi aprovado em último lugar um conhecido personagem transvestido de juiz, o qual, a partir de fevereiro, vestirá outra fantasia: a de senador.

"Seria incapaz de amar um filho homossexual. Prefiro que um filho meu morra num acidente do que apareça com um bigodudo por aí".[6]

E o desembargador mineiro complementa: "As bestas selvagens se transformam em 'pets'. Mas são 'pets' que falam, choram e reclamam por 'direitos humanos'. E a eles fazem jus! Haverão de receber aquilo que sempre negaram aos que eles próprios não rotulam como 'gente de bem'. [...]"

A história tem várias lições em que esses paradoxos se apresentam de forma exemplar. Como o ocorrido na Alemanha, após o "Putsch da Cervejaria", no final de 1923, em que Adolf Hitler e o Partido Nazista pretendiam dar um golpe de Estado e assumir o poder. Ao começar a ditar o primeiro volume de *Mein Kampf* (*Minha Luta*), de dentro da prisão, Hitler advogou para si e seus seguidores os direitos humanos que ele negou nos dois volumes do vil tratado e, evidentemente, nos 12 anos em que exerceu o poder:

> Embora os juízes deste Estado se sintam satisfeitos com a condenação de nossos atos, a História, essa deusa de uma verdade mais elevada e de uma lei melhor, com um sorriso rasgará essa sentença e declarará todos nós inocentes, isto é, não passíveis de culpa e expiação.[7]

E conclui: "A história, porém, exigirá que compareçam perante o seu Tribunal aqueles que hoje, donos do poder, pisam o direito e a lei, e que conduziram o nosso povo à miséria e à desgraça e que, em um período de infelicidade para a Pátria [...]".[8]

A Declaração Universal dos Direitos Humanos de 1948 (DUDH), que completará em dezembro 75 anos, veio resgatar a ética, a cidadania e a dignidade da pessoa humana. Resultante da forte comoção pela tragédia provocada por Hitler e seus asseclas, com um discurso de ódio e preconceito, e que deixou uma ferida aberta na humanidade, a DUDH traz conceitos e ordenamento para as ações que se aplicam na missão constitucional dos Tribunais de Contas. Destaco, entre eles, o conceito de bem-estar tratado no item 2 do art. 29, o qual é linha fundante e norteador dos órgãos de controle externo no Brasil para o mister constitucional.

---

[6] Disponível em: https://congressoemfoco.uol.com.br/projeto-bula/reportagem/as-frases-polemicas-de-jair-bolsonaro/. Acesso em: 17 jan. 2023.
[7] HITLER, Adolf. *Minha luta*. Porto Alegre: Centauro, 2001. p. 290.
[8] HITLER, Adolf. *Minha luta*. Porto Alegre: Centauro, 2001. p. 290.

Nessa perspectiva, é importante estabelecer a relação entre Estado de Bem-Estar Social, direitos humanos e políticas públicas:

> É claro que onde quer que se fale, consistentemente, na combinação dos ideais de liberdade, igualdade e solidariedade, nas propostas de serviços públicos fundamentais e universalistas para a população, em um projeto de democracia multidimensional (política, social, econômica, institucional, cultural e jurídica); onde quer que se fale, realmente, na valorização da pessoa humana e de seu trabalho, especialmente na valorização do emprego, a par das ideias firmes de justiça social e de bem-estar individual e social para as populações, em todos esses locais, situações e momentos, estar-se-á mencionando algo próximo ao sonho, ao projeto e ao ideal do *Welfare State*.[9]

Decerto, os Tribunais de Contas têm papel crucial para a efetivação das políticas públicas e, por consectário lógico, para o atingimento das diretrizes essenciais dos direitos humanos. A título de exemplo, podemos destacar os Índices de Efetividade da Gestão Municipal (IEGM)[10] e da Gestão Estadual (IEGE),[11] que estão em consonância com a visão

---

[9] DELGADO, Mauricio Godinho; PORTO, Lorena Vasconcelos. *O Estado de Bem-estar Social (Welfare State) no capitalismo contemporâneo*. São Paulo: LTr, 2019. p. 23-49.

[10] O IEGM Brasil é o índice de desempenho elaborado pelo Tribunal de Contas do Estado de São Paulo (TCESP) e difundido para os demais Tribunais de Contas do Brasil. Ele é composto por *7 índices setoriais (educação, saúde, gestão fiscal, planejamento, meio ambiente, defesa civil e governança em tecnologia da informação)*, consolidados em um único índice, por meio de um modelo matemático que, com foco na análise da infraestrutura e dos processos dos entes municipais, busca avaliar a efetividade das políticas e atividades públicas desenvolvidas pelos seus gestores. Nessa avaliação, mede-se a qualidade dos gastos municipais, elucidando, ao longo do tempo, se a visão e os objetivos estratégicos dos municípios estão sendo alcançados de forma efetiva. Ele pode ser utilizado como mais um instrumento técnico nas análises das contas públicas, sem perder o foco do planejamento em relação às necessidades da sociedade. O IEGM Brasil permite observar os meios utilizados pelos municípios jurisdicionados no exercício de suas atividades. Estes devem ser disponibilizados em tempo útil, nas quantidades e qualidades adequadas e ao melhor preço (economia), de modo a entender a melhor relação entre os meios utilizados e os resultados obtidos (e ciência), visando ao alcance dos objetivos específicos fixados no planejamento público (eficácia). Ele propicia também a formulação de relatórios objetivos em áreas sensíveis do planejamento público para a alta administração das Cortes de Contas brasileiras, oferecendo elementos importantes para auxiliar e subsidiar a ação fiscalizatória exercida pelo controle externo, em complemento às ferramentas hoje disponíveis (Disponível em: https://irbcontas.org.br/biblioteca-tipo/manual/. Acesso em: 14 jan. 2023).

[11] "O Tribunal de Contas do Estado de Minas Gerais – TCEMG – tem como missão exercer o controle da gestão pública de forma eficiente, eficaz e efetiva, em benefício da sociedade. Voltado para o aprimoramento das suas ações, busca um controle externo das contas públicas que vá além do controle formal dos gastos e que agregue a avaliação da qualidade e do impacto produzido na realidade existente, a fim de, deste modo, contribuir para o melhor emprego dos recursos públicos e para a satisfação dos anseios da sociedade. [...] A partir de 2016, o corpo técnico do Tribunal intensificou a realização de estudos para

do bem-estar contida nas garantias estabelecidas nos artigos fundantes da Declaração Universal dos Direitos Humanos.

Os Tribunais de Contas, no que tange à efetividade dos direitos humanos, são os "tribunais de cidadania" no país, construídos dentro de um arcabouço constitucional de fiscalização e controle, em seus diversos aspectos (conformidade, operacional, patrimonial), notadamente a avaliação das políticas públicas imprescindíveis para a concretização dos direitos individuais, econômicos, culturais, entre outros. Assim, os arts. 1º ao 5º da DUDH devem ser dirigidos pelos Tribunais de Contas ao cumprimento dos princípios de liberdade, igualdade e fraternidade cunhados na Revolução Francesa e reproduzidos nos direitos de 1ª, 2ª e 3ª geração.

Desta feita, as políticas públicas devem ser implementadas considerando-se, precipuamente, o direito de todo ser humano "para gozar os direitos e as liberdades [...], sem distinção de qualquer espécie, seja de raça, cor, sexo, língua, religião, opinião política ou de outra natureza, origem nacional ou social, riqueza, nascimento, ou qualquer outra condição" (art. 2º da DUDH); e impõe-se que sejam norteadas ao planejamento estatal na consecução dos programas públicos em saúde, educação, cultura, meio ambiente, assistência social, e assim por diante. Em suma, objetiva-se a elaboração e a implementação das políticas para a construção da igualdade material, bem como para a consecução dos valores contidos nos arts. 3º ao 5º da DUDH.

A título de exemplo, cito o Tribunal de Contas do Estado de Minas Gerais, que fiscaliza mais de 16 mil entes públicos, aos quais

---

proposição de novo paradigma de controle da gestão estadual, com o objetivo de, inspirado no IEGM, elaborar o Índice de Efetividade da Gestão Estadual – IEGE, cuja metodologia será também disponibilizada pelo IRB a todos os TCEs brasileiros. Em 2017, em parceria com a Fundação João Pinheiro e o Poder Executivo do Estado de Minas Gerais – a cujos técnicos apresentamos agradecimentos pela valiosa contribuição –, o TCEMG desenvolveu o processo criativo dos 292 quesitos das *7 dimensões avaliadas pelo IEGE: planejamento, gestão fiscal, educação, saúde, segurança pública, meio ambiente e desenvolvimento econômico*. O índice também inclui na avaliação aspectos convergentes às metas favoráveis ao desenvolvimento sustentável estabelecidas no documento 'Transformando Nosso Mundo: a Agenda 2030 para o Desenvolvimento Sustentável', da Organização das Nações Unidas – ONU. Neste contexto, merece destaque o Índice de Avaliação do Planejamento – IAP, desenvolvido pelo próprio corpo técnico do Tribunal, o qual mede a frequência de ações de programas, por faixa de execução orçamentária, considerando a relação entre o planejamento inicial e a execução físico-financeira, demonstrando a qualidade do planejamento realizado pelo Estado. O objetivo do IEGE é avaliar a qualidade dos meios empregados para se alcançar, de forma abrangente, a efetividade da gestão estadual, considerando, sobretudo, os aspectos do bem-estar social" (Disponível em: https://irbcontas.org.br/biblioteca-tipo/manual/. Acesso em: 14 jan. 2023).

se vinculam cerca de 1,2 milhão de servidores públicos. O órgão atua também em ações de correção e de controle, podendo-se destacar: as políticas contra o assédio moral; a verificação da regularidade na concessão de políticas assistenciais de repartição de renda (Bolsa Família), no acúmulo de cargos e empregos públicos, em políticas de fomento ao trabalho da mulher; e a instauração de auditorias em programas de combate à violência contra a mulher, de recuperação de presos, da política ambiental, entre outros.

Quanto ao controle[12] do planejamento, tem-se o escólio de Costa, que assevera:

> O controle do planejamento é crucial, em observância ao Estado Democrático de Direito, na implementação das políticas públicas que foram programadas por um processo legislativo e democrático de escolhas (lei do plano e dos instrumentos orçamentários) e a possibilidade de controle corretivo (ajustamento) por meio do sistema jurídico em seus vários meios de coercibilidade.

Por dedução lógica, o controle, o monitoramento e a fiscalização das políticas públicas pelos Tribunais de Contas consistem em poder constitucional inerente a tais órgãos, para a concretização dos direitos humanos e abrangendo os princípios e os direitos sociais, econômicos e culturais estatuídos na Declaração Universal dos Direitos Humanos. A atuação dos Tribunais de Contas, reitera-se, não se restringe ao aspecto meramente formal e de conformidade, mas amplia-se no trabalho para a correção de rumos dos gestores públicos, de forma concomitante e efetiva.

Decisões paradigmáticas do Supremo Tribunal Federal (STF) afirmam que o Tribunal de Contas pode se utilizar de todos os meios necessários para atingir os seus fins constitucionais e fazer o controle

---

[12] "Hely Lopes Meirelles define controle como 'a faculdade de vigilância, orientação e correção que um Poder, órgão ou autoridade exerce sobre a conduta funcional de outro' (1993, p. 245). O controle é um elemento essencial do Estado de Direito, pois trata-se de princípio inerente/incrustado aos demais princípios da Administração Pública. A própria Constituição da República de 1988, em seus diversos comandos, elenca atribuições de diversos órgãos no controle externo e interno, bem como em relação ao momento do controle (prévio, concomitante e a posteriori)" (COSTA, Gustavo Vidigal. *Planejamento estatal diretivo e a aplicação do direito planejador sancionador*. 234 f. Orientador: Giovani Clark. Tese (Doutorado) – Programa de Pós-Graduação em Direito, Pontifícia Universidade Católica de Minas Gerais, Belo Horizonte, 2022).

das políticas públicas, com supedâneo na teoria dos poderes implícitos, *verbis*:

[...] com a superveniência da nova Constituição, ampliou-se, de modo extremamente significativo, a esfera de competência dos Tribunais de Contas, os quais, distanciados do modelo inicial consagrado na Constituição republicana de 1891, foram investidos de poderes mais amplos, que ensejam, agora, a fiscalização contábil, financeira, orçamentária, operacional e patrimonial das pessoas estatais e das entidades e órgãos de sua administração direta e indireta. [...] Nesse contexto, *o regime de controle externo, institucionalizado pelo novo ordenamento constitucional, propicia, em função da própria competência fiscalizadora outorgada ao Tribunal de Contas da União, o exercício, por esse órgão estatal, de todos os poderes que se revelem inerentes e necessários à plena consecução dos fins que lhe foram cometidos.*[13] (Grifos nossos)

[...] A atribuição de poderes explícitos, ao Tribunal de Contas, tais como enunciados no art. 71 da Lei Fundamental da República, supõe que se lhe reconheça, ainda que por implicitude, a titularidade de meios destinados a viabilizar a adoção de medidas cautelares vocacionadas a conferir real efetividade às suas deliberações finais, permitindo, assim, que se neutralizem situações de lesividade, atual ou iminente, ao erário público. [...] Impende considerar, no ponto, em ordem a legitimar esse entendimento, a formulação que se fez em torno dos poderes implícitos, cuja doutrina, construída pela Suprema Corte dos Estados Unidos da América, no célebre caso McCulloch v. Maryland (1819), enfatiza que a outorga de competência expressa a determinado órgão estatal importa em deferimento implícito, a esse mesmo órgão, dos meios necessários à integral realização dos fins que lhe foram atribuídos. [...] *É por isso que entendo revestir-se de integral legitimidade constitucional a atribuição de índole cautelar, que, reconhecida com apoio na teoria dos poderes implícitos, permite, ao TCU, adotar as medidas necessárias ao fiel cumprimento de suas funções institucionais e ao pleno exercício das competências que lhe foram outorgadas, diretamente, pela própria CR.*[14] (Grifos nossos)

Nessa seara, o exercício de atuação dos Tribunais de Contas é fazer com que sejam atingidos, na sua plenitude, os objetivos da República Federativa do Brasil estabelecidos na Carta Magna de 1988, especialmente os ditames constantes no art. 3º, quais sejam: construir

---

[13] STF. MS nº 21.466. Rel. Min. Celso de Mello. *DJU*, 6 maio 1994.
[14] STF. MS nº 24.510, Plenário. Rel. Min. Ellen Gracie, voto do Min. Celso de Mello, j. 19.11.2003. *DJ*, 19 mar. 2004.

uma sociedade livre, justa e solidária; garantir o desenvolvimento nacional; erradicar a pobreza e a marginalização e reduzir as desigualdades sociais e regionais; promover o bem de todos, sem preconceitos de origem, raça, sexo, cor, idade e quaisquer outras formas de discriminação.

Para tal desiderato, os Tribunais de Contas contam com um procedimento de auditoria que tem se mostrado eficiente na adoção das melhores práticas pelos gestores públicos, em especial, por meio da execução de um plano de ação, que consiste em:

> documento elaborado pelo órgão ou entidade auditada que contemple as ações que serão adotadas para o cumprimento das determinações e recomendações, indique os responsáveis e fixe os prazos para implementação de cada ação, e registre os benefícios previstos após a execução dessas ações.[15]

O Conselheiro Inaldo da Paixão Santos, do Tribunal de Contas do Estado da Bahia, em eloquente ponto de vista publicado no jornal *Tribuna da Bahia*, assim dissertou sobre a importância da auditoria operacional como instrumento de redução das desigualdades:

> A Constituição Federal, em seu art. 3º, III, estabelece que constitui um objetivo fundamental da República Federativa do Brasil, entre outros, reduzir as desigualdades sociais. [...]
> Atualmente, passados mais de 34 anos da promulgação da Carta Maior, o "Brasil está entre os dez países mais desiguais do mundo", como afirma o sociólogo Luis Henrique Paiva, coordenador de estudos em seguridade social do Ipea. Segundo um relatório da Fundação Getúlio Vargas Social (FGV Social), "o índice de Gini, que mede a desigualdade e já havia aumentado de 0,6003 para 0,6279 entre os quartos trimestres de 2014 e de 2019, saltou no período da pandemia, atingindo 0,640 no segundo trimestre de 2021, ficando acima de toda a série histórica pré-pandemia".
> Assim, considerando apenas esse indicador, o objetivo constitucional, e também um dos ODS[16] da ONU, de se reduzir a desigualdade social continua sendo um sonho distante.
> Como não adianta apresentar fatos sem propor soluções, no âmbito da nossa seara, cremos que necessário se faz que os Tribunais de Contas

---

[15] Art. 8º de BRASIL. TCEMG. *Resolução TCE-MG nº 16/2011*. Disponível em: https://tclegis.tce.mg.gov.br/Home/Detalhe/977863. Acesso em: 12 jan. 2023.

[16] Objetivos de Desenvolvimento Sustentável (ODS).

brasileiros realizem cada vez mais auditorias operacionais com foco na redução da desigualdade.

A auditoria operacional (*performance audit*), com previsão constitucional, segundo as normas internacionais de auditoria (ISSAI 300), é a "avaliação independente, objetiva e confiável que analisa se empreendimentos, sistemas, operações, programas, atividades ou organizações do governo estão funcionando de acordo com os princípios da economicidade, eficiência e efetividade e se há espaço para aperfeiçoamento".

Como descrito no livro "Uma breve história do controle: na visão de um Tribunal centenário", pesquisa e texto de Cristina Britto, dado a público pelo Tribunal de Contas do Estado da Bahia, em 2015, a auditoria operacional com foco na redução da desigualdade, "ao incluir metodologias de avaliação de programas governamentais e a possibilidade de participação da sociedade civil no processo auditorial, evidenciada pela promoção de encontros públicos que discutiam o planejamento, o resultado e as recomendações da auditoria, estimula, assim, a participação do cidadão na fiscalização do desempenho das políticas públicas". Em suma, representa uma metodologia auditorial que, ao incentivar a participação cidadã dos atores interessados, fortalece o controle social e aprimora o processo de aferição da efetividade das políticas governamentais.[17]

A título de exemplificação do papel dos Tribunais de Contas, destaco minha atuação como relator do processo de Auditoria Operacional nº 1.119.965,[18] no âmbito do Tribunal de Contas do Estado de Minas Gerais. Sua finalidade foi avaliar o desempenho da Secretaria de Estado de Justiça e Segurança Pública (Sejusp) na gestão das parcerias firmadas com as Associações de Proteção e Assistência aos Condenados (Apacs), considerando todas as suas fases, bem como analisar o problema do acúmulo do passivo de prestações de contas. A realização dessa auditoria teve origem na Denúncia nº 1.092.340 – protocolizada pela Fraternidade Brasileira de Assistência aos Condenados (FBAC) e distribuída a minha relatoria – a qual questionou a regularidade de ato administrativo praticado pela Sejusp, que havia suspendido repasses de recursos financeiros às Apacs e à própria FBAC, sob a justificativa de terem sido verificados débitos pendentes de quitação em prestações de contas de parcerias celebradas anteriormente a fevereiro de 2017.

---

[17] Disponível em: https://www.trbn.com.br/materia/I72224/ponto-de-vista-a-auditoria-operacional-e-a-desigualdade-social. Acesso em: 30 nov. 2022.
[18] Deliberado na 2ª Sessão da Primeira Câmara do dia 7.3.2023.

A equipe de auditoria destacou a importância social do objeto em análise, tendo em vista que a situação carcerária do Estado de Minas Gerais e em todo o país caracteriza-se pelas condições degradantes das prisões e pelo tratamento desumano conferido aos presos, os quais são privados de direitos assistenciais básicos, necessários às condições mínimas de saúde, higiene e dignidade. Desse cenário do sistema prisional comum, resulta o alto índice de reincidência, bem como o descumprimento do princípio da dignidade da pessoa humana, garantido no art. 1º da Declaração Universal dos Direitos Humanos (DUDH) e no inc. III do art. 1º da Constituição da República, além da inobservância do objetivo previsto na Lei nº 7.210/1984 (Lei de Execução Penal), de proporcionar ao apenado condições para a sua recuperação e retorno à convivência em sociedade.

Na mesma linha, é importante observar que o modelo tradicional das prisões brasileiras – do qual as Apacs se diferenciam radicalmente – carrega como marca, além do tratamento desumano, a violência e a prática da tortura, uma mazela ainda presente em nosso país. Assim, afronta também o art. 5º da Declaração Universal dos Direitos Humanos, segundo o qual "Ninguém será submetido a tortura nem a penas ou tratamentos cruéis, desumanos ou degradantes".[19] Sem contar que essa mesma violência, muitas vezes, consiste na principal "ferramenta de investigação" para prisões de acusados, sobretudo, quando oriundos das camadas mais humildes da população, configurando flagrante desrespeito ao art. 9º da DUDH: "Ninguém pode ser arbitrariamente preso, detido ou exilado".[20]

Cabe ressaltar, ainda, o papel fiscalizador e proeminente do Tribunal de Contas da União (TCU) nos quatro anos do governo de Bolsonaro, com atuações como: a fiscalização do modelo vacinal contra a Covid; a fiscalização nas contas de governo e de gestão do governo federal; auditoria e atestação de legitimidade das urnas eletrônicas. Contudo, deve-se relembrar que a fagulha para a instigação de movimentos golpistas se iniciou com a rejeição pelo TCU das contas de governo da Ex-Presidenta Dilma Rousseff, referentes ao exercício de 2014. A decisão, de teor mais político do que técnico, propiciou o despertar de

---

[19] Declaração Universal dos Direitos Humanos (Disponível em: https://brasil.un.org/pt-br/91601-declaracao-universal-dos-direitos-humanos).

[20] Declaração Universal dos Direitos Humanos (Disponível em: https://brasil.un.org/pt-br/91601-declaracao-universal-dos-direitos-humanos).

grupos antidemocráticos, o que culminou com os atos golpistas testemunhados pelo Brasil e pelo mundo. Agora, o TCU se redime.

Destaca-se que, após o advento dos atos antidemocráticos ocorridos em 8.1.2023, o TCU teve papel importante, por meio do Ministério Público junto ao TCU, sendo que o Subprocurador-Geral Lucas Furtado "encaminhou ofício à procuradora-geral da Corte, Cristina Machado, para que a CGU (Controladoria-Geral da União) tenha acesso aos nomes dos funcionários públicos federais que participaram dos atos extremistas em Brasília no domingo (8.jan.2023)".[21]

Enfim, os Tribunais de Contas – em conjunto com setores públicos e da sociedade civil – são atores protagonistas na busca da efetividade das políticas públicas e dos direitos constitucionais, em uma conexão "umbilical" com a premissa disposta nos princípios e nos valores dos direitos humanos. Portanto, ao se comemorar o marco dos 75 anos da Declaração Universal dos Direitos Humanos, há que se reconhecer o papel de destaque desses órgãos, com seu trabalho fiscalizador e pedagógico. Ao atuarem como "guardiães" do bom uso do dinheiro público e coibirem os desvios desses recursos e a corrupção, figuram também como tribunais garantidores dos direitos humanos.

---

[21] "Além disso, o douto membro do Parquet de Contas requereu o bloqueio dos bens do ex-presidente Jair Bolsonaro em razão dos atos extremistas. O pedido também inclui o governador afastado do Distrito Federal, Ibaneis Rocha (MDB), o ex-secretário de Segurança Pública do DF Anderson Torres, além de outras pessoas que seriam responsáveis pela invasão às sedes dos Três Poderes. O procurador também solicitou que Dantas instaure uma TCE (Tomada de Contas Especial) para apurar se empresas financiaram os atos de extremistas em Brasília" (Disponível em: https://www.poder360.com.br/justica/mp-junto-ao-tcu-quer-acesso-a-funcionarios-que-participaram-de-atos/ - Acesso em: 15 jan. 2023).

CAPÍTULO II

AUDITORIA OPERACIONAL

TRIBUNAL DE CONTAS DO ESTADO DE MINAS GERAIS
Superintendência de Controle Externo
Diretoria de Controle Externo do Estado
Relatório Definitivo de Auditoria Operacional
A GESTÃO DOS INSTRUMENTOS DE PARCERIAS FIRMADOS
ENTRE SEJUSP E APACS

Equipe de auditoria:
Cláudio Márcio de Souza Rezende
Jacqueline Alves Moreira César
José Kaerio França Lopes
Marck Carvalho Leão
Roberta Moraes Raso Leite Soares– Coordenadora – 3ª CFE
Colaboradores:
Joelma Terezinha Diniz de Macedo
Ryan Brwnner Lima Pereira

Belo Horizonte
2022

Agradecimentos

    O sucesso desta auditoria relaciona-se, entre outros fatores, à parceria que se estabelece entre a equipe de auditoria, os beneficiários e as entidades e órgãos envolvidos na operacionalização das políticas públicas avaliadas. Nesse sentido, compete agradecer:

Ao gestor e aos servidores da Secretaria de Estado de Justiça e Segurança Pública do Estado de Minas Gerais (Sejusp/MG) e da Secretaria de Estado de Governo de Minas Gerais (Segov/MG) pela presteza no atendimento das solicitações.

Ao presidente, gestores e colaboradores da Fraternidade Brasileira de Assistência aos Condenados (FBAC), em especial, a Sra. Tatiana Faria e o Sr. Wellington Alves, pela presteza no atendimento às solicitações feitas e percepção da importância da sua participação para o aperfeiçoamento do desempenho da Administração estadual na gestão das parcerias firmadas com as OSCs.

Ao Desembargador Antônio Armando dos Anjos e ao Juiz de Direito e Presidente da Amagis Luiz Carlos Rezende e Santos, pela colaboração com informações e reuniões acerca do "Programa Novos Rumos" instituído pelo Tribunal de Justiça do Estado de Minas Gerais.

À Central Suricato de Fiscalização Integrada, Inteligência e Inovação pelo fornecimento de dados essenciais à condução dos trabalhos.

Aos servidores da Coordenadoria de Auditoria Operacional (CAOP) Ryan Brynner Lima Pereira e Joelma Terezinha Diniz de Macedo, pelo apoio metodológico nas diversas etapas da auditoria e pelo fornecimento de ferramentas e material de suporte para a execução deste trabalho.

Lista de siglas

AADE – Auto de Apuração de Danos ao Erário
ADI – Ação Direta de Inconstitucionalidade
AGE – Advocacia-Geral do Estado
ALMG – Assembleia Legislativa de Minas Gerais
Amagis – Associação dos Magistrados Mineiros
AMM – Associação Mineira de Municípios
AOP – Auditoria Operacional
Apac – Associação de Proteção e Assistência aos Condenados
AVSI Brasil – Associação Voluntários para o Serviço Internacional Brasil
Cafimp – Cadastro de Fornecedores Impedidos de Contratar com a Administração Pública Estadual
Cagec – Cadastro Geral de Convenentes
CF/88 – Constituição Federal de 1988
CGE – Controladoria-Geral do Estado
Ciema – Centro de Estudos Internacionais do Método Apac

CLT – Consolidação das Leis Trabalhistas
CNJ – Conselho Nacional de Justiça
CPI – Comissão Parlamentar de Inquérito
CPP – Comissão Processante Permanente
CPRAC – Câmara de Prevenção e Resolução Administrativa de Conflitos
CRC – Certificado de Registro Cadastral
CRS – Centro de Reintegração Social
DCA – Diretoria de Custódias Alternativas
DCC – Diretoria de Contratos e Convênios
Depen – Departamento Penitenciário Nacional
DVR – Diagrama de Verificação de Risco
FBAC – Fraternidade Brasileira de Assistência aos Condenados
GRP Minas – Sistema Integrado de Gestão Governamental de Minas Gerais
GT – Grupo de Trabalho de acompanhamento e monitoramento de vagas nos Centros de Reintegração Social
Infoapac – Sistema de Informações das Apacs
Intosai – *The International Organization of Supreme Audit Institutions* – Organização Internacional de Entidades Fiscalizadoras Superiores
LAI – Lei de Acesso à Informação
LC – Lei Complementar
LEP – Lei de Execuções Penais
MROSC – Marco Regulatório das Organizações da Sociedade Civil
OSCs – Organizações da Sociedade Civil
Pace – Processo Administrativo de Constituição do Crédito Estadual não Tributário
PCA – Prestação de Contas Anual
Prodemge – Companhia de Tecnologia da Informação do Estado de Minas Gerais
RISP – Regiões Integradas de Segurança Pública
RTMA – Relatório Técnico de Monitoramento e Avaliação
SEFMG – Secretaria de Estado da Fazenda de Minas Gerais
Segov – Secretaria de Estado de Governo
SEI/MG – Sistema Eletrônico de Informações de Minas Gerais
Sejusp – Secretaria de Estado de Justiça e Segurança Pública
Serpro – Serviço Federal de Processamento de Dados
SGAP – Sistema de Gestão e Administração de Processos
Siafi/MG – Sistema de Administração Financeira
SIGCON-Saída – Sistema de Gestão de Convênios e Parcerias

SINE – Sistema Nacional de Emprego
SIP – Sistema de Investigação Policial
SWOT – *Strengths, Weaknesses, Opportunities and Threats*
TC – Termos de Colaboração
TCE – Tomada de Contas Especial
TCEMG – Tribunal de Contas do Estado de Minas Gerais
TCU – Tribunal de Contas da União
TF – Termos de Fomento
TJMG – Tribunal de Justiça do Estado de Minas Gerais
TST – Tribunal Superior do Trabalho

Lista de gráficos

Gráfico 1 – Questionário sobre a satisfação com o sistema SIGCON-Saída
Gráfico 2 – Questionário sobre a necessidade de criação de novas funcionalidades no SIGCON-Saída
Gráfico 3 – Média dos resultados do questionário sobre a necessidade de novas funcionalidades no SIGCON-Saída
Gráfico 4 – Resposta do questionário aos servidores da DCC sobre a transparência das parcerias entre Sejusp e Apacs
Gráfico 5 – Resposta do questionário aos servidores da DCA sobre a transparência das parcerias entre Sejusp e Apacs
Gráfico 6 – Resultado do questionário aplicado aos dirigentes das Apacs em relação aos meios de divulgação dos editais de seleção de pessoal
Gráfico 7 – Média de rotatividade dos funcionários encarregados de tesouraria das Apacs nos últimos cinco anos
Gráfico 8 – Média da quantidade de encarregados de tesouraria contratados pelas Apacs nos últimos cinco anos
Gráfico 9 – Relação de Apacs com variação de taxa de ocupação superior a 10%
Gráfico 10 – Percentual de capacitação dos servidores da DCA da Sejusp
Gráfico 11 – Percentual de capacitação dos servidores da DCC da Sejusp
Gráfico 12 – Percentual de capacitação dos encarregados de tesouraria das Apacs
Gráfico 13 – Percentual de capacitação dos dirigentes das Apacs
Gráfico 14 – Nível de satisfação dos usuários dos sistemas SIGCON-Saída sobre os treinamentos recebidos para operacionalização do referido sistema

Gráfico 15 – Média do nível de satisfação dos usuários dos sistemas SIGCON-Saída sobre os treinamentos recebidos para operacionalização do referido sistema
Gráfico 16 – Número preliminar de propostas de encaminhamento por responsável

1 Introdução

O Tribunal de Contas do Estado de Minas Gerais (TCEMG) é o órgão mineiro responsável pela fiscalização contábil, financeira, orçamentária, operacional e patrimonial de qualquer pessoa física ou jurídica, pública ou privada, que utilize, arrecade, guarde, gerencie ou administre recursos públicos, bem como assuma obrigações de natureza pecuniária, conforme se depreende do art. 70 e seguintes da Constituição Federal de 1988 (CF/88).

Entre as inúmeras atribuições dos Tribunais de Contas, destaca-se a Auditoria Operacional (AOP). O Tribunal de Contas da União (TCU), adotando a definição baseada nas Diretrizes da Organização Internacional de Entidades Fiscalizadoras Superiores (Intosai) para auditoria de desempenho – *Implementation Guidelines for Performace Auditing (ISSAI 3000/1, 2004)*, através do *Manual de Auditoria Operacional*, conceitua a AOP como "o exame independente e objetivo da economicidade, eficiência, eficácia e efetividade de organizações, programas e atividades governamentais, com a finalidade de promover o aperfeiçoamento da gestão pública".

Vale mencionar a diferença entre as auditorias de regularidade e as auditorias operacionais. Segundo o *Manual de Auditoria Operacional* do TCU:

> Nas auditorias de regularidade, as conclusões assumem a forma de opinião concisa e de formato padronizado sobre demonstrativos financeiros e sobre a conformidade das transações com leis e regulamentos, ou sobre temas como a inadequação dos controles internos, atos ilegais ou fraude. Nas auditorias operacionais, o relatório trata da economicidade e da eficiência na aquisição e aplicação dos recursos, assim como da eficácia e da efetividade dos resultados alcançados. [...]
> Pela sua natureza, as auditorias operacionais são mais abertas a julgamentos e interpretações e seus relatórios, consequentemente, são mais analíticos e argumentativos. [...]

Para que a auditoria contribua efetivamente para o aperfeiçoamento da gestão, o gestor precisa apoiar o trabalho e estar disposto a colaborar, facilitando a identificação das áreas relevantes a serem examinadas. Por sua vez, o envolvimento do gestor favorece a apropriação dos resultados da auditoria e a efetiva implementação das recomendações propostas (ISSAI 3000/Apêndice 4, 2004).

Nas auditorias de regularidade (conformidade e financeira), o foco do controle é analisar a legalidade e legitimidade dos atos de gestão, no que se refere aos seus aspectos contábil, financeiro, orçamentário e patrimonial, sob os prismas da legalidade, economicidade e desperdício. O seu objetivo é identificar a ocorrência de fraudes e desvios de recursos e responsabilizar os agentes públicos que praticaram os atos considerados ilícitos, aplicando-lhes sanções ou determinando o ressarcimento ao erário.

Já nas auditorias operacionais, o foco do controle é na gestão e nos resultados alcançados, o que é aferido por meio da avaliação sistêmica das organizações, dos programas, projetos e atividades governamentais, sob os aspectos da efetividade, economicidade, eficiência, eficácia, equidade e qualidade, sem prejuízo da análise da legalidade. O seu objetivo não é punir, mas, sim, expedir recomendações aos gestores visando ao aprimoramento da gestão.

Enquanto nas auditorias de regularidade o controle é repressivo e punitivo e só ocorre após a realização do ato considerado ilegal, ilegítimo ou antieconômico, nas auditorias operacionais o controle possui o caráter preventivo e de orientação, o que promove mais diálogo e uma maior aproximação dos órgãos de controle externo com os gestores submetidos à jurisdição desta Corte de Contas e possibilita o aperfeiçoamento da gestão, a melhoria do desempenho e a otimização da utilização dos recursos públicos, sem prejuízo do exame da legalidade dos atos do gestor responsável.

A AOP obedece a um ciclo de ações que se inicia com a seleção do tema. Após, tem-se a fase do planejamento com a elaboração do projeto de auditoria, contendo as questões a serem investigadas e a definição dos procedimentos e resultados pretendidos. Posteriormente, passa-se à fase da execução, quando se realiza a coleta e análise dos dados. Em seguida, elabora-se o Relatório Preliminar de AOP, que tem a finalidade de comunicar os achados e conclusões da auditoria. Após a sua autuação e despacho inicial, abre-se espaço para o gestor tecer comentários acerca do trabalho. A manifestação do gestor é analisada pela 3ª Coordenadoria de Fiscalização do Estado, que elabora o Relatório Final da AOP, sendo este apreciado pelos conselheiros desta Corte de Contas, que o julga.

Após o julgamento, abre-se o prazo para o gestor apresentar o Plano de Ação baseado nas recomendações do Relatório Final de AOP, que também é julgado. Se aprovado o Plano de Ação, encerra-se o processo de AOP e, em ato contínuo, instaura-se o processo de Monitoramento para verificação do cumprimento das ações contidas no Plano de Ação. Com o cumprimento das ações, gera-se um Relatório de Impacto para avaliar os impactos e benefícios trazidos pela AOP.

Além da sua competência fiscalizatória, outro papel que merece destaque e que já vem sendo executado por esta Corte de Contas é a sua função pedagógica e preventiva, desempenhada pela Escola de Contas Professor Pedro Aleixo, por meio da promoção de cursos, seminários e debates, visando à capacitação dos dirigentes da referida entidade e dos seus agentes responsáveis pela elaboração das prestações de contas.

As capacitações pelo Tribunal de Contas a este público específico objetivam orientar os jurisdicionados na condução de uma melhor gestão de convênios/parcerias e na boa, regular e efetiva aplicação dos recursos financeiros repassados pelo Estado de Minas Gerais às Associações Penitenciárias de Apoio aos Condenados (Apacs), de forma a contribuir para o alcance das metas e resultados pactuados nos planos de trabalho.

Ainda sobre a importância da realização de capacitações e cursos promovidos pelos Tribunais de Contas, cumpre destacar que:

> O papel pedagógico e informacional dos TC's não está previsto na Constituição Federal, mas sim em leis infraconstitucionais, leis orgânicas dos tribunais e em seus planos estratégicos. Essa atuação didática tem como proposta ampliação da efetividade, com mais ênfase na orientação e menos na sanção, considerando que o consenso e as recomendações têm grande potencial de gerar mais resultados positivos do que as ações punitivas aplicadas por si só.
> Com a modernização das Cortes de Contas frente ao exercício do Controle Externo, procura-se, juntamente com o Jurisdicionado/fiscalizado, a busca pelo bem comum e a realização do interesse público, com a correção dos desvios e o aperfeiçoando da máquina pública. Esta parceria permite uma atuação mais natural, espontânea e permanente por parte dos jurisdicionados, movidos pelo reconhecimento da necessidade de aprimoramento e correção dos erros, e não apenas pelo receio da sanção. Como se vê, além do exame técnico das contas, o Tribunal de Contas presta um trabalho relevante, ao fornecer orientação técnica quando

solicitado. (Artigo: O Papel Pedagógico/Orientativo dos Tribunais de Contas. Jaqueline Gonçalves do Nascimento e Nara Rodrigues Silva. Tribunal de Contas do Estado de Goiás. (NASCIMENTO e SILVA, s.d.)

Seguindo esta linha, esta Corte de Contas, por meio da Resolução nº 14/2011, que regulamenta a Escola de Contas Professor Pedro Aleixo, estabeleceu o seguinte:

> Art. 3º - As ações de educação corporativa podem ser realizadas nas modalidades presencial e/ou à distância, na forma da lei, e organizadas em diversos formatos, tais como curso, seminário, oficina, encontro, grupo focal, treinamento em serviço, reunião de orientação ou aconselhamento profissional (*coaching* e *mentoring*), ciclo de estudos, debate, entrevista, pesquisa, comunidade de práticas.
> Art. 4º - A Escola de Contas tem por missão promover, por meio de ações de capacitação, o desenvolvimento profissional dos servidores do Tribunal de Contas do Estado de Minas Gerais e a difusão de conhecimentos aos jurisdicionados, contribuindo para a efetividade do controle externo da gestão dos recursos públicos.
> Art. 5º – São atribuições da Escola de Contas:
> I - planejar, promover, gerenciar e avaliar as ações de capacitação voltadas para a formação, ao desenvolvimento e ao aprimoramento dos servidores do Tribunal; [...]
> III - promover e participar de ações pedagógicas voltadas ao público externo, que contribuam para a efetividade da gestão dos recursos públicos e seu controle; [...]
> VIII - participar de programas visando ao aperfeiçoamento e fortalecimento do controle social da gestão dos recursos públicos; [...]
> X - propor e implementar parcerias visando à realização conjunta de ações de capacitação de interesse mútuo; [...]
> Art. 48 - O Tribunal manterá programa de ações pedagógicas direcionado aos jurisdicionados com o objetivo de contribuir para a efetividade da gestão dos recursos públicos.

Nota-se, portanto, por meio da legislação infraconstitucional, que a atuação pedagógica e preventiva desenvolvida por esta Corte de Contas é de suma importância, tendo em vista que, além de promover uma aproximação entre os órgãos de controle e os jurisdicionados, também contribui para minimizar a incidência de erros e evitar a ocorrência de irregularidades e de eventuais prejuízos aos cofres públicos.

Nessa linha, evidencia-se que esta Corte de Contas tem desenvolvido, por meio da Escola de Contas Professor Pedro Aleixo, uma série de ações de capacitação, na modalidade presencial, de cursos, seminários e debates, promovidos/sediados pelo TCEMG e ofertados aos jurisdicionados nos anos de 2019 a 2022.

No dia 21.9.2019, na Sala Ágora do TCEMG, a Ouvidoria desta Corte de Contas promoveu um debate entre a Rede Ouvir (Rede Mineira de Ouvidorias Públicas) e as Apacs, em busca de soluções técnicas para as prestações de contas das Apacs de Minas Gerais pendentes de análise no Tribunal de Contas.

Para tanto, o conselheiro-ouvidor à época ressaltou que, em fevereiro de 2020, a Escola de Contas passaria a ministrar cursos para os presidentes e agentes responsáveis pelas prestações de contas das Apacs.

No dia 10.10.2019, no auditório Vivaldi Moreira, esta Corte de Contas, em parceria com a Comissão Permanente do Terceiro Setor da OAB-MG e a Associação Mineira de Municípios (AMM), realizou seminário cujo tema central foi "Transparência e Controle – o novo paradigma da Lei nº 13.019/2014: priorização do controle de resultados".

O evento, que contou com a presença de advogados, servidores públicos, representantes do terceiro setor e estudantes, teve como objetivo debater a legislação do MROSC, a importância das prestações de contas dos convênios celebrados entre órgãos públicos e entidades do terceiro setor sem fins lucrativos, bem como a análise jurídica destes acordos.

Nos dias 12.3.2020 e 13.3.2020, no Auditório Vivaldi Moreira desta Corte de Contas, por iniciativa do ouvidor do TCEMG à época, foi ministrado o "Curso de Gestão das Parcerias Para o Terceiro Setor: Novas Perspectivas Para as Apacs", com o objetivo de orientar os dirigentes e funcionários das Apacs sobre as prestações de contas ao TCEMG à luz da política de resultados estabelecida na Lei nº 13.019/2014.

No dia 5.5.2022, esta Corte de Contas sediou o "Seminário MÁS ALLÁ DE LAS FRONTERAS: a experiência das Apacs como modelo de humanização das penas na América Latina", realizado pela AVSI-Brasil e FBAC em parceria com o TJMG, no intuito de difundir os instrumentos utilizados nas ações do Projeto Superando Fronteiras, lançado na Associação dos Magistrados Mineiros – Amagis em abril de 2016, bem como de apresentar os resultados obtidos com a iniciativa. O evento teve como objetivo favorecer a troca de experiências e de conhecimento acerca da metodologia que busca a recuperação e a reinserção dos apenados na sociedade.

Insta salientar que o Tribunal de Contas de Minas Gerais continuará com seu trabalho pedagógico, em parceria com a Escola de Contas

Professor Pedro Aleixo, na capacitação dos responsáveis pelas Apacs, conforme bem destacou o conselheiro-ouvidor à época, no "Curso de Gestão das Parcerias Para o Terceiro Setor: Novas Perspectivas Para as Apacs", ao enfatizar que "é importante que se estabeleça um contato permanente entre o Tribunal de Contas e as Apacs, para que se possa auxiliar nas prestações de contas dessas organizações", e que se possa alcançar, assim, maior efetividade e qualidade na condução dos processos de monitoramento e prestação de contas das Apacs.

1.1 Identificação do tema

Em decorrência dos últimos acontecimentos mundiais relativos à pandemia da doença do Coronavírus (Covid-19), que imobilizou o mundo no início do ano de 2020, esta equipe de auditoria enfrentou o desafio de se adaptar à nova realidade, pois houve paralisação da maioria dos setores da economia mundial e do governo.

Ademais, todas as pessoas foram instadas a permanecerem em suas residências em decorrência da necessidade de se promover o "isolamento social" para evitar a propagação do vírus, que poderia colapsar o sistema público de saúde, caso estas medidas não fossem acatadas, o que deu ensejo à instituição do trabalho remoto para os servidores públicos de diversos órgãos estaduais durante a pandemia.

Diante deste cenário, e em atendimento às direções desta Corte de Contas, esta equipe de auditoria readequou-se à nova realidade e reorganizou a sua rotina de trabalho, de forma que todas as etapas da autoria operacional para avaliar a efetividade, eficácia, eficiência, economicidade e legalidade da gestão das parcerias firmadas com as Associações de Assistência aos Condenados (Apacs) e Secretaria de Estado de Justiça e Segurança Pública (Sejusp) foram realizadas remotamente, por meio do auxílio de ferramentas tecnológicas, que viabilizaram o acesso aos dados constantes dos sistemas eletrônicos do auditado, bem como a utilização de aplicativos próprios de reunião, os quais propiciaram o contato virtual com o auditado e demais *stakeholders*.

Conclui-se pela relevância e importância social do tema que envolve a auditoria em questão, pois, como é notório, a situação carcerária em Minas Gerais e em todo país há muito é criticada, pelas condições degradantes das prisões e do tratamento desumano recebido pelos presos, resultando em alto índice de reincidência, e não atingindo o objetivo previsto na lei de execução penal (nº 7.210, de 11.7.1984), de proporcionar condições humanas de recuperação do condenado e de seu retorno à convivência em sociedade, bem como segurança, prevenção, dignidade da pessoa humana, punição e ressocialização.

Tal situação vem se agravando em decorrência da inexistência de vagas nos presídios, do aumento do número de presos e das mazelas trazidas pelo próprio sistema prisional comum.

De acordo com os dados fornecidos pela Sejusp,[22] o *número de ocupação carcerária* nas *19 Regiões Integradas de Segurança Pública (RISP)* do estado atingiu o total de *46.658* presos. *O déficit de vagas em cada uma dessas RISPs é, no total, de 20.955, o que equivale a 44,91% de presos acima da capacidade das vagas disponibilizadas pelo sistema prisional do estado.*

A partir dos dados acima, o que se constata é que nas 19 RISPs há o problema de "superlotação" no sistema prisional comum no âmbito do estado de Minas Gerais, sendo que as que mais se destacam por possuírem os maiores déficits de vagas são as de nº 2 (–4.613), 12 (–1.680) e 7 (–1.450).

Além do problema da superlotação, também há o problema do tratamento desumano e degradante a que são submetidos os presos no sistema prisional comum, que os priva não só do seu direito à liberdade, mas de todos os direitos assistenciais básicos para que eles mantenham as condições mínimas de saúde, higiene e dignidade, em flagrante desrespeito ao princípio da dignidade da pessoa humana garantido constitucionalmente pelo inc. III do art. 1º da CF/1988 e pelo art. 1º da Declaração Universal dos Direitos Humanos.

Para retratar esta triste realidade, o jurista Luiz Carlos Rezende e Santos (atual coordenador executivo do Programa Novos Rumos do TJMG) e o sociólogo Luis Flávio Sapori (ex-coordenador do Instituto Minas Pela Paz, biênio 2010-2011), coautores do livro *Tratamento penitenciário – Um estudo sobre tortura, maus-tratos e assistências às pessoas privadas de liberdade*, recentemente publicado,[23] abordam o comportamento violento nas prisões convencionais, trazendo questões como maus-tratos, agressões e torturas, bem como aspectos relacionados à degradante assistência aos presos, detectadas por meio de pesquisas e entrevista

---

[22] Ofício Sejusp/AAADM nº 13/2022, datado de 6.4.2022, em resposta ao Comunicado de Auditoria nº 2/2022.

[23] SANTOS, Luís Carlos Rezende e; SAPORI, Luís Flávio. *Tratamento penitenciário* – Um estudo sobre tortura, maus-tratos e assistências às pessoas privadas de liberdade. Belo Horizonte. D'Plácido, 2022. p. 76-89; 101.

realizadas com os detentos. A título de exemplificação, transcreve-se, em síntese, os seguintes trechos da citada obra:

> QUALIDADE DA ALIMENTAÇÃO [...]
> No tocante à quantidade de comida distribuída aos entrevistados e entrevistadas nos presídios convencionais, 52,3% responderam que a porção não era suficiente para a sua necessidade, enquanto 48,6% destacaram que era suficiente
> [...] Cerca de 73% dos(as) entrevistados(as) classificaram as refeições que recebiam no sistema convencional como péssimas ou ruins e menos de 7% avaliaram as refeições como ótimas ou boas. [...]
> A maioria dos entrevistados relatou que é comum, rotineiro, encontrar larvas na comida, sobretudo nas saladas. [....]
> Em relação especificamente à carne, alguns relataram frango com penas e unhas, carne de porco estragada e peixe em estado de putrefação [...]
> QUANTO ÀS INSTALAÇÕES FÍSICAS DAS CELAS
> Nas entrevistas qualitativas, os(as) entrevistados(as) foram categóricos na afirmação da superlotação [...]
> No geral, as celas abrigam o triplo de pessoas que sua capacidade permite. A estratégia adotada é a divisão de um colchão para duas pessoas, as quais dormem em "valete", ou seja, uma para cima e a outra para baixo. [...]
> ASSISTÊNCIA À SAÚDE [...]
> A assistência à saúde (atendimento médico, odontológico e psicológico) tem sido negligenciada em todas as perspectivas [...]
> Mais da metade dos(as) entrevistados afirmaram que não tiveram acesso a tais assistências quando precisaram. [...]
> ASSISTÊNCIAS JURÍDICA, ESPIRITUAL (RELIGIOSA), SOCIAL E EDUCACIONAL [...]
> Os resultados da pesquisa indicaram falta de assistência jurídica aos presos no sistema prisional convencional. Cerca de 55% dos respondentes relataram não receber informações sobre a execução de sua pena mediante solicitação à administração prisional. [...]
> Segundo os resultados da pesquisa, na maioria das vezes em que precisaram, 58% dos respondentes não tiveram acesso aos serviços dos assistentes sociais. [...]
> A grande maioria dos respondentes (93%) afirmou não ter tido a oportunidade de realizar cursos profissionalizantes durante o período de cumprimento de pena no sistema convencional. [...]
> Além da oportunidade de sair da pequena e congestionada cela, o sentenciado desempenha funções que lhe permitem remir a pena, e auxiliar para que todos tenham condições de uma passagem menos inútil no interior da prisão.

Quase 70% dos entrevistados responderam não ter tido oportunidades de trabalho durante o cumprimento de sua pena. Convém ressaltar que cerca de 3% dos respondentes tiveram oportunidade, mas não trabalharam.

Depreende-se, ainda, do mesmo estudo, relatos de presos (em entrevistas) de diversos tipos de violência física e psíquica por eles sofridas no sistema convencional. Entre elas se destaca a violência institucional (agressões verbais e físicas, revistas vexatórias, ser acordado intencionalmente, ameaças de espancamentos, proibição de receber visitas de familiares, exposição a mordidas de cães, ameaças a familiares, ameaças de ir para celas com presos violentos e insultos racistas, deboches, assédios), que, segundo os autores, impactam na própria identidade da vítima, vez que o detento nunca ouve seu nome ou número:

> Com a gente é verbal, chama a gente de demônio, verme, nome feio mesmo. Chama a gente daqueles nomes bem baixos, eu não gosto nem de falar porque eu tenho vergonha. Chama a gente daqueles nomes feios. Já teve uma época que eles tacaram spray de pimenta em uma menina e a menina reagiu. Eles bateram na menina, e era do sexo masculino, não era mulher. (Entrevistado n.5- pag. 101).

É exatamente neste contexto de ineficácia e colapso do sistema carcerário brasileiro que o modelo Apac surge como uma alternativa humanizada e eficaz de execução penal, uma vez que as atividades são executadas com base na metodologia baseada na valorização humana, objetivando dar cumprimento à Lei de Execução Penal e promover a recuperação do preso e sua reintegração social.

A primeira Apac surgiu em 1972, em São José dos Campos (SP), como fruto do esforço de um grupo de cristãos, liderados pelo advogado Mário Otoboni e somente em 1974 é que ela ganha personalidade jurídica, passando a atuar como órgão parceiro da Justiça, auxiliando o Estado na execução penal e administração do cumprimento das penas, tanto no regime fechado, quanto nos regimes semiaberto e aberto, e tem como objetivo a humanização das prisões.

A Associação de Proteção e Assistência aos Condenados (Apac) é uma entidade civil de direito privado, sem fins lucrativos, possuindo patrimônio e personalidade jurídica próprios, e cada uma delas tem gestão própria e são todas filiadas à FBAC, que é uma entidade de utilidade pública sem fins lucrativos responsável por manter a unidade de propósito do método apaqueano e por orientar e fiscalizar a correta aplicação da metodologia.

Seus estatutos-padrão são adotados em todas as unidades resguardados pelo Código Civil (art. 53 e ss.) e pela Lei de Execução Penal (LEP – Lei Federal nº 7.210/84), ressaltando que o sistema prisional regido pelas Apacs coloca em prática objetivos, princípios e fundamentos previstos na referida norma e na própria Constituição Federal, inaplicáveis no sistema prisional tradicional, como o da dignidade da pessoa humana (art. 1º, III, da CRF) e o da ressocialização e assistência ao condenado (arts. 1º, 10 e 11, da LEP).

Em Minas Gerais, a primeira cidade a adotar a Apac foi Itaúna, em 1986. Desde o início, o que mais chamou a atenção foi a ausência de policiais e guardas penitenciários, com a administração do presídio pelos próprios recuperandos, que têm, inclusive, as chaves. Também merece destaque a significativa presença da comunidade, com trabalhos voluntários.[24]

Em 1997, na CPI do Sistema Carcerário da Assembleia Legislativa de Minas, foi instituída comissão, composta pelos deputados João Leite, Durval Ângelo e Ivair Nogueira, a qual visitou 32 estabelecimentos prisionais e a Apac de Itaúna.

No relatório da CPI, eles relataram a experiência de Itaúna como a única realmente relevante no estado. A partir deste momento, passaram a priorizar, defender e divulgar as Apacs, insistindo para que o Governo adotasse o método.

A Apac de Itaúna começou a receber visitas de delegações de diversas partes do Brasil e de outros países, até que, em 2002, recebeu uma delegação do TJMG, liderada pelo seu presidente, a qual saiu bastante empolgada com o que viu. Atualmente, essa delegação é liderada pelo Desembargador Joaquim Alves de Andrade, que percorreu o estado mineiro inteiro, convocando os juízes e falando das Apacs, bem como mobilizando a comunidade através de audiências públicas.[25]

A partir da referida visita, o TJMG abraçou a ideia e começou a apoiar as Apacs, instituindo, em dezembro de 2001, o Projeto Novos Rumos na Execução Penal, hoje denominado Programa Novos Rumos, o qual passou a ser uma política pública do referido órgão.

---

[24] ANDRADE, Durval Ângelo. *APAC a face humana da prisão*. 6. ed. rev. e atual. Belo Horizonte: [s.n.], 2021. p. 54.

[25] Método APAC para funcionários e técnicos – curso ofertado pelo Ciema.

O referido programa demarca a atuação inovadora do TJMG para a humanização do cumprimento das penas privativas de liberdade, a reinserção do egresso e a justiça social. Para tanto, presta apoio institucional ao método Apac na disseminação e consolidação da metodologia apaqueana, especialmente na mobilização de juízes e da sociedade civil para o bom funcionamento e expansão das Apacs pelo território mineiro.

O TJMG possui importante atuação na execução do método apaqueano, por meio dos programas Novos Rumos. O Conselheiro Durval Ângelo Andrade, em sua já citada obra,[26] destacou o importante papel deste programa:

> [...] O Programa Novos Rumos demarca a atuação inovadora do Tribunal de Justiça de Minas Gerais (TJMG) para a humanização do cumprimento das penas privativas de liberdade, a reinserção do egresso e a justiça social. Para tanto, presta apoio institucional ao Método Apac, especialmente, na mobilização de juízes e da sociedade civil para o bom funcionamento e a expansão das APAC's. Visa disseminar e consolidar a metodologia, para sua implantação em todas as comarcas do Estado, inclusive no sistema socioeducativo. [....]
> Regulamentado pela Resolução 925/2020, do TJMG, o programa é vinculado à presidência do órgão e cada um de seus três segmentos é coordenado por um desembargador, auxiliado por um juiz de direito, ambos designados pelo Presidente do TJMG. Especificamente no que se refere às APACs, as ações do Novos Rumos visam, em linhas gerais:
> - aprimorar a propagação e consolidação da metodologia APAC, buscando a sensibilização da comunidade e do Juízo da Execução para as práticas de humanização da pena;
> - fomentar a utilização da metodologia APAC no sistema prisional;
> - estabelecer parcerias com órgãos e instituições públicos e privados, para práticas de valorização e resgate humano da pessoa em conflito com a Lei, buscando sua aproximação com a família, sua saúde física e mental e inclusão no mercado de trabalho;
> - acompanhar os índices de reincidência nos Centros de Reintegração Social das APACs em Minas Gerais;
> - Promover cursos de capacitação sobre a metodologia, em parceria com a FBAC.

Além do TJMG, o então Deputado Durval Ângelo, após conhecer a experiência da Apac de Itaúna, apoiou as Apacs, apresentando,

---

[26] ANDRADE, Durval Ângelo. *APAC a face humana da prisão*. 6. ed. rev. e atual. Belo Horizonte: [s.n.], 2021. p. 60-61.

em 2003, um substitutivo do Projeto de Lei nº 191/03, que estabelecia diretrizes de cooperação entre Estado e Associações de Proteção e Assistência aos Condenados, o qual foi aprovado e transformado na Lei Estadual nº 15.299/2004, que alterou a Lei de Execução Penal, dispondo sobre a realização de convênios entre o Estado e as Apacs. Desta forma, contribuiu para que as Apacs saíssem da "marginalidade legal" e ampliou o acesso a recursos públicos, uma vez que até então a instituição sobrevivia de doações.[27]

A Lei nº 15.299/2004, aprovada no âmbito do Estado de Minas Gerais, foi pioneira no Brasil, ao modificar a Lei de Execução Penal estadual, criando a figura das entidades civis de direito privado sem fins lucrativos para atuar como órgão auxiliar de execução da pena.

Outro órgão que apoiou as Apacs foi a Procuradoria-Geral de Justiça do Estado, que fez constar do seu plano de ação que os promotores deveriam apoiar as Apacs.

O apoio institucional do TJMG, do Governo de Minas e da Procuradoria-Geral do Estado é iniciativa salutar que contribuiu para a instalação de diversas Apacs, possibilitando que o método pudesse ser difundido para diversas comarcas do Estado de Minas Gerais e do Brasil.

Há também outros importantes projetos de apoio às Apacs, como o Projeto Além dos Muros, desenvolvido pela Associação Voluntários para o Serviço Internacional (AVSI – Brasil) e pelo Instituto Minas pela Paz,[28] que objetivou o fortalecimento das Apacs de Minas Gerais. Como principais ações estão as qualificações de recuperandos em cursos profissionalizantes e o apoio à implantação de unidades produtivas. O projeto resultou em diagnósticos nas Apacs, seminários de divulgação da metodologia Apac e produção de livro e DVD para divulgação e sensibilização sobre a metodologia apaqueana. O programa foi reconhecido como "A abordagem mais promissora da plataforma JLP (Jobs Knowledge Platform)" do Banco Mundial (BIRD).

Outro programa desenvolvido pelo Minas Pela Paz, realizado em parceria como o TJMG e a FBAC é o *Pró-Apac*,[29] que "ao longo dos últimos anos vem alcançando êxito e demonstrando que há sinergia

---

[27] ANDRADE, Durval Ângelo. *APAC a face humana da prisão*. 6. ed. rev. e atual. Belo Horizonte: [s.n.], 2021. p. 56.
[28] Disponível em: http://www.minaspelapaz.org.br/programas/outras-iniciativas/alem-dos-muros/. Acesso em 3 maio 2022.
[29] Conforme consulta formulada no endereço eletrônico: http://www.minaspelapaz.org.br/programas/programa-regresso/. Acesso em: 3 maio 2022.

entre governo, Judiciário, Legislativo, iniciativa privada e a sociedade civil, sendo reconhecido como um importante caminho para superar preconceitos e transformar realidades".

Constata-se, assim, que os resultados da política pública decorrentes dos termos de parcerias celebrados pelo Estado de Minas Gerais com as Apacs estão em consonância com o princípio da dignidade da pessoa humana insculpido na Constituição Federal, inaplicáveis no sistema prisional tradicional (art. 1º, III, da CF), e com os objetivos da ressocialização e assistência ao condenado previstos na LEP (arts. 1º, 10 e 11).

O método das Apacs e seus excelentes resultados também vão ao encontro de um dos cinco eixos prioritários de atuação do Conselho Nacional de Justiça (CNJ): "Proteção dos Direitos Humanos e do Meio Ambiente", visando orientar a nova gestão do Poder Judiciário e do CNJ, no período de 2020-2022.[30]

É nesse viés que a Apac se apresenta como o método mais adequado de aplicação e adequação à Lei de Execuções Penais (LEP) que, em razão dos seus resultados positivos, tem se mostrado uma experiência exitosa no âmbito do Estado de Minas Gerais, com a disseminação para as demais comarcas mineiras.

Insta salientar que o Depen, por meio da Resolução nº 3, de 13.9.2019, propôs a metodologia Apac como diretriz de políticas públicas no sistema penitenciário brasileiro, haja vista que, segundo a referida norma:

> [...] a metodologia APAC se consolidou como importante ferramenta para humanizar o sistema de execução penal de forma a contribuir para a construção da paz social, desenvolvendo, com excelência, atividades que contemplam o Programa Começar de Novo, criado pela Resolução 96, de 27 de outubro de 2009, do CNJ.

O que se verifica por meio de informações obtidas em consulta realizada, em 3.5.2022, no sítio eletrônico da Fraternidade Brasileira de Assistência ao Condenado (FBAC), é que atualmente existem 63 Apacs em funcionamento no Brasil, que possuem Centro de Reintegração Social próprio gerenciado pelas organizações da sociedade civil, sendo

---

[30] Conforme *Relatório Anual 2021*, do Conselho Nacional de Justiça (CNJ) (Disponível em: https://www.cnj.jus.br/wp-content/uploads/2022/02/relatorio-anual-2021-web-2022-01-25.pdf. Acesso em: 4 maio 2022.

que deste total, 46 Apacs encontram-se em funcionamento no Estado de Minas, para atendimento ao público prisional masculino e feminino. Essas Apacs são mantidas com recursos advindos das parcerias celebradas com a Sejusp.

A atuação do TJMG no processo de ampliação e preenchimento de vagas nos CRS tem sido tão relevante que, em conjunto com a FBAC e outros parceiros, elaborou-se um planejamento para que até janeiro de 2022 seja viabilizada a criação de 8.550 vagas para o cumprimento de penas nas Apacs, totalizando 82 unidades em funcionamento no Estado de Minas Gerais.

Todavia, com os investimentos até então realizados pelo TJMG para construção de novas Apacs e reformas para ampliação da capacidade daquelas já em funcionamento, a atual previsão é de que, *até o final do ano de 2022, sejam abertas 6.760 vagas com a implantação de 57 novas Apacs*.[31]

Em termos de informações gerais sobre as Apacs em todo país, suas ocupações, resultados na educação e profissionalização dos recuperandos, constatam-se do Relatório Geral,[32] disponibilizado pela FBAC, os seguintes dados:

Informações sobre as Apacs

Apacs em processo de implantação	79
Apacs em funcionamento (administrando CRS sem polícia)	63
Total de Apacs	142

Informações quanto ao gênero das Apacs em funcionamento

Apacs femininas	10
Apacs juvenis	1
Apacs masculinas	52
Total de Apacs em funcionamento	63

---

[31] Ofício nº 143/2021, encaminhado pela FBAC ao TCEMG.
[32] Em consulta formulado no sitio eletrônico da FBAC (Disponível em: http://www.fbac.org.br/infoapac/relatoriogeral.php - Portal da Transparência – Relatório Geral. Acesso em: 3 maio 2022).

Capacidade de ocupação das Apacs

	Feminina	Masculina	Total
Regime fechado	421	3.429	3.850
Regime semiaberto	233	2.043	2.276
Regime aberto	33	162	195
Total de recuperandos	667	5.654	6.321

Informações quanto ao estado da Federação

Estado	Número de Apacs	Regime fechado	Regime semiaberto	Regime aberto	Total
ES	1	64	10	0	74
MA	8	380	198	0	578
MG	46	3180	1949	195	5324
PR	4	106	74	0	180
RN	1	30	0	0	30
RO	1	40	35	0	75
RS	2	50	10	0	60

Educação

Alfabetização	350
Ensino fundamental	1.104
Ensino médio	702
Ensino superior	253
Cursos profissionalizantes	266
Total de recuperandos estudando	2.675

Profissionalização

Laborterapia	3.465
Oficinas e unidades produtivas	1.689
Trabalho para a Apac	573
Trabalho externo	594
Total de recuperandos trabalhando	6.321

Das referidas informações chama a atenção o expressivo número de Apacs (46) que funcionam em Centro de Reintegração Social próprio, e de recuperandos (5.324), no Estado de Minas Gerais, incluídos o público prisional masculino e feminino, que são mantidas com recursos das parcerias celebradas com a Sejusp.

A gestão das parcerias firmadas com as 46 Apacs para a manutenção das atividades desenvolvidas nos CRSs, no âmbito do Estado de Minas Gerais, é realizada pela Secretaria de Estado de Justiça e Segurança Pública (Sejusp), à qual compete avaliar o desempenho das OSCs no atingimento das metas voltadas para o cumprimento dos 12 elementos da metodologia Apac.

Nota-se que as Apacs, para desenvolverem suas atividades, dependem ainda de recursos que podem ser originários de diversas fontes, como promoções sociais; doações de pessoas físicas, jurídicas e entidades religiosas e filantrópicas; parcerias como Poder Público e instituições em geral; comercialização de produtos das oficinas profissionalizantes.[33]

A partir dos dados financeiros extraídos do Sistema de Informação das Apacs (Infoapac) instituído pela FBAC, constata-se que, para se manterem, elas dependem totalmente dos recursos financeiros advindos das parcerias firmadas com o Estado de Minas Gerais, consoante se verifica, dos quantitativos, em termos percentuais, de recursos repassados às Apacs, originários das diferentes fontes acima mencionadas, a saber:[34]

> De acordo com dados financeiros lançados no INFOAPAC (sistema de informações da FBAC), lançados pelas próprias APACs, percentual de 90,7% das receitas das APAC's são provenientes dos recursos públicos repassados através das parcerias, de forma continuada, e 9,43% referem-se a recursos de outras fontes (projetos de prestação pecuniária aprovados pelo TJMG e venda dos produtos produzidos pelas oficinas profissionalizantes). Os percentuais ora informados referem-se à média aritmética dos dados financeiros de 22 APACs, no período de janeiro a junho/2021.

---

[33] SANTOS, Luís Carlos Rezende e; FERREIRA, Valdeci; SABATIELLO, Valdeci. *APAC*: a humanização do sistema prisional. Sistematização de processos e fundamentos jurídico-metodológicos que embasam a expansão do método como política pública no Brasil. Belo Horizonte: AVSI; AVSIBRASIL; FBAC; Minas Pela Paz; TJMG, 2018. p. 48. Disponível em: http://www.avsibrasil.org.br/wp-content/uploads/2021/03/APAC-humanizacao-do-sistema-prisional.pdf.

[34] Ofício FBAC/GCON nº 143/2021

Neste contexto, considerando que os recursos repassados pela Sejusp às Apacs constituem a sua maior fonte de custeio e que a ausência de repasse de recursos em razão da rejeição das prestações de contas originárias das parcerias firmadas pelas OSCs com o Poder Público poderá inviabilizar o exercício de suas atividades e acarretar, inclusive, a extinção das Apacs, é de suma importância que sejam aprimorados os controles na gestão destas parcerias.

1.2 Fatos antecedentes da auditoria

Trata-se de Auditoria Operacional com a finalidade de avaliar o desempenho na gestão dos instrumentos de convênios celebrados pela Secretaria de Estado de Justiça e Segurança Pública (Sejusp) com as Associações de Proteção e Assistência aos Condenados (Apacs), em face do Processo de Denúncia nº 1.092.340, protocolizado pela Fraternidade Brasileira de Assistência aos Condenados – FBAC, em razão de ato administrativo que determinou a suspensão de repasses de recursos financeiros às Apacs e à própria FBAC.

Na referida denúncia, a FBAC pleiteou junto a este Tribunal "providência imediata e urgente, que viabilizasse o custeio das Apacs através da continuidade dos repasses previstos em plano de trabalho", sem a exigência de "pagamento de débitos referentes a despesas glosadas, após análise da prestação contas de convênios anteriores, em tese já alcançados pela prescrição".

A denunciante relatou a existência de elevado passivo de prestações de contas de convênios celebrados entre 2004 e janeiro de 2017, ainda pendente de análise, ou com pendências a serem sanadas pelas entidades convenentes, relativas a despesas glosadas, as quais o Estado (Sejusp/MG) considerou como irregulares.

E, embora a Comissão de Trabalho contendo representantes do TCEMG, TJMG, Sejusp e FBAC, com posterior ingresso de representantes da Segov e Prodemge, criada para solucionar as referidas pendências em prestações de contas de recursos públicos geridos pelas Apacs, estivesse em plena atividade, a Sejusp, em 26.5.2020, "decidiu por impedir novos pagamentos de recursos financeiros às Apacs e FBAC, previstos em plano de trabalho dos atuais termos de colaboração celebrados na hipótese de não serem quitados os débitos gerados pelo passivo de prestação de contas de convênios", resultando, inclusive na suspensão de repasses para custeio de suas atividades, desde maio/2020.

A denunciante argumentou ser indevida a suspensão de novos repasses para a cobrança de débitos pretéritos, em razão dos seguintes fatos:

a) considerável parte dos débitos imputados já estariam prescritos, em conformidade com o entendimento consolidado pelo Supremo Tribunal Federal (temas nºs 897 e 899), considerando o transcurso quinquenal desde a ocorrência do dano, aliada à ausência de ato de improbidade administrativa;
b) 93,33% dos valores que constituem esses débitos são inferiores a R$30.000,00, não alcançando o valor de alçada, à época, para exame de tomada de contas especial;
c) todos os termos de colaboração celebrados pelas Apacs e FBAC, a partir de fevereiro de 2017, encontram-se com as prestações de contas apresentadas, analisadas e aprovadas;
d) inviabilidade de quitação de débitos, mesmo de forma parcelada "considerando a redução drástica de receita própria das entidades, em tempo de pandemia, com a paralisação quase total de suas oficinas profissionalizantes";
e) com a promulgação do Marco Regulatório das Organizações da Sociedade Civil (Lei nº 13.019/2014), preponderou-se a análise de prestações de contas de parcerias com ênfase nos resultados, não somente nos aspectos financeiros, de modo que a interrupção de repasses às Apacs em razão de débitos de baixo valor apurados, em detrimento aos notáveis resultados produzidos em prol da sociedade, em contas antigas, seria prejudicial ao interesse público e contrária ao espírito da referida nova lei;
f) a inviabilização das atividades das Apacs resultaria em grande prejuízo financeiro ao Estado de Minas Gerais, considerando que:

> os recuperandos, atualmente sob custódia do sistema Apac, serão transferidos para o sistema convencional, ao custo adicional mensal de R$6.847.947,84 para o Estado, o que não atende aos princípios da economicidade e razoabilidade e causa grande prejuízo ao erário, além de inviabilizar política pública de Estado hoje regulamentada em lei.

A denunciante, baseada nesses argumentos, pugnou pela concessão de medida cautelar imediata para a sustação do ato administrativo que determinou a interrupção dos repasses realizados à FBAC e às Apacs.

Em 3.7.2020, o conselheiro-relator proferiu decisão monocrática concedendo a medida cautelar requerida, com fundamento na Lei nº 13.019/2014, que foi referendada pela Primeira Câmara na sessão do dia 3.7.2020 (Peças 16 e 37 do SGAP, referente à denúncia), *in verbis*:

> Isto posto, com fundamento no artigo 95 c/c inciso III, do artigo 96 ambos da Lei Complementar Estadual nº 102/2008, e no *caput* do art. 197, §1º c/c o inciso III, do artigo 198, ambos da Resolução nº 12/2008 deste Tribunal, *defiro, ad referendum* da Primeira Câmara, a medida cautelar requerida pela Denunciante, e *determino* a intimação, por e-mail e por publicação no Diário Oficial de Contas, do Exmo. Gen. Mário Lúcio Alves de Araújo atual Secretário de Estado de Justiça e Segurança Pública, para que adote, *de imediato*, sob pena de aplicação de multa (art. 85, III, da Lei Orgânica), as seguintes medidas:
>
> a) *suspender qualquer ato administrativo editado por qualquer Ordenador de Despesas da SEJUSP*, de modo que nenhum débito de glosas das APACs e FBAC, constituídos até janeiro/2017, em virtude de convênios (ou outros termos de parceria) anteriores vigente até essa data, seja impedimento para os repasses previstos em plano de trabalho dos atuais termos de colaboração celebrados pelas APACs e FBAC;
>
> b) *se abstenha de editar qualquer ato administrativo*, de modo que nenhum débito de glosas das APACs e FBAC, constituídos até janeiro/2017, em virtude de convênios (ou outros termos de parceria) anteriores vigente até essa data, seja impedimento para os repasses previstos em plano de trabalho dos atuais termos de colaboração celebrados pelas APACs e FBAC;
>
> c) com o cumprimento dos itens "a" e "b" e em caso de ausência de qualquer outro impedimento que extrapole os limites dessa decisão, *que seja determinada a realização dos pagamentos pendentes e futuros*, para todas as APACs e FBAC, regularmente, conforme previsto em plano de trabalho dos termos de colaboração vigentes, até que este Tribunal de Contas decida sobre o mérito da presente denúncia;
>
> Determino, ainda, ao Exmo. Gen. Mário Lúcio Alves de Araújo, atual Secretário de Estado de Justiça e Segurança Pública, que encaminhe, *no prazo de 15 (quinze) dias úteis*:
>
> 1. A relação planilhada de todas as prestações de contas das APACs pendentes de análise pela SEJUSP, constando: (a) número do instrumento jurídico da parceria (convênio, termo de colaboração e ou termo de fomento); (b) valor do objeto; (c) ano referência da parceria; (d) nome

da APAC beneficiada; (e) fase atual do processo de prestação de contas e (f) motivo para a paralisação de cada prestação;

2. A relação planilhada de todas as prestações de contas das APACs já analisadas e consideradas irregulares referente aos últimos 05 (cinco) anos, a partir desta data, constando: (a) número do instrumento jurídico da parceria (convênio, termo de colaboração e ou termo de fomento); (b) valor do objeto; (c) valor glosado, (d) motivo da glosa, (e) ano referência da parceria; (e) nome da APAC beneficiada;

3. Manual de diretrizes para a análise das prestações de contas pela SEJUSP considerando a nova sistemática estabelecida pela Lei 13019/2014 e pelo Decreto 47132/2017 – *foco em resultados*, e respectiva comprovação de sua divulgação às APACs;

4. Normas internas e ou manual de diretrizes que possam (a) estabelecer e avaliar se as metas pactuadas estão adequadas ao objeto e são exequíveis e claras, e se os indicadores possibilitam o acompanhamento da execução e a avaliação dos resultados e (b) estabelecer e avaliar se o plano de trabalho é adequado para a consecução do objeto, e respectiva comprovação de sua divulgação às APACs. [...]

Diante do exposto, com fundamento no art. 60, parágrafo único, e no art. 95, §2º, ambos da Lei Orgânica deste Tribunal (Lei Complementar Estadual nº 102/2008), submeto à ratificação do Colegiado a decisão monocrática que proferi em 03/07/2020 na qual concedi medida cautelar pleiteada pela Denunciante, e determinei a adoção de medidas pela Secretaria de Estado de Justiça e Segurança Pública, além de cumprimento por esse órgão de algumas diligências.

Nesta oportunidade, venho retificar, ainda, a seguinte determinação exposta da decisão monocrática:

Onde se lê: Por último e para evitar a inviabilização da humanizadora e reconhecida metodologia desenvolvida pelas APACs, mediante o acompanhamento da FBAC em parceria com os Poderes Executivo, Judiciário e demais entidades envolvidas, determino que eventuais passivos financeiros sejam objeto de conciliação entre o Estado e a(s) entidade(s), através da Câmara de Conciliação da Advocacia Geral do Estado.

Leia-se: Por último e para evitar a inviabilização da humanizadora e reconhecida metodologia desenvolvida pelas APACs, mediante o acompanhamento da FBAC em parceria com os Poderes Executivo, Judiciário e demais entidades envolvidas, *determino que eventuais passivos financeiros sejam objeto de conciliação entre o Estado e a(s) entidade(s), através da Câmara de Prevenção e Resolução Administrativa de Conflitos – CPRAC*.

Após intimação das partes, da formalização do Acórdão pelos setores competentes e do cumprimento (ou não) das diligências pela SEJUSP, retornem os autos a esse Relator para prosseguimento do feito. (Grifos nossos)

Em ato contínuo, o conselheiro-relator informou à Superintendência de Controle Externo o deferimento de proposta de auditoria, oportunidade em que foi instituída equipe, por meio da Portaria nº 17/SCE/2021, para a realização de auditoria operacional com objetivo de avaliar o desempenho da Secretaria de Estado de Justiça e Segurança Pública (Sejusp) na gestão das parcerias firmadas com as Apacs, bem como foi encaminhado o cronograma de auditoria, com a indicação das atividades a serem desempenhadas. Após autorização da Presidência desta Corte de Contas, foi iniciada a auditoria operacional, a qual foi incluída no Plano Anual de Fiscalização – PAF de 2021.

1.3 Objeto e escopo da auditoria

A presente AOP tem como objetivo avaliar o desempenho da Sejusp na gestão das parcerias firmadas com as Apacs, contemplando todas as fases, bem como analisar o problema do acúmulo do passivo de prestações de contas.

Cumpre destacar que a gestão das parcerias de forma efetiva e bem estruturada poderá possibilitar a avaliação, de forma qualitativa, dos resultados alcançados pelas Apacs, contribuindo para a implantação e disseminação do método apaqueano, e para fomentar o desenvolvimento da Política Pública de Execução Penal no âmbito do Estado de Minas Gerais.

Para maior conhecimento do tema, foram realizadas leituras bibliográficas e a análise dos dados obtidos por meio do primeiro estudo de vitimização da violência contra os presos realizado no Brasil e coordenado pelo sociólogo Luís Flávio Sapori, especialista em segurança pública, o que possibilitou a obtenção de um diagnóstico a respeito das diferenças entre o tratamento que os presos recebem no sistema prisional comum e nas Apacs.

O estudo coordenado pelo sociólogo e que contou com o apoio do TJMG, AVSI Brasil, FBAC e Ministério Público, além de traçar um diagnóstico sobre a incidência e as principais características da violência e dos maus tratos no interior das prisões, também analisa, por meio das entrevistas com os presos, as relações de causas e efeitos dos fenômenos investigados.

Traça ainda um comparativo entre o sistema prisional comum e as Apacs, identificando, com base nas pesquisas realizadas com os recuperandos e presidiários, os aspectos positivos do cumprimento da pena nas Apacs, apontando as oportunidades de melhoria e propondo também a adoção de medidas e diretrizes para a elaboração de políticas públicas.

É interessante ressaltar que, por meio do estudo realizado, o especialista confirmou a importância da disseminação e expansão da metodologia apaqueana e da consolidação das Apacs em Minas, no Brasil e em toda a América Latina para que seja garantido ao preso o direito à humanização da pena que implica a qualidade dos serviços assistenciais prestados.

Os resultados da pesquisa são de suma importância e relevância para este trabalho e podem colaborar para a melhoria do tratamento e da assistência aos presos do sistema prisional comum, desde que tais medidas sejam implementadas a partir dos esforços de diversos parceiros e da atuação das organizações da sociedade civil, por meio das parcerias firmadas com o Poder Público, possibilitando que haja redução da violência e criminalidade e que os presos retornem melhores à sociedade.

O estudo relacionado à *avaliação das assistências providas pelas Apacs* comprova os benefícios das Apacs e do método apaqueano, principalmente se comparados com o sistema prisional convencional, razão pela qual é oportuna a sua transcrição. Para tanto, recorre-se novamente ao citado estudo[35] do jurista Luiz Carlos Rezende e do sociólogo Luís Flávio Sapori:

> [...] A avaliação das assistências providas pelas APACs é, em sua totalidade, superior às providas pelo sistema prisional convencional [...] Em quase todos os tipos de assistências elencadas aos entrevistados, as avaliações "muito melhor" e "melhor" são superiores a 90%, excetuando-se apenas assistência médica e assistência odontológica, com avaliações respectivas de 89% e 78%.
> Nos quesitos alimentação, saúde física, segurança física e oportunidades de trabalho, a avaliação positiva está próxima dos 100%, confirmando quão melhor é a qualidade das assistências providas pelas APACs comparativamente às assistências providas pelo sistema prisional convencional.

---

[35] SANTOS, Luís Carlos Rezende e; SAPORI, Luís Flávio. *Tratamento penitenciário* – Um estudo sobre tortura, maus-tratos e assistências às pessoas privadas de liberdade. Belo Horizonte. D'Plácido, 2022. p. 148-155; 157-158.

O mesmo estudo destaca, ainda, que as avaliações das assistências concedidas pelas Apacs são superiores às recebidas no sistema prisional convencional, considerando a seguinte questão formulada aos recuperandos: "De maneira geral, quando você compara (quesito) o período em que esteve preso no sistema convencional com este período na Apac, você diria que a assistência recebida (quesito) neste momento na Apac (é, está): 'Muito melhor', 'Melhor', 'Igual', 'Pior' ou 'Muito pior'". Do total dos entrevistados, incluídos homens e mulheres, constatou-se que responderam "Muito melhor" ou "Melhor" os seguintes percentuais:

Quadro comparativo das Apacs com o sistema prisional convencional

Quesito avaliado	Melhor ou Muito melhor (%)
Saúde física	96,3 a 92,5
Saúde mental	95,4 a 87,0
Convivência familiar	93,4 a 89,8
Comida oferecida	99,1 a 97,9
Assistência psicológica	91,0 a 88,4
Oportunidade de estudo	94,8 a 91,1
Oportunidade de trabalho	96,6 a 92,5
Segurança física	96,2 a 92,5
Assistência odontológica	78,8 a 78,0
Assistência médica	90,4 a 88,9
Assistência social	94,5 a 91,1

Do referido estudo (p. 157-158), consta a informação de que as pesquisas realizadas "se concentraram em pessoas privadas de liberdade que não estavam mais cumprindo penas em presídios e penitenciárias", mas que "todos(as) eles(as) passaram um período anterior no sistema convencional". Sendo ainda oportuna a informação de que as Apacs "somente receberem aqueles já sentenciados e que passaram por pelo menos um ano no sistema convencional", sendo ainda relevante seguinte a informação:

> 72,2% dos indivíduos entrevistados permaneceram por até quatro anos no sistema convencional antes de serem transferidos para uma unidade da APAC, e os demais 26,8% por lá estiveram para além de quatro anos. Em outras palavras, vivenciaram tempo suficiente no sistema convencional

para um diagnóstico de eventual vitimização da violência institucional e da violência entre pares.

Analisando os dados a seguir, extraídos do Portal da FBAC, outro ponto positivo das Apacs é que seus índices de reincidência são assaz inferiores aos do sistema prisional convencional, o que contribui significativamente para reduzir a criminalidade e a violência na sociedade.

Média de reincidência comparada com o sistema tradicional prisional

Sistema prisional	Percentual médio de reincidência
Internacional	70%
Nacional convencional	80%
Apacs	13,90%
Apacs femininas	2,84%

Outro aspecto relevante da metodologia apaqueana é que o custo mensal do recuperando que cumpre pena privativa de liberdade nas Apacs é menor se comparado ao custo do preso no sistema prisional comum, conforme dados fornecidos pela Sejusp,[36] senão vejamos:

Custo preso referente ao ano de 2020 – Média por preso por mês
Convencionais: R$2.801,24
Apac: R$1.288,48

Nota-se, portanto, pelos dados extraídos do Portal da FBAC e apresentados pela Sejusp, que a Apac tem apresentado resultados positivos na execução de suas atividades, no que se refere ao cumprimento da metodologia apaqueana, o que demonstra o seu bom desempenho na execução dos objetos das parcerias firmadas entre Apacs e Sejusp, nos termos preconizados na Lei nº 13.019/2014 (MROSC).

Para melhor entender o instrumento utilizado pelo Estado para formalizar parceria como terceiro setor, no caso, com as Apacs, oportuno tecer algumas considerações acerca da Lei nº 13.019/2014 (alterada pela Lei nº 13.204, de 14.12.2015), conforme trecho extraído do livreto

---

[36] Ofício Sejusp/GAB nº 54/2021, datado de 11.8.2021, em resposta ao Comunicado de Auditoria nº 1/2021.

Entenda o MROSC, Marco Regulatório das Organizações da Sociedade Civil – Lei 13.019/2014,[37] adiante transcrito:

> A aprovação da Lei 13.019/2014, conhecida como Marco Regulatório das Organizações da Sociedade Civil, representa uma grande conquista. Com sua entrada em vigor em 23 de janeiro de 2016 na União, Estados e Distrito Federal, e nos Municípios em 1º de janeiro de 2017, passa a ser estabelecido um novo regime jurídico das parcerias entre a administração pública e as organizações por meio de novos instrumentos jurídicos: os termos de Fomento e de Colaboração, no caso de parcerias com recursos financeiros, e o Acordo de Cooperação, no caso de parcerias sem recursos financeiros. A nova lei vai impactar as relações entre poder público e OSCs em todo o País. A sua implementação estimula a gestão pública democrática nas diferentes esferas de governo e valoriza as organizações da sociedade civil como parceiras do Estado na garantia e efetivação de direitos. As parcerias entre o Estado e as organizações da sociedade civil qualificam as políticas públicas, aproximando-as das pessoas e das realidades locais e possibilitando a solução de problemas sociais específicos de forma criativa e inovadora. Com a nova lei, as OSCs podem ampliar suas capacidades de atuação e incorporar muitas de suas pautas à agenda pública. Além disso, as parcerias com o poder público estão agora amparadas em regras claras e válidas em todo o País, *com foco no controle de resultados das parcerias*. Com um marco legal próprio e práticas institucionais que valorizem as OSCs, é possível responder adequadamente às necessidades de uma sociedade civil atuante, que se expandiu e diversificou nas últimas décadas e que tem muito a contribuir com a democracia brasileira. (Grifos nossos)

Conforme se extrai da redação do art. 1º da Lei nº 13.019/2014 (atualizada pela Lei nº 13.204, de 2015), a lei instituiu:

> normas gerais para as parcerias entre a administração pública e organizações da sociedade civil, em regime de mútua cooperação, para a consecução de finalidades de interesse público e recíproco, mediante a execução de atividades ou de projetos previamente estabelecidos em planos de trabalho inseridos em termos de colaboração, em termos de fomento ou em acordos de cooperação.

Em vigor desde 23.1.2016, no âmbito da União, dos estados e do Distrito Federal, e em 1º.1.2017, no âmbito dos municípios, a Lei

---

[37] Disponível em: https://antigo.plataformamaisbrasil.gov.br/images/docs/MROSC/Publicacoes_SG_PR/LIVRETO_MROSC_WEB.pdf. Acesso em: 6 maio 2021.

nº 13.019/2014, ou simplesmente "MROSC", como é conhecida, estabeleceu um novo regime jurídico das parcerias públicas, por meio dos instrumentos: "termos de colaboração" e "termos de fomento", para parcerias que envolvem recursos financeiros. E ainda, "acordo de cooperação", para parcerias sem recursos financeiros. E nos termos anteriormente salientados, a nova norma possui foco no "controle dos resultados" das parcerias.

Antes de adentrar propriamente na Lei nº 13.019/2014, oportuno informar que o Supremo Tribunal Federal, no julgamento da ADI nº 1.923,[38] ajuizada objetivando a declaração de inconstitucionalidade da Lei Federal nº 9.637/1988, que implantou o modelo de parceria entre o Poder Público e as denominadas organizações sociais – OS, e, ainda, do inc. XXIV do art. 24, da Lei nº 8.666/93 (que autorizou a dispensa de licitação para celebração de contratos de prestação de serviços com as organizações sociais, assim classificadas nas respectivas esferas de governo, para atividades de contratos de gestão) decidiu que as OS podem firmar parcerias para a prestação de serviços públicos não exclusivos. Todavia, a Lei Federal nº 13.019/2014 afastou a aplicação do instrumento jurídico convênio, instrumento anteriormente mais utilizado para essas parcerias.

Ressalta-se que, embora a matéria discutida na citada ADI refira-se às organizações sociais, e de desempenho de atividades de fomento público (e não de termo de colaboração, como é o caso das Apacs), tratou de tema de grande importância: os limites da atividade administrativa de fomento às organizações da sociedade civil com base na Constituição Federal), o que sem dúvida impacta em todas as atividades relacionadas ao terceiro setor, especialmente, nas abrangidas pela Lei nº 13.019/2014.

E inclusive na conclusão da Suprema Corte, na referida ADI, consta que:

> Na essência, preside a execução deste programa de ação institucional a lógica que prevaleceu no jogo democrático, de que a atuação privada pode ser mais eficiente do que a pública em determinados domínios, dada a agilidade e a flexibilidade que marcam o regime de direito privado.[39]

---

[38] Inteiro teor do acórdão disponível em: dohttps://portal.stf.jus.br/processos/downloadPeca.asp?id=308380793&ext=.pdf. Acesso em: 6 maio 2022.

[39] Item 7 do acórdão da ADI nº 1.923 disponível em: https://portal.stf.jus.br/processos/downloadPeca.asp?id=308380793&ext=.pdf. Acesso em: 6 maio 2022.

Quanto à abrangência da Lei nº 13.019/2014, depreende-se de seu art. 1º que ela contém normas gerais, aplicáveis às três esferas do governo e suas respectivas entidades da Administração indireta, estabelecendo o art. 2º, I, da Lei das Organizações da Sociedade Civil abrangidas pela norma.

Em relação à aplicabilidade e vigência da norma, leciona a Professora Di Pietro:[40]

> Com relação aos convênios, não mais se aplica a norma do art. 116 da Lei nº 8.666/1993, saldo em duas hipóteses: I – quando celebrados entre entes federados ou pessoas jurídicas a eles vinculadas; II- quando decorrentes da aplicação do disposto no inciso IV do art. 3º (os firmados com entidades filantrópicas e sem fins lucrativos na área da saúde, com fundamento no art. 199, §1º, da Constituição). Na realidade, a figura do convênio ficou reduzida às duas hipóteses referidas nesse dispositivo. Todos os demais ajustes têm que obedecer às normas da Lei nº 13.019/2014.
>
> No caso de prorrogação dos ajustes firmados na vigência da lei anterior, já se aplicam normas da Lei 13.019, exceto no caso de prorrogação de ofício prevista em lei ou regulamento, exclusivamente para a hipótese de atraso na liberação de recursos por parte da Administração Pública, quando a prorrogação poderá ser feita por período equivalente ao atraso (art. 83, §1º, com a redação dada pela Lei nº 13.204/2015).
>
> Se as parcerias foram firmadas por prazo indeterminado antes da promulgação da Lei nº 13.019 ou prorrogáveis por período superior ao inicialmente estabelecido, no prazo de até um ano após a data da entrada em vigor da lei, serão alternativamente: I- substituídas pelos instrumentos previstos nos arts. 16 (termo de colaboração) ou 17 (termo de fomento), conforme o caso; II-objeto de rescisão unilateral pela administração pública (art. 83, §2º).

O art. 2º, inc. VII, da Lei nº 13.019/2014 (em redação dada pela Lei nº 13.204/2015), define o *termo de colaboração* como:

> instrumento por meio do qual são formalizadas as parcerias estabelecidas pela administração pública com organizações da sociedade civil para a consecução de finalidades de interesse público e recíproco propostas pela administração pública que envolvam a transferência de recursos financeiros.

---

[40] DI PIETRO, Maria Sylvia Zanella. *Parcerias na Administração Pública*: concessão, permissão franquia, terceirização, parceria público-privada. 12. ed. rev. e atual. Rio de Janeiro: Forense, 2019. p. 374-375.

Embora o termo de colaboração, da mesma forma que o termo de fomento, tenha por finalidade a consecução de atividades de interesse público e recíproco, e envolva a transferência de recursos, eles se diferenciam pelo fato de que o primeiro é proposto pela Administração Pública, e, o último, pela organização da sociedade civil.

As normas sobre os requisitos para celebração do termo de colaboração e do termo de fomento estão previstas nos arts. 33 a 38 da Lei nº 13.019/2014, e, conforme conclui a eminente professora Di Pietro:[41]

> Pode-se afirmar que a Lei nº 13.019/2014 previu importantes instrumentos de controle, da maior relevância para moralização das parcerias com as entidades privadas do terceiro setor, chamadas pela lei de organizações da sociedade civil. O seu cumprimento vai depender, em grande parte, da atuação eficiente dos órgãos de controle.

Nota-se que, com o surgimento do MROSC, é importante que se promova uma mudança de cultura no âmbito da Administração Pública, tendo em vista que o foco das análises do Poder Público nas parcerias firmadas com as Apacs passou a ser nos resultados, não se restringindo aos aspectos estritamente financeiros.

Nesse cenário, para o êxito das parcerias, é importante que o Poder Público realize adequações nas metas e indicadores previstos nos seus planos de trabalho e aprimore seus instrumentos de controle e monitoramento, para que possa atuar de forma efetiva, no âmbito das parcerias firmadas com as OSCs, avaliando, de forma qualitativa, o cumprimento das metas pactuadas, em cumprimento ao disposto na MROSC.

Além disso, deve otimizar os seus procedimentos para que possa realizar a análise das prestações de contas de forma célere, eficaz e efetiva, em cumprimento ao disposto na MROSC, evitando-se o acúmulo de passivo de prestação de contas pendentes de análise e a morosidade na cobrança de danos ao erário.

Deve ainda dispor de sistemas eletrônicos que lhe permitam monitorar de forma concomitante e tempestiva todos os ciclos da parceria e aferir o cumprimento das metas e indicadores definidos com base em

---

[41] DI PIETRO, Maria Sylvia Zanella. *Parcerias na Administração Pública*: concessão, permissão franquia, terceirização, parceria público-privada. 12. ed. rev. e atual. Rio de Janeiro: Forense, 2019. p. 387.

critérios objetivos previamente estabelecidos nos planos de trabalho e que sejam capazes de mensurar, de forma efetiva, os resultados.

Na fase preliminar da AOP, que é a fase de planejamento, foram identificados os aspectos mais relevantes para a análise do desempenho das parcerias celebradas entre Sejusp e Apacs, cujo objetivo é humanizar o cumprimento das penas privativas de liberdade, com base na metodologia apaqueana, e fomentar a Política Pública de Execução Penal, sendo o escopo delimitado pelas seguintes questões:

1. Quais as causas e a situação do passivo da Sejusp relativo à prestação de contas das Apacs pendentes de análise e como contribuir para a sua redução e efetividade na adoção de medidas compensatórias ou de obtenção de ressarcimento do dano?
2. Quais as causas da intempestividade da Sejusp nas análises das prestações de contas das parcerias com as Apacs e como aprimorar tais procedimentos?
3. A análise das prestações de contas e o monitoramento estão em conformidade com o MROSC e aptos a aferir os resultados alcançados pelas atividades desenvolvidas pelas Apacs de forma efetiva e eficaz?
4. Os sistemas eletrônicos utilizados pela Sejusp para o gerenciamento dos convênios com as Apacs e ressarcimento de dano são efetivos?

1.4 Critério geral

A análise das questões de auditoria deu-se à luz da CF/1988 e da Declaração Universal dos Direitos Humanos em conjunto com as legislações específicas sobre o tema, tais como o Marco Regulatório das Organizações da Sociedade Civil, a Lei de Acesso à Informação e demais normativos sobre a gestão das parcerias firmadas com o Poder Público.

1.5 Metodologia de planejamento e análise da auditoria

Superada a fase preliminar de conhecimento e aprofundamento da realidade do desempenho da Sejusp na gestão das parcerias firmadas com as Apacs, foram aplicadas técnicas de diagnóstico para auxiliar na identificação dos pontos de maior atenção que poderiam demandar ênfase na investigação, quais sejam:

1. Análise de *stakeholders*, que possibilitou a identificação dos principais atores envolvidos, opiniões, conflitos de interesse e informações relevantes.
2. Matriz SWOT – *Strengths* (Forças), *Weaknesses* (Fraquezas), *Opportunities* (Oportunidades) *and Threats* (Ameaças) – que possibilitou identificar as forças e fraquezas do ambiente interno da auditoria e as oportunidades e ameaças do ambiente externo.
3. Diagrama de Verificação de Risco (DVR), que possibilitou identificar áreas a investigar, fatores de risco e, também, permitiu conhecer a capacidade organizacional para o seu gerenciamento.
4. Diagrama de Ishikawa que possibilitou identificar as principais causas e efeitos de um problema que afeta a gestão e o controle da qualidade dos resultados organizacionais.

A estratégia metodológica do trabalho centrou-se na captação de dados dos sistemas eletrônicos estaduais e do Infoapac; na análise dos fatos relatados e da decisão proferida pelo Conselheiro Relator Durval Ângelo no bojo do Processo de Denúncia nº 1.092.340; e no resultado do Diagnóstico do Passivo de Prestação de Contas de Convênios de Saída e Instrumentos Congêneres no Âmbito do Poder Executivo do Estado de Minas Gerais, elaborado pela CGE, em 18.7.2019, e encaminhado a esta Corte de Contas, os quais subsidiaram as análises de caráter quantitativo e qualitativo.

As análises técnicas foram realizadas a partir de dados secundários obtidos mediante consulta à legislação sobre o tema, bibliografia específica e documentos oficiais disponíveis, principalmente, na internet, em conformidade com o princípio da transparência. Também foram utilizados dados primários derivados da aplicação de papéis de trabalho, das respostas aos comunicados de auditoria e aos questionários aplicados aos gestores e encarregados de tesouraria das Apacs e aos servidores do órgão auditado, das reuniões realizadas com os gestores de órgãos e entidades envolvidos, tais como secretarias, gestores da FBAC e juízes do TJMG, bem como observação direta da infraestrutura das Apacs.

A pesquisa documental foi desenvolvida por meio da análise de documentos administrativos solicitados aos servidores da Sejusp, Segov, CGE e AGE e aos gestores da FBAC, consulta a publicações diversas, a banco de dados oficiais, a sistema informatizado da FBAC, ao Portal da Transparência da FBAC e do Estado de Minas Gerais, às legislações e notícias correlatas às gestões das parcerias à luz do MROSC, ao gerenciamento e manuseio dos sistemas SIGCON-Saída e Cagec, à transferência de presos, ocupação de vagas dos CRSs e preenchimento do quadro de pessoal das Apacs. Aspectos estruturais nas OSCs selecionadas pela equipe de auditoria foram verificados brevemente por meio da observação direta, quando das visitas realizadas pela equipe de auditoria no dia 19.4.2022 nos CRSs das Apacs de Belo Horizonte e Betim.

Concluído o levantamento de evidência, a equipe de auditoria elaborou matriz de achados, contendo análise de riscos, correspondência com a matriz de planejamento, benefícios do controle e propostas de melhorias. A referida matriz foi validada em duas reuniões virtuais com os jurisdicionados, sendo a primeira com os servidores da Sejusp e a segunda com os servidores da Segov, havendo em ambas reuniões a participação dos servidores da Controladoria-Geral do Estado – CGE.

1.6 Seleção da amostra

Do total das Apacs mineiras, decidiu-se analisar todos os processos de formalização das parcerias, prestações de contas e monitoramentos do período compreendido entre janeiro de 2016 a dezembro de 2021, a fim de avaliar todo o histórico de evolução das parcerias, abrangendo o período anterior e posterior à vigência do MROSC.

Para selecionar as Apacs que tiveram seus processos analisados na amostra do período acima identificado, a equipe de auditoria decidiu adotar os seguintes critérios.

Utilizou-se dois critérios cumulativos, sendo o primeiro o das Apacs que constavam no passivo contido no Processo de Denúncia nº 1.092.340, correspondente a 40 Apacs; e, como segundo critério, as Apacs que tiveram suas atividades extintas ou suspensas, correspondendo a 2 Apacs.

No primeiro critério, que continha 40 Apacs, a equipe decidiu aplicar mais um filtro, o de valor, qual seja, aquelas que possuíam glosas igual ou superior a R$52.000,00, o que resultou em 6 Apacs nesta situação.

Portanto, foram selecionadas 8 Apacs, sendo seis advindas do critério do passivo e duas do critério da extinção ou suspensão. Segue a descrição ilustrativa da seleção da amostra:

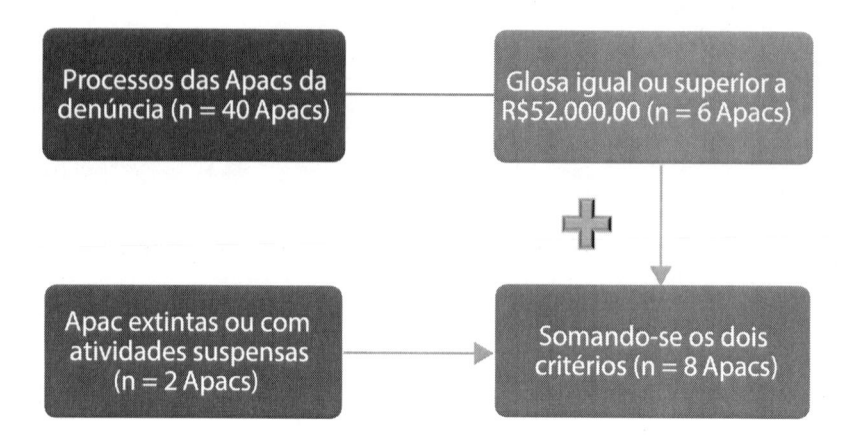

```
┌─────────────────────────────┐        ┌─────────────────────────────┐
│ Processos das Apacs da      │        │ Glosa igual ou superior a   │
│ denúncia (n = 40 Apacs)     │        │ R$52.000,00 (n = 6 Apacs)   │
└─────────────────────────────┘        └─────────────────────────────┘
                                                     +
┌─────────────────────────────┐        ┌─────────────────────────────┐
│ Apac extintas ou com        │  ───▶  │ Somando-se os dois          │
│ atividades suspensas        │        │ critérios (n = 8 Apacs)     │
│ (n = 2 Apacs)               │        │                             │
└─────────────────────────────┘        └─────────────────────────────┘
```

Por fim, após selecionar as 8 Apacs (Passos, Araxá, Inhapim, Frutal, Itaúna, Sete Lagoas, Timóteo e Canápolis), a equipe solicitou todos os processos de celebração, execução, monitoramento e prestação de contas destas Apacs do período de 2016 a 2021, totalizando na análise de 58 processos. Insta salientar que a análise foi realizada com *check lists* (listas de verificação) elaboradas com viés operacional, e não com foco na análise de conformidade individual de cada documento contido nos processos.

É oportuno informar que, no entanto, para aplicação de questionários e obtenção de estatísticas conclusivas desta auditoria, considerou-se o universo total de Apacs.

1.7 Estrutura interna da Sejusp

A Secretaria sofreu diversas mudanças em sua estrutura nos últimos 5 anos, passando de Secretaria de Estado de Defesa Social –Seds e depois para Secretaria de Segurança Pública – Sesp e Secretaria de Estado de Administração Prisional – Seap, e recentemente, em 2019, as duas foram unificadas em Secretaria de Estado de Justiça e Segurança Pública – Sejusp.

A Lei estadual nº 23.304, de 30.5.2019, estabelece a atual estrutura orgânica do Poder Executivo no âmbito do Estado de Minas Gerais, descrevendo as competências e estrutura básica dos órgãos do Estado, inclusive da Sejusp, conforme disposto nos arts. 39 e 40 da lei supracitada.

Embora haja diversos setores na Sejusp, para efeitos desta auditoria e entendimento das parcerias com as Apacs, há de se destacar dois setores específicos, quais sejam, a Diretoria de Custódias Alternativas – DCA e a Diretoria de Contratos e Convênios – DCC. Nos termos do Decreto estadual nº 47.795, de 19.12.2019, compete à DCA:

> Art. 71. A Diretoria de Custódias Alternativas tem como competência, fiscalizar e fomentar a implantação de métodos alternativos de custódia, com atribuições de:
> I – disseminar as metodologias de custódias alternativas propondo a celebração de parcerias com entidades públicas e privadas para a custódia e o atendimento aos IPL;
> II – propor e conduzir a celebração de parcerias com entidades públicas e privadas para o compartilhamento da administração das Unidades Prisionais de Custódia Alternativa, relativamente à Associação de Proteção e Assistência ao Condenado – Apac em seus Centros de Reintegração Social – CRS;III – gerenciar, fiscalizar e avaliar as parcerias firmadas, sugerindo a manutenção, ampliação ou redução do escopo da parceria ou a extinção do instrumento;
> IV – controlar nas Unidades Prisionais de Custódia Alternativa a ocupação das vagas existentes da Apac em seus CRS;
> V – coletar, processar e qualificar as informações sobre as atividades das Unidades Prisionais de Custódia Alternativa;
> VI – fiscalizar a execução dos recursos destinados à manutenção e a construção das unidades que aplicam métodos alternativos de custódia e orientar os parceiros sobre a adequada aplicação desses recursos

Como visto acima, a DCA é o setor responsável por administrar e gerenciar quaisquer formas de custódias de presos, diferentes do sistema convencional. Logo, no âmbito das parcerias com as Apacs, este é o setor que define e analisa o cumprimento de metas dos planos de trabalho, estabelece critérios técnicos para formalização da parceria, realiza visitas técnicas, controla taxas de ocupação nos CRSs e emite pareceres sobre as questões de resultado e cumprimento do objeto nas referidas parcerias e nas prestações de contas.

Por sua vez, à DCC compete, nos termos do mesmo decreto estadual:

> Art. 49. A Diretoria de Contratos e Convênios tem como competência auxiliar na celebração e execução dos contratos, convênios, termos de cooperação, termo de colaboração, termo de fomento, termo de descentralização de crédito orçamentário, acordos e ajustes, com atribuições de:

I – elaborar e formalizar os instrumentos de celebração dos contratos, convênios, termos de cooperação, termo de colaboração, termo de fomento, termo de descentralização de crédito orçamentário, acordos e ajustes;
II – coordenar e acompanhar a execução dos contratos, convênios, termos de cooperação, termo de colaboração, termo de fomento, termo de descentralização de crédito orçamentário, acordos e ajustes;
III – orientar os gestores com informações gerenciais e diretrizes de atuação no que se refere aos contratos, convênios, termos de cooperação, termo de colaboração, termo de fomento, termo de descentralização de crédito orçamentário, acordos e ajustes, gerenciando os sistemas de contratos e convênios;
IV – analisar e emitir pareceres financeiros referentes à celebração e prestação de contas de recursos repassados pela Secretaria, bem como orientar os municípios, as entidades e as demais unidades da Sejusp;
V – manter arquivo e gerir as informações referentes aos contratos, convênios, acordos, ajustes e instrumentos congêneres celebrados no âmbito da Sejusp, de acordo com as diretrizes estabelecidas pelo Arquivo Público Mineiro e pelo Conselho Estadual de Arquivos.

Noutro prisma, a DCC é o setor responsável pela análise financeira de todas as parcerias da Sejusp regidas pelo MROSC, portanto, estão incluídas as parcerias firmadas com as Apacs.

Contudo, diferentemente da DCA, a DCC não analisa cumprimento de meta, porquanto que suas análises se restringem a verificar a legalidade dos critérios financeiros apresentados na proposta de plano de trabalho das parcerias e dos dispêndios expostos na prestação de contas.

1.8   Limitações da auditoria

As principais limitações encontradas pela equipe referem-se às readaptações de trabalho provocadas pela pandemia da Covid-19 e à dificuldade na obtenção e no cruzamento de alguns dados relativos à gestão das parcerias, que ainda são lançados em planilhas de controle manuais e não se encontram inseridos de forma sistematizada e estruturada em um sistema eletrônico.

1.9   Estrutura do relatório

Além deste primeiro título, de conteúdo introdutório, este relatório encontra-se estruturado em mais cinco títulos. O título 2 apresenta a visão geral da equipe de auditoria sobre a aplicação da metodologia Apac. Os títulos 3 e 4 apresentam os principais achados da auditoria. Por fim, os títulos 5 e 6 apresentam a conclusão do trabalho e as propostas de encaminhamento, respectivamente.

2 Visão geral da metodologia apaqueana

Depreende-se da obra intitulada *APAC: a humanização do sistema prisional. Sistematização de processos e fundamentos jurídico-metodológicos que embasam a expansão do método como política pública no Brasil*,[42] que a metodologia das Apacs caracteriza-se:

> pelo estabelecimento de uma disciplina rígida, baseada no respeito, na ordem, no trabalho e no envolvimento da família do recuperando. Uma das principais diferenças entre a Apac e o sistema prisional comum é que, na Apac, os próprios presos – denominados recuperandos – são corresponsáveis por sua recuperação.

A metodologia Apacs se fundamenta em 12 elementos: 1) a participação da comunidade; 2) o recuperando ajudando o recuperando; 3) trabalho; 4) a espiritualidade e a importância de se fazer a experiência de Deus; 5) assistência jurídica; 6) assistência à saúde; 7) a família; 8) o voluntário e o curso para a sua formação; 9) CRS – Centro de Reintegração Social; 10) mérito, 11) jornada de libertação com Cristo; 12) valorização humana – A base do método Apac.

A cartilha do Programa Novos Rumos disponibilizada no sítio eletrônico do TJMG[43] detalha, em síntese, os 12 elementos fundamentais do método Apac, conforme adiante transcrito:

1. Participação da Comunidade
A APAC somente poderá existir com a participação da comunidade organizada, pois compete a ela a grande tarefa de introduzir o método

---

[42] SANTOS, Luís Carlos Rezende e; FERREIRA, Valdeci; SABATIELLO, Valdeci. *APAC: a humanização do sistema prisional. Sistematização de processos e fundamentos jurídico-metodológicos que embasam a expansão do método como política pública no Brasil*. Belo Horizonte: AVSI; AVSIBRASIL; FBAC; Minas Pela Paz; TJMG, 2018. Disponível em: http://www.avsibrasil.org.br/wp-content/uploads/2021/03/APAC-humanizacao-do-sistema-prisional.pdf.

[43] MINAS GERAIS. Tribunal de Justiça. *Cartilha Programa Novos Rumos*. Belo Horizonte: TJMG, 2018. Disponível em: https://www.tjmg.jus.br/lumis/portal/file/fileDownload.jsp?fileId=8 A80E40A64666AED01646709B2837B67.

nas prisões e de reunir forças da sociedade em prol do ideal da associação. Periodicamente, a Apac deve desenvolver ações para sensibilizar e mobilizar a comunidade e também para conquistar sócios contribuintes. [...];

2. *Recuperando ajudando recuperando*

O ser humano nasceu para viver em comunidade. Por essa razão, existe a imperiosa necessidade de um preso ajudar outro preso em tudo o que for possível, para que o respeito se estabeleça, promovendo a harmonia do ambiente. É por esse mecanismo que o recuperando apreende a respeitar o semelhante. [....]

3. *Trabalho*

O trabalho deve fazer parte do contexto e da proposta, mas não deve ser o elemento fundamental, pois somente ele não é suficiente para recuperar preso. Se não houver renovação de valores e melhoria da autoestima, de modo que o recuperando que cumpre a pena se descubra, se conheça e enxergue seus méritos, nada terá sentido.

No regime fechado, a Apac se preocupa com a recuperação do sentenciado, promovendo a melhoria de autoimagem e despertando valores intrínsecos do ser humano. Nessa fase, o recuperando pratica a laborterapia e outros serviços necessários ao funcionamento do método, todos voltados para ajudar o preso a se reabilitar. No regime semiaberto, cuida-se da formação de mão de obra especializada, por meio de oficinas profissionalizantes instaladas dentro dos CRS, respeitando-se a aptidão de cada recuperando. No regime aberto, o trabalho tem o enfoque de inserção social, já que o recuperando presta serviços à comunidade, trabalhando fora dos muros do Centro de Reintegração. [...]

4. *Espiritualidade*

A importância de se fazer a experiência de Deus, desenvolver a espiritualidade, amar e ser amado, sem imposição de credos, desde que pautada pela ética levando à transformação moral do recuperando.

5. *Assistência Jurídica*

Estima-se que 95% da população prisional não reúne condições para contratar um advogado, e a ansiedade cresce, especialmente na fase de execução da pena, quando o preso toma conhecimento dos benefícios facultados pela lei. Por isso, em todo momento, o recuperando está preocupado em saber sobre o andamento do seu processo, para conferir o tempo que lhe resta passar na prisão.

O método APAC recomenda uma atenção especial a esse aspecto do cumprimento da pena, advertindo que a assistência jurídica gratuita deve restringir-se somente aos condenados que manifestarem adesão à proposta apaquiana e que revelarem bom aproveitamento.

6. *Assistência à Saúde*

São oferecidas as assistências médica, psicológica e odontológica e outras, por meio do trabalho voluntário de profissionais dedicados à causa apaquiana. [...]
Por ser a dependência química considerada pela Organização Mundial de Saúde (OMS) uma doença física, psíquica e espiritual, a mesma requer a constituição de uma equipe especial de técnicos, especialistas e voluntários para atuação permanente na prevenção e tratamento.

7. Valorização Humana
É a base do Método APAC, uma vez que ela busca colocar em primeiro lugar o ser humano, e, nesse sentido, todo o trabalho é conduzido de modo a reformular a autoimagem da pessoa que errou. [...]. Concursos, gincanas e eventos diversos integram a rotina de uma APAC, para que os recuperandos resgatem valores perdidos ou construam valores nunca adquiridos. A melhoria das condições físicas do presídio, a alimentação balanceada e de qualidade e, até mesmo, a utilização de talheres para as refeições são aspectos que fazem com que os recuperandos se sintam valorizados.

8. A Família
No Método APAC, a família do recuperando é muito importante, por isso, existe a necessidade da integração de seus familiares em todos os estágios da vida prisional, como um dos pilares de recuperação do condenado. Nesse sentido, empreende-se um grande esforço para que os elos afetivos familiares não sejam rompidos. A participação da família é importante após o cumprimento da pena, como forma de continuação do processo de inserção social. [...]
As vítimas ou os seus familiares também precisam receber a atenção e os cuidados da APAC. [...]

9. O Voluntário e sua formação
O trabalho apaquiano é baseado na gratuidade, no serviço ao próximo, como demonstração de amor e carinho para com o recuperando. Nas APACs que administram CRS, sem polícia, a remuneração deve restringir-se apenas e prudentemente às pessoas destacadas para trabalhar no setor administrativo. Para desenvolver sua tarefa, o voluntário precisa estar bem preparado. Com esse objetivo, ele participa de um curso de formação normalmente desenvolvido em 42 aulas. Nesse período, ele conhece a metodologia, desenvolvendo suas aptidões para exercer o trabalho com eficácia e forte espirito comunitário. [...]
O conjunto dos voluntários, casais padrinhos e funcionários é designado "educadores sociais".

10. O Centro de Reintegração Social – CRS
A APAC criou o Centro de Reintegração Social, composto por três pavilhões- destinados aos regimes fechado, semiaberto e aberto – não frustrando, assim, a execução da pena.

O estabelecimento do CRS oferece ao recuperando a oportunidade de cumprir a pena próximo de seu núcleo afetivo: família e amigos. Isso facilita a formação de mão de obra especializada, favorecendo a reintegração social e respeitando os direitos do condenado.

11. Mérito
A vida prisional do recuperando é minuciosamente observada, para que seu mérito seja apurado e, consequentemente, seja definida a progressão dos regimes. Por meio do cumprimento da pena de maneira composta, justa e eficiente, tanto o recuperando quanto a sociedade estarão protegidos. Para tanto, é imperiosa a necessidade de uma Comissão Técnica de Classificação (CTC) composta de profissionais ligados à metodologia, seja para classificar o recuperando quanto à necessidade de receber tratamento individualizado, seja para recomendar, quanto possível e necessário, os exames exigidos para a progressão dos regimes e, até mesmo, para verificar a cessação de periculosidade, a dependência toxicológica e a insanidade mental. Esse trabalho deve ser confiado a profissionais competentes e comprometidos com o Método APAC. Nesse aspecto pesa, inclusive, para a apuração do mérito do condenado, o pedido de perdão à vítima, porque essa atitude demonstra que os verdadeiros valores da vida foram repensados pelo recuperando.

12. A Jornada de Libertação com Cristo
Constitui-se no ponto alto da metodologia. É um encontro anual estruturado em palestras- misto de valorização humana e religião – meditações e testemunhos dos participantes, cujo objetivo é provocar no recuperando a adoção de uma nova filosofia de vida, durante quatro dias de reflexão e interiorização de valores.

Destacam-se, ainda, da citada cartilha, relatos quanto às principais diferenças do sistema Apac em relação ao sistema prisional convencional, quais sejam:

> - A Apac é filiada à Fraternidade Brasileira de Assistência aos Condenados (FBAC), órgão coordenador e fiscalizados das Apacs, reconhecidamente de utilidade pública que tem a função de orientar assistir e manter a unidade de propósitos das associações.
> - Todos os recuperandos são chamados pelo nome, para valorizar o ser humano.
> - Individualização da aplicação da pena.
> - A comunidade local participa efetivamente, através do voluntariado.
> - Assistências espiritual, médica, psicológica e jurídica prestadas pela comunidade.
> - As Apacs oferecem os três regimes penais, fechado, semiaberto e aberto, com instalações independentes e apropriadas às atividades desenvolvidas.

- A vigilância do Centro de Reintegração Social é de responsabilidade da administração da Apac, e as chaves do presídio ficam em poder dos próprios recuperandos, responsáveis pela segurança e pela disciplina.
- Ausência de armas.
- A valorização humana é a base da recuperação, promovendo o reencontro do recuperando com ele mesmo.
- Cursos diversos e atividades variadas, evitando a ociosidade.
- Há um menor número de recuperandos juntos, evitando formação de quadrilhas, subjugação dos mais fracos, pederastia, tráfico de drogas, indisciplina, violência e corrupção.
- Disciplina rígida, baseada no respeito, na ordem, no trabalho e no envolvimento da família do sentenciado.
- Tem-se a assistência à família do recuperando como uma das formas de manter os elos afetivos, reacendendo o ânimo do condenado para se recuperar.

Quanto às razões para justificar a adoção do método Apac, como sistema prisional, o Conselheiro deste Tribunal de Contas, Durval Ângelo Andrade, em sua obra *Apac a face humana da prisão*,[44] assim discorreu:

> Uma série de fatores justificou a adoção desse sistema prisional, mas somente os que vamos citar já seriam razões suficientes:
> - Descentralização dos presídios, a fim de que cada comunidade assuma sua população prisional;
> - municipalização do cumprimento da pena, com presídios de pequeno porte situados nas comarcas, próximos do núcleo familiar e afetivo da pessoa em privação de liberdade;
> - menor número de condenados juntos, dificultando a formação de quadrilhas e de grupos que subjugam os mais fracos;
> - melhores instalações, com salas para laborterapia, biblioteca, departamento médico-odontológico, refeitório, reuniões, aulas, encontros festivos e atos religiosos;
> - manutenção da ordem, com participação dos recuperandos designados para representar os interesses da cela;
> - cumprimento de todos os direitos e deveres consignados na Lei de Execução Penal, na Constituição Federal e nas Regras Mínimas da ONU para Tratamento do Preso;
> - ausência de ociosidade e possibilidades de escolarização e capacitação profissional, entre outros.

---

[44] ANDRADE, Durval Ângelo. *APAC a face humana da prisão*. 6. ed. rev. e atual. Belo Horizonte: [s.n.], 2021. p. 53.

Procedeu-se, então, à programação da visita exploratória, a qual foi realizada na data de 19.4.2022, na Apac feminina de Belo Horizonte e na Apac masculina de Betim, para fins de conhecer e verificar, na prática, como é aplicado o método apaqueano.

Ambas Apacs celebraram termos de colaboração com o Estado de Minas Gerais, por intermédio da Secretaria de Estado de Justiça e Segurança Pública (Sejusp), cujo objeto é a cooperação financeira, visando atender às necessidades dos recuperandos assistidos pelas referidas entidades, garantindo o auxílio financeiro ao custeio dos Centros de Reintegração Social dentro de condições satisfatórias, bem como a valorização e dignificação do ser humano, nos termos da metodologia apaqueana.

As visitas foram acompanhadas por um representante da FBAC, Sr. Wellington Alves de Souza.

Na visita, além de a equipe ter contato com as peculiaridades das localidades de cada um dos CRSs visitados, ela também pôde conhecer as rotinas das Apacs, ver como as atividades são organizadas e desenvolvidas e como é o tratamento conferido aos recuperandos, bem como identificar suas potencialidades e principais dificuldades, a fim de subsidiar os trabalhos de elaboração dos instrumentos de coleta de dados e reconhecer a importância da metodologia aplicada aos recuperandos na humanização do cumprimento das penas privativas de liberdade.

Na Apac feminina de BH, a equipe de auditoria verificou que ela tem capacidade de abrigar 150 recuperandas, sendo 96 para cumprimento de pena no regime fechado; 44 para o regime semiaberto e 10 no regime aberto. Na data da visita, ocupavam a unidade, 130 sentenciadas, das quais 12 obtiveram autorização para a realização de trabalho externo.

Verificou-se também que as recuperandas possuem rotinas rigorosas, própria da metodologia apaqueana, acesso à educação, saúde, trabalho, além de visitas de familiares, e também recebem cuidados pessoais (há uma sala que funciona como uma espécie de salão de beleza), que é um importante instrumento para a recuperação da autoestima das mulheres, as quais ocupam a unidade. Foi informado que as recuperandas pagam o salão com o dinheiro oriundo do seu trabalho.

Entre as atividades realizadas, destacam-se a laborterapia, que inclui trabalhos com bordados e crochê, corte e costura, entre outros.

Os trabalhos produzidos pelas recuperandas são comercializados, ficando 75% dos recursos para as recuperandas e o restante retorna para a cooperativa. Mas, conforme explicou os representes da Apac e FBAC, o foco é na laborterapia, reconhecida pela metodologia apaqueana, e que visa à ressocialização do reeducando em cumprimento de pena. Também há uma horta que se encontra em fase de expansão.

Durante a visita, a equipe deparou-se com a presença, na Apac, do Juiz Marcelo Augusto Lucas Pereira, responsável pela Vara de Execução Penal de Belo Horizonte. Segundo informado pela representante da Apac, essas visitas são rotineiras. A equipe também pôde constatar, no local, visitas de voluntários, como a de uma médica ginecologista, e de realizações de palestras relacionadas ao método Apac.

A unidade recebeu da Prefeitura Municipal de Belo Horizonte doação de um terreno anexo às instalações da Apac, onde se objetiva construir um lava-jato para oportunizar mais uma modalidade de labor às recuperandas. Recentemente, a Apac recebeu uma encomenda de produção de hóstias para fornecer à igreja.

A equipe de auditoria presenciou a chegada de duas presidiárias, oriundas do sistema penitenciário convencional, o que permitiu assistir à recepção humana realizada pelos empregados e recuperandas da Apac. A equipe teve ainda a oportunidade de conversar com recuperandas e de acompanhar algumas das rotinas da unidade.

Constatou-se, ainda, que a Apac utiliza o sistema eletrônico da FBAC, o Infoapac, para fins de rigoroso controle de entrada e saída de qualquer pessoa nas dependências da unidade. Por meio deste sistema, a Apac também atualiza as informações gerais e de quantitativos sobre a unidade, e as fornece à FBAC.

Na visita à Apac de Betim, inaugurada em 31.3.2022, e em funcionamento desde dezembro de 2021, a equipe de auditoria verificou que a referida Apac possui capacidade para abrigar até 200 recuperandos.

Todavia, na data da visita, a unidade era ocupada por 50 recuperandos, sendo 47 no regime fechado e 3 no regime semiaberto.

Foi explicado ainda, que, por se tratar de um CRS recém-inaugurado, era necessário que a ocupação ocorresse de forma gradativa, considerando o método Apac, em que os próprios recuperandos que já assimilaram a metodologia fossem ajudando os novos internos, oriundos do sistema prisional convencional.

Da mesma forma que na Apac feminina de Belo Horizonte, os recuperandos da unidade de Betim possuem uma rotina rigorosa, acordam às 6 horas e dormem às 22 horas, praticam laborterapia (artesanato, bordado, crochê, marcenaria etc.). Ademais, os recuperandos sentenciados ao regime fechado, além de estudarem e se profissionalizarem (por meio de parceria com o Senac para a realização de cursos de capacitação), também possuem horários para a prática de lazer nas duas quadras poliesportivas que são utilizadas pelos internos.

Além disso, a equipe de auditoria conheceu o sistema rígido de controle de penalidades entre os recuperandos. Foi verificado que as faltas leves são solucionadas pelos recuperandos, já as faltas mais graves ou situações reincidentes de faltas leves são levadas para a direção da Apac para as tratativas necessárias. Foi mencionado ainda, por um recuperando, o mesmo que apresentou à equipe de auditoria as instalações no regime fechado, que brigas e discussões entre os recuperandos não são permitidas.

A unidade, que ainda está se reestruturando, recebeu doações de mobiliário e equipamentos de entidades parceiras. Como nas demais Apacs, os internos recebem quatro refeições diárias, de boa qualidade, além da assistência espiritual, médica, psicológica, social e jurídica, própria do método Apac.

Segundo informou a presidente da unidade, também são frequentes as visitas da juíza da Vara de Execuções penais da comarca de Betim à Apac.

Da mesma forma que na Apac feminina de Belo Horizonte, constatou-se que a unidade utiliza o sistema eletrônico da FBAC, o Infoapac, para fins de rigoroso controle de entrada e saída de qualquer pessoa das suas dependências e para fornecer informações gerais à FBAC.

As visitas exploratórias contribuíram para melhor entender o funcionamento do método apaqueano e sua aplicabilidade prática junto aos recuperandos, constatando, entre outras, como relevantes, as seguintes situações:

- os guardiões das chaves dos dormitórios (celas) são recuperandos, o que demonstra confiança na eficácia do método (não evidenciamos segurança armada nas Apacs);
- os recuperandos são chamadas pelo nome próprio, não pelo número, como nos presídios comuns, e não usam uniforme de presidiários;
- os recuperandos são estimulados a manter um bom comportamento, porque, do contrário, prejudicam os colegas de cela;
- a direção das Apacs relatou que não procuram saber o delito cometido pelos recuperandos, para conceder a todos um tratamento igual e humanitário.

Destarte, o que se percebe é que os CRSs possuem rotinas preestabelecidas, com horários rígidos e com a atividades que garantem o acesso dos recuperandos à educação, saúde, trabalho, além de fomentar seus laços familiares e o seu crescimento educacional e espiritual.

A seguir são apresentadas fotos sobre a visita realizada:

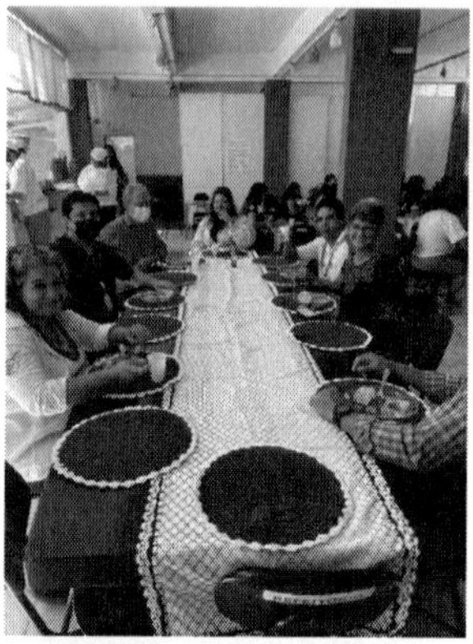

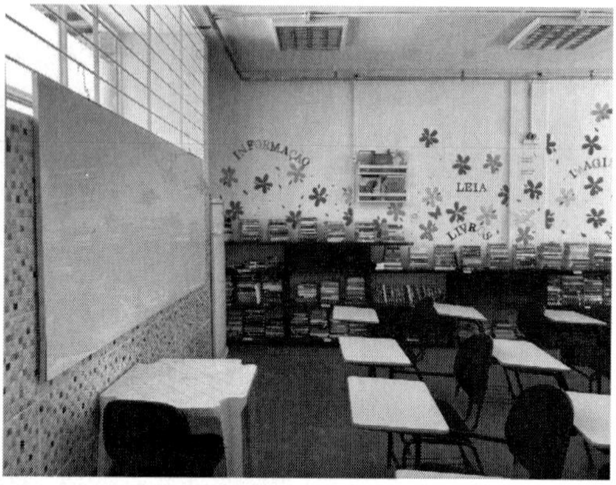
LEIA

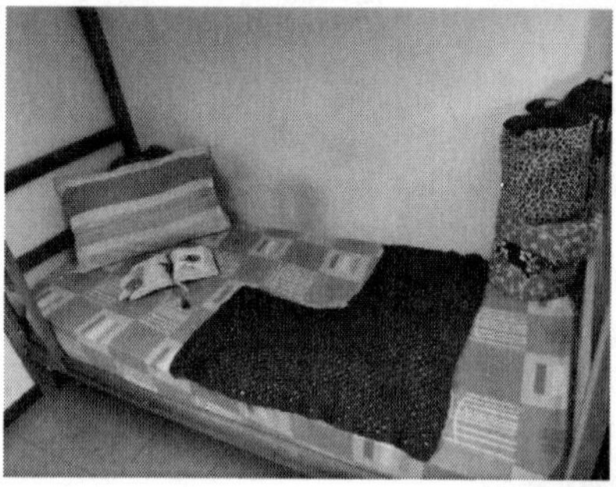

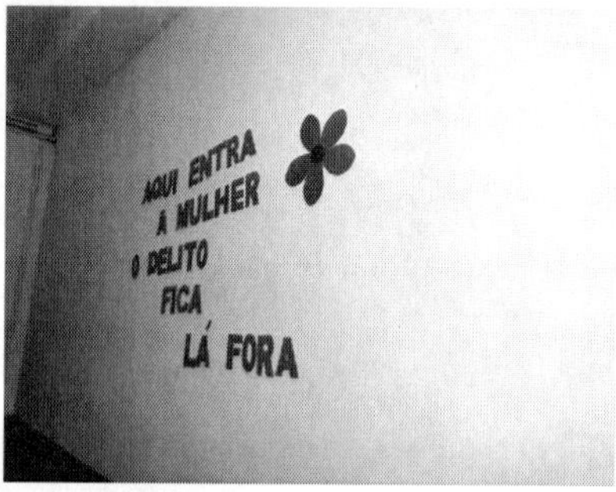
AQUI ENTRA
A MULHER
O DELITO
FICA
LÁ FORA

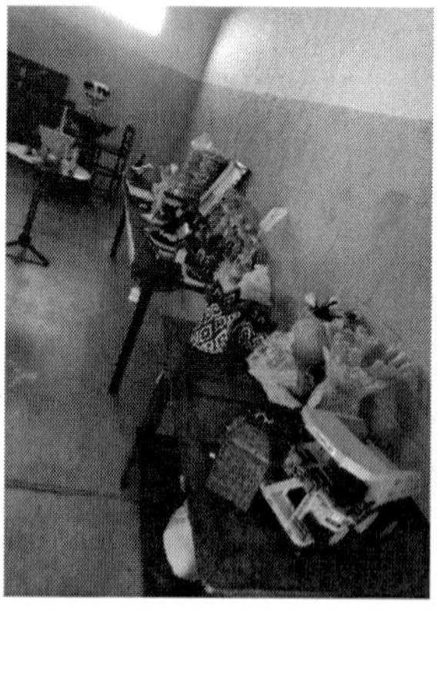

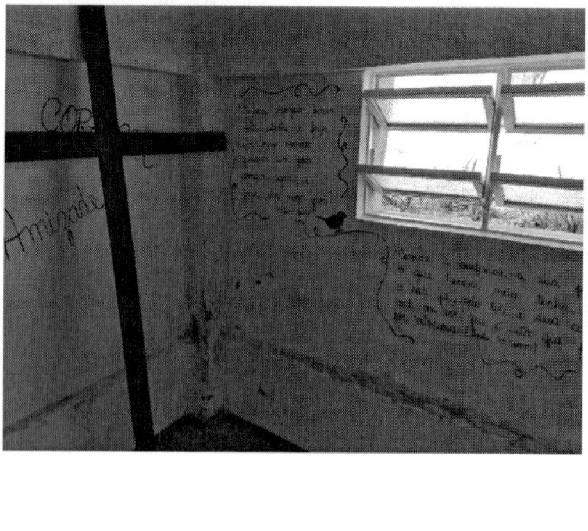

3 Achados de auditoria

3.1 Deficiência no controle e monitoramento do desempenho das Apacs pela Sejusp

As parcerias firmadas entre Sejusp e Apacs, regulamentadas por meio da Lei federal nº 13.019/2014 e pelo Decreto nº 47.132/2017, obedecem às cinco principais fases a seguir especificadas:

Planejamento e Gestão Administrativa > Seleção e Celebração > Execução > Monitoramento e Avaliação > Prestação de Contas

Na obra *Apac: a humanização do sistema prisional*,[45] os autores fazem uma diferenciação entre monitoramento e análise das prestações de contas, a saber:

> Monitorar não é o mesmo que verificar a prestação de contas, que é própria do encerramento do ciclo da parceria – anual ou final, e que também possui regras próprias. O monitoramento pressupõe a ideia de continuidade, uma espécie de verificação do andamento dos projetos e/ou atividades previstas no termo de parceria, visando obter melhores resultados na execução das políticas públicas que se pretende implementar.

Nos termos do disposto no §1º do art. 58 e no art. 61, ambos da Lei nº 13.019/2014, na etapa de monitoramento e avaliação do cumprimento do objeto da parceria firmada entre Sejusp e Apacs, a Administração Pública, responsável pelo repasse dos recursos, colherá informações sobre a execução dos trabalhos por meio de observação periódica realizada por um gestor por ela designado, podendo se valer do "apoio técnico de terceiros, delegar competência ou firmar parcerias com órgãos e entidades que se situem próximos ao local da aplicação dos recursos".

O gestor é que viabilizará a fase de monitoramento, promovendo a interlocução entre esse ator, a OSC e a comissão de monitoramento e avaliação.

---

[45] SANTOS, Luís Carlos Rezende e; FERREIRA, Valdeci; SABATIELLO, Valdeci. *APAC*: a humanização do sistema prisional. Sistematização de processos e fundamentos jurídico-metodológicos que embasam a expansão do método como política pública no Brasil. Belo Horizonte: AVSI; AVSIBRASIL; FBAC; Minas Pela Paz; TJMG, 2018. p. 196. Disponível em: http://www.avsibrasil.org.br/wp-content/uploads/2021/03/APAC-humanizacao-do-sistema-prisional.pdf.

Nesta fase, a Administração Pública pode-se utilizar de alguns instrumentos para subsidiar o monitoramento e avaliação do cumprimento do objeto da parceria, a saber:[46]

A Administração Pública contará com alguns instrumentos previstos em lei, para subsidiar o monitoramento e a avaliação: relatórios de monitoramento produzidos pelas OSCs, no mínimo de periodicidade semestral; relatório técnico de monitoramento e avaliação produzido pelo órgão gestor da parceria e homologado pela Comissão de Monitoramento e Avaliação; relatório de visita técnica in loco; e documento sistematizando os resultados de pesquisa de satisfação, que poderá ser realizada em parcerias com vigência superior a um ano, ambos produzidos pela AP.

Os modelos de instrumentos de monitoramento e dos formulários de prestação de contas são disponibilizados pela Segov – Secretaria de Estado de Governo, no *site* www.sigconsaida.gov.br, aba "Normas e Entendimentos – Padronizações – Parcerias".

Cada um dos relatórios terá objetivos definidos e todos terão a finalidade de verificar o cumprimento do objeto da parceria, as metas e os resultados previamente estabelecidos, conforme quadro a seguir, extraído do manual *Marco Regulatório das Organizações da Sociedade Civil MROSC para OSCS e OEEPS*, elaborado pela Secretaria de Estado de Governo de Minas Gerais (Segov), a saber:[47]

---

[46] SANTOS, Luís Carlos Rezende e; FERREIRA, Valdeci; SABATIELLO, Valdeci. *APAC*: a humanização do sistema prisional. Sistematização de processos e fundamentos jurídico-metodológicos que embasam a expansão do método como política pública no Brasil. Belo Horizonte: AVSI; AVSIBRASIL; FBAC; Minas Pela Paz; TJMG, 2018. p. 197. Disponível em: http://www.avsibrasil.org.br/wp-content/uploads/2021/03/APAC-humanizacao-do-sistema-prisional.pdf.

[47] MINAS GERAIS. *Marco Regulatório das Organizações da Sociedade Civil MROSC para OSCS e OEEPS*. 1. ed. Belo Horizonte: [s.n.], 2017. v. 1. p. 77-78. Disponível em: http://www.governo.mg.gov.br/Images/ckeditor/dfvlhnzv.flaManual_Mrosc_out_2017%20-%20final.pdf.

TIPO DE RELATÓRIO	QUEM PRODUZ?	O QUE DEVE CONTER?	QUANDO DEVE SER PRODUZIDO?
Relatório de Monitoramento (RM)	Produzido pela OSC.	Informações sobre o andamento da execução física do objeto.	A periodicidade será definida no instrumento da parceria e será, no mínimo, semestral.
Relatório Técnico de Monitoramento e Avaliação (RTMA)	Produzido pelo gestor da parceria. Homologado pela Comissão de Monitoramento e Avaliação.	A análise de conformidade do cumprimento do objeto pactuado e os resultados alcançados durante a execução do Termo de Colaboração ou de Fomento e, para tanto: • a descrição sumária das atividades e metas estabelecidas; • análise das atividades realizadas e do cumprimento das metas e do impacto e do benefício social obtido em razão da execução do objeto estabelecido (com base nos indicadores constantes no Plano de Trabalho); • valores efetivamente transferidos pela administração pública; • análise dos documentos com probatórios das despesas apresentadas pela OSC na prestação de contas, quando não comprovado o alcance de metas e resultados estabelecidos no respectivo Termo de Colaboração ou de Fomento; • análise de eventuais auditorias realizadas pelos controles interno e externo, no âmbito da fiscalização preventiva, bem como de suas conclusões e das medidas que tomaram em decorrência dessas auditorias.	• Quando a parceria for selecionada por amostragem*, conforme ato do dirigente máximo do OEEP. • Quando for identificado, pelo gestor, indício de descumprimento injustificado do alcance das metas da parceria. • Quando for aceita denúncia de irregularidade na execução parcial do objeto, mediante juízo de admissibilidade realizado pelo administrador público. • No caso de parcerias para execução de atividades.
Relatório de visita técnica in loco	Produzido pelo OEEP. Enviado à OSC para conhecimento, esclarecimentos e providências eventuais, podendo ensejar a revisão do relatório, a critério do OEEP.	Subsídios ao monitoramento e avaliação da parceira, como verificação presencial e registro da execução do cumprimento do objeto pactuado.	Quando possível, especialmente nas hipóteses em que a visita for essencial para verificação do objeto da parceria e do alcance de metas.
Documento sistematizando o resultado de pesquisa de satisfação	Produzido pelo OEEP, diretamente ou com apoio de terceiros, por delegação de competência ou por meio de ajuste com órgãos ou entidades. A pesquisa poderá ser realizada pelo interveniente, com recurso da parceria, desde que pactuado no instrumento celebrado. Enviado à OSC para conhecimento, esclarecimentos e providências eventuais.	Apuração da satisfação dos beneficiários e da possibilidade de melhorias das ações desenvolvidas pela OSC, visando a contribuir com o cumprimento dos objetivos pactuados e ajuste das metas e ações definidas.	Nas parcerias com vigência superior a um ano, quando possível.

* A seleção por amostra será disciplinada em resolução a ser editada conjuntamente pela Segov e Controladoria-Geral do Estado (CGE).

A seguir é apresentado fluxo resumido do monitoramento e avaliação extraído do *Manual de utilização do SIGCON-Saída específico para MROSC* e do manual *Marco Regulatório das Organizações da Sociedade Civil MROSC para OSCS e OEEPS*, ambos elaborados pela Segov:[48]

OSC
Elabora Relatório de Monitoramento (RM) e Prestação de Contas Anual (PCA).
(15 dias para o RM
90 dias para a PCA)

GESTOR
Analisa RM e a conclusão da PCA.

GESTOR
Elabora Relatório Técnico de Monitoramento e Avaliação (RTMA).

COMISSÃO DE MONITORAMENTO E AVALIAÇÃO
Homologa o RTMA.
(45 dias)

Nos termos do disposto no inc. I, §3º do art. 56 do Decreto estadual nº 47.132/2017:

> para possibilitar o monitoramento e avaliação, a OSC parceira deverá apresentar ao órgão ou entidade estadual parceiro periodicamente, relatório de monitoramento, no prazo de até 15 dias após o término do período a ser monitorado, informando o andamento da execução do objeto.

A periodicidade de que trata o inc. I, §3º, será acrescida no instrumento, e deverá ser definida de acordo com a complexidade do objeto pactuado, observado o intervalo máximo de seis meses entre as apresentações dos relatórios de monitoramento. Sem prejuízo do que estabelece este artigo, nos termos do disposto no §6º do art. 56, o gestor da parceria poderá solicitar, a qualquer tempo, o encaminhamento de relatório de monitoramento sempre que julgar necessário.

Nos termos do disposto no art. 36 da Resolução Conjunta Segov-AGE nº 4/2015, "para fins de demonstrar o cumprimento do cronograma e das metas estabelecidas no Plano de Trabalho, o convenente deve apresentar semestralmente o relatório do cumprimento de metas, observado o modelo a ser definido pela Segov", e "no caso de divergência entre a execução das metas previstas no plano de trabalho e a demonstrada no relatório de monitoramento de metas, o convenente deverá apresentar justificativa ao concedente".

---

[48] MINAS GERAIS. *Marco Regulatório das Organizações da Sociedade Civil MROSC para OSCS e OEEPS*. 1. ed. Belo Horizonte: [s.n.], 2017. v. 1. p. 79. Disponível em: http://www.governo. mg.gov.br/Images/ckeditor/dfvlhnzv.flaManual_Mrosc_out_2017%20-%20final.pdf.

Analisando os instrumentos de parcerias, que compõem a amostra, firmados entre Sejusp e Apacs no período de 2016 a 2021, identificou-se que uma das causas das deficiências detectadas nos Relatórios de Monitoramento realizados pela Sejusp é a ausência, nos planos de trabalho, de definição de metas, indicadores e critérios objetivos que viabilizassem a avaliação do cumprimento do objeto da parceria com foco nos resultados, conforme preconiza a Lei nº 13.019/2014.

Nos planos de trabalho constantes dos processos de convênios e parcerias firmados entre Sejusp e Apacs, referentes aos últimos seis anos, que corresponde ao período selecionado na amostra definida por esta equipe de auditoria, verificou-se que, em que pese a Lei nº 13.019/2014 ter entrado em vigor em janeiro de 2017, até o ano de 2019 inexistia a definição de indicadores e de critérios que estabelecessem, de forma objetiva, os parâmetros para avaliação, em termos percentuais, do cumprimento do objeto e do alcance das metas pactuadas nos instrumentos de parcerias.

V – Plano de aplicação dos recursos

1 – Demonstrativo de recursos solicitados ao concedente					
Custos de investimentos e/ou custeio					
Especificação	Unidade de medida	Quantidade	Valor		
			Unit. ou *per capita*	Mensal	Anual/Total
A – Auxílio à folha mensal de pagamento de pessoal – janeiro à outubro e dezembro	Apac			R$6.256,31	R$68.819,41
A – Auxílio à folha mensal de pagamento de pessoal – novembro	Apac			R$11.972,12	R$11.972,12
B.1 – Auxílio ao custeio fixo mensal do CRS, conforme anexo II	Apac			R$3.350,00	R$40.200,00
B.2 – Auxílio ao custeio *per capita* no CRS, conforme anexo II	Sentenciados	30		R$5.100,00	R$61.200,00

Note que até 2019 as metas no plano de trabalho nos convênios e termos de colaboração se restringiam a executar o recurso recebido, ou seja, não havia metas que mensurassem o controle em atendimentos ao recuperando, cumprimento dos 12 elementos apaqueanos, controle de taxa de ocupação, entre outros.

Neste plano inicial de metas da Sejusp, a única obrigação da Apac é pagar seus funcionários e gastar a totalidade dos recursos repassados, independentemente dos resultados obtidos.

Todavia, a Sejusp, por meio de proposta apresentada pela FBAC, elaborou um novo plano de metas para viger a partir de 2020, passando a conter a seguinte descrição:

V - CRONOGRAMA DE EXECUÇÃO

1 - ESPECIFICAÇÃO DA META: Despesas de Pessoal

1.1 SERVIÇOS - Custódia - Recuperando

ETAPA	Duração (Dias
1.1.1 - Manutenção de 16 (dezesseis) Funcionários e 03 (três) Estagiários - Percentual de 10%	1826
1.1.2 - Atendimento as Demandas Administrativas - Em conformidade com as diretrizes do DEPEN - Percentual 10%	1826

2 - ESPECIFICAÇÃO DA META: Custos Indiretos

2.1 SERVIÇOS - Custódia - Recuperando

ETAPA	Duração (Dias

3 - ESPECIFICAÇÃO DA META: Custeio da Entidade - Custo Fixo

3.1 SERVIÇOS - Custódia - Recuperando

ETAPA	Duração (Dias
3.1.1 - Manutenção da Entidade - Em conformidade com as diretrizes do DEPEN. Percentual : 15,0%	1826

4 - ESPECIFICAÇÃO DA META: Assistência ao Recuperando

4.1 SERVIÇOS - Custódia - Recuperando

ETAPA	Duração (Dias
4.1.1 - Atendimento aos serviços de assistência básica do Recuperando- Em conformidade com as diretrizes do DEPEN. Percentual: 40%	1826

5 - ESPECIFICAÇÃO DA META: Alimentação e Material Pessoal de Higiene e Limpeza

5.1 SERVIÇOS - Custódia - Recuperando

ETAPA	Duração (Dias
5.1.1 - ALIMENTAÇÃO IN NATURA - Em conformidade com as diretrizes do DEPEN. Percentual:5%	1826
5.1.2 - MATERIAL DE HIGIENE E LIMPEZA - Em conformidade com diretrizes do DEPEN. Percentual: 5%	1826

Nesse segundo plano de metas, é possível identificar avanços por parte da Sejusp, haja vista que as metas passaram a ser mais bem especificadas e foram implementados parâmetros de avaliação. Todavia, essas metas ainda tinham o foco voltado estritamente a aspectos financeiros, bem como careciam de critérios objetivos de mensuração e quantificação da meta.

À título exemplificativo, pode-se citar a meta 5, etapa 5.1.1, "Alimentação *in natura*", neste caso, cabe à Apac provar regularidade nas despesas com alimentação, contudo, não há parâmetros objetivos para calcular se a alimentação era adequada e suficiente, quantas refeições devem ser disponibilizadas nem o impacto disso no resultado da parceria.

A respeito das metas previstas nos cronogramas de execução dos planos de trabalho das parcerias e convênios firmados com a Sejusp em 2021, verifica-se que a FBAC coaduna do mesmo entendimento da equipe de auditoria, consoante resposta ao Comunicado nº 4/2021:

> Vale ressaltar que, dos convênios celebrados em 2003, até as atuais parcerias, não há, na visão da FBAC, previsão de metas qualitativas, e sim meios, conforme consta em cronograma de execução do atual plano de trabalho adotado:
> O que a Administração Pública está denominando de metas, na nossa visão são meios, e ainda assim sem nenhum critério objetivo de avaliação. Ainda que sejam previstos percentuais de pontuação, os critérios adotados pela Comissão de Monitoramento na análise não são pactuados em plano de trabalho, conforme considerações sobre o monitoramento que incluímos a seguir, no item 9 do presente ofício.
> Em diálogo permanente com o gestor das parcerias pela SEJUSP, S. Gauberte Warleson Diniz Rocha, que tem apresentado grande abertura para implementar mudanças, encaminhamos a proposta de plano de indicadores e metas (Anexo I), que foi apresentado à SEJUSP em julho/2021, em processo SEI 1450.01.0098308/2021-57. A proposta está sendo avaliada pelos gestores públicos, para que os planos de trabalho sejam modificados a partir de janeiro/2022.

Portanto, apesar de a Sejusp ter estabelecido indicadores e critérios objetivos nos planos de trabalho das parcerias firmadas, estes ainda eram deficientes, pois não possibilitavam que se aferisse, qualitativamente, o cumprimento do objeto e o alcance das metas nas parcerias firmadas com as Apacs, nos termos preconizados pela Lei nº 13.019/2014, tendo em vista que o foco da mensuração e aferição da execução das parcerias, em termos percentuais, estava estritamente voltado para comprovação da regularidade da execução financeira dos recursos repassados pelo órgão concedente.

Durante a execução dos trabalhos de auditoria, foi aprovado pelo gestor das parcerias um novo de plano de indicadores e metas apresentado pela FBAC, para viger a partir de 2022, o qual definiu indicadores que, de forma objetiva, passaram a mensurar qualitativamente o cumprimento do objeto pactuado e o alcance das metas, em conformidade com o disposto no art. 22 da Lei nº 13.019/2014.

A seguir é apresentada imagem contendo a descrição do novo plano de metas proposto pela FBAC e aprovado pela Sejusp:

V - CRONOGRAMA DE EXECUÇÃO

1 - ESPECIFICAÇÃO DA META: META 1: Operacionalização do elemento fundamental Centro de Reintegração Social - (Manter o quadro de 14 funcionários, 00 estagiários, zero fuga e ocupação >= 90%)

1.1 SERVIÇOS - Custódia - Recuperando

ETAPA	Duração (Dias
1.1.1 - Etapa 1: Contratar e treinar a equipe de trabalho, conforme cargos e quantitativos estabelecidos em plano de trabalho.	1826
1.1.2 - Ocupar as vagas prisionais no CRS de acordo com a capacidade de atendimento pactuado e manter o CRS em pleno funcionamento.	1826
1.1.3 - Garantir as condições de conservação, limpeza, e tratamento digno para custódia do preso na unidade, sob o enfoque da valorização humana (arts. 82 e 83-A da LEP)	1826
1.1.4 - Garantir a segurança do CRS, evitando fugas e evasões.	1826

2 - ESPECIFICAÇÃO DA META: META 2: Implantar o elemento fundamental Família

2.1 SERVIÇOS - Custódia - Recuperando

ETAPA	Duração (Dias
2.1.1 - Etapa 1: Realizar 6 (seis) encontros para familiares e/ou encontro para casais, no exercício, sobre metodologia APAC, disciplina e segurança, espiritualidade, dependência química, capacitação, instrução etc.	1826

2 - ESPECIFICAÇÃO DA META: META 2: Implantar o elemento fundamental Família

2.1 SERVIÇOS - Custódia - Recuperando

ETAPA	Duração (Dias

3 - ESPECIFICAÇÃO DA META: META 3: Implantar o elemento fundamental Participação da Comunidade

3.1 SERVIÇOS - Custódia - Recuperando

ETAPA	Duração (Dias
3.1.1 - Etapa1: Promover 6 (seis) eventos e cursos, no exercício, com o objetivo de sensibilizar a comunidade para participação social na Execução Penal.	1826

4 - ESPECIFICAÇÃO DA META: META 4: Implantar o elemento fundamental Assistência à saúde

4.1 SERVIÇOS - Custódia - Recuperando

ETAPA	Duração (Dias
4.1.1 - Etapa 1: Promover, no exercício, o acesso a 100% dos recuperandos a assistência à saúde (enfermeiro ou médico), ou psicólogo, ou odontológico.), na rede pública, e/ou atendimentos nas dependências do Centro de Reintegração Social	1826

4.1.2 - Etapa 2: Promover no exercício 24 (vinte e quatro) eventos de conscientização, cuidados e prevenção à saúde das pessoas privadas de liberdade: Alcoólicos anônimos, narcóticos anônimos, semanas da saúde e terapias de grupo.	1826
4.1.3 - Etapa 3: Implantar o Programa Caminhos do Cuidado, específico no tratamento da dependência química, e formar 4 (quatro) turmas no exercício	1826

5 - ESPECIFICAÇÃO DA META: META 5
Implantar o elemento fundamental Assistência Jurídica

5.1 SERVIÇOS - Custódia - Recuperando

ETAPA	Duração (Dias
5.1.1 - Etapa 1: Proporcionar o acesso à assistência jurídica, a 100% dos recuperandos, no exercício.	1826

6 - ESPECIFICAÇÃO DA META: META 6
Implantar o elemento fundamental Trabalho/oficinas profissionalizantes

6.1 SERVIÇOS - Custódia - Recuperando

ETAPA	Duração (Dias
6.1.1 - Etapa 1: Proporcionar atividades laborativas a 100% dos recuperandos, intramuros e extramuros, /oficinas/trabalho de acordo com a estrutura do CRS, regimes de cumprimento de pena, etc.	1826
6.1.2 - Etapa 1: Promover 3 (três) cursos profissionalizantes, no exercício, aos recuperandos, organizados pela própria OSC e/ou parceiros.	1826

7 - ESPECIFICAÇÃO DA META: META 7
Implantar o elemento fundamental Valorização humana

7.1 SERVIÇOS - Custódia - Recuperando

ETAPA	Duração (Dias
7.1.1 - Etapa 1: Realizar 1 (uma) palestra semanal de valorização humana, utilizando-se da metodologia da terapia da realidade, conforme previsto no método APAC, conforme livro Juntando Cacos, Resgatando Vidas.	1826
7.1.2 - Etapa 2: Proporcionar o acesso a 100% dos recuperandos à educação formal, incluindo quaisquer dos níveis de ensino e/ou projetos de leitura, tendo ou não a remição regulamentada	1826

8 - ESPECIFICAÇÃO DA META: META 8
Implantar o elemento fundamental Voluntários e o curso para sua formação

8.1 SERVIÇOS - Custódia - Recuperando

ETAPA	Duração (Dias
8.1.1 - Etapa 1: Promover um curso de formação de voluntários, por exercício.	1826

Forma de execução das atividades ou projetos e de cumprimento das metas atreladas:
Será feito periodicamente (quadrimestral), conforme cronograma de desembolso, para atuação de caracter preventivo e saneador, orientação dos gestores das parcerias, aprimoramento de procedimentos e padronização.

Desta forma, os novos planos de trabalho passaram a definir as metas e especificar as atividades a ela vinculadas, a prever receitas e despesas a serem realizadas na execução de cada uma das atividades abrangidas pela parceria, a especificar os documentos a serem apresentados para aferição/comprovação do cumprimento das metas e o alcance dos resultados, bem como a contemplar a forma de avaliação do cumprimento do objeto, por meio da especificação de critérios objetivos a serem utilizados pela Sejusp para aferição qualitativa da execução do objeto, com foco no desempenho das atividades realizadas pelas Apacs.

A adoção dos novos planos de trabalho demonstra que está ocorrendo uma mudança cultural no âmbito da Sejusp, tendo em vista que, a partir de 2022, o referido órgão, quando da celebração de novas parcerias entre Sejusp e Apacs, já passou a atuar de forma mais alinhada à diretriz prevista no art. 6º, II da Lei nº 13.019/2014, o que possibilita que ele possa aferir, por meio de parâmetros objetivos, definidos com base nos novos indicadores e metas propostos pela FBAC, se as Apacs estão cumprindo as metas e os resultados esperados, no que se refere ao desenvolvimento das atividades voltadas diretamente ao cumprimento dos 12 (doze) elementos da metodologia apaqueana.

Considerando que houve uma mudança substancial nas metas e critérios definidos, no intuito de melhor atender ao disposto na Lei nº 13.019/2014 e viabilizar a realização de uma prestação de contas simplificada, cujo foco seja mais direcionado ao cumprimento do objeto e alcance dos resultados, de forma a não ficar tão adstrita a aspectos estritamente financeiros, é importante que a Sejusp viabilize capacitações dos seus servidores para realizar monitoramento e avaliação das parcerias com foco nos resultados, com base na Lei nº 13.019/2014, promova adequações nos normativos internos, nos procedimentos e fluxos adotados na análise das prestações de contas, bem como nos modelos e na forma de monitoramento e avaliação das parcerias, para que elas não se tornem inócuas. As necessidades de capacitação dos servidores da Sejusp e dos gestores e empregados de tesouraria das Apacs encontram-se relatadas detalhadamente em tópico específico deste relatório (item 3.9).

3.1.1 Dos relatórios de monitoramento elaborados pelas OSCs

O que se constatou é que os relatórios de monitoramento elaborados pelas Apacs são encaminhados dentro do prazo de até 15 dias após o término do período a ser monitorado e são realizados em conformidade com os modelos disponibilizados no *site* da Sejusp.

Os relatórios-padrão são acompanhados de fotografias e de listas de atendimento assinadas pelos recuperandos e pelos profissionais responsáveis pelas consultas realizadas, visando comprovar a efetiva prestação dos serviços de assistência médica, odontológica, psicológica, social, jurídica, bem como demonstrar a realização de eventos, cultos e palestras no âmbito das Apacs, conforme previsto nos cronogramas dos planos de trabalho das parcerias firmadas entre Sejusp e Apacs.

No entanto, em algumas fichas de atendimentos constantes dos relatórios não foi possível identificar o número de registro do conselho profissional dos responsáveis pelos atendimentos aos recuperandos, pois constava somente a assinatura de pessoas que, em tese, seriam os profissionais habilitados contratados pelas Apacs, para a prestação de serviços assistenciais aos recuperandos.

Outra inconsistência verificada nestes relatórios foi a ausência de informações a respeito dos percentuais que deveriam ser atingidos por cada uma das Apacs, para a aferição do cumprimento qualitativo das metas relativas às prestações de serviços assistenciais, e a ausência do número total de eventos, cultos e palestras que deveriam ser promovidos no curso das parcerias para que as metas ligadas ao cumprimento do objeto fossem consideradas cumpridas.

No que se refere ao apontamento supramencionado, a equipe constatou que a causa da ausência destas informações nos relatórios de monitoramento encaminhados pelas Apacs é decorrente da deficiência na definição dos indicadores e metas e da ausência de especificação de critérios objetivos e da forma de mensuração dos resultados pela Sejusp nos planos de trabalho constantes das parcerias firmadas nos últimos cinco anos entre Sejusp e Apacs.

O que se verifica, portanto, é que o modelo de relatório de monitoramento atualmente disponibilizado às Apacs não está apto a atender ao disposto na Lei nº 13.019/2014, tendo em vista que as informações que dele devem constar, para fins de subsidiar o monitoramento e avaliação da Sejusp, não permitem que sejam aferidos, de forma qualitativa, os resultados alcançados e o grau de efetividade do desempenho das Apacs (excelente, aceitável, inaceitável), mas somente permite aferir se as atividades previstas foram realizadas em conformidade com o plano de trabalho e se os recursos utilizados foram aplicados regularmente na execução da parceria.

Em que pese estes relatórios encaminhados à Sejusp, no formato em que se encontram hoje, não retratem o desempenho real das OSCs, esta equipe verificou que há informações a respeito do cumprimento qualitativo das metas por parte das Apacs, que, atualmente, encontram-se armazenadas somente no âmbito da FBAC e que poderiam ser mais bem aproveitadas, caso a Sejusp as solicitasse nos relatórios de monitoramento, para fins de verificar o cumprimento das metas e resultados previstos nos novos planos de trabalho constantes das parcerias celebradas a partir de 2022.

É importante frisar que a atuação tempestiva e concomitante da FBAC, para verificar o cumprimento das medidas propostas e para avaliar o grau de desempenho das Apacs no alcance dos resultados decorrentes das atividades por elas desempenhadas, tem contribuído para a manutenção do propósito das Apacs no cumprimento do objetivo de conferir um tratamento humanizado às pessoas privadas de sua liberdade, proteger a sociedade e promover a justiça restaurativa.

Nota-se, portanto, que o papel desenvolvido pela FBAC com relação às suas filiadas é de extrema relevância para que elas mantenham seu propósito de fiel cumprimento da metodologia apaqueana e para que possam corrigir os rumos e atingir os resultados na execução de suas atividades de forma efetiva e eficaz.

Destaca-se que a FBAC desenvolveu um plano de ação a ser trabalhado com cada Apac de acordo com a nota que esta obtiver no monitoramento interno que a FBAC realiza com as respectivas OSCs.

Em contrapartida, não há nenhum plano de ação prévio na Sejusp, o que enseja falta de padronização entre os servidores sobre que ações devem tomadas caso a Apac não atinja os resultados esperados.

Em questionário aplicado aos servidores da DCA da Sejusp, estes foram inquiridos a detalhar qual é o procedimento a ser adotado nos casos de não atingimento de metas pela Apac.

Deste questionamento, a equipe de auditoria obteve as seguintes respostas:

ID	Resposta
8	Nada a declarar
10	O Foco do resultado no atingimento das metas será adotado a partir do ano de 2022.
9	Não sei informar
11	- Solicitar à OSCs a justificativa para o não cumprimento das metas; - Analisar a justificativa e orientar a OSC sobre os procedimentos a serem adotados; - Acompanhar e verificar, se no próximo exercício a dificuldade foi sanada.
12	Não sei responder as questões Q14, Q14 A1, Q16 Q17 e Q18 porquê não faço parte do Núcleo de Prestação de Contas da DCA.
14	É emitida uma notificação a APAC para apuração da prestação de contas e a não resposta ou a não quitação de documentação faltante ou de outrem é cancelada a verba da OSC até a sua regularização, como prevê o Decreto 47132 de 20/01/2017.

Os servidores da DCA informaram respostas totalmente diferentes, o que demonstra falta de padronização do setor a respeito dos procedimentos a serem adotados caso a Apac não atinja as metas, fazendo com que a ação a ser tomada com a Apac pela Sejusp varie não pelo seu desempenho no monitoramento, mas em razão da subjetividade utilizada pelo servidor que a analisou.

Destarte, há a necessidade de a DCA elaborar um plano contendo ações e medidas a serem tomadas com as Apacs, de acordo com a nota que estas obtiveram no monitoramento, garantindo assim isonomia, transparência e efetividade da condução de correção das impropriedades apuradas pela DCA.

Diante do acima exposto, esta equipe de auditoria propõe a seguinte medida:

I. Recomenda-se à Sejusp que:
a) Aprimore os modelos dos relatórios de monitoramento produzidos pelas OSCs, para que passem a exigir:
    i. a comprovação do cumprimento qualitativo do objeto com base em documentos e informações que possibilitem aferir, de forma objetiva, o cumprimento qualitativo das novas metas e indicadores estabelecidos nos novos planos de trabalho constantes das parcerias celebradas a partir de 2022, para que possa retratar o efetivo alcance dos resultados decorrentes da execução das atividades desenvolvidas pelas Apacs;
    ii. a obrigatoriedade no preenchimento dos dados relativos ao registro dos profissionais que prestam serviços assistenciais nas Apacs, para que, quando da análise do relatório de monitoramento das OSCs, a Sejusp possa verificar se a pessoa que assinou as listas é o profissional habilitado e responsável pelo atendimento dos recuperandos.
b) Elabore plano de ação para as OSCs com critérios de medição do desempenho, informando às Apacs as possíveis medidas que poderão ser adotadas nos casos de descumprimento total ou parcial do objeto, de acordo com as notas obtidas por cada uma das filiadas da FBAC durante o monitoramento e avaliação das parcerias.

O benefício que se espera é que os modelos de relatório elaborados pelas Apacs sejam aprimorados pela Sejusp, para que possam retratar o cumprimento qualitativo do objeto e das metas e resultados alcançados pelas Apacs, subsidiando o monitoramento e a prestação de contas das parcerias.

3.1.2 Dos relatórios de monitoramentos e avaliação produzidos pela Sejusp

Antes de adentrar no mérito deste achado de auditoria, é importante destacar que, a partir da análise das parcerias selecionadas para amostra, foi possível constatar que todo o monitoramento e avaliação do cumprimento dos objetos da parceria foi feito exclusivamente por servidores da própria Sejusp, não tendo o referido órgão se valido de apoio técnico de terceiros ou firmado parcerias com órgãos ou entidades situados próximos à aplicação do recurso, para auxiliá-los no cumprimento do disposto no art. 58 da Lei nº 13.019/2014.

Analisando os relatórios de monitoramento e avaliação realizados pela Sejusp no âmbito das parcerias firmadas nos últimos seis anos, o que se verifica é que a análise das atividades desenvolvidas e do cumprimento de metas é realizada estritamente com base nas informações prestadas e na documentação apresentada pelas Apacs, quando do encaminhamento dos relatórios de monitoramento à Sejusp.

No entanto, estas informações, da forma e no modelo que a Sejusp solicitava que fossem prestadas no âmbito das parcerias celebradas com as Apacs relativas aos períodos de 2016 a 2021, não eram suficientes para a aferição qualitativa do cumprimento do objeto, pelos motivos já explicitados no item 1 e 1.1 deste relatório de auditoria.

Além disso, os outros instrumentos de monitoramento previstos na Lei nº 13.019/2014, os quais serão tratados mais detalhadamente em tópicos específicos deste relatório de auditoria, e que foram utilizados pela Sejusp, também não poderiam ser considerados para fins de aferir o cumprimento qualitativo do objeto das parcerias firmadas nos últimos cinco anos.

Isso porque, ao analisar os relatórios das visitas técnicas realizadas pela Sejusp e os resultados obtidos com a pesquisa de satisfação aplicada aos beneficiários previstos no plano de trabalho, verificou-se que, da forma como foram elaborados, os referidos instrumentos não forneciam elementos suficientes e as informações necessárias que permitissem à Sejusp aferir as irregularidades que deram causa aos resultados insatisfatórios e determinar as medidas corretivas que deveriam ser adotadas pelas Apacs, para sanar as inconformidades e, ao final das parcerias, alcançar o cumprimento das metas e resultados previstos nos planos de trabalho.

Diante deste cenário, o que se verifica é que uma das deficiências identificadas nos relatórios de monitoramento e avaliação elaborados pelo gestor da parceria da Sejusp é que eles eram realizados de forma subjetiva pelo gestor da parceria, o que impossibilitava que se aferisse, de forma real e a partir de parâmetros objetivos, o desempenho das atividades desenvolvidas pelas Apacs, as quais poderiam ser classificadas como "satisfatórias", "parcialmente satisfatórias" ou "não satisfatórias", de acordo com o grau efetividade e de eficiência identificados durante o curso das parcerias.

Um impacto negativo da falta de definição prévia de metas qualitativas e de critérios objetivos nos planos de trabalho, visando à avaliação do cumprimento dos objetos, é que as Apacs não têm um conhecimento prévio, desde o início da celebração da parceria, a respeito da forma objetiva como serão avaliadas no que se refere ao cumprimento do objeto das parcerias e do grau de desempenho que a Sejusp espera que elas atinjam no desenvolvimento de suas atividades.

Outro ponto que a equipe de auditoria identificou de deficiência nos relatórios de monitoramento e avaliação da amostra é que o foco das metas pactuadas nos planos de trabalho estava restrito à verificação da boa e regular execução financeira das parcerias, em detrimento do cumprimento do objeto e do alcance dos resultados.

Além disso, o fato de as metas anteriormente pactuadas não serem capazes de aferir qualitativamente o cumprimento do objeto, quiçá, os benefícios dele advindos, acarretou outra deficiência nos relatórios de monitoramento das parcerias realizadas nos últimos seis anos relativa à ausência de informações a respeito dos impactos dos benefícios sociais obtidos em razão da execução do objeto, com base nos indicadores estabelecidos e aprovados no plano de trabalho, conforme preconizado pelo inc. II do art. 59 da Lei nº 13.019/2014.

O MROSC define que no relatório de monitoramento, além do cumprimento das metas, devem ser analisados o impacto social obtido na parceria, contudo, na prática, os relatórios de monitoramento da Sejusp nada versam sobre tais benefícios. Podendo-se citar, por exemplo, ausência de comparativo de custo *per capita* do sistema Apac com o convencional, análise individual dos índices de reincidência, nível de educação e capacitação dos recuperandos, entre outros.

Outro ponto deficiente identificado nas respostas aos questionários direcionados aos servidores da Sejusp foi a ausência de informação a respeito das medidas a serem adotadas pela Administração Pública nos casos em que as Apacs não cumprissem ou cumprissem parcialmente o objeto, bem como da estipulação de prazo para regularizar as impropriedades detectadas.

O impacto negativo é que isso gera uma insegurança jurídica nas Apacs, tendo em vista que elas não dispõem de informação prévia a respeito de quais medidas poderão ser adotadas pela Sejusp, em razão da gravidade das irregularidades cometidas no curso das parcerias firmadas com o Poder Público, nos casos de descumprimento total ou parcial das metas pactuadas nos planos de trabalho.

Outra fragilidade identificada nos relatórios de monitoramento é que, embora os servidores da Sejusp realizassem o registro e o monitoramento dos níveis da taxa de ocupação de vagas nas Apacs, não restou demonstrada a existência de tratativas, de recomendações ou de elaboração de plano de ação entre Sejusp e Apacs, no intuito de elevar a taxa de ocupação dos Centros de Reintegração Social (CRS) de forma gradativa para que, até o final da parceria, elas conseguissem obter um resultado satisfatório e cumprir a meta prevista no plano de trabalho.

Corroborando o fato acima, destaca-se a tabela a seguir, a qual compara as taxas de ocupação dos CRSs com os resultados dos processos das visitas técnicas executadas pela Sejusp nas Apacs (Processo SEI nº 1450.01.0045115/2020-89):

(continua)

Apac	Capacidade	Ocupação	Taxa de ocupação	Conclusão do monitoramento
Itaúna Masculino	195	151	77%	Satisfatório
Santa Luzia	200	171	86%	Parcialmente satisfatório
Rio Piracicaba	56	55	98%	Parcialmente satisfatório
Santa Bárbara	65	50	77%	Parcialmente satisfatório
Conselheiro Lafaiete Feminino	85	54	64%	Satisfatório
São João Del Rei Masculino	350	356	102%	Satisfatório
Canápolis	90	65	72%	Não satisfatório
Ituiutaba	30	27	90%	Não satisfatório
Paracatu	160	137	86%	Satisfatório

(conclusão)

Apac	Capacidade	Ocupação	Taxa de ocupação	Conclusão do monitoramento
Patos de Minas	63	53	84%	Satisfatório
Patrocínio	100	78	78%	Não satisfatório
Pirapora	150	107	71%	Parcialmente satisfatório
Conselheiro Lafaiete Masculino	250	210	84%	Satisfatório
São João Del Rei Feminino	90	65	72%	Satisfatório
Januária Masculina	70	64	91%	Parcialmente satisfatório
Pedra Azul Masculina	42	42	100%	Satisfatório
Total	1996	1685	84%	-

A tabela acima demonstra que a Sejusp não adota taxa de ocupação do CRS como meta nem estabelece critérios objetivos e ações corretivas, com adoção de um planejamento e cronograma de acompanhamento efetivos, para avaliar a atuação dos gestores das Apacs na solução deste problema de baixa ocupação.

A justificativa apresentada pela Sejusp é que não se pode punir as Apacs em decorrência da baixa ocupação, considerando que a transferência de sentenciados depende de autorizações do Poder Judiciário. Todavia, na visão desta equipe de auditoria, este fato não retira a necessidade de a Sejusp registrar a ressalva, quando da análise do monitoramento, e verificar se a Apac se desincumbiu de fazer tudo que lhe era possível para o preenchimento das vagas ociosas.

Detectou-se também mais uma inconsistência nos relatórios no que se refere à ausência de informação contendo a especificação das atividades previstas e das metas estabelecidas nos planos de trabalho e a análise das atividades que foram efetivamente realizadas, para identificar se houve ou não o cumprimento do objeto e das metas que estão sendo apuradas durante a execução das parcerias.

Ou seja, nos relatórios da DCA, não há um comparativo individual por meta, avaliando quais foram cumpridas, o percentual de cumprimento e as ações a serem adotadas para sua correção. Ora, o atual relatório apenas informa se são satisfatórios ou não os serviços prestados pela Apac, contudo, não identifica qual ponto específico não foi cumprindo a contento pela OSC, bem como não estabelece quais são as medidas corretivas a serem adotadas pela Apac.

Ademais, esta equipe de auditoria sentiu assaz dificuldade em avaliar se os gestores das Apacs eram tempestivos na entrega da documentação de monitoramento e prestação de contas, porquanto que os relatórios da DCA não examinam a tempestividade nem versam sobre as datas de entrega da documentação e do cumprimento de diligência pela Apac.

Diante do exposto, esta equipe de auditoria propõe as seguintes medidas:

I. Determinar à Sejusp que:
a) Aprimore o modelo dos relatórios de monitoramento e avaliação do cumprimento do objeto e das metas estabelecidos nos planos de trabalho das parcerias firmadas com as Apacs, inserindo os impactos dos benefícios sociais das parcerias, com o fito de aferir de forma efetiva e eficiente o desempenho da entidade convenente, em conformidade com o disposto nos arts. 58 e 59 da Lei nº 13.019/2014.

II. Recomendar à Sejusp que:
a) Aprimore relatórios técnicos da DCA:
   i. inserindo tópico específico versando sobre a tempestividade da entrega de documentação pela Apac e os motivos de eventuais atrasos ou glosas realizadas no decorrer da execução da parceria;
   ii. realizando a análise individual do cumprimento de cada meta, atribuindo nota de monitoramento à OSC e informando, com prazo, quais medidas deverão ser saneadas pela Apac, bem como boas práticas, caso existam.

Os benefícios esperados com o aprimoramento dos relatórios de monitoramento e avaliação realizados pela Sejusp são:

a) A melhoria na aferição do desempenho das Apacs, de forma que o seu conteúdo possa ser levado em consideração no monitoramento e avaliação do cumprimento do objeto e quando da emissão de parecer técnico conclusivo de análise das prestações de contas das parcerias firmadas entre Sejusp e Apacs a partir do novo plano de trabalho aprovado em 2022 pela Sejusp, o qual define novas metas e indicadores voltados para o cumprimento do objeto e alcance dos resultados.

b) Aprimorar a comunicação entre Sejusp e FBAC no monitoramento das parcerias firmadas a partir de 2022, de forma a manter um diálogo permanente e contínuo, visando à correção dos apontamentos realizados pela Sejusp, a revisão de metas e dos resultados, caso necessário, no intuito de evitar que alguma irregularidade não sanada possa levar à denúncia ou rescisão da parceria, o que pode acarretar inúmeros prejuízos às Apacs e à Administração Pública.

3.1.3 Dos relatórios das visitas *in loco*

Nos termos do disposto no art. 57 do Decreto nº 47.132/2017:

> Art. 57. O órgão ou entidade estadual parceiro deverá, quando possível, realizar visita técnica in loco para subsidiar o monitoramento e avaliação da parceria, especialmente nas hipóteses em que esta for essencial para verificação do cumprimento do objeto da parceria e do alcance das metas.

Analisando os relatórios de visita técnica emitidos pela Sejusp, nos processos que compõem a amostra selecionada pela equipe de auditoria, verificou-se que, em que pese terem sido acostadas fotos tiradas das dependências dos Centros de Reintegração Social das Apacs, tais documentos não são suficientes para evidenciar se houve o cumprimento do objeto e das metas pactuadas nos planos de trabalho.

Isso porque o relatório emitido pela Sejusp não contém informações relevantes para realização do efetivo monitoramento e avaliação das parcerias firmadas nos últimos seis anos, uma vez que não retrata expressamente a situação encontrada *in loco* e não é conclusivo a respeito do cumprimento qualitativo do objeto das parcerias, uma vez que não informa os parâmetros utilizados para aferição dos resultados, não aponta quais foram as irregularidades apuradas, não especifica o que precisa ser aprimorado e quais providências deverão ser adotadas pelas Apacs para sanar os problemas detectados durante a execução das parcerias, bem como não informa o período a que os fatos se referem.

A guisa de exemplo, podemos mencionar o relatório de visita técnica emitido no Processo SEI nº 1450.01.0045115/2020-89, que não dispõe dos elementos necessários para subsidiar o monitoramento e avaliação das parcerias, conforme preconiza o *caput* do art. 57 do Decreto estadual nº 47.132/2017.

Uma das causas que contribuiu para que fossem geradas deficiências nos relatórios de visitas técnicas foi a insuficiência de capacitações e orientações aos servidores da Sejusp a respeito desta temática.

Outra causa das deficiências existentes no monitoramento é o fato de que os quesitos e critérios de análise utilizados quando da realização das visitas técnicas nas Apacs não estão voltados diretamente para a aferição do cumprimento do objeto e para quantificação das metas alcançadas durante a execução das parcerias firmadas com a Sejusp.

Outro fator que contribuiu para as deficiências no monitoramento foi a ausência de um sistema eletrônico que possibilite o gerenciamento, com base em risco, das visitas técnicas a serem realizadas nas Apacs, quando se fizer necessária a aferição presencial do cumprimento dos objetos das parcerias.

O impacto negativo que isso pode acarretar para o monitoramento das parcerias é que, ainda que as Apacs tomem ciência do teor do relatório, nos termos do disposto no parágrafo único do art. 57 do Decreto estadual nº 47.132/2017, elas não disporão de elementos necessários para prestar os esclarecimentos solicitados pela Sejusp e não disporão de informações a respeito das irregularidades que, porventura, tenham sido apuradas, para que possam adotar as providências que entenderem necessárias na solução dos problemas apontados, visando ao alcance dos resultados previstos nos planos de trabalho das parcerias.

Outra consequência decorrente das deficiências apuradas nos relatórios de visitas técnicas é que, em que pese ele ter sido realizado, não servirá como subsídio para a elaboração de parecer técnico sobre a prestação de contas final, nos termos do disposto no art. 84 do Decreto estadual nº 47.132/2017, tendo em vista que não dispõe de elementos que permitam aferir o cumprimento dos objetos das parcerias.

A respeito das visitas técnicas, esta equipe de auditoria também constatou a partir das respostas apresentadas pela Sejusp, em atendimento ao questionamento formulado no Comunicado de Auditoria nº 10/2021, que não é adotado nenhum critério específico, baseado em mapeamento de riscos, para a seleção das Apacs que receberão visitas técnicas, para fins de aferição presencial do cumprimento do objeto das parcerias.

Diante do acima exposto, esta equipe de auditoria propõe a seguinte medida:

I. Recomendar à Sejusp que:
a) Aprimore os relatórios de visitas técnicas utilizados como instrumento para subsidiar o monitoramento e avaliação do cumprimento das metas previstas nos planos de trabalho das parcerias firmadas com as Apacs, fazendo constar quais metas foram considerados insatisfatórias, o que precisa ser aperfeiçoado pela Apac, prazo para correção das inconformidades, os parâmetros utilizados para aferição dos resultados e o período de análise dos documentos.
b) Aprimore a forma de seleção das Apacs no cronograma de visitas técnicas, passando a utilizar critérios objetivos pautados em análises de riscos.

Os benefícios esperados com o aprimoramento dos relatórios de visitas técnicas realizados pela Sejusp são:

a) A melhoria na aferição do desempenho das Apacs, de forma que o seu conteúdo possa ser levado em consideração no monitoramento e avaliação do cumprimento do objeto e quando da emissão de parecer técnico conclusivo de análise das prestações de contas das parcerias firmadas entre Sejusp e Apacs, a partir do novo plano de trabalho aprovado em 2022 pela Sejusp, o qual define novas metas e indicadores voltados para o cumprimento do objeto e alcance dos resultados.
b) A definição de critérios objetivos que permitam aferir o cumprimento do objeto e alcance dos resultados quando da realização das visitas *in loco*.
c) O estabelecimento de uma estrutura de relatório mínima, que deve ser observada pelos servidores responsáveis pela elaboração de relatório de visita técnica, para que ele possa conter os requisitos mínimos necessários para a emissão de um relatório conclusivo que permita aferir o cumprimento do objeto, informar os critérios objetivos adotados na avaliação do cumprimento do objeto, identificar as irregularidades e propor as medidas a serem adotadas pelas Apacs para solucionar os problemas.

3.1.4 Das pesquisas de satisfação realizadas pela Sejusp com os beneficiários dos planos de trabalho

Inicialmente, destaca-se o que dispõe o MROSC acerca das pesquisas de satisfação:

> Art. 58. A administração pública promoverá o monitoramento e a avaliação do cumprimento do objeto da parceria. [...]
> §2º Nas parcerias com vigência superior a 1 (um) ano, a administração pública realizará, sempre que possível, pesquisa de satisfação com os beneficiários do plano de trabalho e utilizará os resultados como subsídio na avaliação da parceria celebrada e do cumprimento dos objetivos pactuados, bem como na reorientação e no ajuste das metas e atividades definidas.

Note que a lei assevera, por meio da expressão "sempre que possível", que, nas parcerias com vigência superior a um ano, a regra é que seja realizada pesquisa de satisfação, logo, a sua dispensa deve ser tratada, portanto, como via excepcional.

Neste sentido, não há vedação para que a Administração dispense a pesquisa de satisfação, não obstante, para fazê-lo, deve justificar nos autos os motivos para a sua dispensa.

Analisando os processos de monitoramento que compõem a amostra selecionada pela equipe de auditoria, verifica-se que, em que pese a Sejusp já ter realizado algumas pesquisas de satisfação com os beneficiários do plano de trabalho, a equipe de auditoria não identificou a juntada destes documentos no processo de monitoramento, para fins de fornecer informações necessárias para subsidiar o monitoramento e avaliação do cumprimento do objeto e a análise das prestações de contas.

Além disso, não foram localizadas nos processos as justificativas apresentadas pela Sejusp para os casos em que a utilização deste tipo de instrumento tenha sido considerada dispensável.

Em reunião realizada com a Sejusp, os servidores apresentaram uma pesquisa de satisfação, a qual foi elaborada da seguinte forma, a saber:

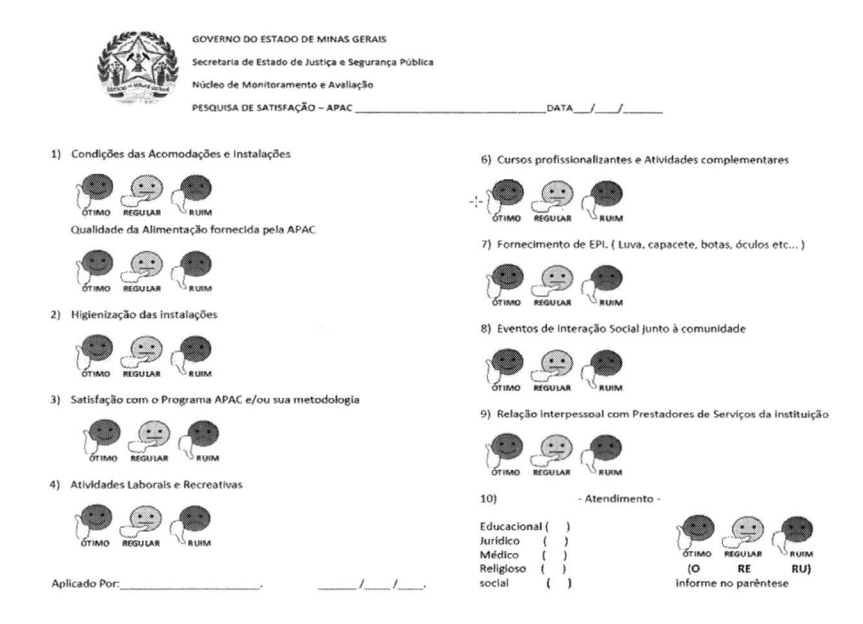

```
GOVERNO DO ESTADO DE MINAS GERAIS
Secretaria de Estado de Justiça e Segurança Pública
Núcleo de Monitoramento e Avaliação
PESQUISA DE SATISFAÇÃO – APAC _____ DATA ___/___/___

1) Condições das Acomodações e Instalações
   ÓTIMO  REGULAR  RUIM
Qualidade da Alimentação fornecida pela APAC
   ÓTIMO  REGULAR  RUIM
2) Higienização das Instalações
   ÓTIMO  REGULAR  RUIM
3) Satisfação com o Programa APAC e/ou sua metodologia
   ÓTIMO  REGULAR  RUIM
4) Atividades Laborais e Recreativas
   ÓTIMO  REGULAR  RUIM

6) Cursos profissionalizantes e Atividades complementares
   ÓTIMO  REGULAR  RUIM
7) Fornecimento de EPI. ( Luva, capacete, botas, óculos etc... )
   ÓTIMO  REGULAR  RUIM
8) Eventos de Interação Social junto à comunidade
   ÓTIMO  REGULAR  RUIM
9) Relação interpessoal com Prestadores de Serviços da instituição
   ÓTIMO  REGULAR  RUIM
10)              - Atendimento -
   Educacional ( )
   Jurídico    ( )
   Médico      ( )         ÓTIMO  REGULAR  RUIM
   Religioso   ( )         (O     RE      RU)
   social      ( )         informe no parêntese

Aplicado Por:_____  ___/___/___
```

Fonte: Modelo de documento disponibilizado pela Sejusp em reunião.

O que se conclui a partir das pesquisas de satisfação realizadas pela Sejusp com os beneficiários dos planos de trabalho é que elas não atendem de forma efetiva ao disposto no §2º do art. 58 da Lei nº 13.019/2014, tendo em vista que, da forma como elas são elaboradas, não conseguem produzir resultados capazes de subsidiar o monitoramento e avaliação do cumprimento qualitativo do objeto e a análise das prestações de contas.

Isso porque as pesquisas de satisfação não dispõem de informações a respeito da quantidade de atendimentos realizados a cada um dos beneficiários do plano de trabalho, não informa os motivos que acarretaram a avaliação negativa de determinado quesito que foi objeto de avaliação. Assim, ela necessita ser remodelada, para que possa se adequar às metas e resultados previstos no novo plano de metas constantes das parcerias firmadas em 2022 entre Sejusp e Apacs e ao disposto no MROSC.

Diante do acima exposto, esta equipe de auditoria propõe as seguintes medidas:

I. Recomenda à Sejusp que:
a) Adeque o modelo de documento que consolida os resultados obtidos por meio da pesquisa de satisfação, de modo a aferir, de forma eficiente e efetiva, o cumprimento do objeto com foco no desempenho da entidade convenente, com as seguintes modificações:
   i. atualizar as questões às novas metas, indicadores e aos critérios objetivos previstos nos novos planos de trabalho firmados em 2022;
   ii. inserir informações a respeito da quantidade de atendimentos realizados com os entrevistados e os motivos da sua avaliação em cada aspecto da parceria, para fins de comprovação do cumprimento do objeto e o alcance de resultados.

II. Determina à Sejusp que:
a) Utilize os dados obtidos na pesquisa de satisfação com os beneficiários dos planos de trabalho como elemento de análise, constando expressamente seus resultados em tópico específico, nos relatórios técnicos de monitoramento da DCA, de forma a subsidiar a avaliação do cumprimento do objeto das parcerias firmadas entre Sejusp e Apacs, conforme preconiza o art. 58, §2º, da Lei nº 13.019/14.
b) Acoste aos autos dos processos de monitoramento justificativa quando da inviabilidade de realização de pesquisa de satisfação com os beneficiários dos planos de trabalho, conforme preconiza o art. 58, §2º, da Lei nº 13.019/14.

Os benefícios esperados com o aprimoramento da forma de elaboração das pesquisas de satisfação com os beneficiários dos planos de trabalho realizadas pela Sejusp são:

a) A melhoria na aferição do desempenho das Apacs, de forma que os resultados obtidos possam ser levados em consideração no monitoramento e avaliação do cumprimento do objeto e quando da emissão de parecer técnico conclusivo de análise das prestações de contas das parcerias firmadas entre Sejusp e Apacs.
b) A reformulação das pesquisas de satisfação realizada pela Sejusp para se adequarem aos novos indicadores, metas e parâmetros objetivos estabelecidos no novo plano de trabalho aprovado em 2022 pela Sejusp, para fins de verificar o cumprimento do objeto e alcance dos resultados.

3.2 Morosidade na conclusão das análises de prestações de contas pela Sejusp

Antes de adentrar ao mérito do achado, é imperioso frisar que esta auditoria teve início a partir da autuação do Processo de Denúncia nº 1.092.340 apresentada pela FBAC, em razão do alto passivo pendente de análise, decorrente da demora exacerbada da Sejusp em concluir a análise das prestações de contas das parcerias firmadas com as Apacs e da atitude da Secretaria de impedir novos repasses em razão de despesas glosadas de baixo valor e oriundas de convênios muito antigos.

Em decorrência desta demora, a análise dos processos, nos quais foram identificadas irregularidades passíveis de ressarcimento ao erário, só foram concluídas após vários anos da entrega da prestação de contas pelas OSCs, de forma que as Apacs não concordaram em ressarcir os valores, por entenderem que houve a ocorrência de prescrição do direito ressarcitório do Estado.

Inclusive, no âmbito do processo, o Conselheiro Relator Durval Ângelo concedeu liminar para suspender o ato da Secretaria de cobrança destes valores das Apacs e determinou que o ordenador de despesas da Sejusp se abstenha de expedir ato administrativo com o objetivo de impedir os repasses previstos nos atuais termos de colaboração celebrados pelas Apacs e FBAC, em virtude de débitos oriundos de convênios (ou outros termos de parceria) anteriores ao ano de 2017.

Determinou ainda que, em não havendo impedimento que extrapolasse os limites da referida decisão, fossem realizados os pagamentos pendentes e futuros, para todas as Apacs e FBAC, regularmente, conforme previsto em plano de trabalho dos termos de colaboração vigentes, até que este Tribunal de Contas decidisse sobre o mérito da denúncia.

Note que, com o advento da Lei nº 13.019/2014, houve uma mudança de paradigma com relação aos procedimentos adotados nas prestações de contas dos convênios, uma vez que o foco das prestações de contas no âmbito das parcerias passou a ser a análise dos resultados obtidos com a execução do objeto e não mais a comprovação da forma como as despesas eram executadas.

Nesse cenário, passou-se a exigir uma prestação de contas simplificada, com a definição de novos fluxos para abarcar os possíveis cenários das prestações de contas apresentadas pelas OSCs e a fixação de prazos específicos para a conclusão de cada uma das etapas das análises, de forma que o administrador público não poderia ultrapassar o prazo de 150 (cento e cinquenta) dias para a conclusão das prestações de contas, em conformidade com o disposto no MROSC, conforme a seguir especificado:

OSC apresenta a prestação de conta (somente REO) e o OEEP não identifica irregularidades:

OSC — Elabora e envia o REO. (90 dias) → **ÁREA TÉCNICA DO OEEP** — Elabora parecer sobre aspectos técnicos e financeiros. (45 dias) → **GESTOR** — Emite parecer técnico conclusivo. (45 dias) → **ADMINISTRADOR PÚBLICO** — Julga as contas pela aprovação. (15 dias)

OSC apresenta a prestação de contas de parceria com aporte de recursos pelo interveniente ou parceria incluída na amostra da alínea "b" do inciso II do art. 76 do Decreto nº 47.132/2017 (REO e REF) e o OEEP não identifica irregularidades:

OSC — Elabora e envia o REO e o REF. (90 dias) → **ÁREA TÉCNICA DO OEEP** — Elabora parecer sobre aspectos técnicos e financeiros. (45 dias) → **GESTOR** — Emite parecer técnico conclusivo. (45 dias) → **ADMINISTRADOR PÚBLICO** — Julga as contas pela aprovação. (15 dias)

OSC apresenta a prestação de contas (somente REO) e o OEEP identifica irregularidades:

OSC — Elabora e envia o REO. (90 dias) → **ÁREA TÉCNICA DO OEEP** — Elabora parecer sobre descumprimento de resultados. (45 dias) → **OSC** — Elabora e envia o REF. (60 dias) → **ÁREA TÉCNICA DO OEEP** — Emenda o parecer. (45 dias) → **OSC** — Justifica ou saneia. (45 dias) → **GESTOR** — Emite parecer técnico conclusivo. (45 dias) → **ADM. PÚBLICO** — Julga as contas. (15 dias)

OSC apresenta a prestação de contas de parceria com aporte de recursos pelo interveniente ou parceria incluída na amostra da alínea "b" do inciso II do art. 76 do Decreto nº 47.132/2017 (REO e REF) e o OEEP identifica irregularidades:

OSC — Elabora e envia o REO e o REF. (90 dias) → **ÁREA TÉCNICA DO OEEP** — Elabora parecer sobre descumprimento de resultados. (45 dias) → **OSC** — Justifica ou saneia. (45 dias) → **GESTOR** — Emite parecer técnico conclusivo. (45 dias) → **ADMINISTRADOR PÚBLICO** — Julga as contas. (15 dias)

Fonte: MINAS GERAIS. *Marco Regulatório das Organizações da Sociedade Civil MROSC para OSCS e OEEPS*. 1. ed. Belo Horizonte: [s.n.], 2017. v. 2. p. 86.

Analisando os fluxos acima é possível observar que, no cômputo do prazo de 150 dias, que começa a contar do recebimento da prestação de contas ou do cumprimento da diligência determinada pela Administração Pública, o qual pode ser prorrogável justificadamente, por igual período, estão incluídos a emissão de pareceres pelas áreas técnicas, de parecer técnico conclusivo pelo gestor e a decisão do administrador público.

Durante a fase de execução dos trabalhos de auditoria, percebeu-se que, quando da análise das prestações de contas das parcerias firmadas nos últimos seis anos, a Sejusp não promoveu uma mudança cultural para se adequar à nova realidade, cujo foco é no cumprimento de metas, implementada pelo MROSC, bem como não tornou os seus procedimentos mais céleres e objetivos, no intuito de evitar atrasos e acúmulos nas análises de prestação de contas.

Aprofundando sobre o tema, a intempestividade nas análises financeiras dessas parcerias ocorreu tanto pelo passivo oriundo de convênios celebrados antes da égide do MROSC, como pelos procedimentos adotados atualmente pela Secretaria, os quais, ao invés de aprimorarem os procedimentos de análise das prestações de contas das parcerias, criaram óbices para esses procedimentos, comprometendo o tempo médio gasto pelos analistas da Sejusp para a realização de suas atividades.

O descumprimento pela Sejusp do prazo de 150 (cento e cinquenta) dias, proposto pelo MROSC, para a conclusão das análises das prestações de contas das parcerias, ocorreu principalmente em razão dos atrasos na prolação da primeira análise financeira e na apresentação de justificativas pela Apac, para atendimento das diligências determinadas pela Sejusp.

Para melhor compreender esta questão, cumpre abordar o funcionamento dos fluxos processuais atualmente vigentes dentro da Secretaria que versam sobre as análises de prestação de contas e, na sequência, o passivo de prestação de contas oriundos das parcerias firmadas pré-MROSC.

A seguir é apresentado o fluxo da análise da prestação de contas dentro da Sejusp:

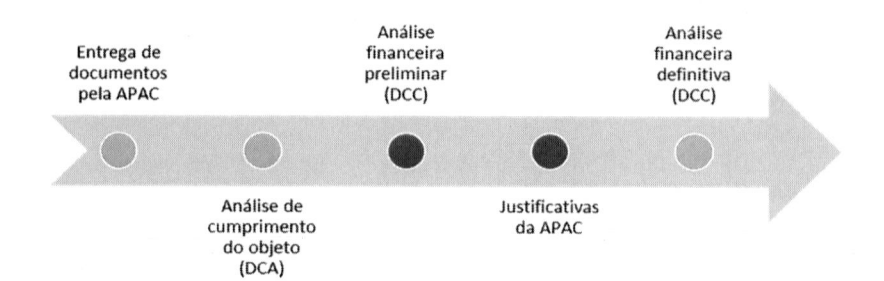

```
   Entrega de            Análise              Análise
   documentos            financeira           financeira
   pela APAC             preliminar           definitiva
                         (DCC)                (DCC)

              Análise de           Justificativas
              cumprimento          da APAC
              do objeto
              (DCA)
```

Os pontos em cinza escuro, ilustrados acima, demostram as fases processuais onde o processo fica mais tempo parado, sendo que para corrigir o problema da intempestividade da análise de prestações de contas, primeiramente, deve-se entender as razões desse atraso.

Em suma, após a entrega das prestações de contas pela convenente, o MROSC determina que a entidade concedente proceda à análise da documentação no prazo de até 150 dias, prorrogável por igual período, produzindo um primeiro relatório avaliando a execução do objeto e um segundo relatório de análise da execução financeira, somente no caso de não ter sido comprovado o atingimento total das metas pactuadas.

A Lei nº 13.019/14, em seu art. 49, assevera que nas parcerias cuja duração exceda um ano é obrigatória a prestação de contas ao término de cada exercício, devendo tais prestações de contas, nos termos do art. 66 dessa mesma lei, serem analisadas pelo órgão convenente por meio de dois documentos, o relatório de execução do objeto e o relatório de execução financeira.

O MROSC dispõe ainda, em seu art. 66, II, que os relatórios de execução financeira somente serão analisados, nos casos que ficarem evidenciados no relatório de execução do objeto, o descumprimento de metas e resultados previstos no plano de trabalho.

Destaca-se que, dentro do organograma da Sejusp, o relatório de execução do objeto é elaborado pela DCA, enquanto que o relatório de execução financeira é de competência da DCC, sendo que este último setor analisa financeiramente todas as parcerias firmadas pela Sejusp, independentemente de a OSC ser Apac ou não.

Por sua vez, o art. 71, da Lei nº 13.019/2014 (MROSC), dispõe que a Administração Pública apreciará a prestação final de contas apresentada, no prazo de até cento e cinquenta dias, contado da data de seu recebimento ou do cumprimento de diligência por ela determinada, prorrogável justificadamente por igual período.

Incialmente, destaca-se a redação do Decreto estadual nº 47.132/17, que regulamenta a Lei nº 13.019/2014 (MROSC) no âmbito do Estado de Minas Gerais, e estabelece as hipóteses em que serão realizadas as análises financeiras nas prestações de contas das parcerias firmadas entre Apacs e Sejusp, conforme o disposto a seguir:

> Art. 76. A prestação de contas anual ou final de termos de colaboração ou de fomento deverá ser composta por:
> I – relatório de execução do objeto;
> II – relatório de execução financeira, a ser solicitado pelo órgão ou entidade estadual parceiro à OSC:
> a) em caso de parceria prevendo o aporte de recursos por interveniente;
> b) em caso de parceria selecionada por amostragem, observado o art. 76-A;
> c) quando for aceita denúncia de irregularidade na execução do objeto ou dos recursos financeiros, mediante juízo de admissibilidade realizado pelo administrador público;
> d) quando não for comprovado o alcance das metas e resultados estabelecidos no respectivo termo de colaboração ou de fomento.

Nota-se que o decreto estadual acima, se comparado com o MROSC, amplia a quantidade de prestações de contas que terão a execução financeira analisada.

Isso porque o MROSC somente exigia esse tipo de análise quando não fossem cumpridas as metas pactuadas no plano de trabalho pela convenente, todavia, o Estado de Minas Gerais também impõe a análise financeira, além dos casos de não atingimento das metas, quando houver aporte de recursos de interveniente, tiver sido aceita denúncia de irregularidade financeira ou, para as parcerias que, tendo cumprido a totalidade das metas, tiverem sido selecionadas na amostragem.

Ocorre que o Decreto estadual nº 47.132/17 não define quais são os critérios e formas de seleção da amostragem. Em sentido contrário, o referido normativo estadual, em seu art. 59-B, dispõe que cabe ao dirigente máximo do órgão concedente, por meio de regulamento próprio, defini-los.

Destarte, em 29.9.2021, após o início dos trabalhos desta equipe de auditoria, a Sejusp emitiu a Resolução nº 219, a qual regulou os processos de seleção e quantificação das amostras.

A referida resolução dispõe, no art. 2º, que todas as convenentes terão seus relatórios de execução do objeto analisados, entretanto, a análise financeira ocorrerá em apenas 20% das prestações de contas elegíveis na amostra, mais todas as prestações de contas contidas no art. 3º desta mesma resolução, quais sejam:

> Art. 3º O relatório de execução financeira sempre deverá compor as prestações de contas anuais ou finais dos termos de colaboração ou de fomento que tiverem acréscimo de valores decorrente de fatores discricionários, tramitados via termo aditivo dentro do mesmo exercício financeiro, quais sejam:
> I- acréscimo de cargos;
> II- acréscimo de novas rubricas para aquisição de itens na planilha de detalhamento de despesas;
> III- acréscimo de valores nas rubricas existentes na planilha de detalhamento de despesas, por meio da apresentação de três orçamentos que superem o índice de preços ao consumidor amplo (IPCA);
> IV- acréscimo no valor global do instrumento.

Aqui já se identifica o primeiro motivo de não se concluírem tempestivamente os procedimentos de análise de prestação de contas, qual seja, a ampliação demasiada da amostra.

Ocorre que até a presente data, mesmo com a publicação da resolução regulando o tema, a Sejusp ainda não conseguiu implantar o sistema de amostragem, haja vista que as inúmeras exceções tornam assaz dificultoso identificar quais prestações de contas compõem o universo de cálculo da amostra.

Para ilustrar melhor:

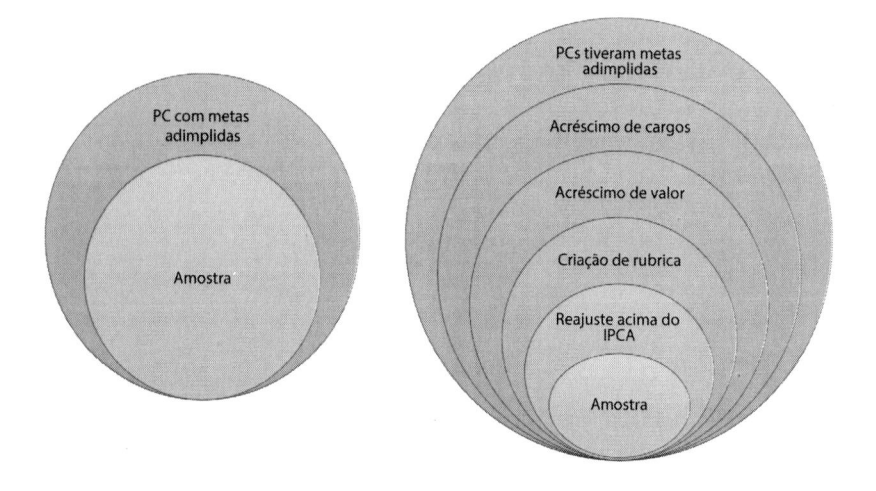

A esfera da direita representa o universo da amostra tendo por base o decreto estadual, já a esfera da esquerda representa o universo da amostra após a Resolução da Sejusp nº 219, o qual criou tantas exceções que a amostra perdeu a sua essência e a Administração continuará analisando quase que a totalidade das prestações de contas, de forma que o problema da intempestividade vai permanecer e, com o tempo, irá se agravar, haja vista o surgimento de novas Apacs e a formalização de novas parcerias com a Sejusp.

Para exemplificar, podemos supor que a Sejusp tenha 45 Apacs, sendo que 15 inadimpliram alguma meta e 30 cumpriram integralmente as metas. Podemos supor, ainda, que, destas últimas, 20 encontram-se nas exceções do art. 3º da Resolução Sejusp nº 219.

Nesse cenário, no caso da esfera da direita, a Sejusp, quando da análise das prestações de contas, realizaria a análise financeira de 21 Apacs, que seriam as 15 que não cumpriram as metas, mais 20% das que cumpriram, ou seja, 6 Apacs.

Todavia, no caso da esfera da esquerda, a Sejusp realizaria a análise financeira de 37 Apacs, que seriam as 15 que não cumpriram as metas, mais 20 das que se enquadram nas exceções do art. 3º da resolução supracitada, acrescidas de mais 20% das restantes que cumpriram meta, ou seja, 2 Apacs.

Note-se que não é vedado à Administração criar novas hipóteses que tornam exigível a análise financeira das prestações de contas, todavia, deve-se ponderar que, caso sejam criadas muitas exceções à amostra, esta medida torna-se inócua para aliviar o aumento da demanda de prestações de contas pendentes de análise.

Ademais, a referida resolução da Sejusp não cria nenhum critério de priorização de análise financeira das prestações de contas, logo, é plenamente possível que prestações de contas que cumpriram a meta sejam analisadas preferencialmente àquelas que não cumpriram as metas, haja vista que a ordem de análise das prestações de contas na Secretaria baseia-se exclusivamente no critério cronológico, ou seja, analisam as que primeiro são protocoladas no setor.

Destarte, há risco elevado de que Apacs que não cumpriram metas tenham suas prestações de contas analisadas intempestivamente, prejudicando a obtenção do ressarcimento do dano, porquanto a DCC estava focada analisando prestações de contas de Apacs que adimpliram as metas e, em tese, possuem menor risco de terem cometido irregularidades financeiras que geraram dano ao erário.

Neste sentido, esta equipe de auditoria entende que há uma quantidade demasiada de prestações de contas a serem analisadas pela DCC da Sejusp, a qual não dispõe de estrutura de pessoal suficiente para atender, de forma tempestiva, à grande demanda de análise financeira nem para gerenciar e cobrar a entrega das justificativas financeiras pelas Apacs, relativas ao cumprimento da diligência solicitada pela Sejusp, acarretando no descumprimento dos prazos da conclusão dos referidos processos previstos pelo MROSC.

Diante disso, para conferir maior eficiência às análises, cabe à Sejusp avaliar a pertinência e oportunidade de, além do critério de observância da ordem cronológica dos processos de prestação de contas que derem entrada no setor, criar outros critérios objetivos e secundários de priorização de análise financeira destes processos, principalmente daquelas que não adimpliram a totalidade das metas, reavaliando a pertinência de excluir do cálculo das amostras as parcerias descritas no art. 3º da Resolução Sejusp nº 219/21, a fim de haver foco nas prestações de contas que apresentem maior relevância, risco e materialidade, para tanto, podem ser utilizados outros parâmetros ou critérios relacionados à complexidade do objeto, suspeita de irregularidades ou do valor da parceria.

No ano de 2017, segundo informações fornecidas pela Sejusp, o estoque do passivo de prestação de contas oriundos das parcerias pré-MROSC era de 3.926 prestações de contas pendentes de análise, contudo, neste mesmo ano, por meio da Portaria GAB nº 21/2017, foi instituída uma força tarefa, composta apenas com servidores da própria DCC, para atuarem na redução deste passivo.

A força tarefa conta com 13 servidores da DCC, contudo, o referido setor possui ao todo 18 servidores destinados exclusivamente à análise de prestação de contas, ou seja, do total de servidores da DCC responsáveis pela análise das prestações contas, 72,22% integram a força tarefa, de forma que apenas 27,78% dos servidores permanecem exclusivamente dedicados à análise temporal destas prestações de contas.

Com a formulação dessa força de trabalho, o passivo mencionado, que, em 2017, era de 3.926, passou a ser de 3.574, em 2022, o que simbolizou, em quase 5 anos, redução aproximada de 10,24%, o que demonstra uma redução aproximada de 2,05% ao ano.

O que se verifica é que, embora as medidas adotadas tenham contribuído para reduções no passivo, o percentual de redução por ano é baixo e o estoque de processos de prestação de contas pendentes de análise ainda permanece volumoso.

Destaca-se que uma força tarefa se caracteriza no agrupamento de pessoas de unidades diferentes, de forma temporária, para cumprir um objetivo específico. De forma prática, não há como vislumbrar esta equipe de redução de passivo como força tarefa, porquanto o grupo já perdura há muitos anos e todos os membros são da própria DCC. Logo, conclui-se que não houve aumento da força de trabalho no referido setor e suas atividades não são exclusivas para combater o passivo, devendo também analisar as prestações de contas temporais.

Destaca-se que, em reunião com a própria DCC, os servidores foram claros no sentido de afirmar que eles não conseguem focar apenas em reduzir o passivo, porque, caso assim o façam, a análise das prestações de contas temporais atrasa e estes processos se tornam passivo.

Destarte, cabe à Sejusp reavaliar a situação e adotar medidas, mesmo que temporárias, para aprimorar os fluxos de prestação de contas, adequar os procedimentos adotados e cumprir os prazos do MROSC, promovendo a análise tempestiva destes processos e reduzindo este passivo de prestação de contas de forma rápida, prudente e eficiente.

Sobre essa temática, o próprio Tribunal de Contas do Estado de Minas Gerais, nos autos do processo de Tomada de Contas Especial nº 862.691, de relatoria do Conselheiro José Alves Viana, em sessão da Segunda Câmara realizada em 2016, proferiu decisão analisando especificamente a questão do longo decurso do tempo da Administração Pública estadual para a realização da análise das prestações de contas e instauração de tomada de contas especial, consoante se verifica do julgado a seguir colacionado:

> TOMADA DE CONTAS ESPECIAL. SECRETARIA DE ESTADO DE ASSUNTOS ESPECIAIS. CONVÊNIO. I. ASSOCIAÇÃO PRIVADA. INDÍCIOS DE DANO AO ERÁRIO. FATO GERADOR. DATA REMOTA. AUSÊNCIA DE CITAÇÃO VÁLIDA. PREJUÍZO MATERIAL AO CONTRADITÓRIO. CONTAS ILIQUIDÁVEIS. TRANCAMENTO DAS CONTAS. II. ESTADO DE MINAS GERAIS. TOMADAS DE CONTAS ESPECIAIS. INSTAURAÇÃO. ATRASOS LONGOS E RECORRENTES. OBSTRUÇÃO DA ATIVIDADE DE CONTROLE EXTERNO. LESÃO AO PRINCÍPIO REPUBLICANO. FIXAÇÃO DE PRAZO PARA PROVIDÊNCIAS. MULTA DIÁRIA.
> 1. Consideram-se iliquidáveis as contas, ordenando-se o seu trancamento, quando o exercício da ampla defesa e a apuração dos fatos ficam comprometidos em razão de significativo decurso de tempo da sua

ocorrência associada à ausência de citação válida daqueles que foram apontados como responsáveis.
2. Atrasos longos e recorrentes na instauração de tomadas de contas especiais obstruem a atividade de controle externo e lesam o princípio republicano, justificando a fixação de prazo para que o ente regularize sua omissão e inércia para perseguir dano ao erário. [...]
Já se passaram mais de *13 anos*, quase *uma década e meia*, da ocorrência do fato gerador (omissão do dever de prestar contas) de eventual dano ao erário, ficando prejudicadas, em razão do longo decurso de tempo, a instauração do contraditório e a constituição de provas para a ampla defesa. [...]
Dessa forma, não seria aceitável que o Estado, diante de sua própria inércia, a pretexto de exercer a judicatura, malsinasse o princípio constitucional do devido processo legal preocupando-se apenas com a formalidade de citar as partes sem atinar para a efetiva capacidade de se defenderem. Por isso, diz-se que esse princípio possui pelo menos duas dimensões para que se concretize: uma formal e uma material – o Direito alemão sintetiza-as na expressão *recht auf ein faires Verfahren* ("direito a um julgamento justo"). [...]
No âmbito do Tribunal de Contas do Estado de Minas Gerais (TCEMG), também há diversos precedentes em que, devido ao longo decurso de tempo sem citação do responsável, entendeu-se pelo prejuízo ao contraditório material. *Vide* processos: 639.958, 708.673, 481.197, 677.271, 797.522 e 833.158. [...]
In casu trata-se de situação em que o contraditório formal instaurar-se-ia *quase uma década e meia* mais tarde da data dos fatos. Em outras palavras, o responsável estaria ciente da existência de um processo em que é parte *treze anos* depois da ocorrência cuja responsabilidade lhe é imputada. Ora, é patente a lesão a um efetivo julgamento justo (*recht auf ein faires Verfahren*). Não se trata, pois, de presunção de lesão ao contraditório material, e sim de *fato jurídico por transcorrência de tempo*. [...]
Ressalte-se que frequentemente secretarias estaduais encaminham, em massa, tomadas de contas especiais que instauraram em razão de fatos que datam de anos, quiçá *uma ou até duas décadas*. De minha relatoria, posso citar exemplificativamente: TCE n. 951.805, instaurada após *9 anos* da prestação de contas do convênio; TCE n. 951.785, instaurada com atraso de *12 anos*; TCE n. 951.691, instaurada com atraso de *10 anos*; TCE n. 951.691, instaurada com atraso de *13 anos*; TCE n. 798.488, instaurada com atraso de *13 anos*; TCE n. 862.146, instaurada com atraso de *14 anos*; TCE n. 676.773, instaurada com atraso de *7 anos*; TCE n. 652.555, instaurada com atraso de *4 anos*; TCE n. 764.446, instaurada com atraso de *5 anos*; TCE n. 812.120, instaurada com atraso de *23 anos*; TCE n. 738.405, com atraso de *16 anos*; TCE n. 862.832, instaurada com atraso de *23 anos*; por fim, a TCE *sub examine*, instaurada com atraso de *14 anos*.

Independentemente da plausibilidade de quaisquer justificativas, a inércia do Estado em perseguir eventuais danos ao erário é patente. Destaque-se que tamanho atraso para instaurar tomadas de contas especiais corresponde à legitimação de prejuízos da Fazenda e à obstrução da atividade de controle externo, fatos absurdos e atentatórios ao princípio republicano, *levando à impossibilidade de recuperar valores, que, somados, chegam à ordem de milhões de reais.*

Por essa razão, deve o Controlador-Geral do Estado, junto a Administração direta, autárquica e fundacional do Estado de Minas Gerais, fazer um levantamento: (*a*) das prestações de contas sem análise há mais de 180 dias; (*b*) de todos os convênios com prazo vencido para prestação de contas que não tiveram a respectiva TCE instaurada em 180 dias da configuração da omissão; (*c*) das apurações, em andamento há mais de 180 dias, de dano ao erário por outros atos ilegítimos e antijurídicos.

Ademais, deve o mesmo órgão, elaborar relatório circunstanciado das medidas a serem tomadas a fim de regularizar os prazos para instauração de tomada de contas especial bem como de evitar futuros atrasos.

Nota-se, portanto, que neste julgado, o TCEMG, em razão da identificação da demora, no âmbito da Secretaria de Estado de Assuntos Especiais, para análise das prestações de contas e cobrança dos débitos, solicitou a ela e às demais Secretarias de Governo do Estado de Minas Gerais que, em cumprimento à decisão proferida, preenchessem as planilhas encaminhadas pela Segov e CGE, relativas à "Levantamento de convênios, TC e TF, de outros instrumentos congêneres e de apuração do dano", bem como consolidassem os dados em relatório e o encaminhassem a esta Corte de Contas.

Nessa oportunidade, transcreve-se o trecho da decisão proferida nos autos do referido processo:

> Para atendimento ao determinado, solicitamos-lhes, com base no disposto, no § 3º, art. 48 da Lei nº 22.257/2016, que sejam enviadas à CGE-MG, até o dia 10/03/2017:
> 1) Relação de prestações de contas de transferências voluntárias (convênios e outros instrumentos) sem análise há mais de 180 dias;
> 2) Relação de convênios com prazo para prestação de contas expirado que não tiveram a respectiva tomada de contas especial instaurada em até 180 dias da configuração da omissão do convenente;
> 3) Relação de apurações de dano ao erário, em andamento há mais de 180 dias; e
> 4) Sugestão de medidas a serem adotadas a fim de garantir o cumprimento do prazo para instauração de tomada de contas especial.

Cumpre informar que a questão do alto passivo de prestações de contas de convênios pendentes de análise também já foi apreciada pela Controladoria-Geral do Estado de Minas Gerais (CGE), tendo sido identificada como um problema a ser resolvido pela Sejusp e demais Secretarias de Governo, quando da realização, em 2019, do "Diagnóstico do Passivo de Prestação de Contas de Convênios de Saída e Instrumentos Congêneres no Âmbito do Poder Executivo do Estado de Minas Gerais".

O referido diagnóstico, cujo resultado foi encaminhado ao TCEMG por meio do Ofício CGE/GAB nº 737/2019, foi realizado em reposta ao Ofício nº 3.279/2019 – Processo nº 863.380, de 2019, e considerando as atribuições da CGE previstas no art. 49 da Lei nº 23.304/2019, bem como em razão da necessidade premente de redução do enorme passivo de prestação de contas de convênios e instrumentos congêneres identificado no trabalho realizado pelo referido órgão de controle interno, encaminhado a esta Corte de Contas juntamente com a Nota Técnica nº 1520.1550.19/2019.

No referido documento, a CGE apontou a necessidade de atuar conjuntamente com o TCEMG na elaboração de norma que possibilitasse a aprovação do passivo de prestação de contas com critério temporal e adoção de metodologia de gestão de riscos para análise das prestações de contas com utilização de inteligência artificial.

Portanto, para reduzir o atual passivo das Secretarias de Estado, cabe ao Executivo de Minas Gerais estabelecer parâmetros objetivos mínimos para a seletividade dos processos de prestações de contas a serem analisados pela Administração estadual, a fim de que sejam definidos critérios de materialidade, relevância, oportunidade e risco na seleção destes processos.

Contudo, destaca-se que esses parâmetros objetivos de seletividade devem ser elaborados de forma conjunta com o TCEMG, a fim de garantir legalidade, economicidade, segurança jurídica e razoabilidade na condução dos processos.

Insta salientar que o alto passivo de prestação de contas é um problema generalizado no âmbito das Secretarias do Poder Executivo estadual, o que demonstra a importância em obter o apoio desta Corte de Contas para adoção de medidas internas que visem aprimorar seus normativos e procedimentos internos, trazendo soluções que irão impactar positivamente na redução do problema do alto passivo de prestação de contas em todas as Secretarias de Minas Gerais.

Ante o exposto, esta equipe de auditoria propõe as seguintes medidas:

I. Determinar à Sejusp que:
a) Mapeie e adeque os fluxos e procedimentos de análises de prestações de contas das OSCs ao disposto no inc. II do art. 66 e no art. 71 da Lei nº 13.019/2014, no intuito de priorizar a análise das prestações de contas das Apacs que não cumpriram as metas e de operacionalizar a seleção amostral, com base em critérios de risco, relevância e materialidade, a fim de conferir celeridade, eficiência e efetividade na análise dos processos de prestação de contas.
b) Elabore, no prazo de 120 dias, um plano de ação que contemple alternativas de solução do passivo de prestações de contas pendentes de análise, haja vista o descumprimento do prazo determinado no art. 71 da Lei nº 13.019/14.

II. Recomendar à Sejusp que:
a) Promova alterações na Resolução nº 219/2021, que regulamenta os processos de seleção das amostras, para que o escopo selecionado para a análise não seja ampliado em demasia, a ponto de gerar uma quantidade excessiva de processos a serem analisados, que irá impactar no acúmulo de prestação de contas pendentes de análise e agravar o problema do passivo, informando ao Tribunal as providências que serão adotadas.

III. Recomendar à CGE que:
a) Edite normativo que estabeleça parâmetros objetivos mínimos de seletividade para análise dos processos de prestação contas, com base em critérios de materialidade, relevância, oportunidade e risco.

Os benefícios esperados com esta auditoria são: (i) agilizar a análise das prestações de contas; (ii) reduzir o atual passivo de prestações de contas pendentes de análise; (iii) evitar a extinção das Apacs em razão da glosa pela Sejusp de valores decorrentes de convênios e parcerias muito antigos; (iv) evitar a ocorrência de prescrição dos danos decorrentes de irregularidades apuradas nas prestações de contas dos convênios e parcerias firmados entre Sejusp e Apacs.

3.3 Necessidade de implementar melhorias e novas funcionalidades no Cagec

O Cadastro Geral de Convenentes do Estado de Minas Gerais – *Cagec*, criado pelo Decreto nº 44.293, de 10.5.2006, atualmente, previsto nos arts. 71 e 72 do Decreto nº 46.319, de 26.9.2013 e regulado pela Resolução Conjunta Segov/CGE nº 5, 24.1.2020, tem como finalidade dar transparência à situação formal e legal de entes federados ou pessoas jurídicas a eles vinculadas, organizações da sociedade civil, fundos municipais e serviços sociais autônomos interessados em formalizar convênios, acordos, ajustes e outros instrumentos congêneres envolvendo a transferência de recursos financeiros de dotações consignadas no orçamento fiscal Poder Executivo do Estado de Minas Gerais.[49]

De acordo com manual do Cagec, há três modalidades de acesso:[50]

a) Representante legal: é a pessoa física que detém poder de administração, gestão ou controle do Convenente/Parceiro, habilitado assinar, com a Administração Pública do Poder Executivo do Estado de Minas Gerais, convênio de saída, termo de colaboração, termo de fomento, acordo de cooperação, contrato de gestão com serviços sociais autônomos e, conforme previsão na legislação específica, outros instrumentos jurídicos congêneres envolvendo a transferências de recursos oriundos do orçamento fiscal, ainda que delegue essa competência a terceiros.

b) Responsável pelas informações: é a pessoa física autorizada pelo representante legal que pode fazer a gestão de dados e documentos do convenente/parceiro. Apenas o Representante legal recebeu e-mail com instruções de acesso.

O responsável pelas informações *deverá fazer o processo de inscrição completo*, inclusive juntando declaração de autenticidade assinada pelo Representante legal, bem como todos os demais documentos exigidos. Após a análise da equipe técnica, se aprovado, o solicitante constará como responsável pelas informações no cadastro do convenente/parceiro solicitado.

c) Usuário: Qualquer pessoa pode ser usuária do sistema, basta acessar o portal do Cagec e fazer o cadastro. Para tornar-se o Representante Legal ou o Responsável pelas informações de algum Convenente/Parceiro é indispensável a inscrição no Portal Cagec como usuário.

---

[49] MINAS GERAIS. Segov. *Manual de utilização do CAGEC*. Belo Horizonte: Segov, 2022. Disponível em: https://manual.portalcagec.mg.gov.br/o-que-e-o-cagec.

[50] MINAS GERAIS. Segov. *Manual de utilização do CAGEC*. Belo Horizonte: Segov, 2022. Disponível em: https://manual.portalcagec.mg.gov.br/o-que-e-o-cagec.

⚠ *NÃO É NECESSÁRIO SER USUÁRIO* para Consultar um Parceiro/Convenente através da *emissão de CRC* ou para verificar a autenticidade de declaração.

O passo a passo para a utilização do Cagec encontra-se disponível no endereço eletrônico https://manual.portalcagec.mg.gov.br/. O Portal Cagec disponibiliza, além da consulta ao cadastro de registro de convenente, o acesso à pasta digital de todos os parceiros/convenentes cadastrados. O acesso à pasta digital possibilita que o usuário tenha acesso a toda documentação encaminhada pelas entidades através de *download*, bem como a situação de regularidade ou irregularidade do cadastro geral ou de documentos específicos da entidade. A documentação vai estar separada por categorias de acordo com as orientações constantes no anexo da Resolução Conjunta Segov/CGE nº 5/2020 e suas respectivas alterações.

Analisando os sistemas eletrônicos utilizados pela Sejusp para dar transparência à situação legal e formal dos convenentes/parceiros e gerenciar os convênios e parcerias, esta equipe de auditoria verificou que existem dois sistemas diferentes, o Cagec e o SIGCON-Saída, ambos geridos pela Segov, que é o órgão competente para dar manutenção, gerenciar e desenvolver novas funcionalidades.

Em que pese os sistemas supracitados sejam interdependentes entre si e possuam funções distintas, eles são utilizados pela Sejusp de forma complementar.

O Cagec é o sistema utilizado para cadastro dos convenentes/parceiros, enquanto o SIGCON-Saída é o sistema utilizado para formalização e gerenciamento dos convênios e termos de fomento e de colaboração firmados pelo Estado de Minas Gerais. Em sentido amplo, pode-se afirmar que o Cagec é o sistema que acompanha e gerencia os dados do convenente/parceiro, ao passo que o SIGCON-Saída acompanha e gerencia os dados dos convênios e parcerias.

Neste tópico, a análise se restringirá apenas ao Cagec, uma vez que as deficiências relativas ao SIGCON-Saída serão abordadas em um tópico específico deste relatório, em razão das especificidades de funcionalidades e de operacionalização de cada um desses sistemas.

Ao formalizar uma parceria, cabe à concedente avaliar a situação cadastral das OSCs parceiras nos mais diversos bancos de dados de outros órgãos públicos, a fim de que, no momento do cadastramento da proposta de trabalho, possa atestar a regularidade fiscal e trabalhista das convenentes/parceiras, verificando se há a existência de débitos com a União, estado, município, Justiça do Trabalho e Banco Central, por exemplo, ou se certificando, no momento de repassar os recursos, se existe algum bloqueio orçamentário.

O intento do Cagec é servir como uma "teia de aranha", que busca automaticamente as informações armazenadas em vários bancos de dados governamentais, alimentando seu banco de dados a partir das informações captadas, lançando-as no SIGCON-Saída e travando a formalização da parceria ou recebimento de recursos, caso haja algum impeditivo legal.

Assim, ao invés de o servidor consultar separadamente as informações constantes de cada banco de dados e de ficar solicitando aos gestores das mais diversas OSCs parceiras do Estado o novo envio de certidões de débitos e documentos cujos prazos estejam vencidos, o servidor apenas emite o relatório no Cagec, denominado Certificado de Registro Cadastral – CRC, o qual contém todas essas informações unificadas em um documento e atualizadas em tempo real.

A equipe de auditoria passou a analisar o sistema Cagec sobre três prismas distintos, quais sejam, verificar: (i) a existência e a eficiência de integração com os outros sistemas público; (ii) a existência de possíveis informações desatualizadas e; (iii) a existência de informações essenciais, suficientes e padronizadas capazes de atender às demandas dos gestores estaduais.

3.3.1 Existência e eficiência da integração do Cagec com outros sistemas públicos

A integração do sistema Cagec com outros sistemas públicos possibilita a obtenção de uma série de informações que atestem a regularidade fiscal e trabalhista dos convenentes/parceiros, conforme se verifica do quadro a seguir:

Sistema	Informação
Serviço Federal de Processamento de Dados – Serpro	Certidão de débitos federais.
Caixa Econômica Federal – CEF	Certidão de débitos de FGTS.
Cadastro Informativo de Créditos não Quitados do Setor Público Federal – Cadin	Certidão de pendências de débitos do setor público federal.
Cadastro de Fornecedores Impedidos de Contratar com a Administração Pública Estadual – Cafimp	Certidão de fornecedores impossibilitados de licitar ou contratar com a Administração.
Secretaria de Estado de Fazenda – SEFMG	Certidão de débitos estaduais.
Municípios	Certidão de débitos municipais.
Tribunal Superior do Trabalho – TST	Certidão de débitos trabalhistas.
Sistema de Investigação Policial – SIP	Certidão atestando se há investigação policial contra algum dos gestores da OSC/convenente.
Sistema Integrado de Administração Financeira de Minas Gerais – Siafi/MG	Se há bloqueio financeiro para recebimento de valores monetários.
Sistema de Gestão de Convênios, Portarias e Contratos do Estado de Minas Gerais – SIGCON-Saída	Neste caso, o Cagec é que lança a informação ao SIGCON-Saída bloqueando a contratação, caso haja pendência em algum banco de dados.

Na imagem exposta a seguir, esta equipe de auditoria dividiu as integrações dos outros sistemas do governo com o Cagec, previstas no rol exemplificativo do art. 15 da Resolução Conjunta Segov/CGE de 5.1.2020, em três grupos: a, b e c.[51]

---

[51] No relatório original, os três grupos aqui nomeados por a, b e c foram representados pelas cores verde, amarela e vermelha. O *a* correspondendo ao verde, o *b* ao amarelo e o *c* ao vermelho.

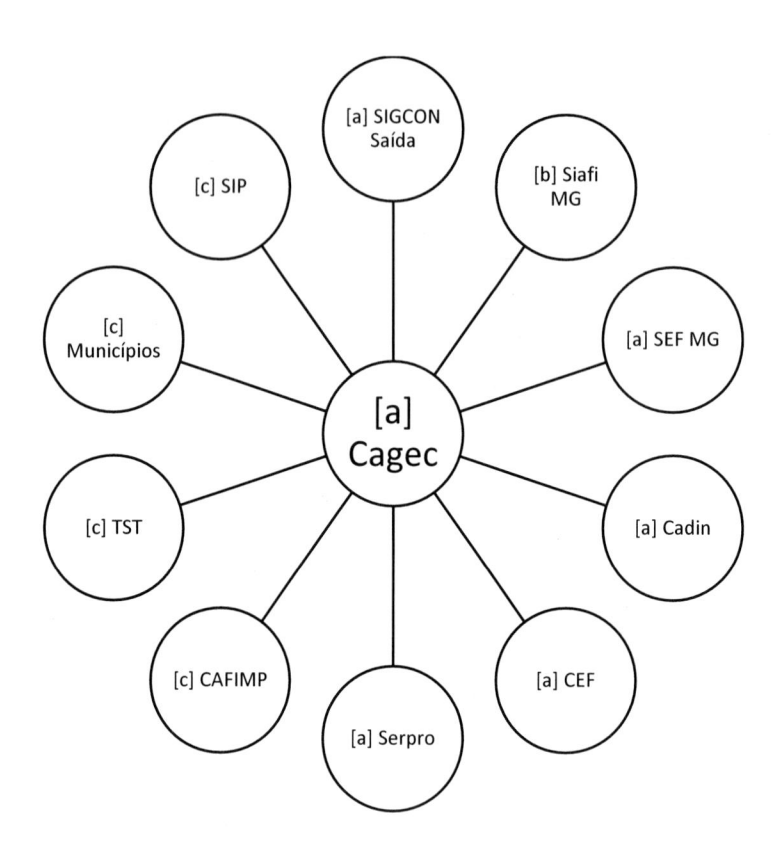

Diagrama com [a] Cagec no centro, conectado a:
- [a] SIGCON Saída
- [b] Siafi MG
- [a] SEF MG
- [a] Cadin
- [a] CEF
- [a] Serpro
- [c] CAFIMP
- [c] TST
- [c] Municípios
- [c] SIP

O *a* representa os sistemas que possuem plena comunicabilidade com o Cagec, de forma que as informações lançadas nestes sistemas, automaticamente, são receptadas pelo Cagec, tornando desnecessário ao gestor da OSC emitir a certidão no sistema original em que ela foi gerada e depois lançar as mesmas informações no referido sistema.

Ressalta-se que, no tocante ao SIGCON-Saída, é o Cagec que lança as informações naquele sistema relativas à existência de alguma pendência na OSC e, caso seja verificado algum impedimento, o prosseguimento da parceria no SIGCON-Saída fica automaticamente bloqueado até a correção da irregularidade.

No que se refere ao sistema Siafi/MG, representado pelo *b*, destaca-se que existe comunicabilidade entre ele e o Cagec, contudo, esta equipe de auditoria, durante a fase de execução dos trabalhos, verificou que tal integração é falha, apresentando erros e necessitando, em tese, de aperfeiçoamento pela Segov.

Durante as atividades realizadas por esta equipe de auditoria, verificou-se a existência de incompatibilidade entre as informações produzidas no armazém de dados do Siafi/MG e a informação contida no CRC da Apac sobre eventual bloqueio financeiro da OSC, podendo-se citar as Apacs de Machado e Tupaciguara.

Resultado

CNPJ do Parceiro/Convenente	Nome Fantasia	Município	Situação SIAFI	Situação Documentos CAGEC
14.752.886/0001-34	APAC TUPACIGUARA	TUPACIGUARA	Bloqueado	Irregular
07.691.481/0001-78	APAC	MACHADO	Bloqueado	Irregular

Outrossim, também se verificou que algumas Apacs, selecionadas aleatoriamente, encontravam-se erroneamente no CRC com a informação fornecida pelo Siafi/MG como credor inexistente.

À título de ilustração, segue *print* de parte do CRC da Apac de São Sebastião do Paraíso, demonstrando sua situação no SIAFI/MG:

REGULARIDADE NO USO DE RECURSOS PÚBLICOS E ADIMPLÊNCIA COM O ESTADO
Inscrito no Cadastro Informativo de Inadimplência em relação à Administração Pública do Estado de Minas (CADIN-MG): Não
Situação atual no SIAFI: Outros
Retorno (SIAFI): SIAFI - S1Y CREDOR INEXISTENTE

A equipe da Segov confirmou em reunião haver problemas de comunicabilidade entre os sistemas Cagec e Siafi/MG, contudo, o novo sistema financeiro do estado que será implantado em janeiro de 2023, Sistema Integrado de Gestão Governamental – GRP Minas,[52] o qual

---

[52] "Trata-se de um novo sistema eletrônico financeiro que irá substituir o sistema SIAFI/MG. O GRP Minas tem como objetivo o desenvolvimento de uma solução sistêmica única, completamente integrada e padronizada, composta por um conjunto de aplicações e serviços que possibilitam operacionalizar, de forma automatizada, os processos corporativos da gestão pública do Estado. Os principais benefícios esperados pelo GRP Minas são melhorar, automatizar e monitorar os processos; promover a redução de papel; facilitar o acesso à informação com segurança; promover a gestão de conhecimento e o versionamento de dados e documentos através da gestão eletrônica e utilização de certificação digital. A

também irá possuir plena integração com o Cagec, é que irá corrigir os erros detectados pela equipe de auditoria. Destarte, segundo a Segov, torna-se desarrazoado investir recursos no aprimoramento da comunicabilidade do Cagec com o Siafi/MG, haja vista o alto gasto financeiro e operacional que iria gerar para correção do problema em um sistema que será substituído pelo GRP e que, portanto, já se encontra em processo de encerramento e com data marcada para o fim de suas funcionalidades.

Já os sistemas *c* (municípios, TST, SIP e Cafimp) representam aqueles que não possuem integração com o sistema Cagec, devendo o gestor emitir a certidão no sistema originário e depois, manualmente, inserir as mesmas informações no sistema Cagec.

No caso dos municípios, é justificável não haver integração, em razão do elevado custo monetário dessa operação, já que o Estado de Minas Gerais possui 853 entes municipais, e pelo fato de que muitos municípios de menor porte emitem suas certidões de forma manual, sem gerar nenhum banco de dados eletrônico, portanto, torna-se inviável exigir do Estado que realize integração do Cagec para emissão automática das certidões de débitos municipais.

Não obstante, em relação ao TST, SIP e Cafimp, é plenamente possível e recomendável que o Cagec possua plena comunicabilidade com tais bancos de dados, porquanto se trata de sistemas já consolidados e essenciais para toda e qualquer contratação pública no âmbito estadual. Inclusive o SIP e o Cafimp são sistemas pertencentes ao próprio ente estadual, o que torna menos dificultoso e oneroso integrar tais sistemas.

Nota-se que, diante da ausência de integração do Cagec com o TST e Cafimp, há um sério risco dos dados relativos a estes dois sistemas ficarem desatualizados, caso as alterações do *status* da situação das convenentes/parceiras não sejam inseridas manualmente no Cagec, em tempo real, o que, além de comprometer a confiabilidade dos dados obtidos por meio das consultas realizadas pela Sejusp para celebração

---

solução do GRP Minas contempla os seguintes processos: Institucional; Orçamentário; Programação orçamentária; Execução Orçamentaria e Extra orçamentária da Despesa; Receita Orçamentária e Extra Orçamentária; Programação Financeira; Execução Financeira (pagamento); Contábil; Armazém de Informações; Integração com os Sistemas Corporativos do Estado" (MINAS GERAIS. Prodemge. *Carta Anual Versão 1*. Auditores Independentes atuais da empresa Maciel Auditores S/S. Belo Horizonte: Prodemge, 2011. E-book. p. 8. Disponível em: https://www.prodemge.gov.br/component/phocadownload/category/5700-governanca?download=259:carta-anual-2017-versao-1).

de novas parcerias e repasses de recursos, também pode gerar equívocos nas tomadas de decisões da Administração Pública.

Ademais, a ausência de comunicabilidade com o sistema SIP incorre em descumprimento do art. 15, VI, da Resolução Conjunta Segov/CGE de 24.1.2020, além de aumentar os riscos de formalizar parceria com alguma OSC administrada por algum gestor investigado pela polícia civil mineira.

Ante exposto, esta equipe de auditoria propõe a seguinte medida:

I. Determinar à Segov que:
a) Promova a integração do sistema Cagec com os banco de dados do Cafimp e do TST, para emissão de certidões, de forma automática, em atendimento ao disposto no art. 15 da Resolução Conjunta Segov/CGE de 5.1.2020.
b) Resolva os problemas de inconsistências de dados do Cagec com o sistema financeiro do estado, a partir da implantação do GRP Minas.

Os benefícios que se espera com este trabalho são:

a) Que as informações constantes dos sistemas TST e Cafimp sejam disponibilizadas no Cagec, tornando-as acessíveis à Sejusp para a realização de consultas a respeito da situação das convenentes/parceiras.
b) Que as inconsistências de informações do Cagec com o sistema de finanças do estado sejam corrigidas.

3.3.2 Grau de confiabilidade das informações e dos dados extraídos do Cagec

O desenvolvimento de novas soluções tecnológicas para aprimorar a gestão de parcerias firmadas com o Poder Público permite que seja armazenada e coletada uma infinitude de dados originários de outros órgãos e entidades públicas, que, ao serem bem trabalhados pela Sejusp, podem gerar relatórios gerenciais que contenham informações confiáveis e indispensáveis para subsidiar a tomada de decisões assertivas por parte dos gestores.

O grande problema ocorre quando, a partir do cruzamento dos dados, são identificadas incongruências devido à introdução no sistema de informações de forma incorreta, incompleta ou intempestiva, o que pode comprometer a confiabilidade dos dados e, consequentemente, a eficácia das ferramentas tecnológicas implantadas.

Os dados, para que sejam considerados confiáveis, devem ser precisos, consistentes, acessíveis e válidos. Para facilitar a compreensão, é necessário conceituar cada uma destas características que eles devem possuir para que possam ser bem aproveitados na gestão das parcerias firmadas entre Apacs e Sejusp, conforme a seguir especificado:

a) Precisão é: consumo dos dados corretos na hora correta. Eles devem ser disponibilizados para o usuário do sistema em tempo real, não podendo ser preenchidos de forma intempestiva.

b) Consistência é: uma base de dados robusta e unificada, que deve alimentar os diferentes sistemas coexistentes em uma mesma organização, para evitar erros e a existência de informações duplicadas.

c) Acessibilidade: as informações precisam estar acessíveis para o tomador de decisões, devendo ser apresentadas de forma organizada e por meio de relatórios gerenciais que contenham os dados necessários ao atendimento da demanda organizacional.

d) Validade cronológica: os dados devem ser identificados no período em que são válidos, para evitar a tomada de decisões equivocadas, com base em informações obsoletas.

Ao analisar se os dados do sistema estavam devidamente atualizados, esta equipe de auditoria identificou, por meio de seleção aleatória, inconsistência com relação às Apacs de Timóteo e Canápolis, que, apesar de já estarem com suas atividades suspensas ou encerradas, encontravam-se ativas no sistema Cagec, como as demais OSCs.

Vide a seguir *prints* do sistema Cagec demonstrando constar Apacs extintas no seu banco de dados:

CNPJ do Parceiro/Convenente	Nome ou Razão Social	Município	Situação para Parceria	Possui Impedimento	Emitir CRC
09.162.734/0001-41	APAC DE TIMÓTEO	TIMOTEO	Irregular	Não	Emitir CRC
08.265.593/0001-20	APAC DE CANÁPOLIS	CANAPOLIS	Irregular	Não	Emitir CRC

Logo, cabe à Segov fazer uma varredura no sistema Cagec e decidir se a melhor medida a ser adotada é excluir do referido sistema essas OSCs que tiveram suas atividades encerradas ou suspensas, ou criar uma aba específica para as Apacs inativas, separando-as daquelas que estão em pleno funcionamento.

O que esta equipe de auditoria verificou, portanto, diante das inconsistências identificadas, é que o grau de confiabilidade dos dados constantes do sistema restou comprometido, o que demanda a necessidade de adoção de medidas efetivas pela Segov para corrigir estes problemas e evitar erros nas tomadas de decisões.

Ante exposto, esta equipe de auditoria propõe a seguinte medida:

I. Recomendar à Segov que:
a) Implemente melhorias nas funcionalidades do Cagec, para solucionar as inconsistências identificadas e assegurar a confiabilidade e a tempestividade das informações constantes do referido sistema, de forma que seja possível à Sejusp distinguir as entidades que estão com as atividades suspensas, das que foram encerradas e das que estão em pleno funcionamento, minimizando o risco de obter informações equivocadas a respeito da atual situação formal da convenente/parceira.

O benefício que se espera com este trabalho é a implementação de melhorias no Cagec para conferir maior confiabilidade aos dados fornecidos pelo sistema, de forma a minimizar os riscos de que sejam tomadas decisões equivocadas com base em informações desatualizadas e incorretas constantes do referido sistema e que não retratam, em tempo real e de forma fidedigna, a situação formal das convenentes/parceiras.

3.3.3 Avaliar se as informações constantes do Cagec estão padronizadas e se são essenciais e suficientes para atenderem às demandas da Sejusp na celebração de convênios e parcerias

Noutro prisma, analisando as funcionalidades do Cagec, percebe-se que o sistema possui as informações essenciais e suficientes para a consecução de sua finalidade que é conferir transparência à situação legal e formal das convenentes.

Entretanto, existem dois pontos de melhorias que podem ser implementados, para contribuir ainda mais para que ele cumpra finalidade para a qual foi constituído.

O primeiro é no tocante ao bloqueio no Cagec, uma vez que as informações constantes do CRS que é emitido automaticamente no referido sistema, por serem preenchidas livremente pelos servidores da Sejusp em campos abertos, não são lançadas de forma padronizada, razão pela qual, enquanto alguns servidores da Sejusp informavam somente o número dos processos ou do despacho que ensejou o bloqueio, outros explanavam os motivos que deram ensejo ao bloqueio.

O que se percebe é que há necessidade de a Segov implementar melhorias no Cagec para padronizar o preenchimento das informações relativas ao bloqueio do convenente/parceiro, especificando as informações básicas que devem constar do campo a ser preenchido no sistema, para que possa ser informando o número do processo e o motivo que ensejou o bloqueio, a data do bloqueio e do desbloqueio, caso já tenha ocorrido, bem como o valor de eventual dano ao erário e a existência de parcelamento do débito.

A segunda melhoria a ser implementada pela Segov no Cagec seria inserir o histórico físico e financeiro da OSC no CRC, a fim de avaliar como foi seu desempenho individual nos monitoramentos realizados pela Sejusp nas parcerias firmadas. Isso porque o CRC não contém informações sobre as últimas notas de monitoramento obtidas pela OSCs e sobre o registro, em seu nome, de alguma glosa ou parcelamento ativo.

Nota-se que essas informações seriam de suma importância para o gestor da parceria avaliar sistematicamente o desempenho da entidade, especialmente no que se refere ao cumprimento do objeto, verificando a efetividade de eventual renovação da parceria ou a necessidade de intensificar a fiscalização e o controle naquela OSC, para que, ao final da parceria, ela possa atingir os resultados e metas previstos nos planos de trabalho.

Por fim, destaca-se que atualmente os processos de monitoramento e avaliação da parceria são constituídos em meio físico e realizados de forma manual, e que apenas a tramitação de documento é feita de forma eletrônica via SEI/MG.

Portanto, o desenvolvimento e a implementação de novas funcionalidades no sistema, para aprimorar as informações constantes do CRC e contribuir para que a Sejusp gerencie melhor as suas parcerias, somente seriam possíveis se, simultaneamente, também houvesse uma modernização no SIGCON-Saída que viabilizasse a implantação de melhorias e de novas funcionalidades, haja vista que as informações dele constantes, relativas ao monitoramento e avaliação das parcerias, poderiam ser puxadas automaticamente pelo Cagec para alimentar o CRC.

Ante exposto, esta equipe de auditoria propõe a seguinte medida:

I. Recomendar à Segov que:
a) Aprimore os dados constantes do histórico do CRC emitido pelo Cagec para que possa contemplar informações padronizadas e específicas a respeito do bloqueio de convenentes/parceiras no Siafi e a respeito do monitoramento e avaliação das OSCs.

O benefício que se espera é que sejam implementadas melhorias no CRC, para que ele passe a contemplar informações padronizadas a respeito do bloqueio de convenentes/parceiras no Siafi/MG, e para que forneça maiores informações sobre o desempenho das OSCs, no decorrer da parceria, para subsidiar a Sejusp na tomada de decisão a respeito da possibilidade de liberação de novos recursos e da celebração de novas parcerias com as entidades parceiras.

3.4 Necessidade de aprimoramento do sistema eletrônico SIGCON-Saída

O art. 65 do MROSC assevera que "a prestação de contas e todos os atos que dela decorram dar-se-ão em plataforma eletrônica, permitindo a visualização por qualquer interessado", por sua vez, o Decreto estadual nº 47.132/17, que regulamenta o MROSC, traz a seguinte redação:

> Art. 92. A tramitação de processos, notificação e transmissão de documentos para a celebração, a programação orçamentária, a liberação de recursos, o monitoramento e avaliação e a prestação de contas de termos de colaboração e de fomento serão registrados no Sigcon-MG – Módulo Saída, disponibilizado via rede mundial de computadores, por meio de página específica denominada Portal de Convênios de Saída e Parcerias, observado o disposto no Decreto nº 48.138, de 2021.

Note que o MROSC exige que a prestação de contas e os atos dela decorrentes tramitem em sistema eletrônico. Neste sentido, o Decreto estadual nº 47.132/17 ampliou as diretrizes da lei, obrigando a utilização de sistema eletrônico para formalização e tramitação de processos de parcerias, liberação de recursos, monitoramento e avaliação das parcerias e as prestações de contas.

No âmbito de todo o Estado de Minas Gerais, utiliza-se, em tese, o sistema SIGCON-Saída para execução dos atos administrativos listados acima, com o apoio do sistema Cagec, sendo ambos sistemas geridos pela Segov.

O Sistema de Gestão de Convênios, Portarias e Contratos do Estado de Minas Gerais – SIGCON-MG foi criado pelo Decreto estadual nº 44.424, de 21.12.2006, com a finalidade de acompanhar, coordenar e controlar os instrumentos de natureza financeira que permitam a entrada e a saída de recursos no Tesouro Estadual.

O Módulo de Saída do SIGCON-MG surgiu da necessidade de informatizar o processo de celebração de convênios de saída e de consolidar informações gerenciais para o fomento das atividades de articulação política.

O SIGCON-MG – Módulo Saída permite a integração com outros sistemas corporativos do Governo de Minas, como o Sistema Integrado da Administração Financeira – Siafi/MG e o Cadastro Geral de Convenentes (Cagec). Por meio dessa integração, o SIGCON-MG – Módulo Saída verifica o atendimento da exigência de regularidade do convenente no Cagec no momento do cadastramento do plano de trabalho, bem como há a verificação de ausência de bloqueio do convenente no Siafi/MG para a liberação de recursos.[53]

Destaca-se que a Segov possui contrato com a empresa pública estatal mineira Prodemge, sendo ela a responsável por realizar os atos materiais de criação do sistema, enquanto a Segov é quem idealiza e organiza as adequações, o *layout* e as informações a serem inseridas no sistema pelos seus operadores.

Para melhor exemplificação, é como se a Segov fosse um engenheiro civil que elabora o projeto, orienta e fiscaliza uma obra, enquanto a Prodemge é o pedreiro que agrupa os materiais de construção e segue as orientações do engenheiro para a execução física da obra.

Conforme explanando no achado de auditoria anterior, a Segov elaborou dois sistemas com funcionalidades e objetivos distintos, o Cagec e o SIGCON-Saída.

---

[53] MINAS GERAIS. Sigcon. *Manual de utilização do SIGCON*. Belo Horizonte: Segov, 2022. Disponível em: https://manual.sigconsaida.mg.gov.br.

O Cagec tem o intento de gerenciar e fornecer dados cadastrais do convenente/parceiro e seus administradores, informando, por meio do CRC, a situação legal e formal dos órgãos e entidades cadastrados no referido sistema.

Noutro prisma, o SIGCON-Saída foi criado com o objetivo de gerenciar e acompanhar a parceria, ou seja, executar atos de formalização, apresentação e aprovação de plano de trabalho, análises técnicas e financeiras, monitoramento e prestações de contas.

O sistema SIGCON-Saída atualmente possui duas versões (V1 e V2) e tem apenas funcionalidades voltadas à celebração do convênio/parceria, formalização de aditivos e repasses financeiro, todavia, ainda não está adaptado para a inserção das informações relativas ao monitoramento e avaliação e às prestações de contas.

Em tese, deveria o SIGCON-Saída gerenciar as parcerias regidas pelo MROSC com um fluxo dividido em cinco fases: planejamento, seleção e celebração da parceria, execução, monitoramento e avaliação e prestação de contas.[54]

| Planejamento e Gestão Administrativa | Seleção e Celebração | Execução | Monitoramento e Avaliação | Prestação de Contas |

Em síntese, segue tabela descrevendo as funcionalidades que deveriam constar no SIGCON-Saída em cada uma das cinco fases listadas:

(continua)

Fase da parceria	Funcionalidades
Planejamento e gestão administrativa	Fornecimento de dados e relatórios para auxiliar o gestor na tomada de decisão.
Seleção e celebração	a) Apresentação da proposta de plano de trabalho, com discriminação de valores e metas mediante chamamento público ou não, devendo preenchê-la no SIGCON-Saída com os dados mínimos previstos no art. 26 do Decreto nº 47.132/2017. b) Análise técnica e jurídica do plano de trabalho pela Sejusp.

---

[54] Marco Regulatório das Organizações da Sociedade Civil – MROSC para OSCs e OEEPPS.

(conclusão)

Fase da parceria	Funcionalidades
Seleção e celebração	c) Formalização do instrumento de parceria e produção automática do número da parceria e criação de minuta do ajuste, com as devidas assinaturas eletrônicas. d) Tramitar e gerar termos aditivos. e) Envio e tramitação de documentação complementar.
Execução e utilização de recursos	a) Emissão, reforço e anulação de empenhos, notas de liquidação e ordens de pagamento realizadas pelo órgão concedente em favor da OSC parceira. b) Emissão de relatórios financeiros dos repasses realizados pelo órgão concedente.
Monitoramento e avaliação	a) Acompanhamento de repasses financeiros realizados à OSC, comparando o planejado e o executado. b) Elaboração, acompanhamento e execução de cronograma de visitas técnicas com base em riscos. c) Análise de cumprimento de metas executadas em relação às previstas no plano de trabalho, com nota final de monitoramento. d) Emissão de relatórios sobre: notas de monitoramento das OSCs, realização e conclusão de visitas técnicas e comparação de indicadores.
Prestação de contas	a) Acompanhamento e inserção de despesas pelas OSC em tempo real. b) Análise das prestações de contas dividida em duas fases, sendo a primeira, avaliação de execução de objeto, e a segunda, execução financeira, permitindo, neste último caso, a análise individual das despesas. c) Análise financeira de prestação de contas automatizada por robô. d) Classificação das prestações de contas em quatro categorias: metas inadimplidas; objetos de denúncia/representação; auxílio de interveniente; metas cumpridas. e) Fornecer a informação de todas as prestações de contas aptas a compor a amostra. f) Emissão de alertas automáticos e acompanhamento dos prazos de manifestação e defesa das OSCs. g) Emissão de relatórios sobre: OSCs com mais glosas, irregularidades constantes, comparação percentual de glosas e erros entre as prestações de contas de OSCs que cumpriram as metas e as que não cumpriram as metas.

Analisando o sistema individualmente, em cada uma das fases da parceria, tem-se que para a segunda fase, seleção e celebração, o SIGCON-Saída tem todas as funcionalidades esperadas, ou seja, o sistema permite lançar informações sobre o plano de trabalho, descrevendo e quantificando metas, estipulando valores, informando se há ou não contrapartida, realizando análise técnica e jurídica dentro do próprio sistema, tramitando e gerando minutas de parcerias e termos aditivos, além de permitir a anexação de declarações e outras informações complementares.

Toda essa operação descrita acima se efetiva por meio do SIGCON-Saída V2, não havendo nenhuma participação da primeira versão nessa fase. Outrossim, a V2 é dividida em abas, onde cada aba tem determinadas informações a serem preenchidas. A seguir é apresentada imagem para visualização:

- IDENTIFICAÇÃO DO CONCEDENTE/ÓRGÃO OU ENTIDADE ESTADUAL PARCEIRO
- IDENTIFICAÇÃO DO CONVENENTE / OSC PARCEIRA
- IDENTIFICAÇÃO DO INTERVENIENTE
- ATUAÇÃO EM REDE
- CARACTERIZAÇÃO DA PROPOSTA
- CRONOGRAMA DE EXECUÇÃO
- PLANO DE APLICAÇÃO DE RECURSOS
- CRONOGRAMA DE DESEMBOLSO DOS RECURSOS
- AUDITORIA
- DOCUMENTOS ANEXADOS

Fonte: *Print* da tela do sistema SIGCON-Saída (V2).

Ademais, salienta-se que o sistema SIGCON-Saída tem um sistema de *logout* automático, o qual é utilizado quando, após período de tempo determinado, não houver nenhum salvamento de informações.

Notou-se que em uma das abas do sistema, "caracterização da proposta", existe uma alta gama de informações a serem preenchidas pelas convenentes/parceiras, o que extrapola o tempo programado para conclusão da atividade, resultando em *logout* automático no sistema, o que ocasiona dificuldade no preenchimento de todas as informações e a perda de dados anteriormente preenchidos.

Ocorre que as informações preenchidas parcialmente somente podem ser salvaguardadas, quando houver completado o preenchimento de todas as informações obrigatórias de determinada aba, ou seja, se o operador vai na aba "atuação em rede" e lá tem, por exemplo, cinco espaços de preenchimento obrigatório, somente se preenchidas essas cinco informações por completo é que os dados inseridos naquela aba são salvos e se avança para próxima aba.

Na aba "caracterização da proposta" deve o operador do sistema preencher as seguintes informações: (i) título da parceria; (ii) tipo de instrumento; (iii) se o instrumento é de natureza especial; (iv) origem dos recursos; (v) se há contrapartida ou interveniente; (vi) se a verba advém de emenda parlamentar, com o devido detalhamento, se for o caso; (vii) informar se a contrapartida é financeira ou não financeira; (viii) detalhar a contrapartida; (ix) descrição detalhada do objeto; (x) justificativa fundamentada para formalizar a parceria; (xi) endereço do local de entrega dos serviços/obra pela OSC parceira; (xii) informação do georreferenciamento do endereço; (xiii) informar conta bancária específica; (xiv) equipe executora do convênio, formada pelos dados do responsável pela documentação, responsável pelo monitoramento e responsável pela prestação de contas.

Desta forma, todas essas informações condessadas em uma única aba faz com que o operador do sistema leve um tempo considerável para seu preenchimento. Contudo, ao finalizar e tentar salvar as informações, já se passou o tempo de espera do sistema e este entende que, como não houve avanço na aba, o usuário teria abandonado a operação e realiza seu *logout* automático. Portanto, todas as informações preenchidas são perdidas e deve o operador reinseri-las novamente e com maior velocidade, já que, caso não consiga, o mesmo problema se repetirá sucessivamente até o atingimento do tempo ideal de preenchimento das informações.

Destarte, é de suma importância que a Segov revise as informações da aba "caracterização da proposta", e avalie a pertinência e conveniência de dividir seus campos de preenchimento em mais abas, evitando que, em razão do *logout* automático, ocorra a perda de informações que já haviam sido preenchidas anteriormente pelos convenentes/parceiros, bem como que haja retrabalho e demora demasiada dos operadores em alimentarem os dados no sistema.

Em relação à fase de execução e utilização de recursos, o sistema também possui essa funcionalidade, mas operando apenas na V1.

Inicialmente, todo o SIGCON-Saída era apenas a V1, contudo houvera *upgrades* no sistema, fazendo surgir a V2, a qual era mais intuitiva, ágil e com mais funcionalidades se comparadas à V1. Entretanto, devido a problemas de integração com o Siafi/MG, não se pôde extinguir a V1, havendo assim essa divisão dentro do próprio sistema.

Em reuniões realizadas com a Segov, foi repassado que esse problema original de comunicabilidade da V2 com o Siafi/MG ocorreu por falta de recursos durante a elaboração da nova versão do sistema, não obstante, com a implementação do novo sistema financeiro que irá substituir o Siafi/MG, qual seja, GRP Minas, o problema será resolvido e a V1 será extinta, permanecendo apenas a V2.

Destarte, torna-se desarrazoável exigir o aprimoramento da comunicabilidade do SIGCON-Saída V2 com o Siafi/MG, haja vista, segundo a Segov, o alto gasto financeiro e operacional para correção do problema em um sistema que já se encontra com data marcada para o encerramento de suas funcionalidades.

Sobre a fase de monitoramento e prestação de contas, inexiste no SIGCON-Saída qualquer módulo que realize o gerenciamento destas fases da parceria, caracterizando inadequação com o disposto no art. 65 do MROSC e no art. 92 do Decreto estadual nº 47.132/17.

Insta salientar que a criação de novos módulos e funcionalidades no SIGCON-Saída ainda não havia se concretizado em razão de dois fatores distintos, quais sejam, a ausência de recursos orçamentários para que a Segov implementasse as melhorias no sistema e o fato de a equipe da Prodemge estar dedicada exclusivamente em adaptar o sistema SIGCON-Saída às constantes alterações legislativas promovidas nos processos de disponibilização de recursos orçamentários por emendas parlamentares.

Contudo, após o início das atividades desta equipe de auditoria, foi liberado à Segov, em 2022, o montante aproximado de R$4.200.000,00 para a promoção de melhorias no sistema, inclusive para criação de novos módulos e funcionalidades no SIGCON-Saída que atendam ao disposto no MROSC. Além disso, o contrato com a Prodemge foi revisto, dividindo as equipes em 4 *squads*,[55] sendo que uma ficará totalmente dedicada a adequar o SIGCON-Saída às exigências do MROSC e às determinações/recomendações propostas pelo TCEMG.

---

[55] Esquadrão ou equipe.

Ademais, esta equipe de auditoria aplicou questionários aos servidores da Sejusp lotados nos setores da DCC e DCA e aos funcionários das Apacs (gestores e encarregados de tesouraria), com o objetivo de mensurar os níveis de satisfação dos usuários com a utilização do SIGCON-Saída, de avaliar a qualidade do serviço prestado pela equipe da Segov e se os módulos e funcionalidades constantes do sistema atendiam às demandas da Sejusp na gestão das parcerias firmadas com as Apacs e ao disposto no MROSC, obtendo as seguintes respostas sobre o SIGCON-Saída.

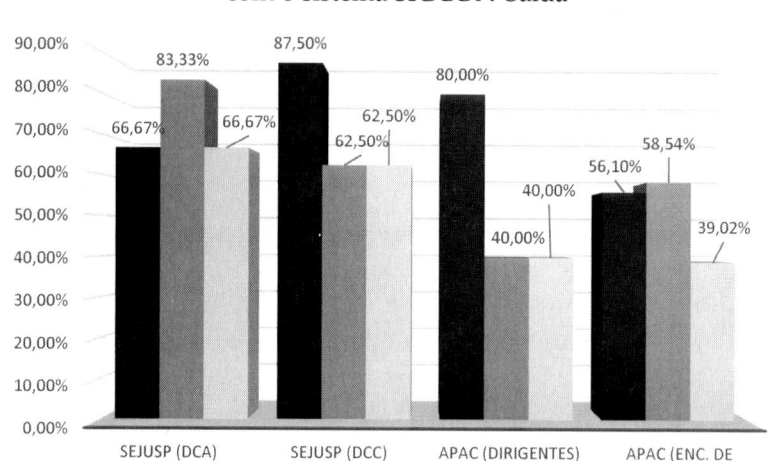

Gráfico 1 – Questionário sobre a satisfação com o sistema SIGCON-Saída

	SEJUSP (DCA)	SEJUSP (DCC)	APAC (DIRIGENTES)	APAC (ENC. DE TESOURARIA)
Necessidade de novas funcionalidades	66,67%	66,67%	62,50%	56,10%
Instabilidade do SIGCON	83,33%	87,50%	80,00%	58,54%
Falta de suporte técnico	66,67%	62,50%	40,00%	39,02%

Fonte: Autoria da própria equipe.

Em síntese, as respostas aos questionários aplicados por esta equipe de auditoria evidenciaram que tanto os servidores da Sejusp, quanto os funcionários das Apacs, que operam o sistema, vêm a necessidade de implantação de novas funcionalidades no sistema SIGCON-Saída, para melhor atender a suas demandas no que se refere à gestão das parcerias firmadas entre Sejusp e Apacs.

Ademais, de acordo com as respostas aos questionários, é possível verificar os altos índices de reclamações quanto à instabilidade do sistema e as deficiências nos serviços de suporte técnico ofertados pela equipe do SIGCON-Saída, tendo em vista a grande ocorrência de erros e quedas de sistema durante a operacionalização.

Em questão subjetiva elaborada nesses mesmos questionários, a respeito das principais dificuldades enfrentadas pelos usuários do sistema no preenchimento de informações no SIGCON-Saída, a maioria dos servidores e funcionários das Apacs reclamaram do problema decorrente da instabilidade constante do sistema. *Vide* a seguir *print* da resposta dos servidores da DCA e DCC, respectivamente:

ID	Resposta
8	INSTABILIDADE CONSTANTE
10	Instabilidade e falhas do sistema
9	Não sei informar
11	Instabilidade, lentidão, falta de suporte técnico e layout desatualizado.
12	Não tenho acesso ao sistema SIGCON-Saída.
14	Ao lançar os dados no sistema, a instabilidade é constante. Tento inserir os dados, como por exemplo de valores financeiros no cronograma de execução e frequentemente o sistema não processa o valor exato inserido, causando morosidade no andamento do processo. Saliento que as tentativas são muitas, às vezes repito sete vezes o mesmo processo para dar seguimento no sistema SIGCON.

ID	Resposta
2	Sistema não é muitas vezes claro e direto. Gasta-se tempo para realizar as consultas.
3	Sistema fica off-line / travando algumas vezes
16	Não preencho dados no Sigcon. Para consulta o sistema é lento e instável.
10	Instabilidade do sistema.
12	Instabilidade do sistema
13	Quando a informação é lançada errada no sistema este erro permanece e caminha até que alguém identifique o erro, isso atrapalha, gera retrabalho. Acredito que o sistema deveria ser melhorado para não permitir lançamentos errados, acho que o cruzamento de algumas informações poderia ajudar nesta questão.
14	Devido a falta de treinamento constante para operar o sistema, acaba que o acesso passa a ser casual, o que compromete informar as dificuldades encontradas no manuseio/utilização do sistema SIGCON-Saída.
20	Não encontro dificuldades.

Durante reunião realizada com a Sejusp, os servidores enfatizaram novamente o problema da instabilidade do sistema e ressaltaram o fato de que todo o ciclo de convênios/parcerias não está condensado e sistematizado em um único sistema eletrônico, afirmando que preenchem os mesmos dados repetidas vezes, pois alimentam diversos sistemas distintos e que não se comunicam, como o SIGCON-Saída V1 e V2 e SEI MG, bem como necessitam criar e alimentar as planilhas manuais internas do setor para realizar o acompanhamento dos resultados dos processos de monitoramento e de prestação de contas, haja vista a falta de módulos de monitoramento e avaliação e prestação de contas no SIGCON-Saída e seus constantes erros e quedas.

Nesta ocasião também foi informado que alguns servidores optaram por lançar os dados no SIGCON-Saída em casa, após o expediente, porquanto que neste período há menos movimentação no sistema e, por conseguinte, diminui-se a ocorrência de instabilidade.

O que se verifica, no caso em tela, é que atualmente, em razão da instabilidade do sistema e falta de módulos e funcionalidades essenciais, o SIGCON-Saída se torna, na visão dos seus operadores, mais uma exigência formal de preenchimento de dados do que uma ferramenta de gestão hábil para tornar os processos mais céleres e transparentes, de forma a subsidiar a tomada de decisão dos gestores.

Sobre a necessidade de criação de novas funcionalidades, por meio de questionário aplicado aos servidores da DCC e DCA e aos dirigentes e encarregados de tesouraria das Apacs, obtiveram-se os seguintes resultados:

Gráfico 2 – Questionário sobre a necessidade de criação de novas funcionalidades no SIGCON-Saída

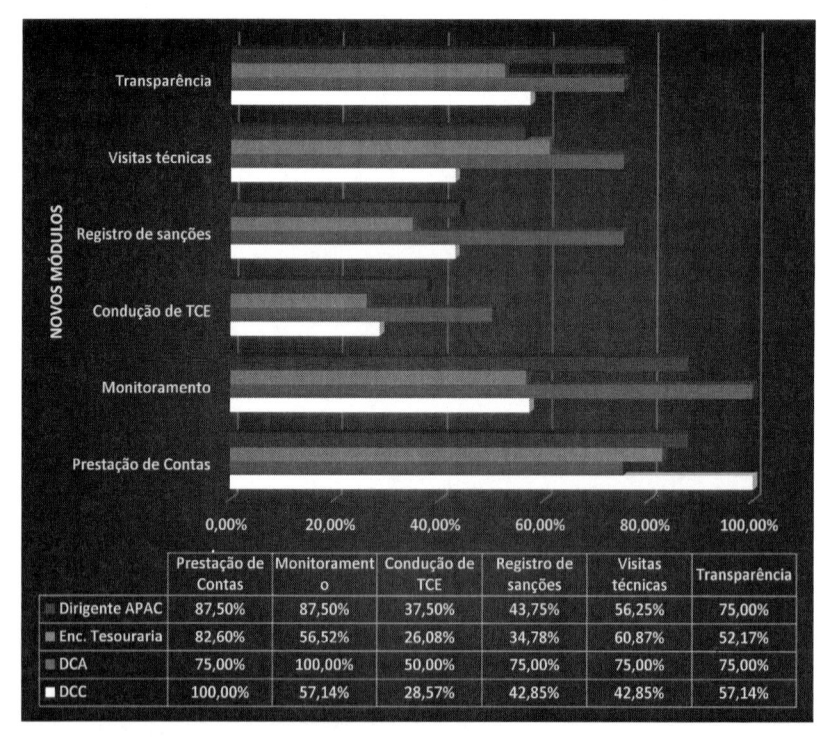

	Prestação de Contas	Monitoramento	Condução de TCE	Registro de sanções	Visitas técnicas	Transparência
Dirigente APAC	87,50%	87,50%	37,50%	43,75%	56,25%	75,00%
Enc. Tesouraria	82,60%	56,52%	26,08%	34,78%	60,87%	52,17%
DCA	75,00%	100,00%	50,00%	75,00%	75,00%	75,00%
DCC	100,00%	57,14%	28,57%	42,85%	42,85%	57,14%

Fonte: Autoria da própria equipe de auditoria.

Realizando o cálculo da média dos quatros questionários aplicados, tem-se:

Gráfico 3 – Média dos resultados do questionário sobre a necessidade de novas funcionalidades no SIGCON-Saída

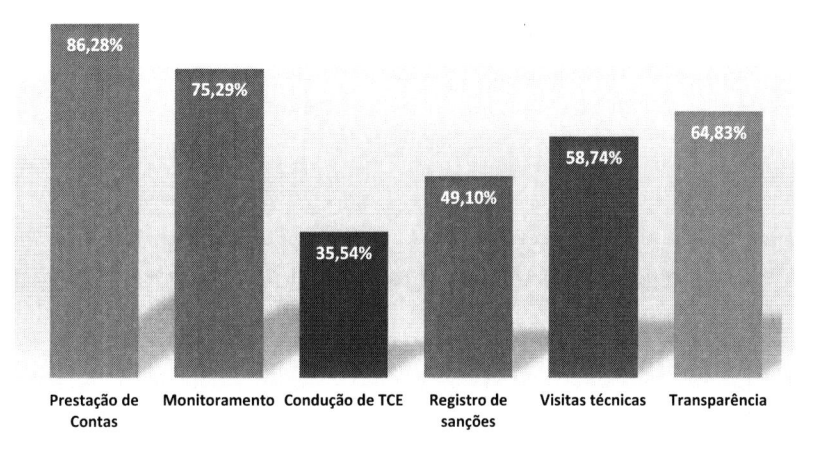

[Gráfico de barras com os seguintes valores:
- Prestação de Contas: 86,28%
- Monitoramento: 75,29%
- Condução de TCE: 35,54%
- Registro de sanções: 49,10%
- Visitas técnicas: 58,74%
- Transparência: 64,83%]

Fonte: Autoria da própria equipe de auditoria.

Veja que, em razão da ausência das funcionalidades acima descritas no gráfico, em especial, um módulo de prestação de contas, monitoramento, de visitas técnicas e transparência, os setores da Sejusp têm que manter vários controles em planilhas ou sistemas paralelos para gerenciar as parcerias.

As consequências acarretadas por estes problemas detectados durante a execução dos trabalhos de auditoria são: (i) preenchimento dos dados relativos a convênios/parcerias de forma intempestiva; (ii) retrabalho na alimentação das informações no SIGCON-Saída, uma vez que, em razão das constantes instabilidades e erros do sistema, necessitam ser preenchidas diversas vezes pelo servidor da Sejusp e os colaboradores das Apacs; (iii) ausência de visão global e gerencial dos servidores da Sejusp a respeito da gestão de convênios/parcerias, uma vez que as informações não estão todas unificadas e sistematizadas no sistema eletrônico SIGCON-Saída; (iv) ausência de confiabilidade dos servidores da Sejusp nos dados constantes do sistema, pois há grande risco de eles estarem desatualizados por não terem sido alimentandos no momento em que ocorreram os atos administrativos; (v) necessidade de criação de controles manuais paralelos pela Sejusp para suprir a falta de módulos e funcionalidades que não constam do sistema; (vi) aumento do risco de ocorrência de duplicidade de informações e de falhas no controle e no preenchimento dos dados.

Após essas constatações, esta equipe realizou reuniões com os servidores da Segov, a qual informou que já está ciente dessas reclamações e que tais erros de instabilidade se originaram em decorrência de uma tomada de decisão errônea, no momento da elaboração do sistema, todavia, graças à disponibilização do recurso orçamentário outrora citado de R$4.200.000,00, mais a adequação no contrato com a Prodemge, a equipe do SIGCON-Saída entende que esses problemas serão saneados.

Logo, cabe à Segov corrigir a instabilidade do sistema SIGCON-Saída e criar neste mesmo sistema novas modalidades e funcionalidades que contemplem os procedimentos de análise de prestação de contas e monitoramento das parcerias.

Contudo, como as melhorias ainda estão em fase de implementação, ainda é cedo para esta equipe de auditoria afirmar se tais medidas serão suficientes para minimizar os problemas detectados e aprimorar a gestão das parcerias firmadas entre Sejusp e Apacs no sistema SIGCON-Saída.

Ante exposto, esta equipe de auditoria propõe as seguintes medidas:

I. Recomendar à Segov que:
  a) Aprimore a arquitetura lógica do sistema SIGCON-Saída, de forma que consiga suportar o grande número de acessos dos usuários e comportar a grande quantidade de informações que são armazenadas em seus bancos de dados pelos seus operadores, no intuito de minimizar os erros e instabilidades do sistema.
  b) Aprimore o SIGCON-Saída, avaliando a viabilidade de dividir a aba "caracterização da proposta", em várias abas, no intuito de evitar que o excesso de informações preenchidas em um único campo impossibilite que elas sejam salvas no sistema antes da ocorrência do *logout* automático.
  c) Avalie, no intuito de auxiliar o gestor na tomada de decisões e facilitar o controle interno e externo, a oportunidade e conveniência de fazer constar minimamente, dos novos módulos a serem criados no SIGCON-Saída, as funcionalidades a seguir:

1. Módulo de gerenciamento e monitoramento das parcerias
   i. acompanhamento de repasses financeiros realizados à OSC, comparando o planejado e o executado;
   ii. elaboração, acompanhamento e execução de cronograma de visitas técnicas com base em riscos;
   iii. análise de cumprimento de metas executadas em relação às previstas no plano de trabalho, com nota final de monitoramento;
   iv. emissão de relatórios sobre notas de monitoramento das OSCs, realização e conclusão de visitas técnicas e comparação de indicadores.
2. Módulo de prestação de contas das parcerias
   i. acompanhamento e inserção de despesas pelas OSC em tempo real;
   ii. análise das prestações de contas dividida em duas fases, sendo a primeira, a de avaliação de execução de objeto, e a segunda, de execução financeira, permitindo, neste último caso, a análise individual das despesas;
   iii. em aprimoramento posterior, realizar análise financeira de prestação de contas automatizada por robô;
   iv. após permitir a análise de cumprimento de objeto, diferenciação das prestações de contas em quatro categorias: metas inadimplidas; objetos de denúncia/representação; auxílio de interveniente; metas cumpridas (são as únicas que entram no cálculo da amostra);
   v. fornecer a informação de todas as prestações de contas aptas a comporem a amostra;
   vi. emissão de alertas automáticos e acompanhamento dos prazos de manifestação e defesa das OSCs;
   vii. emissão de relatórios sobre: OSCs com mais glosas, irregularidades constantes; comparação percentual de glosas e erros entre as prestações de contas de OSCs que cumpriram as metas e as que não cumpriram as metas.

II. Determinar à Segov, que:

a) Crie módulos de gerenciamento e monitoramento das parcerias e de prestação de contas para que o sistema SIGCON-Saída contemple todo o ciclo de formalização das parcerias ou convênios, nos termos do art. 92 do Decreto estadual nº 47.132/17.

Os benefícios que se esperam com este trabalho são: (i) agilizar e tornar mais efetivos os processos de análise de prestação de contas; (ii) conferir, a partir da implantação dos módulos de prestação de contas e monitoramento, mais transparência às informações relativas à prestação de contas e ao desempenho das OSCs no decorrer da parceria; (iii) minimizar os problemas de instabilidade e de erros no sistema SIGCON-Saída, tornando mais eficaz a sua utilização pelos seus operadores; (iv) unificar e sistematizar todas as informações relativas às etapas de convênios/parcerias em um único sistema eletrônico; (v) evitar a criação de controles paralelos no âmbito da Sejusp para o acompanhamento dos resultados obtidos nos processos de monitoramento e nas prestação de contas das parcerias.

3.5 Liberação de perfis de acesso à Sejusp e ao Poder Judiciário para consulta e utilização dos dados do sistema eletrônico Infoapac

A FBAC é uma Associação Civil de Direito Privado sem fins lucrativos que tem a missão de congregar e manter a unidade de propósitos das suas filiadas e assessorar as Apacs do exterior. Além disso, também tem a tarefa de orientar, zelar e fiscalizar a correta aplicação da metodologia e ministrar cursos e treinamentos para funcionários, voluntários, recuperandos e autoridades de modo a consolidar as Apacs existentes e contribuir para a expansão e multiplicação de novas Apacs.[56]

Independentemente de exigência ou solicitação da Sejusp, a Fraternidade Brasileira de Assistência aos Condenados – FBAC decidiu, por iniciativa própria, instituir um sistema eletrônico denominado *Sistema de Informação das Apacs – Infoapac*, com o intuito de fornecer informações aos gestores das Apacs para facilitar a tomada de decisões assertivas para superar os problemas detectados quando da realização das ações de fiscalização pela FBAC.

No Infoapac constam os dados e informações sobre as Apacs e a FBAC que são inseridos no sistema pelos encarregados e auxiliares, supervisores de oficinas, técnicos, pedagogos ou responsável pela educação, condutores, porteiros, facilitadores do Programa A Viagem do Prisioneiro ou monitores do Programa Caminhos do Cuidado e colaboradores da FBAC.[57]

---

[56] Portal da FBAC disponível em: https://fbac.org.br/quem-somos/.
[57] Infoapac disponível em: http://www.fbac.org.br/infoapac/tutoriaisadmin.php.

Sobre o Infoapac, a FBAC liberou um perfil de acesso, disponibilizando à equipe de auditoria informações sobre a arquitetura do sistema e realizou uma apresentação específica sobre as potencialidades e funcionalidades da referida solução tecnológica, bem como realizou um treinamento sobre como operacionalizar o sistema.

A seguir é disponibilizada imagem pela FBAC condensando as funcionalidades do Infoapac:

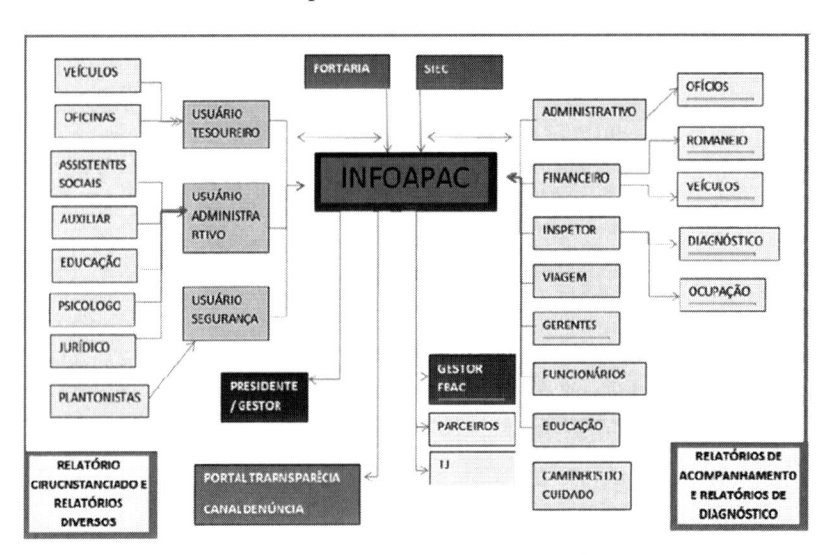

Através do Infoapac, os gestores podem acompanhar, em tempo real, a utilização de veículos, as visitas que estão ocorrendo nas Apacs, a entrada e saída de pessoas na portaria, a lista de recuperandos que cumprem penas nas Apacs, o diagnóstico da Apac realizado pelo consultor da FBAC durante a visita de inspeção (pontos fortes e fracos das Apacs), a situação das laborterapias e unidades produtivas, a situação da educação na Apac, a situação de fugas, abandonos e evasão da instituição, simples relatório financeiro e relatório de transparência interna e externa da Apac.[58]

Os dados relativos aos indicadores de ocupação, disciplina e segurança, de reentrada, educação e profissionalização, trabalho, atendimentos assistenciais e exames toxicológicos das Apacs são alimentados pelos seus funcionários, mensalmente, no sistema Infoapac. Preenchidos

---

[58] Infoapac disponível em: http://www.fbac.org.br/infoapac/tutoriaisadmin.php.

os dados e gerado um relatório mensal de transparência de cada uma das Apacs e um global das Apacs brasileiras, contendo todas essas informações, o que deve ser afixado na sede das Apacs e divulgado para os parceiros, para conferir transparência aos resultados obtidos através das atividades realizadas pelas Apacs. Isso é importante para cultivar os parceiros já existentes e melhorar a relação com a sociedade e conseguir, inclusive, benefícios para a própria Apac.[59]

Os relatórios que se podem extrair das Apacs no sistema Infoapac são: (i) informações sobre as Apacs do Brasil (Apacs em funcionamento, em implantação e Apacs por estado); (ii) indicativos gerais: relatórios de indicativos por mês, relatório comparativo de indicativos mês a mês (fuga, evasão, abandono, reentrada, educação e profissionalização, atendimentos, número de escoltas, saídas de escolta, exame psicológico), relatório de todos os indicativos mês a mês, cursos profissionalizantes, relatório numérico; (iii) relatório financeiro por mês, *per capita* da Apac; (iv) gráficos per capta, fugas, evasão, abandono, educação, exames, reincidência; (v) lista dos recuperandos; (vi) lista de chamadas; (vii) relatórios de veículos; (vii) relatórios de oficinas e laborterapia.

No sistema Infoapac, a FBAC emite o diagnóstico da situação das Apacs avaliando a gestão, a disciplina e segurança e a aplicação da metodologia. Depois realiza o monitoramento das Apacs, com base na verificação da regularidade da execução financeira (execução das rubricas) e do cumprimento das metas a seguir especificadas:

> Meta 1: Operacionalização do elemento fundamental Centro de Reintegração Social
> Meta 2: Implantar o elemento fundamental Família
> Meta 3: Implantar o elemento fundamental A participação da comunidade
> Meta 4: Implantar o elemento fundamental Acesso à saúde
> Meta 5: Implantar o elemento fundamental Assistência jurídica
> Meta 6: Implantar o elemento fundamental Trabalho/oficinas profissionalizantes
> Meta 7: Implantar o elemento fundamental Valorização humana
> Meta 8: Implantar o elemento o Voluntário e o curso para sua formação

---

[59] Infoapac disponível em: http://www.fbac.org.br/infoapac/tutoriaisadmin.php.

Analisando os dados constantes do sistema Infoapac, esta equipe de auditoria verificou que ele atua como uma ferramenta de gestão efetiva e que possui alto nível e grau de monitoramento das atividades desenvolvidas pelas Apacs.

Nota-se que, por meio desta ferramenta, é possível obter um diagnóstico das Apacs (pontos fortes e fracos) e acompanhar os monitoramentos realizados para verificar se houve o aprimoramento dos pontos fracos identificados pela FBAC, bem como agendar reuniões, viagens e visitas, gerenciar a frota dos veículos da Apac, verificar o processo de implantação de novos CRSs, acompanhar os percentuais de ocupação de vagas e de recuperandos estudantes nos CRSs, quantificar e monitorar a execução das metas, inclusive atuando conforme a nota de monitoramento e o grau de risco apresentado pela Apac.

Discorrendo um pouco mais sobre o sistema Infoapac, tem-se que a FBAC analisa a nota de monitoramento da Apac e a partir disto classifica o risco dela. O sistema divide o risco em 4Cs, quais sejam, comuns (necessitam de ações simples), complicados (as ações merecem reflexão), complexos (necessitam consulta para adoção de medidas) e caóticos (necessitam intervenção).

PROGRAMA DE MANUTENÇÃO DAS APACs

INDICADORES DE CLASSIFICAÇÃO DAS APACS
1. Verde
2. Amarelo
3. Vermelho
4. Roxo

TIPOS DE PROBLEMAS - 4 C's
- COMUNS (Simples) — Necessita ação imediata
- COMPLEXOS — Necessita consultar
- COMPLICADOS — Necessita reflexão
- CAÓTICOS — Necessita intervenção

FORMAÇÃO PERMANENTE FBAC:
1. Reunião mensal (toda equipe)
2. Reunião mensal - inspetores
3. Feedback
4. Treinamento trimestral para inspetores

MANUTENÇÃO PREVENTIVA
1. CONTATO ONLINE SEMANAL
2. REUNIÃO MENSAL
   Encarregado de Disciplina e segurança
   Encarregado administrativo
   Encarregado de tesouraria
3. REUNIÃO BIMESTRAL
   Presidentes das APACs
4. INSPEÇÃO SEMESTRAL
   Diagnóstico - Metas
   Planejamento operacional
   Plano de metas - indicadores

GESTÃO METODOLOGIA DISCIPLINA E SEGURANÇA

MANUTENÇÃO CORRETIVA / CONSULTIVA
1. MONITORAMENTO TELEFÔNICO
2. REUNIÕES ONLINE
3. VISITAS DE CAMPO BIMESTRAIS
4. VISITAS DE CAMPO TRIMESTRAIS

MANUTENÇÃO PREDITIVA
1. EVOLUÇÃO DO SISTEMA
2. NOVAS TECNOLOGIAS
3. BOAS PRÁTICAS

AÇÕES PUNITIVAS

FBAC

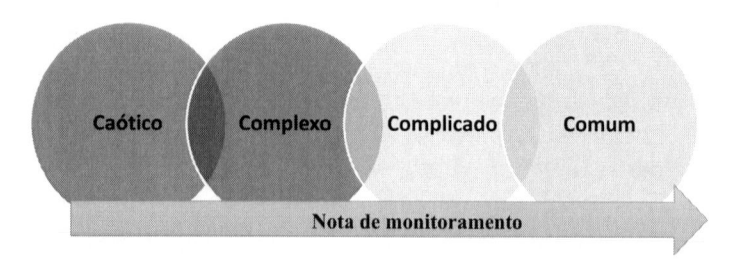

Caótico | Complexo | Complicado | Comum
Nota de monitoramento

Em que pese ser um sistema com uma gama de informações importantíssimas, nele não há módulo de consulta pública das informações nem disponibilização de perfis de acesso aos juízes locais e aos servidores da Sejusp.

Em reunião realizada por esta equipe de auditoria com o Juiz Luiz Carlos Rezende e Santos, Coordenador-Executivo do Programa Novos Rumos, instituído pelo Tribunal de Justiça do Estado de Minas Gerais, o qual visa fortalecer a humanização no cumprimento das penas privativas de liberdade e das medidas socioeducativas, ele informou que não é disponibilizado aos juízes e servidores do Judiciário o acesso aos dados do sistema Infoapac.

Ademais, nas respostas ao questionário aplicado por esta equipe de auditoria aos servidores da DCC, que é o setor da Sejusp responsável pela análise financeira das parcerias, nenhum deles afirmou que tinha acesso ao referido sistema, muito pelo contrário, informaram que o desconheciam.

Em resposta ao comunicado de auditoria envido à FBAC perguntando sobre a possibilidade de liberar perfis de acesso ao Poder Judiciário e à Sejusp, a referida instituição respondeu que:

> [...] considera essa possibilidade muito interessante, visto que, desta forma, iria acabar com o retrabalho dos encarregados(as) para informar a ocupação. De igual maneira, poder-se-ia oferecer aos juízes e Comarcas usuário próprio para acessarem em tempo real a ocupação e disponibilidade de vagas nas APACs.

Outrossim, ressalta que a disponibilização aos servidores da DCA de um perfil para acesso ao Infoapac viabilizaria a obtenção de informações a respeito das Apacs que poderiam ser utilizadas pela Sejusp para subsidiar, de forma complementar, a elaboração de seus relatórios de monitoramento que visam verificar o cumprimento do objeto e das metas estabelecidas no plano de trabalho, bem como poderiam servir para dirimir dúvidas, evitando diligências desnecessárias e tornando os processos de monitoramento e de prestação de contas mais céleres.

Ademais, as informações relativas ao diagnóstico das Apacs poderiam servir como um dos critérios de cálculo de risco para que a Sejusp pudesse definir em quais OSCs seriam realizadas visitas técnicas, no intuito de minimizar a possibilidade de descumprimento do objeto e das metas estabelecidas nos planos de trabalho.

A criação de um perfil para que a DCA tenha acesso aos dados do Infoapac também é importante para que a Sejusp possa propor melhorias no sistema, inclusive no que se refere à produção de modelos padronizados de relatórios de monitoramento a respeito do cumprimento do objeto que possam ser gerados automaticamente, de forma eletrônica, pelo próprio sistema.

A padronização das informações constantes dos relatórios e das formas de apresentação de documentos de monitoramento são fundamentais para agilizar a análise e evitar erros e glosas desnecessárias.

Para melhor ilustração da hipótese acima, seria, por exemplo, da DCA construir com a FBAC uma forma de cadastrar os eventos e atendimentos realizados pela Apac no próprio Infoapac, de forma que o sistema emitiria o relatório já contendo todas as informações necessárias ao órgão concedentes para fiscalizar o cumprimento da meta.

Como se trata de um sistema criado com objetivo de facilitar o gerenciamento e acompanhamento das Apacs, bem como tornar mais fácil e célere a ação dos gestores das referidas OSCs em apresentar documentos que comprovem o atingimento de metas, é de suma importância a participação da Sejusp na evolução deste sistema e a busca, em conjunto, desta Secretaria e da FBAC em tornar os documentos de monitoramento eletrônicos e sistematizados, de forma que tais órgãos consigam obter mais informações gerenciais e evitar o surgimento de glosas desnecessárias de recursos que seriam repassados pela Sejusp às entidades parceiras.

Destarte, por se tratar de auditoria no órgão Sejusp, entende-se ser de elevada importância que a DCA e DCC solicitem à FBAC perfis de acesso ao sistema Infoapac para a própria Sejusp e para o TJMG, cumulados com os devidos treinamentos, a fim de propiciar uma melhor comunicação entre os atores destas parcerias e de aprimorar o monitoramento e gerenciamento das metas das Apacs.

Ante exposto, esta equipe de auditoria propõe a seguinte medida:

I. Recomendar à Sejusp que:
   a) Solicite à FBAC a liberação de perfis de acesso ao Infoapac, bem como a realização dos devidos treinamentos, para a DCA e DCC, a fim de subsidiar, de forma complementar, o

monitoramento das parcerias a partir dos dados e relatórios produzidos pelo sistema, e ao TJMG, para acompanhar as taxas de ocupação dos CRSs e avaliar o desempenho da Apac dentro da sua esfera de competência.

Os benefícios esperados com este trabalho são: (i) melhorar a interlocução entre Sejusp, FBAC e Tribunal de Justiça para agilizar e aprimorar o controle de vagas nos CRSs das Apacs, por meio da obtenção de dados extraídos do sistema Infoapac; (ii) agilizar e aprimorar a análise pela Sejusp dos relatórios de monitoramento emitidos automaticamente pelas Apacs, de forma eletrônica, com base em dados extraídos diretamente do Infoapac, evitando demora na resposta de diligências, erros e glosas desnecessárias.

3.6 Deficiência de informações disponibilizadas nos Portais de Transparência e no SIGCON-Saída relativas às parcerias firmadas entre Sejusp e Apacs

3.6.1 Da transparência ativa nos portais do estado e dos órgãos convenentes parceiros

A Lei nº 13.019/2014 (MROSC), em seu art. 10, estabelece que a Administração Pública deverá manter, em seu sítio oficial na internet, a relação das parcerias celebradas e dos respectivos planos de trabalho, até cento e oitenta dias após o respectivo encerramento.

Desta forma, a fim de garantir o princípio da transparência administrativa, o MROSC, em seu art. 11, estabelece que:

> Art. 11. A organização da sociedade civil deverá divulgar na internet e em locais visíveis de suas sedes sociais e dos estabelecimentos em que exerça suas ações todas as parcerias celebradas com a administração pública
> Parágrafo único. As informações de que tratam este artigo e o art. 10 deverão incluir, no mínimo:
> I - data de assinatura e identificação do instrumento de parceria e do órgão da administração pública responsável;
> II - nome da organização da sociedade civil e seu número de inscrição no Cadastro Nacional da Pessoa Jurídica - CNPJ da Secretaria da Receita Federal do Brasil - RFB;
> III - descrição do objeto da parceria;
> IV - valor total da parceria e valores liberados, quando for o caso

V - situação da prestação de contas da parceria, que deverá informar a data prevista para a sua apresentação, a data em que foi apresentada, o prazo para a sua análise e o resultado conclusivo.

VI- quando vinculados à execução do objeto e pagos com recursos da parceria, o valor total da remuneração da equipe de trabalho, as funções que seus integrantes desempenham e a remuneração prevista para o respectivo exercício.

Os arts. 7º e 8º do Decreto nº 47.132/2017, que regulamenta o MROSC, também versam sobre as informações que devem constar do Portal da Transparência e sobre a necessidade de a Secretaria de Estado de Governo – Segov e a Controladoria-Geral do Estado – CGE, em articulação com os órgãos e entidades estaduais, adotarem medidas necessárias para a efetivação da transparência ativa e aumento do controle social.

O referido decreto estabelece ainda, no inc. I, §3º do art. 7º, que o Poder Executivo deve divulgar as informações do §1º do referido artigo "no sítio eletrônico www.transparência.mg.gov.br, no tocante aos termos de colaboração e de fomento, ou no sítio eletrônico do órgão estadual parceiro, observado o disposto no art. 97".

No que se refere à divulgação de informações pelas organizações da sociedade civil (OSCs), o inc. II, §3º do art. 7º do Decreto nº 47.132/2017, estabelece que as informações devem ser disponibilizadas "no sítio eletrônico oficial e em locais visíveis de suas sedes sociais e estabelecimentos que exerçam suas ações".

Ainda no tocante à transparência ativa, o §4º do art. 7º do Decreto estadual nº 47.132/2017 estabelece que "é facultado ao órgão ou entidade estadual parceiro permitir a divulgação pela OSC parceira, das informações de que trata o §1º em redes sociais ou no Mapa das OSCs, quando a organização não dispuser de sítio eletrônico oficia".

No tocante ao conteúdo da publicação, *vide* o art. 87 do MROSC:

> Art. 87. As exigências de transparência e publicidade previstas em todas as etapas que envolvam a parceria, desde a fase preparatória até o fim da prestação de contas, naquilo que for necessário, serão excepcionadas quando se tratar de programa de proteção a pessoas ameaçadas ou em situação que possa comprometer a sua segurança, na forma do regulamento.

Note que a referida lei determina que a transparência e publicidade envolvam todas as etapas de planejamento e execução das parcerias até a conclusão da prestação de contas, destarte, cabe ao órgão concedente divulgar não apenas dados financeiros, mas também de resultado da OSC, estando assim incluso o desempenho no monitoramento e na prestação de contas.

Por fim, o art. 8º do Decreto nº 47.132/2017 preconiza que seja assegurado à sociedade o direito ao acesso à informação, senão vejamos:

> Art. 8º Os órgãos ou entidades estaduais e as OSCs assegurarão, às pessoas naturais e jurídicas, o direito de acesso à informação, que será proporcionada mediante procedimentos objetivos e ágeis, de forma transparente, clara e de fácil compreensão, observadas as determinações e os prazos da lei Federal nº 12.527, de 18 de novembro de 2011, e dos arts. 61 e 62 do Decreto nº 45.969, de 24 de maio de 2012, assegurada a proteção de dados pessoais nos termos da Lei Federal nº 13.709, de 14 de agosto de 2018.

Outrossim, a Lei nº 12.527, de acesso a informações, de 18.11.2011, estabelece princípios e regras para promover a transparência ativa e o acesso às informações e dados na Administração Pública. Ao garantir o acesso à informação, determina:

> Art. 6º Cabe aos órgãos e entidades do poder público, observadas as normas e procedimentos específicos aplicáveis, assegurar a: [...]
> Art. 7º O acesso à informação de que trata esta Lei compreende, entre outros, os direitos de obter: [...]
> VII - informação relativa:
> a) à implementação, acompanhamento e resultados dos programas, projetos e ações dos órgãos e entidades públicas, bem como metas e indicadores propostos;
> b) ao resultado de inspeções, auditorias, prestações e tomadas de contas realizadas pelos órgãos de controle interno e externo, incluindo prestações de contas relativas a exercícios anteriores.
> Art. 8º É dever dos órgãos e entidades públicas promover, independentemente de requerimentos, a divulgação em local de fácil acesso, no âmbito de suas competências, de informações de interesse coletivo ou geral por eles produzidas ou custodiadas. [...]
> §1º na divulgação das informações a que se refere o caput, deverão constar, no mínimo: [...]
> §2º Para cumprimento do disposto no caput, os órgãos e entidades públicas deverão utilizar todos os meios e instrumentos legítimos de que dispuserem, sendo obrigatória a divulgação em sítios oficiais da rede mundial de computadores (internet).

§3º Os sítios de que trata o §2º deverão, na forma de regulamento, atender, entre outros, aos seguintes requisitos:
I - conter ferramenta de pesquisa de conteúdo que permita o acesso à informação de forma objetiva, transparente, clara e em linguagem de fácil compreensão.

Cumpre informar que, nos termos do disposto no art. 5º e incs. I e IV da Lei nº 13.019/2014, as parcerias firmadas entre Administração Pública e as OSCs têm por fundamento:

a gestão pública democrática, a participação social, o fortalecimento da sociedade civil, a transparência na aplicação dos recursos públicos, os princípios da legalidade, da legitimidade, da impessoalidade, da moralidade, da publicidade, da economicidade, da eficiência e da eficácia, destinando-se a assegurar o reconhecimento da participação social como direito do cidadão e o direito à informação, à transparência e ao controle social das ações públicas.

Analisando as respostas aos questionários aplicados por esta equipe de auditoria aos servidores da Sejusp lotados na Diretoria de Contratos e Convênios – DCC e na Diretoria de Custódias Alternativas – DCA, constatou-se o seguinte:

Gráfico 4 – Resposta do questionário aos servidores da DCC sobre a transparência das parcerias entre Sejusp e Apacs

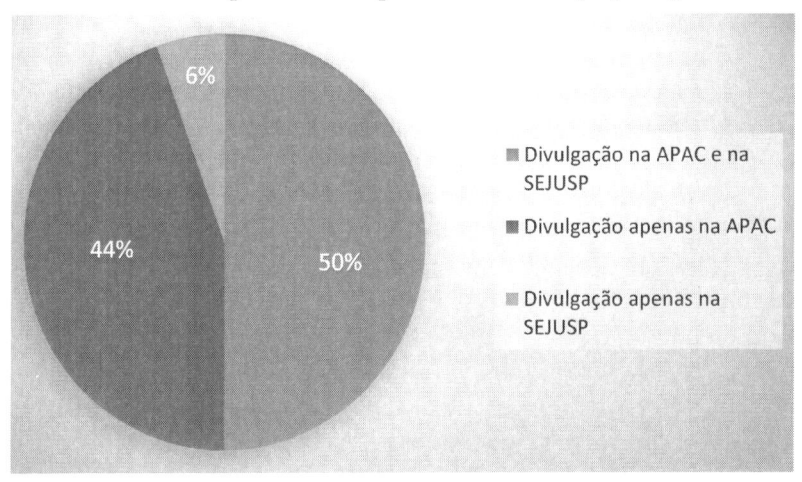

Fonte: Autoria da própria equipe de auditoria.

Gráfico 5 – Resposta do questionário aos servidores da DCA sobre a transparência das parcerias entre Sejusp e Apacs

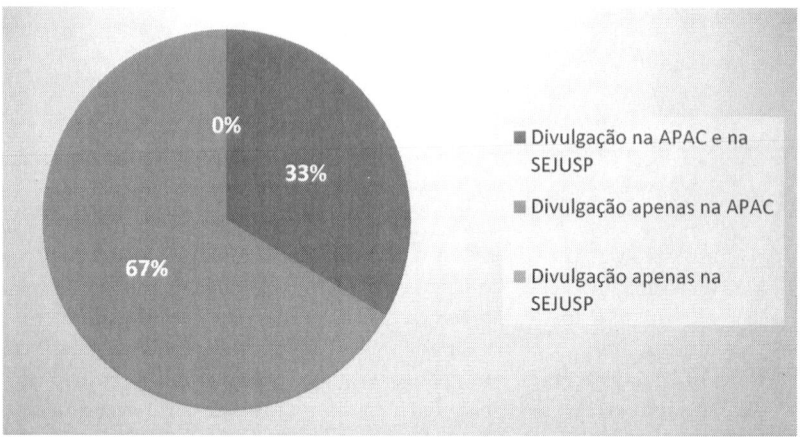

[Pie chart: 0%, 33%, 67% — Divulgação na APAC e na SEJUSP; Divulgação apenas na APAC; Divulgação apenas na SEJUSP]

Fonte: Autoria da própria equipe de auditoria.

Os gráficos demonstram que há um percentual elevado de servidores de cada um dos setores (DCC e DCA) que acreditam que os relatórios de prestação de contas e/ou monitoramento das parcerias firmadas entre Sejusp e Apacs são divulgados nos sítios eletrônicos da Secretaria e/ou da FBAC, além disso, ressalta-se divergência entre os próprios servidores sobre em quais plataformas eletrônicas estariam sendo divulgados os resultados da parceria.

Portanto, o que se extrai da situação ilustrada é o desconhecimento dos servidores da Sejusp sobre como funciona a divulgação das informações e em quais plataformas eletrônicas seriam divulgados os resultados das parcerias.

Outrossim, ao compulsar os autos dos processos de prestação de contas e de monitoramentos relativos aos últimos seis anos, os quais foram selecionados como amostras pela equipe de auditoria, o que se verificou é que nem todas as informações são divulgadas e que há a falta de adoção de procedimentos-padrão pela Sejusp para conferir transparência aos relatórios de resultados das análises das prestações de contas e dos monitoramentos realizados no curso das parcerias, a fim de demonstrar aos cidadãos o efetivo cumprimento das metas e o alcance dos resultados decorrentes da execução física e financeira do objeto, os quais foram previamente pactuados nos planos de trabalho das parcerias firmadas com as Apacs e Sejusp.

A título de exemplo, podemos citar o Processo SEI nº 1450.01.0048979/2020-36 (Apac de Frutal) e o Processo SEI nº 1450.01.0049064/2020-69 (Apac de Itaúna), nos quais se verificou a ausência de publicação em sítios eletrônicos dos resultados dos relatórios de monitoramento, das informações relativas às prestações de contas e demais dados relativos às parcerias firmadas entre Sejusp e Apacs.

Além disso, analisando os dados constantes na aba Transparência, localizada no Portal do SIGCON-Saída, no sítio eletrônico https://sigconsaida.mg.gov.br, foi possível constatar somente a disponibilização de informações básicas relativas às parcerias firmadas entre Sejusp/Apacs, como: a) nome do concedente; b) nome do convenente e município em que está situado; c) número do convênio/parceria no Siafi e no SIGCON-Saída; d) título da parceria/convênio; e) objetivo do convênio/parceria; f) período de vigência; g) data da publicação; h) unidade orçamentária concedente; i) pessoas e quantidade beneficiadas; j) valor do convênio/parceria; k) valor repassado pelo concedente; l) tipo/especificação de atendimento; m) número do termo aditivo; e n) objetivo do convênio/parceria.

A título ilustrativo, é possível verificar, por meio da reprodução da tela a seguir, extraída do Portal da Transparência do SIGCON-Saída, a forma como as informações das parcerias/dos convênios firmados entre Sejusp e Apacs são disponibilizadas e visualizadas pelos cidadãos:

DETALHAMENTO DO CONVÊNIO / PARCERIA	
Tipo de Instrumento: TERMO DE COLABORACAO	
Número do Convênio / Parceria SIAFI: 9321249	Título do Convênio / Parceria: TERMO DE COLABORACAO CELEBRADO ENTRE A APAC ARAXA, E SEJUSP, PARA GERENCIAMENTO DO CENTRO DE REINTEGRACAO SOCIAL MEDIANTE APLICACAO DA METODOLOGIA APAC.
Número do Plano SIGCON: 003378/2021	Número do Convênio / Parceria SIGCON: 1451000150/2022
Objetivo do Convênio / Parceria: Implantação da metodologia APAC, terapêutica penal própria, a ser aplicada em Centro de Reintegração Social gerenciado pela sociedade civil ? OSC parceria (art. 4º, da LEP), composta de doze diretrizes a serem aplicadas de forma harmônica e sistêmica, tendo como base a valorização humana, e a autorresponsabilização visando a plena consecução dos objetivos da execução penal proclamados pelo artigo 1º, da Lei nº 7.210, de 11 de julho de 1994 e os princípios constitucionais aplicáveis à execução da pena privativa de liberdade, para custódia e oferecimento das assistências penais a 120 pessoas condenadas à pena privativa de liberdade, sendo 120 recuperados no regime fechado.	
Convenente / OSC Parceira: 23370836000183 ASSOCIACAO DE PROTECAO E ASSISTENCIA AOS CONDENADOS DE ARAXA	Unidade Orçamentária Concedente / Órgão ou Entidade Estadual Parceiro: 1451 SECRETARIA DE ESTADO DE JUSTICA E SEGURANCA PUBLICA
Interveniente:	
Município do Convenente / OSC Parceira: ARAXA	Data Publicação: 29/01/2022
Vigência Inicial: 28/01/2027	Vigência Atualizada: 28/01/2027
Pessoas Beneficiadas - Tipo: INDIVIDUOS PRIVADOS DE	Pessoas Beneficiadas - Quantidade: 120
Valor Total Publicado: 7.087.962,00	Valor Total Atualizado: 7.087.962,00
Valor Concedente / Órgão ou Entidade Estadual Parceiro Publicado: 7.087.962,00	Valor Concedente / Órgão ou Entidade Estadual Parceiro Atualizado: 7.087.962,00
Valor Parlamentar Publicado: 0,00	Valor Parlamentar Atualizado: 0,00
Valor Interveniente / Outras Fontes Publicado: 0,00	Valor Interveniente / Outras Fontes Atualizado: 0,00
Valor Contrapartida Publicado: 0,00	Valor Contrapartida Atualizado: 0,00
Valor Rendimentos: 0,00	Valor Repassado pelo Concedente / Órgão ou Entidade Estadual Parceiro: 354.809,10

TIPO/ESPECIFICAÇÃO DE ATENDIMENTO		
Nome	Valor Total Publicado	Valor Total Atualizado
SERVICOS - CUSTODIA - RECUPERANDO	7.087.962,00	7.087.962,00

Nota-se, portanto, que as divulgações constantes do Portal de Transparência de Convênios de Saída e Parcerias e do Portal de Transparência do Estado atendem somente em parte ao disposto no MROSC, uma vez que a Sejusp disponibiliza apenas dados necessários, para consulta ao cidadão, não informando os dados relativos aos relatórios de monitoramento das parcerias firmadas com Sejusp e Apacs, bem como os dados dos processos das prestações de contas delas decorrentes, os relatórios dos seus resultados e a informação a respeito do seu *status*.

De acordo com o que preconiza o art. 97 do Decreto nº 47.132/2017, enquanto os portais dos poderes públicos não disponibilizarem a publicação de todas as informações exigidas pela legislação, cada órgão ou entidade estadual parceiros devem divulgar a informação de que trata o art. 7º em seu sítio eletrônico, *in verbis*:

> Art. 97. Enquanto o Portal de Convênios de Saída e Parcerias e o Portal da Transparência do Estado de Minas Gerais não contemplarem a publicação de todas as informações exigidas neste decreto, cada órgão ou entidade estadual parceiro deverá providenciar a divulgação de que trata o art. 7º em seu respectivo sítio eletrônico oficial.

Analisando o Portal de Transparência da FBAC (Fraternidade Brasileira de Assistência aos Condenados), que agrupa os dados e informações das parcerias firmadas entre Sejusp e as Apacs que são suas filiadas, identificamos um sistema de fácil acesso ao cidadão.

No entanto, esta equipe de auditoria verificou que a FBAC, que consolida em seu portal os dados das parcerias firmadas entre as conveventes a ela filiadas e a Sejusp, em que pese tenha divulgado grande parte das informações solicitadas pelo MROSC, ainda não conseguiu atender ao disposto no art. 97 do Decreto nº 47.132/2017, tendo em vista que não disponibilizou no seu sítio eletrônico as informações que não constam dos portais do Poder Executivo do Estado de Minas Gerais e que são necessárias para o exercício do controle social, especialmente no tocante aos dados de resultado e desempenho das entidades parceiras.

O que se verifica, por meio da análise do Portal de Transparência da FBAC, é que ele fornece somente os mesmos dados básicos relativos às parcerias que foram disponibilizados no Portal do Poder Público, a saber:

a) os planos de trabalho (ações e metas) da FBAC e Apacs;
b) os dados do órgão concedente;
c) os dados do órgão convenente;
d) o nome do tipo de instrumento utilizado na celebração da parceria;
e) o valor da parceria firmada com o órgão convenente;
f) os valores repassados pelo órgão concedente;
g) a data da vigência da parceria;
h) a descrição do objeto;
i) a quantidade de termos aditivos celebrados; e

j) os tipos de serviços prestados ou atividades desenvolvidas para os quais os recursos públicos foram destinados.

A título ilustrativo, é possível verificar, por meio da tela a seguir, extraída do Portal da Transparência da FBAC, a forma como as informações de parcerias/convênios firmados entre Sejusp e Apacs são disponibilizadas e visualizadas pelos cidadãos:

![Portal da Transparência FBAC]

Nota-se que no Portal de Transparência da FBAC não constam informações a respeito da prestação de contas da parceria, da data prevista para sua apresentação, do prazo para sua análise e do resultado conclusivo, bem como do valor total da remuneração da equipe de trabalho e a remuneração prevista para o respectivo exercício, o que demonstra que atende, em parte, ao preconizados no inc. V, parágrafo único do art. 11 do MROSC.

No tocante à existência de transparência ativa nas sedes das Apacs, é importante destacar que, em visita ao Centro de Reintegração Social – CRS da Apac feminina de Belo Horizonte, a equipe de auditoria pôde verificar que eles disponibilizam um quadro de dados estatísticos, no intuito de dar publicidade aos visitantes e aos funcionários do CRS a respeito das atividades desenvolvidas pelas Apacs no mês de março do corrente ano, consoante se verifica da foto a seguir:

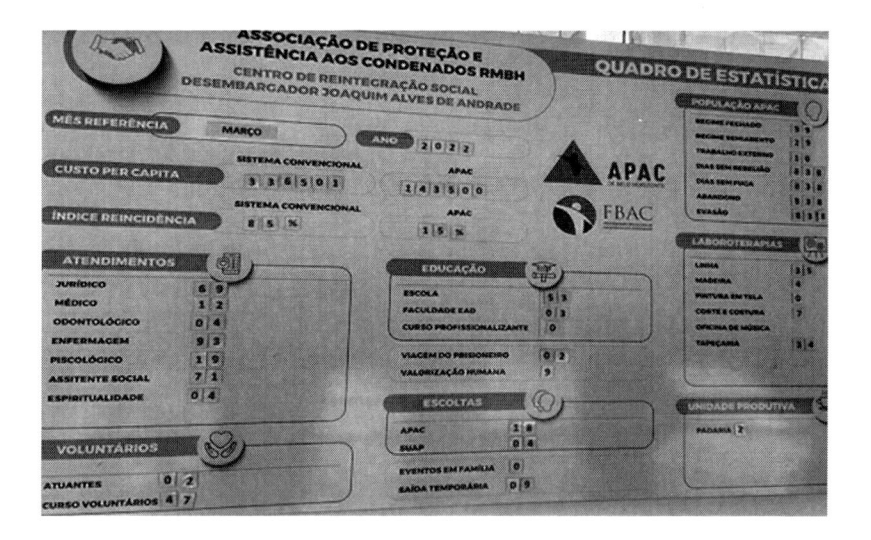

Observa-se, a partir do quadro de estatística mensal acima disponibilizado, que restou evidenciada a intenção de se conferir transparência aos visitantes e funcionários a respeito das atividades desenvolvidas na sede do Centro de Reintegração Social da Apac da Região Metropolitana de Belo Horizonte.

Analisando as informações fixadas em local visível na sede da Apac, verifica-se que os dados fornecidos visam demonstrar os resultados econômicos e sociais positivos alcançados por meio dos trabalhos de humanização desenvolvidos com os recuperandos que cumprem pena privativa de liberdade no CRS, a saber:

a) os dados comparativos entre o custo *per capita* dos presos do sistema convencional e dos recuperandos da Apac evidenciam a economia significativa que a Apac acarreta aos cofres públicos;

b) os dados comparativos do índice de reincidência no sistema convencional e na Apac evidenciam os benefícios que as atividades desenvolvidas pela Apac acarretam à sociedade ao reduzir significativamente estes índices, de forma a contribuir para a redução da violência e da criminalidade no âmbito social;

c) as quantidades e tipos de educação e cursos fornecidos aos recuperandos evidenciam o percentual de recuperandos que tiveram a oportunidade de receber assistência educacional

e cursar o ensino médio, fundamental e universitário na Apac, o que contribui para viabilizar a reinserção social do condenado à sociedade;
d) a quantidade e os diversos tipos de assistências sociais prestadas aos recuperandos fazem com que se sintam assistidos e respeitados como seres humanos, o que contribui para prevenir a prática de crimes, evitar fugas e rebeliões e orientar o retorno e a convivência em sociedade;
e) tipos e quantidades de atividades de laborterapia disponibilizadas aos recuperandos, que permitem que eles recuperem a sua dignidade e autoestima e comecem a refletir sobre o mal que fizeram à sociedade, o que contribui para que eles desenvolvam uma mudança de mentalidade e percebam que as mesmas mãos que fizeram o mal podem fazer o bem;
f) a informação a respeito da população da Apac estratificada por regimes de cumprimento de pena privativa de liberdade evidencia o número de vagas fornecidas que foram preenchidas e que contribuíram para conferir um tratamento humanizado ao recuperando por meio da aplicação do método apaqueano, bem como para desafogar o sistema prisional comum e gerar uma economia para os cofres públicos em razão do baixo custo do recuperando se comparado com o custo alto do preso no sistema prisional comum;
g) quantidade de dias sem fugas, sem rebelião, o que evidencia que a metodologia apaqueana está surtindo efeito positivo nas condutas dos recuperandos;
h) quantidade de abandonos e de evasão, o que demonstra que os recuperandos se adaptaram à metodologia apaqueana.

Ante o exposto, esta equipe de auditoria propõe a seguinte medida:

I. Determinar à Sejusp que:
a) Atenda às exigências de transparência e publicidade previstas em todas as etapas das parcerias, desde a fase preparatória até o fim das prestações de contas, disponibilizando as informações que devem constar obrigatoriamente no Portal da Transparência do Estado e Minas Gerais, de forma objetiva, transparente, clara e em linguagem de fácil compreensão, a fim de fomentar o controle social da execução das parcerias

firmadas com as Apacs, nos termos do disposto no art. 87 da Lei nº 13.019/14, no art. 8º do Decreto nº 47.132/2017, e nos arts. 6º, 7º e 8º da Lei nº 12.527.

b) Oriente a FBAC a publicar a situação da prestação de contas das parcerias firmadas entre Sejusp e Apacs, para que possa disponibilizar, em seu portal próprio da transparência, a data prevista para a sua apresentação, a data em que foi apresentada, o prazo para a sua análise e o resultado conclusivo, de forma objetiva, transparente, clara e em linguagem de fácil compreensão, nos termos do disposto nos arts. 7º e 8º do Decreto nº 47.132/2017, no art. 11 da Lei nº 13.019/2014 e no art. 97 do Decreto nº 47.132/2017.

Os benefícios esperados com esta auditoria são: (i) que a Sejusp e a FBAC fomentem a transparência ativa, divulgando em seus portais da transparência a integralidade das informações a respeito dos convênios e parcerias firmados com o Poder Público, no intuito de atender na sua totalidade ao disposto no MROSC; (ii) conferir maior transparência na gestão dos recursos públicos; e (iii) fomentar o exercício do controle social.

3.6.2 Da transparência no sistema eletrônico SIGCON-Saída

O Sistema de Gestão de Convênios, Portarias e Contratos do Estado de Minas Gerais – SIGCON-MG foi criado pelo Decreto nº 44.424, de 21.12.2006, com a finalidade de acompanhar, coordenar e controlar os instrumentos de natureza financeira que permitam a entrada e a saída de recursos no Tesouro Estadual.

Nos termos do disposto no art. 2º do Decreto nº 48.138/2021, o sistema SIGCON é composto do Módulo Entrada e do Módulo Saída.

> Art. 2º O Sigcon-MG é composto pelo Módulo Entrada e pelo Módulo Saída, sendo competente para realizar a manutenção, o gerenciamento e o desenvolvimento de novas funcionalidades:
> I – a Secretaria de Estado de Planejamento e Gestão – Seplag, no que se relacionar ao Módulo Entrada;
> II – a Secretaria de Estado de Governo – Segov, no que se relacionar ao Módulo Saída.

O Módulo de Saída do SIGCON-MG surgiu da necessidade de informatizar o processo de celebração de convênios de saída e de consolidar informações gerenciais para o fomento das atividades de articulação política.[60]

Nos termos do disposto no art. 12 do Decreto nº 48.138/2021, os processos administrativos eletrônicos de termos de colaboração deverão ser realizados no SIGCON-Saída, exceto se o procedimento for inviável, hipótese em que será realizado no SEI e depois anexado no SIGCON-Saída, *in verbis*:

> Art. 12. Nos processos administrativos eletrônicos de convênios de saída, termos de fomento, termos de colaboração ou contratos de gestão com serviços sociais autônomos, os atos processuais deverão ser realizados no Sigcon-MG – Módulo Saída, exceto nas situações em que este procedimento for inviável ou em caso de indisponibilidade do sistema cujo prolongamento cause dano relevante à celeridade do processo.
> Parágrafo único – No caso das exceções previstas no *caput*, os atos processuais poderão ser praticados no Sistema Eletrônico de Informações – SEI ou em meio físico, segundo as regras aplicáveis aos processos em papel, desde que posteriormente o documento correspondente seja anexado ao Sigcon-MG – Módulo Saída, observado, quando necessário, o procedimento de digitalização previsto no art. 12 do Decreto nº 47.222, de 2017.

Por fim, o art. 16 do Decreto nº 48.138/2021 estabelece quando a gestão e tramitação dos processos administrativos eletrônicos de termos de colaboração no SIGCON-Saída devem ser inaplicáveis, facultativas e obrigatórias, *in verbis*:

> Art. 16. A gestão e a tramitação dos processos administrativos eletrônicos de convênios de saída, termos de fomento, termos de colaboração e contratos de gestão com serviços sociais autônomos de que trata o inciso I do art. 5º será:
> I – inaplicável para os instrumentos celebrados até 31 de julho de 2014;
> II – facultativa para os instrumentos jurídicos celebrados entre 1º de agosto de 2014 e 31 de dezembro de 2020;
> III – obrigatória para os instrumentos celebrados a partir de 1º de janeiro de 2021.

---

[60] MINAS GERAIS. Sigcon. *Manual de utilização do SIGCON*. Belo Horizonte: Segov, 2022. Disponível em: https://manual.sigconsaida.mg.gov.br.

Nota-se que nos processos selecionados para amostra relativos a parcerias firmadas nos últimos anos, a tramitação das parcerias da Sejusp ocorre no SIGCON-Saída. No entanto, a documentação e as informações relativas ao monitoramento e os processos de prestação de contas, que contêm dados gerenciais sobre a gestão das parcerias, não tramitam dentro do referido sistema, tendo em vista que elas são integralmente enviadas, analisadas e aprovadas pelas áreas técnicas da Sejusp por meio de processos criados no SEI – Sistema Eletrônico de Informações no Estado.

Destarte, as informações relativas ao monitoramento e à prestação de contas das parcerias não são disponibilizadas no SIGCON-Saída, com exceção da informação a respeito do *status* da prestação de contas.

Além de não constarem do sistema todas as informações necessárias para viabilizar a transparência da gestão dos recursos públicos decorrentes das parcerias firmadas entre Sejusp e Apacs, também não foi disponibilizado pela Segov um perfil de acesso específico para o cidadão que viabilize a consulta pública das informações inseridas no sistema SIGCON-Saída, o que impossibilita o exercício do controle social nas parcerias firmadas com as Apacs.

Cumpre destacar que o acesso à informação é um dos pilares da gestão democrática e, por esta razão, o Poder Público deve adotar medidas para viabilizar o exercício do controle social, tendo em vista que ele reflete a efetiva participação da sociedade, não só na fiscalização da aplicação dos recursos públicos, como também na formulação e no acompanhamento da implementação de políticas públicas.

Isso porque um controle social ativo permite uma maior participação do cidadão no combate à corrupção e no controle dos gastos públicos.

Ante o exposto, esta equipe de auditoria propõe a seguinte medida:

I. Determinar à Segov, que:
a) Adote medidas necessárias à efetivação da transparência ativa e aumento do controle social, disponibilizando dados das parcerias e liberando perfil de acesso aos cidadãos para consulta pública das informações constantes no sistema SIGCON-Saída, nos termos do disposto nos arts. 7º e 8º do Decreto nº 47.132/2017 que regulamenta o MROSC.

O benefício esperado com esta auditoria é que a Segov confira maior transparência à gestão de convênios/parcerias firmados com o poder público, implantando os módulos de monitoramento e prestação de contas no SIGCON-Saída, bem como disponibilizando aos cidadãos o acesso às informações e dados constantes do sistema SIGCON-Saída para fomentar o exercício do controle social.

3.7 Dificuldade no preenchimento e na manutenção do quadro total de funcionários das Apacs propostos nos planos de trabalho dos termos de parcerias firmados com a Sejusp

Segundo os autores da obra *APAC: a humanização do sistema prisional*,[61] o processo de seleção para a contratação dos funcionários que poderão trabalhar na Apac é iniciado dois meses antes da inauguração do Centro de Reintegração Social.

Os tipos de cargos e a quantidade de funcionários que compõem o quadro funcional do CRSs variam de acordo com o porte de cada uma das Apacs, em conformidade com o disposto na Resolução SEDS nº 1.373, de 9.1.2013, recentemente revogada pela Resolução Sejusp nº 166, de 16.7.2021, ambas disponíveis para acesso no sítio eletrônico http://www.seguranca.mg.gov.br.

A Resolução nº 166, de 16.7.2021, que atualmente está em vigor, dispõe sobre o porte e a equipe de trabalho dos Centros de Reintegração Social (CRSs), geridos pelas Associações de Proteção e Assistência aos Condenados (Apacs), e institui o grupo de trabalho de acompanhamento e monitoramento das vagas nos CRSs.

Após definida a quantidade de funcionários, tanto no plano de trabalho do termo de parceria a ser firmado com a Sejusp, quanto na planilha de detalhamento de despesas com pessoal, a contratação da equipe de trabalho do CRS deve ser realizada pela Apac por meio de processo seletivo que atenda aos princípios da publicidade, com ampla divulgação, incluindo a publicação de todas as fases no sítio eletrônico

---

[61] SANTOS, Luís Carlos Rezende e; FERREIRA, Valdeci; SABATIELLO, Valdeci. *APAC*: a humanização do sistema prisional. Sistematização de processos e fundamentos jurídico-metodológicos que embasam a expansão do método como política pública no Brasil. Belo Horizonte: AVSI; AVSIBRASIL; FBAC; Minas Pela Paz; TJMG, 2018. p. 26. Disponível em: http://www.avsibrasil.org.br/wp-content/uploads/2021/03/APAC-humanizacao-do-sistema-prisional.pdf.

da FBAC e da respectiva Apac, bem como aos da moralidade, da eficácia e da eficiência, nos termos do disposto no inc. I e no §2º do art. 4º da Resolução Sejusp nº 166/2021.

A equipe das Apacs é constituída por funcionários contratados por meio de processo seletivo e também por voluntários. O processo para o recrutamento de recursos humanos envolve:

a) o dimensionamento do quadro de funcionários e técnicos dos CRSs que varia de acordo com o número de recuperandos de cada Apac, conforme o disposto no Anexo I da Resolução Sejusp nº 166/2021;
b) a seleção, contratação e capacitação dos funcionários e técnicos;
c) a capacitação e seleção de voluntários.

Os tipos de cargos ofertados, a quantidade de funcionários permitidos para cada Apac e os valores dos salários por eles percebidos estão listados no Anexo I da Resolução Sejusp nº 166/2021, sendo que estes dois últimos variam de acordo com o porte do CRS, conforme discriminado na tabela a seguir:

Anexo I

CARGO	CRS PORTE PEQUENO ATÉ 39 RECUPERANDOS		CRS PORTE MÉDIO DE 40 A 80 RECUPERANDOS		CRS PORTE GRANDE I DE 81 A 140 RECUPERANDOS		CRS PORTE GRANDE II DE 141 A 200 RECUPERANDOS	
	QTDE	SALÁRIO	QTDE	SALÁRIO	QTDE	SALÁRIO	QTDE	SALÁRIO
ENCARREGADO SEGURANÇA	1	R$2.218,22	1	R$2.957,62	1	R$3.697,02	1	R$4.245,39
ENCARREGADO ADMINISTRATIVO	1	R$2.289,10	1	R$2.929,81	1	R$3.662,24	1	R$4.205,45
ENCARREGADO DE TESOURARIA	1	R$2.275,34	1	R$2.912,21	1	R$3.640,24	1	R$4.180,18
AUXILIAR ADMINISTRATIVO	–	–	1	R$1.167,81	2	R$1.459,73	2	R$1.676,23
SECRETÁRIA	–	–	1	R$1.041,46	1	R$1.252,15	2	R$1.437,87
SUPERVISOR DE OFICINAS	–	–	1	R$1.408,39	2	R$1.760,48	2	R$2.021,60
COZINHEIRO OU PADEIRO	1	R$1.084,94	1	R$1.232,32	1	R$1.540,44	1	R$1.768,94
INSPETOR DE SEGURANÇA	5	R$1.306,72	5	1.672,46	5	R$2.090,59	8	R$2.400,69
CONDUTOR DE SEGURANÇA E ADMINISTRATIVO	2	R$1.306,72	2	R$1.672,46	2	R$2.090,59	3	R$2.400,69
ESTAGIÁRIO	1	R$732,62	2	R$732,62	3	R$732,62	4	R$732,62
TOTAL	12	–	16	–	19	–	25	–

Além da capacitação dos futuros funcionários promovida pela FBAC, orienta-se que realizem um período de estágio em Apac já consolidada, indicada pela FBAC.[62]

Feitas essas breves considerações a respeito dos procedimentos adotados para recrutamento e capacitação das pessoas selecionadas para ocupar os cargos que irão compor as equipes de trabalho das Apacs, passa-se à análise do achado identificado por esta equipe de auditoria relativo à dificuldade no preenchimento e na manutenção do quadro total dos funcionários das Apacs previstos nos planos de trabalho das parcerias firmadas com a Sejusp nos últimos anos.

A partir da análise amostral dos processos de monitoramento dos termos de parceria firmados entre Sejusp e Apacs selecionados por esta equipe de auditoria, foi possível constatar que, nos períodos de 2016-2021, ainda que as Apacs realizassem a seleção pública de pessoal por meio de publicação de edital de contratação de funcionários, não estavam conseguindo preencher a totalidade do seu quadro de funcionários, uma vez que, na maioria dos processos seletivos realizados, compareceram poucos candidatos interessados para o preenchimento da vaga e, em alguns casos, a seleção foi deserta, ou seja, sem aprovação de nenhum candidato para determinados cargos.

À guisa de exemplo, podemos destacar os processos nºs 1450.01.0048979/2020-36, 1450.01.0048981/2020-79, 1450.01.0049090/2020-46, 1450.01.0049049/2020-86, nos quais foi possível identificar os casos em que os processos seletivos foram realizados pelas Apacs, mas não houve candidatos aprovados, bem como os casos em que o número de candidatos aprovados foi em quantitativo inferior ao previsto no plano de trabalho das parcerias firmadas com a Sejusp.

No intuito de identificar uma das possíveis causas da baixa adesão de interessados em participar dos processos seletivos de contratação de pessoal das Apacs mineiras, esta equipe de auditoria, no questionário aplicado a todos os dirigentes das Apacs do Estado de Minas Gerais, formulou a questão 1.1, que versa sobre os meios de comunicação utilizados e a abrangência da divulgação do edital de seleção para o

---

[62] SANTOS, Luís Carlos Rezende e; FERREIRA, Valdeci; SABATIELLO, Valdeci. *APAC*: a humanização do sistema prisional. Sistematização de processos e fundamentos jurídico-metodológicos que embasam a expansão do método como política pública no Brasil. Belo Horizonte: AVSI; AVSIBRASIL; FBAC; Minas Pela Paz; TJMG, 2018. p. 26. Disponível em: http://www.avsibrasil.org.br/wp-content/uploads/2021/03/APAC-humanizacao-do-sistema-prisional.pdf.

preenchimento do quadro de funcionários das Apacs, oportunidade em que foram obtidos os seguintes resultados:

Gráfico 6 – Resultado do questionário aplicado aos dirigentes das Apacs em relação aos meios de divulgação dos editais de seleção de pessoal

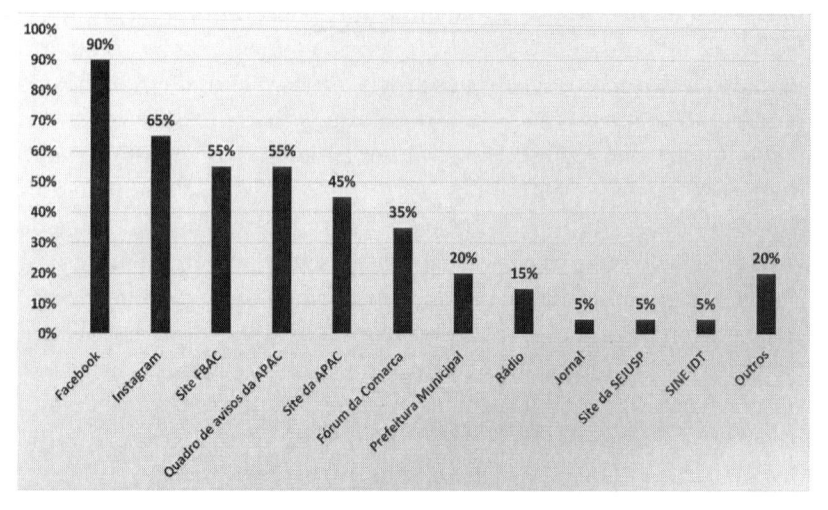

- Facebook: 90%
- Instagram: 65%
- Quadro de avisos da APAC: 55%
- Site FBAC: 55%
- Site da APAC: 45%
- Fórum da Comarca: 35%
- Prefeitura Municipal: 20%
- Rádio: 15%
- Jornal: 5%
- Site da SEJUSP: 5%
- SINE IDT: 5%
- Outros: 20%

Fonte: Dados consolidados dos questionários aplicados aos presidentes das Apacs.

Diante das respostas apresentadas pelos dirigentes das Apacs, foi constatado que a publicação dos editais de seleção de pessoal está concentrada principalmente em canais específicos das redes sociais das Apacs (Facebook, Instagram), conforme verificado no Gráfico 6, restringindo o acesso à informação apenas a um público específico – seguidores dessas redes sociais –, sendo que essa divulgação poderia ser ampliada a outro público por meio da veiculação da oferta de vagas em outros meios de comunicação, como: *site* da FBAC, rádio local, Sine (Sistema Nacional de Emprego), prefeitura local, fórum da comarca, quadro de avisos nas Apacs, entre outros.

A partir dos resultados acima apresentados, esta equipe de auditoria constatou que o fato de a veiculação de divulgação dos processos de seleção de pessoal estar concentrada em poucos canais de divulgação pode ter sido um dos fatores, entre outros, que contribuiu para restringir a participação de potenciais candidatos no preenchimento de vagas ofertadas nos processos seletivos promovidos pelas Apacs mineiras.

Além deste fator, esta equipe de auditoria, por meio de reuniões realizadas com servidores da Sejusp e a partir da resposta ao Comunicado de Auditoria nº 4/2021 encaminhada pela FBAC, identificou também que há dificuldade das Apacs na manutenção do quantitativo do seu quadro de pessoal durante a execução das parcerias firmadas com a Sejusp, em razão do alto índice de rotatividade, aproximadamente 20% dos cargos de encarregado de tesouraria nas Apacs sofrem alteração ao ano.

A rotatividade dos encarregados de tesouraria e dirigentes das Apacs pode ser proveniente, entre outros fatores, das causas a seguir identificadas durante a execução desta auditoria, a saber:

a) excesso de exigências burocráticas constantes dos modelos de relatórios de prestação de contas disponibilizados pela Sejusp às Apacs, para fins de comprovação da execução físico-financeira das parcerias firmadas nos últimos cinco anos, o que acaba, em razão do grande volume de serviço, desestimulando os colaboradores a permanecerem na entidade;

b) defasagem salarial dos encarregados de tesouraria das Apacs, uma vez que os salários baixos por eles recebidos eram considerados desproporcionais às exigências do cargo;

c) mudanças constantes na direção da Apac que acabam acarretando alterações na equipe de trabalho e a descontinuidade das atividades desenvolvidas.

Em resposta ao Comunicado nº 4/2021, a FBAC evidenciou, por meio de dados estatísticos, que há, de fato, uma alta rotatividade dos encarregados de tesouraria, que são funcionários contratados pelas Apacs, em regime de CLT, mediante processo seletivo simplificado, os quais ficam encarregados da execução e da prestação de contas dos recursos repassados mediante convênios e parcerias firmados com a Sejusp, consoante se verifica das informações apresentadas a seguir:

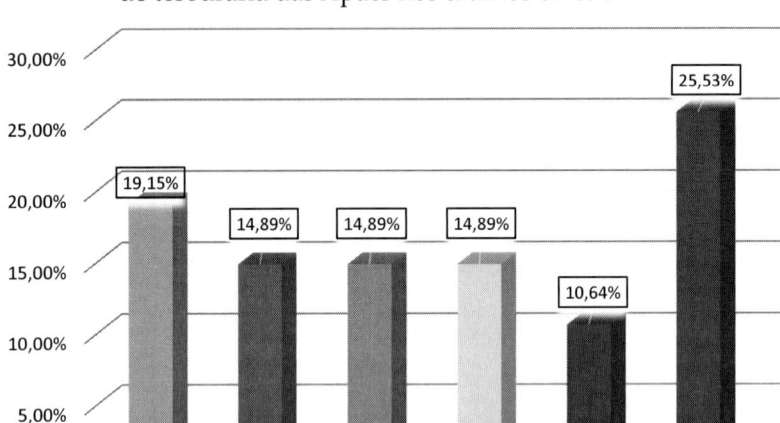

Gráfico 7 – Média de rotatividade dos funcionários encarregados de tesouraria das Apacs nos últimos cinco anos

[Gráfico de barras:
- Antes 2017: 19,15%
- 2017: 14,89%
- 2018: 14,89%
- 2019: 14,89%
- 2020: 10,64%
- 2021: 25,53%]

Fonte: Resposta da FBAC ao Comunicado de Auditoria nº 4/2021.

Conforme demonstra o gráfico acima elaborado pela FBAC, 19,15% dos encarregados de tesouraria foram contratados anteriormente a 2017, 14,89% em 2017, 14,89 em 2018, 14,89% em 2019, 10,64% em 2020 e 25,53% em 2021, o que demonstra uma rotatividade de colaboradores relativamente alta.

Quanto à rotatividade, no período mencionado, a FBAC informa, no gráfico a seguir, que 27,66% das Apacs mantiveram um único funcionário como encarregado de tesouraria, 40,43% das Apacs, dois funcionários, em 19,15% já passaram três funcionários pela função, 6,38% já tiveram quatro funcionários, 4,26%, cinco funcionários, e 2,13% tiveram sete funcionários que ocuparam a função desde 2017.

Gráfico 8 – Média da quantidade de encarregados de tesouraria contratados pelas Apacs nos últimos cinco anos

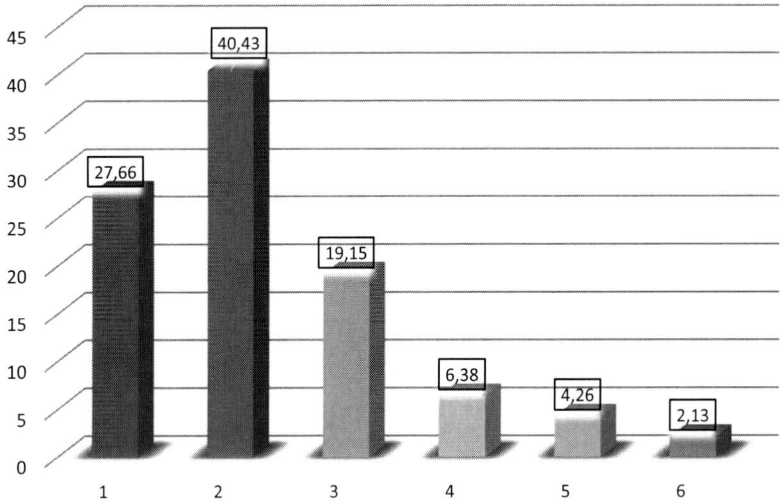

Categoria	Valor
1	27,66
2	40,43
3	19,15
4	6,38
5	4,26
6	2,13

Fonte: Resposta da FBAC ao Comunicado de Auditoria nº 4/2021.

Portanto, o que se verifica é que, em média, 15% dos encarregados de tesouraria são trocados anualmente, prejudicando a continuidade dos trabalhos de prestação de contas e monitoramento, principalmente nas Apacs que possuem apenas um cargo de encarregado de tesouraria, haja vista que, com as constantes trocas, o novo funcionário já tem que continuar as atividades do antigo, ao mesmo tempo em que adquire experiência e se capacita para o exercício de suas atribuições.

No tocante à alta rotatividade dos presidentes da diretoria executiva das Apacs, responsáveis pela gestão da entidade, cumpre informar que um fator mencionado pela FBAC como causa do problema foi o de realizarem trabalho sem remuneração, segundo previsão estatutária, o que contribuía para que, em alguns casos, o presidente da Apac não dispusesse de qualificação e atributos necessários para a gestão da entidade.

A alta rotatividade dos ocupantes do cargo de encarregados de tesouraria e de presidentes da diretoria executiva das Apacs é um dos possíveis fatores, entre outros, que contribuiu, sobremaneira, para agravar ainda mais os problemas a seguir especificados, os quais foram detectados por esta equipe de auditoria quando da análise dos processos de prestação de contas das parcerias firmadas com a Sejusp, a saber:

1) aumento da ocorrência e reincidência de irregularidades relativas à execução financeira das parcerias firmadas pelas Apacs com a Sejusp nos últimos cinco anos, passíveis de acarretar dano ao erário, tendo em vista a descontinuidade dos serviços de contabilidade, pelo fato de que o funcionário encarregado de tesouraria, o qual havia sido capacitado e que detinha os conhecimentos necessários para a realização das atividades, não mais integrava os quadros de pessoal das Apacs;
2) descumprimento pelas Apacs dos prazos para atendimento das diligências e esclarecimentos solicitados pela Sejusp, tendo em vista que o novo funcionário que ingressou no lugar do anterior ainda terá que se inteirar dos procedimentos e especificidades das prestações de contas das OSCs e ser devidamente capacitado e orientado para acompanhar a execução financeira das parcerias vigentes, o que dificulta que ele, de forma tempestiva, preste os esclarecimentos solicitados pela Sejusp a respeito das inconsistências identificadas durante as análises dos relatórios das prestações de contas das parcerias elaborados pelos antigos encarregados de tesouraria das Apacs;
3) aumento do tempo médio gasto pela Sejusp para a conclusão das análises das prestações de contas apresentadas pelas Apacs, em razão da grande quantidade de irregularidades relativas à execução financeira e do atraso no cumprimento das diligências relativas aos aspectos financeiros pelas Apacs;
4) ausência de efetividade das capacitações realizadas pela Sejusp no que se refere à prevenção de cometimento e de reincidência de irregularidades financeiras pelas Apacs, tendo em vista a descontinuidade da prestação dos serviços relativos ao acompanhamento dos encarregados de tesouraria a respeito da execução financeira das parcerias firmadas nos últimos cinco anos entre Apacs e Sejusp;
5) aumento do passivo de prestação de contas pendentes de análise na Sejusp, tendo em vista a grande quantidade de irregularidades de cunho financeiro a serem analisadas e a demora das Apacs em apresentar as respostas às diligências solicitadas pela Sejusp quando da análise das parcerias firmadas nos últimos cinco anos; e

6) aumento do número de presidentes da diretoria executiva das Apacs despreparados para o exercício das atividades de gestão, descontinuidade dos trabalhos, comprometimento da qualidade dos serviços prestados, mais especificamente no que se refere aos serviços de contabilidade, em razão das trocas constantes de gestores e dos funcionários que exercem a função de encarregados de tesouraria nas Apacs.

Diante desta realidade, e no intuito de minimizar a questão da alta rotatividade dos encarregados de tesouraria decorrente dos baixos salários percebidos pelos ocupantes dos referidos cargos, a Sejusp, recentemente, expediu a Resolução Sejusp nº 166/2021, revogando a Resolução SEDS nº 1.373/2013, por meio da qual foi concedido o aumento da remuneração por eles anteriormente percebida para o exercício de suas atividades, conforme quadro comparativo a seguir:

Cargo	Remuneração na Resolução SEDS nº 1.373/2013	Remuneração na Resolução Sejusp nº 166/2021	Percentual de reajuste
Encarregado de tesouraria (Pequeno porte)	R$1.407,22	R$2.275,34	61,69%
Encarregado de tesouraria (Médio porte)	R$1.876,29	R$2.912,21	55,21%
Encarregado de tesouraria (Grande porte I)	R$2.345,35	R$3.640,24	55,21%
Encarregado de tesouraria (Grande porte II)	R$2.693,23	R$4.180,18	55,21%

No entanto, considerando que a mudança na remuneração é recente, ainda é cedo para que esta equipe de auditoria possa afirmar se esta medida foi capaz de minimizar o problema atualmente enfrentado pelas Apacs relativo à alta rotatividade dos seus tesoureiros.

No tocante ao problema relativo à constante rotatividade de presidentes diretores executivos das Apacs, a FBAC, visando implantar um novo modelo de gestão, com o objetivo de profissionalizá-la, realizou a Assembleia-Geral, em 30.11.2020 e aprovou o novo estatuto-padrão, o qual prevê a inclusão nos quadros funcionais das Apacs de um cargo de gestor remunerado, com atribuições estatutárias especificadas, denominado de gerente geral.

No entanto, para que este novo modelo fosse implementado nas Apacs, seria necessário incluir o cargo de gerente geral nos planos de trabalho das parcerias, mediante a celebração de termo aditivo, razão pela qual a FBAC submeteu a demanda à apreciação da Sejusp.

Durante a execução das atividades desta auditoria, a Secretaria aprovou o processo e implantou, como projeto-piloto, o cargo de gerente geral apenas para as Apacs que possuam CRSs de nível Grande Porte II.

Por esta razão ainda não foi possível a esta equipe verificar se a implantação deste novo cargo, de fato, será capaz de solucionar o problema de baixa qualificação do gestor, de descontinuidade da gestão e de trocas constantes de funcionários integrantes dos quadros de pessoal das Apacs.

Diante do acima exposto, esta equipe de auditoria propõe a seguinte medida:

I. Recomendar à Sejusp que:
a) Oriente os dirigentes das Apacs para que expandam os canais de divulgação dos editais de seleção de pessoal, de forma que essas informações sejam divulgadas no Facebook, Instagram, LinkedIn, rádio local, Sine (Sistema Nacional de Emprego), órgão da prefeitura local, entre outros.
b) Acompanhe constantemente os reajustes nas remunerações que forem concedidos à categoria dos profissionais prestadores de serviços de contabilidade para que, caso se faça necessário, promova alterações no normativo que atualmente regulamenta os cargos e remuneração dos funcionários das Apacs, para recompor a perda salarial decorrente da inflação.
c) Informe ao TCEMG os resultados da inclusão do cargo de gerente geral nos planos de trabalho das parcerias com as Apacs de Grande Porte II, no tocante à redução dos índices de rotatividade dos funcionários das Apacs e aprimoramento na gestão das referidas OSCs, a fim de avaliar a efetividade de expandir este cargo para as demais Apacs, independentemente da classificação do porte.

Os benefícios que esta equipe de auditoria espera com a adoção pela Sejusp das medidas acima mencionadas são os seguintes:

1) Contribuir para que a remuneração paga aos funcionários das Apacs seja compatível com o grau de responsabilidade e de complexidade que lhes são exigidos para o exercício de suas atividades no âmbito das Apacs.
2) Que não haja prejuízo à aplicação da metodologia apaqueana por falta de pessoal suficiente para atendimento das demandas dos recuperandos que cumprem penas privativas de liberdade nos CRS das Apacs, tendo em vista que a Resolução Sejusp nº 166/2021 estabelece a quantidade de funcionários necessários de acordo com o porte de cada uma das Apacs, no intuito de garantir a efetiva prestação dos serviços ofertados e a qualidade do tratamento humanizado que é conferido aos recuperandos.
3) Aumentar a celeridade na análise das prestações de contas com a diminuição da quantidade das irregularidades e do tempo gasto pelas Apacs para responder às diligências, bem como contribuir para diminuir o passivo de prestação de contas pendentes de análise no âmbito da Sejusp, para que não haja comprometimento do acompanhamento da execução das novas parcerias que venham a ser firmadas com as Apacs no decorrer dos próximos anos.
4) Aumento do número de cidadãos interessados em participar do processo seletivo para o preenchimento do quadro de pessoal das Apacs, de forma a contribuir para o aumento do índice de preenchimento do quadro total de funcionários previsto nos planos de trabalho das parcerias firmadas com a Sejusp e para ampliar a possibilidade de que um número maior de pessoas mais bem qualificadas ingresse nas Apacs para o cumprimento da missão de conferir um tratamento humanizado às pessoas privadas de sua liberdade.

3.8 Necessidade de aprimorar os procedimentos de monitoramento das taxas de ocupação e otimizar o processo de ampliação e preenchimento de vagas dos CRSs das Apacs

Um dos aspectos que irá demandar uma uniformização no processo de implantação das Associações de Proteção e Assistência aos Condenados – Apacs nos estados brasileiros é a política de transferência dos presos, que estão em cumprimento de pena privativa de liberdade nas penitenciárias convencionais, para os Centros de Reintegração Social – CRSs geridos pelas Apacs.

Por esta razão, o Tribunal de Justiça do Estado de Minas Gerais – TJMG, desde 2001, institucionalizou o método de ressocialização de presos das Apacs, como política pública de execução penal, cujo objetivo imediato é estimular a ampliação das Apacs já existentes e a criação de novas unidades nas comarcas e municípios mineiros, e o mediato é contribuir para a humanização da execução das penas privativas de liberdade em Minas Gerais, assumindo sua parcela de responsabilidade na área.

Além disso, para desafogar o sistema prisional comum, reduzir os custos do Estado relativos às despesas com a população carcerária e disseminar e consolidar a metodologia apaqueana no âmbito do Estado de Minas Gerais, também há a necessidade de se manter plena a capacidade de ocupação dos CRSs mineiros, atendendo aos critérios gerais mínimos estabelecidos para essa ocupação, e permitindo a gestão rápida com vistas ao preenchimento das vagas existentes.

Para isso, atualmente, utiliza-se como base a Portaria Conjunta nº 1.182/PR/2021 do TJMG, a qual, em seu art. 2º, considera que o juiz de execução penal da comarca poderá autorizar a transferência de presos para a Apac de sua jurisdição, desde que preenchidas as condições mínimas estabelecidas nos incs. I a III do referido dispositivo legal e os outros critérios que tenham sido estabelecidos nas portarias específicas expedidas pelo juízo competente para a execução penal. Importante ressaltar ainda que, no art. 5º dessa portaria, é previsto que o Juízo de Execução deverá manter atualizada a lista de ocupação de suas unidades, para que estas se *mantenham sempre na capacidade máxima dos convênios*.

Nota-se, portanto, que, em que pese haja um normativo regulamentando a matéria, o processo de ocupação de vagas é bastante complexo e, para que ocorra de forma célere e efetiva, depende não somente de atos praticados pelas Apacs e Sejusp no âmbito das parcerias, mas também da atuação interligada de outros atores envolvidos, como o TJMG e a FBAC, que possuem um papel fundamental na criação e ampliação das vagas nos CRSs, bem como no monitoramento da evolução da taxa de ocupação nas Apacs, com o objetivo de que elas se mantenham na capacidade máxima dos convênios.

Diante do exposto, esta equipe de auditoria, em reuniões realizadas com o juiz-coordenador executivo do Programa Novos Rumos e com a FBAC, verificou a necessidade de estabelecer maior integração entre TJMG, Sejusp, FBAC e Apacs, no que se refere ao controle da taxa de ocupação das Apacs, bem como identificou a ausência de um fluxograma definindo os procedimentos, as etapas a serem cumpridas e os prazos a serem observados para a realização de um controle integrado da taxa de ocupação das vagas.

Identificou, também, a necessidade de criação de um normativo para regulamentar a forma como será realizada a atuação conjunta, delimitando as competências e especificando as ações que devem ser desenvolvidas por cada um dos atores envolvidos, definindo as etapas e os prazos a serem cumpridos, para tornar mais célere e efetiva a criação, ampliação e o monitoramento da taxa ocupação das vagas nos CRSs.

Cumpre destacar que, em reuniões realizadas por esta equipe de auditoria com a FBAC, também foram relatados estes problemas acima mencionados, o que reforça ainda mais a necessidade de adoção de medidas eficazes que sejam capazes de solucionar as questões relativas à inexistência de cronograma, normatização e fluxograma sobre os processos de ocupação e remanejamento de recuperandos.

Além disso, quando da análise dos processos da amostra relativos às parcerias firmadas nos últimos cinco anos, esta equipe de auditoria identificou a ausência, nos planos de trabalho das parcerias, de cronograma que estabeleça critérios objetivos e viabilize à Sejusp o acompanhamento efetivo da evolução da taxa de ocupação das Apacs durante a execução das parcerias.

Identificou-se também a falta de orientação aos servidores da Sejusp a respeito da necessidade de anexar aos processos de parcerias os documentos essenciais de planejamento.

Isso porque, nos aditivos firmados para o aumento de vagas nos CRSs, não constavam os documentos de autorização do Judiciário para a realização da transferência dos presos do sistema prisional comum para as Apacs, ou de transferências oriundas de outra Apac, tampouco o documento contendo informações relativas ao déficit do sistema prisional comum, à taxa média anual de ocupação das Apacs e à quantidade de presos na lista de espera, para subsidiar a justificativa que fundamentou a formalização dos aditivos nos processos de parcerias celebrados entre Sejusp e Apacs para ampliação do número de vagas dos CRSs.

Diante deste cenário, é evidente que tais problemas, caso não sejam solucionados, podem comprometer a efetividade e a economicidade na execução e no processo de ocupação de vagas nas Apacs.

Durante a execução dos trabalhos de auditoria, foi identificado que cerca de 49% das Apacs que estavam ocupadas no período analisado (22 de 45 Apacs) tiveram uma variação superior a 10% de vagas ociosas ou excedidas em relação à sua capacidade máxima, conforme dados encaminhados pela FBAC em 27.10.2021 que estão dispostos no Gráfico 9.

Gráfico 9 – Relação de Apacs com variação de taxa de ocupação superior a 10%

Apac	Variação
Varginha I	45%
Itabirito I	43%
Conselheiro Lafaiete II	42%
Governador Valadares I	37%
Passos	-36%
São João Del Rei II	33%
Itabira I	32%
Visconde do Rio Branco I	30%
Januaria I	30%
Alfenas I	28%
Frutal II	26%
Teofilo Otoni I	25%
Itauna II	21%
Ituiutaba I	21%
Nova Lima I	20%
Manhumirim I	19%
Araxá I	18%
Belo Horizonte I	15%
Inhapim I	14%
Frutal I	14%
Pedra Azul I	12%
Conceição das Alagoas I	11%

Fonte: *E-mail* encaminhado pela FBAC em 27.10.2021.

Entende-se que esse processo de ocupação de vagas não é simples e precisa ser realizado de forma bem planejada e em conjunto com os diversos atores envolvidos, a fim de não prejudicar a integração dos recuperandos e o bom andamento das atividades nas Apacs e de evitar o dispêndio desnecessário de recursos pela Sejusp na execução das parcerias.

Observa-se que no plano de trabalho é determinado um custo considerando a capacidade total da Apac e a variação dessa ocupação. Por sua vez, a ampliação do número de vagas ociosas dos CRSs acaba acarretando à Sejusp o aumento de custo unitário por recuperando e aumento do custo em razão do acréscimo de funcionários a serem contratados para preencherem o quantitativo de quadro de pessoal previsto na norma, de acordo com o porte das Apacs, o que é formalizado por meio de termos aditivos realizados no âmbito das parcerias.

Em visita da equipe de auditoria à Apac de Betim, que se encontra em processo de ocupação gradual de vagas, percebeu-se a importância de que os CRSs sejam ocupados de forma escalonada e previamente planejada por meio de um cronograma para o preenchimento de vagas, o qual deve fazer parte dos planos de trabalho das parcerias, tendo em vista o prazo necessário de introdução de pequenos grupos para adaptação à metodologia apaqueana, e a necessidade de zelar pela segurança dos sentenciados, funcionários, voluntários e operadores do direito que frequentam os CRSs.

Além disso, verifica-se que o não preenchimento de vagas no tempo adequado acaba retardando a transferência de um preso do sistema prisional comum para a Apac, postergando assim a oportunidade do recuperando de conviver em um ambiente que, além de apresentar um custo inferior ao sistema prisional comum, apresenta uma taxa de reincidência criminal notadamente inferior.

Diante da importância em se manter a capacidade máxima de ocupação de vagas prevista nos convênios, conforme disposto no art. 5º da Portaria Conjunta nº 1.182/PR/2021 do TJMG, a equipe de auditoria verificou, por meio das análises dos processos que foram selecionados na amostra, a inexistência de tratativas tomadas pela Sejusp em redefinir o porte do CRS e promover alteração na parceria e no plano de trabalho – nos casos em que as Apacs mantiveram baixa, por mais de 4 meses, a sua taxa de ocupação verificadas no monitoramento das parcerias – e/ou em poder optar pela extinção da parceria, conforme dispõe o §2º do art. 2º da Resolução Sejusp nº 166/2021.

Inclusive, em reunião realizada com os servidores da Sejusp, foi informado que apenas uma única vez, na Apac de Frutal, houve a reprogramação de quantidade de vagas de uma Apac, ou seja, ocorreu a redução da quantidade total vagas em razão da baixa taxa de ocupação, sendo que sua capacidade máxima foi reduzida de 130 para 90 vagas. Os servidores da Sejusp alertaram ainda que se houver baixa ocupação, por um período de 4 meses, o gestor poderá reduzir a quantidade de vagas ou rescindir a parceria.

No entanto, nota-se que, quando essa taxa de ocupação fica por um longo período defasada, isso ocorre em razão de quatro principais fatores, a saber:

- Demora no preenchimento das vagas ociosas decorrente de diversos fatores externos relacionados à atuação não só das Apacs, mas de todos os demais atores envolvidos no processo de ocupação de vagas, como deficiência na integração entre TJMG, FBAC, Apacs e Sejusp, ausência de normatização e fluxograma sobre os processos e prazos de ocupação e remanejamento dos recuperandos.
- Ausência de um cronograma de ocupação de vagas dos CRSs que permita à Sejusp realizar, com base em critérios objetivos, o monitoramento da evolução da taxa de ocupação das Apacs durante a execução das parcerias, com base em prazos, metas e indicadores previamente estabelecidos e ajustados entre os interessados.
- Ausência de juntada aos processos de parceria de documento de planejamento, contendo informações a respeito do déficit do sistema prisional comum, da quantidade de presos na lista de espera e da taxa média anual de ocupação nos CRSs que sejam capazes de demonstrar que, ao optar pela ampliação das vagas dos CRSs, ao invés do remanejamento de recuperandos entre as unidades estaduais, a Sejusp estaria adotando a medida mais vantajosa do ponto de vista social e econômico.
- Inexistência de um perfil de acesso que possibilite que a Sejusp e o TJMG tenham acesso ao sistema Infoapac, desenvolvido pela FBAC, para a obtenção de informações sistematizadas e atualizadas a respeito do controle da ocupação de vagas nas Apacs que poderiam subsidiar a tomada de decisões de forma célere e eficaz.

Ainda na mesma reunião com os servidores da Sejusp, foi mencionada a necessidade de se criar um plano de ação estratégico-padrão, inclusive com emissão de alertas automáticos, via sistema, para aprimorar o controle e monitoramento do preenchimento de vagas dos CRSs das Apacs.

Nos casos em que estas taxas de ocupação dos CRSs extrapolam o limite máximo de 200 recuperandos, o que se verifica, a partir da reposta da Sejusp ao Comunicado de Auditoria nº 2/2022, é que não há parâmetros para definir o quantitativo de funcionários a serem contratados para compor o quadro de pessoal das Apacs em razão da inexistência na Resolução Sejusp nº 166/2021 de critérios objetivos que norteiem a atuação da Sejusp nestas situações excepcionais.

Na sequência, em reunião realizada no dia 24.1.2022, o juiz e coordenador-executivo do Programa Novos Rumos do TJMG, Luiz Carlos Rezende e Santos, destacou que, no seu ponto de vista, a melhor coisa que poderia acontecer para agilizar o processo de preenchimento de vagas ociosas nos CRSs, inclusive por questão de transparência, seria a existência de uma "cela de espera" no sistema prisional comum para abrigar os presos que estivessem na iminência de ocupar vagas futuras das Apacs.

Verifica-se que esta ponderação feita pelo magistrado encontra respaldo no art. 3º da Portaria Conjunta nº 1.182/PR/2021 do TJMG, que considera que o juízo competente para a execução penal na comarca que disponha de CRS poderá criar outros critérios que entender cabíveis para a segurança dos trabalhos, *mantendo, sempre que possível, em cela separada do presídio local, os sentenciados que terão oportunidade de cumprir a pena na Apac.*

O juiz reiterou ainda na reunião sobre a importância da implementação da "cela de espera", que acarretaria uma melhoria no fluxo e tornaria mais célere o translado dos presos/recuperandos para os CRSs, tendo em vista que os responsáveis pela Apac já poderiam realizar as tratativas de treinamento da metodologia apaqueana previamente com os presos no sistema prisional comum.

Nota-se que a Sejusp, durante a execução dos trabalhos desta equipe de auditoria, já vem adotando algumas medidas no intuito de promover maior integração entre TJMG e FBAC no acompanhamento e monitoramento das vagas nos CRSs, uma vez que instituiu, por meio da Resolução Sejusp nº 166/2021, um grupo de trabalho ao qual compete a realização de reuniões periódicas e a elaboração de diagnóstico da ocupação e da manutenção das vagas ociosas dos CRSs.

O referido diagnóstico trará um resumo acerca das vagas ociosas e ocupadas existentes nos CRSs, levando em consideração os aspectos dificultadores e as melhorias implementadas nos processos de preenchimento das vagas, conforme preconizado a seguir:

> Art. 9º Fica instituído o Grupo de Trabalho (GT) de acompanhamento e monitoramento de vagas nos CRSs.
> §1º Competirá ao GT, mediante reuniões periódicas, o acompanhamento e o monitoramento da capacidade, da ocupação e da manutenção das vagas ociosas dos CRSs, cabendo aos membros, no limite de suas

atribuições, fomentar ações destinadas a possibilitar que os CRSs possuam ou alcancem percentual de ocupação igual ou superior a 90% (noventa por cento).

§2º Trimestralmente, o GT elaborará diagnóstico, contendo, no mínimo, resumo acerca das vagas ociosas e ocupadas existentes nos CRSs, aspectos dificultadores e melhorias implementadas nos processos de preenchimento das vagas.

Quanto ao referido Grupo de Trabalho, verifica-se que ele é coordenado, no âmbito da SEJUSP, pelo Departamento Penitenciário (Depen), sendo composto por representantes do DEPEN, da SEJUSP, do TJMG e da FBAC, nos termos do disposto no §3º do art. 9º da Resolução SEJUSP 166/2021 por:

I – 01 (um) representante e 01 (um) suplente do Departamento Penitenciário da Sejusp;

II - 01 (um) representante e 01 (um) suplente da Diretoria de Custódias Alternativas (DCA) da Sejusp;

III – 01 (um) representante e 01 (um) suplente da Assessoria de Acompanhamento Administrativo da Sejusp;

IV – 01 (um) representante e 01 (um) suplente do Tribunal de Justiça de Minas Gerais (TJMG); e

V - 01 (um) representante e 01 (um) suplente da FBAC.

A constituição e permanência do supramencionado grupo de trabalho é de suma importância para que os membros da Sejusp que o integram possam submeter à apreciação dos demais membros representantes de outros segmentos diretamente interligados ao processo de monitoramento e acompanhamento da ocupação das vagas do CRSs as melhorias que podem ser implementadas para tornar mais célere e efetivo o processo de ampliação e preenchimento de vagas dos CRSs.

Nota-se que foi informado, em reunião realizada com a FBAC, que esse diagnóstico de ocupação e de manutenção das vagas ociosas dos CRSs, previsto no §2º, art. 9º, da Resolução Sejusp nº 166/2021, ainda não tinha sido emitido, tendo em vista que a formação do grupo de trabalho ainda é recente e as ações estratégicas ainda estão incipientes.

Ainda segundo informações da FBAC, os integrantes do grupo de trabalho, no momento, estão atuando em outras demandas mais prioritárias e, à princípio, o foco da sua atuação está sendo na solução de problemas pontuais e críticos a respeito da ocupação de vagas, razão pela qual ainda não foi possível produzir documentos que retratem os resultados obtidos em razão de ações estratégicas desenvolvidas pelos integrantes do referido grupo de trabalho.

Diante do acima exposto, esta equipe de auditoria entende que, se essas deficiências identificadas durante a fase de execução dos trabalhos de auditoria não sejam solucionadas pela Sejusp, em conjunto com os demais atores envolvidos, por meio do aprimoramento da formalização dos processos e dos procedimentos para o monitoramento da taxa de ocupação de vagas nos CRSs das Apacs, elas podem acarretar as seguintes consequências:

- Aumento do risco de ocorrência de prejuízos financeiros ao Estado, em razão do:
  a) Dispêndio desnecessário de recursos, caso, durante as parcerias, as Apacs não consigam atingir o percentual mínimo previsto nos planos de trabalho para a ocupação das vagas de acordo com o porte de cada CRS, e ainda assim a Sejusp não avalie se seria o caso de promover alterações nas parcerias e redefinir o porte do CRS.
  b) Dispêndios desnecessários com custos dos presos do sistema prisional convencional que poderiam ser reduzidos com a transferência dos sentenciados para o sistema Apac, comprovadamente mais econômico para o Estado.
- Comprometimento do cumprimento da metodologia apaqueana, no que se refere ao preenchimento aquém ou além do número de vagas das Apacs que deveriam ser ocupadas por presos transferidos do sistema prisional comum e dificuldade de definição e manutenção do número de funcionários necessários que devem desenvolver suas funções nas Apacs para garantir a qualidade do tratamento humanizado que deverá ser conferido aos recuperandos transferidos para os CRSs.

Ante o exposto, esta equipe de auditoria propõe a seguinte medida:

I. Recomendar à Sejusp que:
a) Aprimore os processos e procedimentos de ocupação e gerenciamento de vagas nas Apacs, tendo em vista as seguintes constatações:
   i. ausência de normas e fluxos de trabalho que estabeleçam a forma, os prazos e as competências para preenchimento

das vagas dos CRS das Apacs, visando agilizar o processo de ingresso do preso no CRS;
ii. precários procedimentos de ocupação nos CRSs, sugerindo estudar a viabilidade de criação, no âmbito da Sejusp, de celas de espera e de lista eletrônica de presos que preencham os requisitos da Portaria Conjunta nº 1.182/PR/2021 – TJMG para ingresso nas Apacs.
b) Avalie e informe ao TCEMG, sem causar prejuízos à metodologia apaqueana, a conveniência e oportunidade de estabelecer um novo teto de ocupação nos CRSs, definindo critérios objetivos para reprogramação de vagas no CRS, com reavaliação dos cálculos proporcionais de aumento de custo de recuperando e do quadro de pessoal, de acordo com o porte das Apacs.

Os benefícios esperados com esta auditoria são: (i) aprimorar o processo e os procedimentos de monitoramento da capacidade, ocupação e manutenção das vagas ociosas dos CRSs das Apacs, reduzindo a variação das taxas de ocupação e conferindo maior efetividade e eficiência na ampliação e preenchimento de vagas nas Apacs em relação à capacidade estipulada no plano de trabalho; (ii) otimizar e tornar mais ágeis os processos de ocupação de vagas nos CRS, para que possam alcançar o percentual igual ou superior a 90%; (iii) evitar o comprometimento do cumprimento da metodologia apaqueana em função de a estrutura do quadro de pessoal das Apacs se tornar inadequada para atender com qualidade ao excesso de recuperandos nos CRSs; (iv) evitar prejuízos de cunho financeiro à Sejusp, caso, no âmbito de cada parceria, não sejam adotadas as medidas consideradas mais vantajosas do ponto de vista social e econômico para solucionar o problema de excesso e ociosidade de vagas nos CRSs das Apacs; (v) proporcionar dignidade e humanização (benefícios trazidos pela metodologia apaqueana) a um maior número de presos no cumprimento de suas penas.

3.9 Insuficiência de capacitação dos gestores e encarregados de tesouraria das Apacs e dos servidores da Sejusp

A Lei nº 13.019/2014 estabeleceu, em seu art. 8º, a obrigatoriedade de capacitação operacional da Administração Pública, para fins de celebração de parcerias e de adoção de medidas necessárias para a capacitação de pessoal, tanto em recursos materiais, quanto tecnológicos necessários, conforme adiante transcrito:

> Art. 8º Ao decidir sobre a celebração de parcerias previstas nesta Lei, o administrador público: (Redação dada pela Lei nº 13.204, de 2015)
> I - considerará, obrigatoriamente, a capacidade operacional da administração pública para celebrar a parceria, cumprir as obrigações dela decorrentes e assumir as respectivas responsabilidades; (Incluído pela Lei nº 13.204, de 2015)
> II - avaliará as propostas de parceria com o rigor técnico necessário; (Incluído pela Lei nº 13.204, de 2015)
> III - designará gestores habilitados a controlar e fiscalizar a execução em tempo hábil e de modo eficaz; (Incluído pela Lei nº 13.204, de 2015)
> IV - apreciará as prestações de contas na forma e nos prazos determinados nesta Lei e na legislação específica. (Incluído pela Lei nº 13.204, de 2015)
> Parágrafo único. A administração pública adotará as medidas necessárias, tanto na capacitação de pessoal, quanto no provimento dos recursos materiais e tecnológicos necessários, para assegurar a capacidade técnica e operacional de que trata o *caput* deste artigo.

Para fins de verificação da observância dos ditames do citado dispositivo legal, por parte do órgão auditado, a equipe de auditoria, por meio do Comunicado de Auditoria nº 1/2021, solicitou à Sejusp que informasse os cursos ministrados e a periodicidade de ações de capacitação de seus servidores para análise das prestações de contas.

Em resposta, a Sejusp, no Ofício Sejusp/GAB nº 54/2021, de 11.8.2021, informou:

> As capacitações dos servidores para a análise das prestações de contas são executadas no setor, pelos analistas com expertise. Os servidores quando são integrados ao Núcleo de Prestação de Contas recebem um tutor que o acompanha por, no mínimo, 6 (seis) meses. Os servidores também participam de capacitações organizadas pela Escola de Segurança Pública, relevantes à matéria (ocorre mensalmente) e nos cursos que são solicitados pela Diretoria. Sempre que é identificada alguma dificuldade na conferência da análise o coordenador de prestação de contas realiza treinamento individual com o analista.

Todavia, por meio das respostas aos questionários eletrônicos aplicados aos servidores da DCC e DCA da Sejusp, das informações obtidas nas reuniões realizadas com servidores da DCC, DCA e CPP da Sejusp, e a partir das respostas ao Comunicado de Auditoria nº

2/2022, encaminhadas pela Sejusp, esta equipe de auditoria constatou a insuficiência de capacitação tanto do quadro de servidores da Sejusp, quanto dos funcionários das Apacs, responsáveis pelas prestações de contas e pelo monitoramento e avaliação do cumprimento das metas e dos objetos dos termos de parceria firmados nos últimos cinco anos.

A constatação a respeito da insuficiência de capacitação dos gestores e servidores da Sejusp encontra-se evidenciada nos seguintes fundamentos:

a) Na resposta à questão 2 do questionário aplicado à DCA da Sejusp, que são as responsáveis pela análise, nos processos de monitoramento e de prestação de contas, do cumprimento do objeto e das metas das parcerias, verificou-se que, nos últimos 5 (cinco) anos, não foram ministrados cursos específicos sobre avaliação de metas e indicadores nos processos de monitoramento e/ou prestação de contas de parcerias. O único curso realizado, para apenas um servidor, abordava aspectos gerais, sem foco nas questões específicas da atividade da DCA, relativas à análise de prestação de contas e monitoramento com ênfase no resultado. Ademais, na avaliação do curso, o servidor não o considerou satisfatório.

Gráfico 10 – Percentual de capacitação dos servidores da DCA da Sejusp

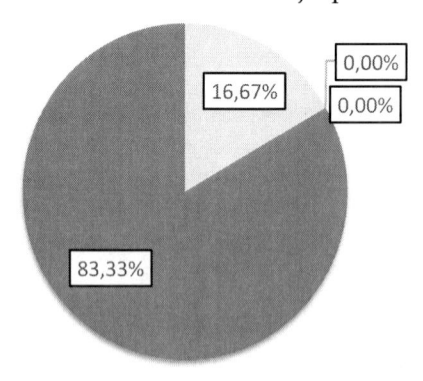

- 1 curso em 5 anos: 16,67%
- 2 cursos em 5 anos: 0,00%
- Mais de 3 cursos em 5 anos: 0,00%
- Nenhum curso em 05 anos: 83,33%

Fonte: Autoria da própria equipe.

b) Na reunião realizada com servidores da DCA da Sejusp, em que se afirmou "a sobrecarga de trabalho pelas quedas e faltas de funcionalidades essenciais do SIGCON-Saída e a inexistência de treinamentos para capacitar os próprios servidores da DCA".
c) Em razão da resposta à questão 7 do questionário enviado aos servidores da DCA da Sejusp, ficou evidente a divergência acentuada de entendimento entre eles, a respeito de quais os pontos deveriam ser analisados durante a fase de monitoramento das parcerias firmadas com as Apacs, o que demonstra a necessidade de capacitação para padronizar as informações que devem constar dos relatórios de monitoramento e a forma como deve ser realizado o monitoramento para que se possa aferir, de forma efetiva, os resultados alcançados com a execução das parcerias firmadas entre Sejusp e Apacs.
d) Na resposta à questão 2 do questionário aplicado à DCC da Sejusp, que são as responsáveis pela análise financeira das prestações de contas, verificou-se que, nos últimos 5 (cinco) anos, foram ministrados cursos específicos sobre prestação de contas e/ou monitoramento na forma do gráfico a seguir:

Gráfico 11 – Percentual de capacitação dos servidores da DCC da Sejusp

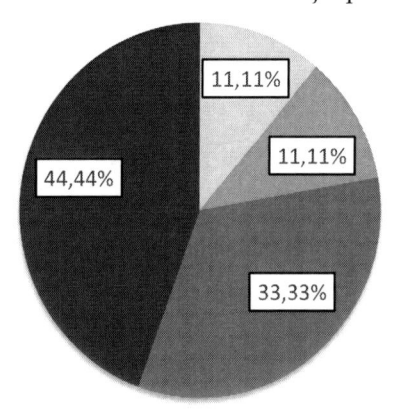

- 1 curso em 5 anos: 11,11%
- 2 cursos em 5 anos: 11,11%
- Mais de 3 cursos em 5 anos: 33,33%
- Nenhum curso em 05 anos: 44,44%

Fonte: Autoria da própria equipe.

e) Em resposta às questões 15 a 18, verificou-se entendimento divergente entre os servidores da DCC no tocante à análise por amostragem, prescrição, participação da DCC nas TCEs e às ações a serem adotadas no caso de irregularidades cometidas pelas Apacs, conforme foi detalhado em item específico deste relatório.

f) Na reunião realizada com servidores da CPP da Sejusp, da qual participaram os responsáveis pela instauração e instrução de tomada de contas especial, foi afirmada a necessidade de realização de cursos relacionados a esta área, tendo em vista que a Sejusp não prioriza capacitação relacionada a este assunto, devido ao número reduzido de processos desta natureza em trâmite no setor.

Note que os percentuais de capacitação dos servidores da Sejusp demonstram que a Secretaria não está fornecendo o número de treinamentos necessários ao desempenho efetivo das atividades dos servidores. Inclusive, destaca-se que, quando fornecida a capacitação, esta não é direcionada nem classificada de acordo com o histórico e experiência dos servidores.

No tocante à Apac, insta salientar que as diretrizes fundamentais do regime jurídico de parceria, dispostas na Lei nº 13.019/2014, que são "a promoção, o fortalecimento institucional, a capacitação e o incentivo à organização da sociedade civil" e "a sensibilização, a capacitação, o aprofundamento e o aperfeiçoamento do trabalho de gestores públicos, na implementação de atividades e projetos de interesse público e relevância social com as organizações da sociedade civil; para a cooperação com o poder público" (respectivamente, incs. I e VII, do art. 6º).

Visando verificar a observância destas diretrizes, a equipe de auditoria, por meio do Comunicado de Auditoria nº 10/2021, solicitou à Sejusp informações quanto à frequência de capacitações e especificação dos cursos fornecidos pelo órgão aos gestores das Apacs, e o "o objetivo dos cursos, carga horária, o cronograma, bem como o encaminhamento de cópia dos certificados emitidos nos últimos 5 (cinco) anos".

Em resposta, a Sejusp, no Ofício Sejusp/ADM nº 2.247/2021, de 16.11.2021, informou:

> *Superintendência Educacional de Segurança Pública*: "No que tange a competência desta Superintendência Educacional de Segurança Pública, informamos que anualmente e/ou quando há alteração na legislação

vigente ofertamos cursos voltados aos funcionários das APAC's com o objetivo geral de capacitá-los quanto aos procedimentos utilizados nas prestações de contas e alinhamento sobre os processos em vigência. Esclarecemos que mesmo não havendo curso voltado especificamente ao público de gestores das APAC's, não há impedimento quanto a participação dos mesmos nos cursos ofertados". [...]

Diretoria de Contratos e Convênios: "A Diretoria de Contratos e Convênios - DCC, quando solicitado pelas APAC's, por intermédio da área gestora realiza treinamento, individual ou em grupo, com objetivo de reduzir os erros recorrentes nas análises das prestações de contas. Ocorre que esses treinamentos são ministrados pelos analistas da prestação de contas, com objetivo de orientar na elaboração dos processos de prestação de contas, bem como sanar as dúvidas apresentadas pelos funcionários das APAC's. Por se tratar de um treinamento bem técnico e específico em relação a dúvida da APAC's, não são emitidos certificados.

A DCC também ministra curso, anualmente, para as APAC's em parceria Escola de Segurança Pública, cabendo ao referido setor a emissão do certificado".

A Sejusp informou ainda, no Ofício Sejusp/GAB nº 54/2021, em resposta ao Comunicado de Auditoria nº 1/2021, que realiza, anualmente, treinamentos de prestações de contas para os representantes das Apacs:

> [...] a Diretoria de Contratos e Convênios, de acordo com cronograma da Escola de Segurança Pública, realiza anualmente o treinamento de prestação de contas para as APAC's, no intuito de reduzir os erros recorrentes nas análises de prestação de contas. Quando solicitado pelas OSC's, a DCC realiza treinamento e reuniões individuais ou para um grupo por meio de videoconferência. São realizadas diversas reuniões com participação da Diretoria de Contratos e Convênios, juntamente com as áreas Gestoras e os representante das APAC's e FBAC, no sentido de identificar gargalos e melhorias do fluxo para uma análise mais célere e objetiva.

Porém, em que pese a Sejusp tenha ofertado cursos aos funcionários das Apacs, esta equipe de auditoria também constatou *a insuficiência de capacitação dos gestores e de encarregados de tesouraria das Apacs*. O que evidencia esta conclusão são as informações obtidas na fase de execução dos trabalhos de auditoria em razão dos seguintes fatos:

a) Na questão 1 do questionário aplicado por esta equipe de auditoria aos encarregados de tesouraria das Apacs, verificou-se que, dos 41 encarregados que responderam ao questionário, apenas 14 realizaram cursos de capacitação pela Sejusp sobre monitoramento e prestação de contas das parcerias.

Gráfico 12 – Percentual de capacitação dos encarregados de tesouraria das Apacs

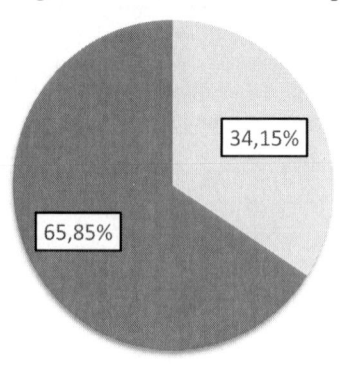

- 34,15%
- 65,85%

■ Recebeu capacitação   ■ Não recebeu capacitação

Fonte: Autoria da própria equipe.

b) Em relação ao questionário destinado aos dirigentes das Apacs, dos 20 dirigentes que responderam ao questionário, apenas 1 dirigente realizou cursos de capacitação.

Gráfico 13 – Percentual de capacitação dos dirigentes das Apacs

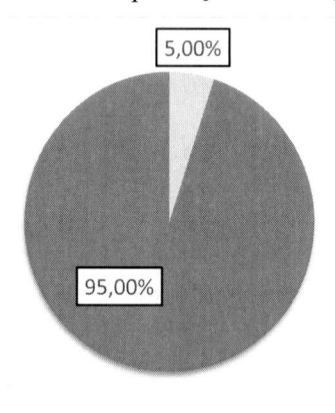

- 5,00%
- 95,00%

■ Recebeu capacitação   ■ Não recebeu capacitação

Fonte: Autoria da própria equipe.

c) Os poucos cursos ofertados pela Sejusp aos encarregados de tesouraria ainda têm sua eficiência prejudicada, em razão da alta rotatividade dos funcionários que ocupam o referido cargo, bem como dos dirigentes das Apacs, que gira em torno de dois a três anos, conforme resposta da FBAC ao Comunicado de Auditoria nº 4/2022. Assim, a capacitação deixa de ser efetiva, pois a pessoa que foi capacitada já não mais pertence ao quadro de pessoal das Apacs.

d) Na realização de reunião com servidores da DCA da Sejusp, foi afirmado que os funcionários das Apacs solicitam treinamentos à DCA, mas tais treinamentos se tornam inviáveis, em razão da alta rotatividade na Apac, sobrecarga de trabalho na Sejusp e quedas e faltas de funcionalidade essenciais do SIGCON-Saída.

e) Resposta à questão 1 do Comunicado de Auditoria nº 6/2021, Ofício FBAC/GCON nº 221/2021, no qual à FBAC informa dificuldade em manter profissionais na Apac em razão das exigências burocráticas excessivas da Sejusp, a contratação de pessoal sem habilitação técnica, defasagem salarial e mudanças constantes na gerência da Apac. Esclarece que à época dos fatos o referido cargo era sem remuneração.

Outro fator que dificulta a realização de cursos para os funcionários das Apacs é a ausência de mapeamento da necessidade de capacitação das OSCs pela Sejusp. Ocorre que os funcionários das Apacs vão mudando ao longo do tempo e a própria Secretaria não tem o controle do grau de necessidade de capacitação destes novos funcionários, bem como não há planos para a reciclagem de cursos dos antigos que ainda laboram nas Apacs.

Contudo, a ausência deste mapeamento se dá pela inexistência de campo específico no sistema eletrônico utilizado nas parcerias, qual seja, SIGCON-Saída, em que o operador da Apac informe se passou ou não por treinamento específico, porquanto, caso existisse essa funcionalidade, de forma ágil e automática, poderia a DCA mapear toda a necessidade de capacitação de novos funcionários, bem como de reciclagem para os antigos.

Ademais, ainda sobre o SIGCON-Saída, nos questionários aplicados aos servidores da DCA e DCC, assim como aos encarregados de tesouraria e aos dirigentes das Apacs, obtiveram-se os seguintes resultados, quanto ao grau de satisfação em relação aos cursos de capacitação fornecidos pela Secretaria:

Gráfico 14 – Nível de satisfação dos usuários dos sistemas SIGCON-Saída sobre os treinamentos recebidos para operacionalização do referido sistema

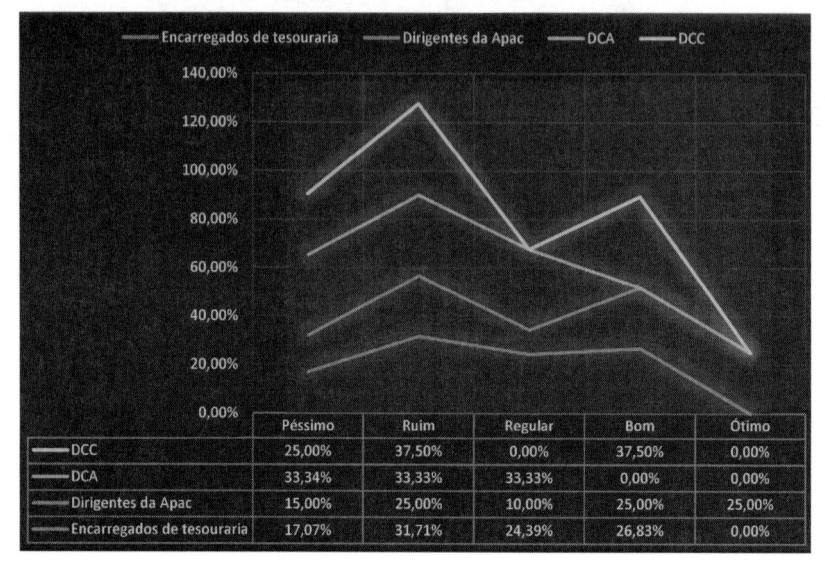

	Péssimo	Ruim	Regular	Bom	Ótimo
DCC	25,00%	37,50%	0,00%	37,50%	0,00%
DCA	33,34%	33,33%	33,33%	0,00%	0,00%
Dirigentes da Apac	15,00%	25,00%	10,00%	25,00%	25,00%
Encarregados de tesouraria	17,07%	31,71%	24,39%	26,83%	0,00%

Fonte: Autoria da própria equipe.

Para melhor entendimento, segue gráfico com a média do nível de satisfação dos treinamentos no SIGCON-Saída extraído das respostas dos quatro questionários aplicados:

Gráfico 15 – Média do nível de satisfação dos usuários dos sistemas SIGCON-Saída sobre os treinamentos recebidos para operacionalização do referido sistema

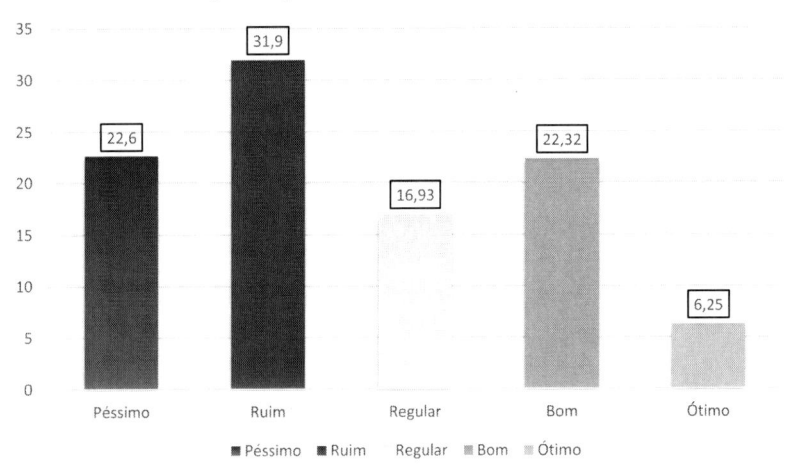

Péssimo	Ruim	Regular	Bom	Ótimo
22,6	31,9	16,93	22,32	6,25

Fonte: Autoria da própria equipe.

Veja que tanto os servidores da Sejusp, quanto os funcionários das Apacs consideram insuficientes os treinamentos para manuseio do SIGCON-Saída, inclusive 54,50% dos entrevistados consideraram como "péssimo" ou "ruim" a satisfação dos treinamentos.

Em consulta na plataforma eletrônica[63] de treinamentos da Segov para o manuseio do SIGCON-Saída, esta equipe de auditoria identificou que os cursos não traziam questionários para medir conhecimento, pesquisa de satisfação, fórum de dúvidas nem material de apoio em "PDF".

Outrossim, por meio de simulação na plataforma eletrônica, esta equipe conseguiu emitir certificado de conclusão de cursos na plataforma EAD de forma automática, bastando apenas se inscrever, independentemente de o aluno assistir às aulas. No momento que se inscreve no curso, o aluno clica na opção "obter certificado" e o documento é emitido, sem a necessidade de que se conclua etapa alguma do curso. Essa situação retira a credibilidade do curso, diante da facilidade de se obter o certificado de conclusão.

Verificou-se, ainda, que estas deficiências de capacitação realizadas pela Sejusp contribuíram para a ocorrência dos seguintes fatos:

---

[63] Disponível em: https://ead.sigconsaida.mg.gov.br/.

a) Falhas no preenchimento das fichas de monitoramento de atendimento ao recuperando e entrega de documentos pela Apac.
b) Dificuldade no manuseio dos sistemas eletrônicos.
c) Divergências de entendimento dentro dos próprios setores da Sejusp sobre as funcionalidades dos sistemas eletrônicos e procedimentos de análise.
d) Relatório de visita técnica sem foco no desempenho e quantificação das metas da Apac.
e) Atraso nos procedimentos de análise de prestação de contas e monitoramento.
f) Ausência de mapeamento de capacitação dos funcionários das Apacs.
g) Dificuldades dos servidores da Sejusp em formalizar metas e avaliar as parcerias com foco no resultado.

Ante o exposto, esta equipe de auditoria propõe as seguintes medidas:

I. Recomendar à Sejusp e à Segov que:
a) Elaborem planos para a realização de treinamentos contínuos, presencial ou em EAD, para os servidores do órgão e gestores e encarregados de tesouraria das Apacs, no intuito de minimizar ou atenuar as deficiências apontadas nas fases de monitoramento e de prestação de contas das parcerias, abordando, em aspectos práticos, os seguintes temas:
   i. monitoramento e avaliação de indicadores e metas com priorização nos resultados, de acordo com o MROSC;
   ii. elaboração de papéis de trabalho e relatórios para visitas técnicas;
   iii. gestão de riscos;
   iv. análises de prestações de contas com foco no resultado, de acordo com o MROSC;
   v. condução de Pace e tomada de contas especial;
   vi. manuseio operacional e novas funcionalidades do sistema SIGCON-Saída e Cagec.
b) Ampliem o acesso ao conhecimento disponibilizando cursos de capacitação *on-line* em plataforma digital, criando critérios de avaliação do aluno, pesquisa de satisfação e fórum de discussão de dúvidas e aprimorem a forma de obtenção

do certificado, de modo que este somente possa ser obtido mediante a conclusão de todas as fases dos cursos ofertados.

II. Recomendar à Segov que:
a) Aprimore os sistema SIGCON-Saída para inserir campo de informação sobre a realização e data de capacitação dos funcionários das OSCs parceiras, a fim de que seja possível mapear continuamente as necessidades de capacitação dos funcionários das Apacs e responsáveis pela prestação de contas e monitoramento.

Os benefícios esperados com este trabalho são: (i) alcançar maior efetividade e qualidade na condução dos processos de monitoramento e prestação de contas; (ii) obter maior domínio no manuseio de sistemas eletrônicos, evitando erros de preenchimento e dificuldade na alimentação dos dados e informações que devem ser lançados de forma tempestiva e correta pelos servidores da Sejusp e pelos funcionários das Apacs; (iii) realizar o monitoramento e análise das prestações de contas com foco nos resultados, assim como versa o MROSC.

3.10 Insegurança jurídica em razão de divergências de entendimento entre Sejusp e Apacs, nos processos de prestação de contas, a respeito das irregularidades que caracterizam dano

Analisando os processos selecionados da amostra referentes às prestações de contas das parcerias firmadas entre Sejusp e Apacs, esta equipe de auditoria verificou que, na maioria dos casos, as irregularidades cometidas pelas Apacs e as justificativas por elas apresentadas nas defesas eram sempre as mesmas, e que a Sejusp sempre realizava os mesmos tipos de glosas.

À título de ilustração, a equipe sistematizou três glosas diferentes (pagamento de tarifas bancárias, excesso de gastos com rubricas e ausência de cotações de preço) assaz recorrentes nas análises das prestações de contas da amostra (Apacs de Araxá, Inhapim Itaúna, Frutal, Passos, Timóteo e Canápolis), para quantificar o valor anual total de cada glosa sistematizada e obter um panorama geral do impacto econômico/financeiro que a cobrança dos valores decorrentes destas irregularidades apontadas pela Sejusp, ensejadoras de dano ao erário, poderiam acarretar às Apacs.

Tarifas bancárias
- 2017/2018 – R$22.673,20
- 2018/2019 – R$18.643,88
- 2019/2020 – R$19.158,76
- 2020/2021 (apenas 2 prestações de contas) – R$6.867,30

Excesso de rubrica
- 2017/2018 – R$86.328,28
- 2018/2019 – R$150.335,10
- 2019/2020 – R$289.260,76
- 2020/2021 (apenas 2 prestações de contas) – R$147.830,56

Ausência de cotações de preços
- 2017/2018 – R$209.346,97
- 2018/2019 – R$92.312,56
- 2019/2020 – R$65.785,62
- 2020/2021 (apenas 2 prestações de contas) – R$0,00

Da imagem acima, destacam-se três informações. Primeiro, que durante os atos de execução da auditoria, esta equipe verificou que, no ano 2020/2021, foram analisadas somente as prestações de contas de duas Apacs, quais sejam, Itaúna e Passos.

Segundo, que a prestação de contas da Apac de Timóteo foi analisada apenas no ano de 2017/2018, pois, no ano de 2018, ela teve suas atividades encerradas por decisão judicial.

Terceiro, que os débitos de tarifas bancárias foram pagos pelas Apacs em dobro, pois, além de efetuarem o pagamento do valor da tarifa à instituição financeira em decorrência do desconto tarifário indevido realizado no momento da abertura da conta específica para recebimento dos recursos do convênio/parceria, elas também ficarão obrigadas a repassar este mesmo valor, corrigido monetariamente, ao Estado, em razão da glosa pelo Estado do valor da despesa que foi considerada irregular quando da análise das prestações de contas.

Para exemplificar, imaginemos que uma Apac abriu uma conta em determinada instituição financeira, a qual realizou a cobrança anual de R$2.000,00 a título de tarifas bancárias. Logo o dano sofrido pela Apac é de R$4.000,00, e não apenas R$2.000,00. Isso ocorre porque além dos R$2.000,00 cobrados indevidamente pelo banco, esse mesmo valor é descontado novamente pelo Estado, sem contar as correções monetárias, após a análise da prestação de contas, havendo a perda dos valores em dobro.

Portanto, extrai-se, da imagem ilustrada, que os valores glosados anualmente em decorrência de irregularidades e divergências jurídicas, se analisados conjuntamente, tornam-se expressivos e podem, no futuro, inviabilizar a execução orçamentária da Apac, podendo, inclusive, acarretar sua extinção.

Embora a equipe tenha focado em apenas três, analisando os processos de prestação de contas da amostra, foi possível verificar que são seis as principais discordâncias jurídicas acerca das glosas identificadas pela Sejusp, a saber: (i) pagamento de tarifas bancárias; (ii) excesso de gastos na rubrica; (iii) ausência de cotações de preço para a contratação; (iv) pagamento de juros e multas pela inadimplência das faturas das Apacs, decorrentes de atrasos nos repasses financeiros pela Sejusp; (v) pagamento de aviso prévio indenizado nos casos de rescisão de contrato de trabalho de funcionário da Apac; e (vi) não aplicação do instituto jurídico da prescrição do direito ressarcitório do Estado.

Ademais, mesmo havendo outros tipos de irregularidades apontadas pela Sejusp na prestação de contas, os itens acima mencionados são os que geram os principais pontos de discordância entre a OSC e a Sejusp acerca da caracterização de dano e efetuação de glosas no repasse dos recursos. Outrossim, estes pontos de divergência não possuem uniformidade de entendimento entre Apacs e Sejusp se tais impropriedades, de fato, ensejariam a ocorrência de dano ao erário.

Para sintetizar os argumentos e pontos de discordância apresentados na prestação de contas, objeto de análise por esta equipe de auditoria, a seguir é apresentada tabela:

(continua)

Ponto de discordância	Síntese do argumento da DCC	Síntese do argumento da FBAC/Apac
Pagamento de tarifas bancárias	Violação ao art. 51, §1º, II, "c", do Decreto estadual nº 47.132/17.	Que a OSC não pode ser responsabilizada pelo fato de a instituição financeira se recusar a isentar as tarifas bancárias da conta específica.
Excesso de gastos na rubrica	Violação ao art. 71 do Decreto estadual nº 47.132/17.	Que embora tenha havido a extrapolação da rubrica, a despesa guarda vínculo com o plano de trabalho e foi efetuada no cumprimento do objeto, a fim de garantir o cumprimento das metas pactuadas.

(conclusão)

Ponto de discordância	Síntese do argumento da DCC	Síntese do argumento da FBAC/Apac
Ausência de cotação de preço para contratação	Violação ao art. 52, I, II e III do Decreto estadual n° 47.132/17.	Que a entidade convenente entende que tais irregularidades são formais e, por si só, não ensejam dano, conforme entendimento firmado na Nota Técnica n° 1/2014 SCC/Segov/SCAT/CGE. Ademais, nenhuma despesa foi superfaturada ou teve sua aplicação com finalidade distinta ao pactuado no plano de trabalho.
Pagamento de juros e multas pela inadimplência das faturas das Apacs, decorrentes de atrasos nos repasses financeiros pela Sejusp	Violação ao art. 51, §1°, II, "d", do Decreto estadual n° 47.132/17.	Que os juros ocorreram por conta de atraso no repasse, o que impediu o pagamento tempestivo, não podendo a OSC ser responsabilizada pela ausência de recurso do Estado.
Pagamento de aviso prévio indenizado ao funcionário da Apac	Violação ao art. 52-C, §1° do Decreto estadual n° 47.132/17.	Risco de segurança no CRS e no cumprimento das metas por manter funcionário que já tem o interesse em se desligar da Apac ou que a gestão entendeu não ter o desempenho adequado.
Não aplicação da prescrição do ressarcimento ao dano	Ausência de normativo ou orientação interna sobre a possibilidade e o prazo para aplicação da prescrição do direito ressarcitório do Estado.	Que o Poder Judiciário e o Tribunal de Contas de Minas Gerais vêm adotando jurisprudência no sentido de reconhecer a prescrição quinquenal do direito ressarcitório do Estado, contado da data da ocorrência da irregularidade.

    O que se verifica é que a situação encontrada é peculiar e imersa em insegurança jurídica, inclusive havendo documentos e decisões que orientam alguns pontos em favor das Apacs, contudo a legislação é rígida e não possibilita que a Sejusp haja de forma diversa, enquanto não existir uma orientação jurídica consolidada dentro da Secretaria sobre esses pontos controvertidos.

É comum às Apacs se negarem a negociar ou pagar os valores das glosas efetuadas pela Sejusp e aprovadas pelo ordenador de despesas, por entenderem que tais irregularidades têm natureza meramente formal e não dão ensejo à restituição de dano ao erário. É exatamente em razão dessa discordância entre Sejusp e Apacs a respeito das irregularidades ensejadoras de dano ao erário que as OSCs têm acionado os órgãos judiciais e de controle externo para tentar anular tais glosas.

Portanto, essa insegurança jurídica acarreta as seguintes consequências:

- gera longos e demorados litígios judiciais, os quais implicam custos operacionais desnecessários, tanto para os tribunais, como para a AGE, que é o órgão de assessoramento jurídico estadual, tendo em vista os diversos atos processuais que necessitam ser realizados;
- demora para a efetivação da cobrança dos débitos pelo Estado e, consequentemente, para o recebimento dos recursos repassados às Apacs, cuja aplicação foi considerada irregular e acarretou dano erário;
- aumento da possibilidade de as constantes glosas realizadas pela Sejusp, oriundas de débitos antigos, acarretarem, no futuro, prejuízo ao cumprimento das metas pelas Apacs ou, até mesmo, levar à sua extinção, em decorrência do bloqueio de repasse de recursos pela Sejusp para a celebração de novas parcerias.

Destaca-se ainda, que foram esses pontos de divergências entre Sejusp e FBAC/Apac que resultaram, nesta Corte de Contas, no Processo de Denúncia nº 1.092.340, no qual o conselheiro relator determinou a realização desta auditoria. Isto prova a importância em resolver esses pontos de divergências e consolidar os entendimentos jurídicos à luz da lei e da jurisprudência dominante.

No modelo de Administração Pública vivido na atualidade, busca-se construir uma Administração dialógica, ou seja, que busca o diálogo com os particulares, inclusive eliminando dubiedades e lacunas, a fim de dar primazia à segurança jurídica e estabilidade das relações. Neste sentido, em 2018, houve alteração no Decreto-Lei nº 4.657/42, vejamos:

Art. 30. As autoridades públicas devem atuar para *aumentar a segurança jurídica* na aplicação das normas, inclusive por meio de *regulamentos, súmulas administrativas e respostas a consultas*.
Parágrafo único. Os instrumentos previstos no *caput* deste artigo *terão caráter vinculante em relação ao órgão ou entidade a que se destinam*, até ulterior revisão

Veja que a lei é clara em afirmar que a atuação dos gestores públicos deve se pautar na emissão de documentos de caráter vinculante, seja regulamentos, súmulas administrativas ou respostas de consultas, a fim de fortalecer a segurança jurídica.

Outrossim, a LC do Estado de Minas Gerais nº 83/05 assevera que:

Art. 1º-A. A AGE tem por finalidade o exercício de funções essenciais à Justiça, nos termos da Constituição da República e da Constituição do Estado, competindo-lhe privativamente: [...]
III - prestar consultoria e assessoramento jurídicos aos órgãos e às entidades do Estado; [...]
VII - *emitir parecer sobre consulta formulada* pelo Governador, por *Secretário de Estado* ou por dirigente máximo de órgãos autônomos, autarquias e fundações públicas; [...]
XVII - *orientar as secretarias de Estado e as entidades da administração pública indireta sobre interpretação e aplicação da legislação*; [...]
XXV - *unificar a jurisprudência administrativa*, garantir a correta aplicação das leis e prevenir e *dirimir as controvérsias entre os órgãos jurídicos da administração pública estadual*; [...]
XXVII - *exercer orientação normativa* e supervisão técnica quanto aos órgãos jurídicos da administração pública estadual; [...].

Note que a AGE é o órgão competente para dirimir essas questões controvertidas entre Sejusp e FBAC/Apac, trazendo segurança jurídica ao caso em epígrafe, evitando a proposição desnecessária de litígios judiciais e administrativos, que apenas prejudicam a boa execução da parceria.

Destarte, em razão dos argumentos *supra*, entende esta equipe de auditoria que cabe à Sejusp formular consulta formal à AGE sobre os pontos controvertidos outrora expostos, encaminhando a resposta dada pelo referido órgão de assessoramento jurídico às Apacs/FBAC, a fim de evitar litígios judiciais desnecessários e consolidar os entendimentos jurídicos dentro da Secretaria e também com as OSCs parceiras.

Não obstante, insta tecer comentários sobre as tarifas bancárias, para tanto, cumpre expor os ditames da Lei nº 13.019/14 (MROSC) sobre este assunto:

> Art. 51. Os recursos recebidos em decorrência da parceria serão depositados em conta *corrente específica isenta de tarifa bancária* na i*nstituição financeira pública determinada pela administração pública*.
> Parágrafo único. Os rendimentos de ativos financeiros serão aplicados no objeto da parceria, estando sujeitos às mesmas condições de prestação de contas exigidas para os recursos transferidos.

Sobre o bojo da norma supracitada, percebem-se duas informações importantes, a primeira é que as OSCs têm direito à abertura de conta bancária com isenção de tarifas para gerenciamento dos recursos da parceria e, a segunda é que a abertura desta conta não pode ser feita em qualquer instituição financeira, mas apenas naquela que é pública e foi determinada pelo órgão concedente.

Ademais, já ciente de eventual dificuldade na abertura destas contas bancárias específicas, a Segov anexou ao SIGCON-Saída modelo de ofício a ser assinado pelo órgão concedente informando ao banco sobre a existência da parceria e solicitando a abertura de conta com a isenção das tarifas bancárias.

Salienta-se que, em reunião com a Segov, foi informado que já há conversações entre o Estado de Minas Gerais e o Banco do Brasil para que toda e qualquer parceria vinculada ao MROSC tenha a abertura de conta específica da OSC realizada de forma automática, independentemente de ofício ou qualquer ato da OSC ou do órgão público. Outrossim, a Segov ainda informou que, uma vez concluída essa parceria, o próximo passo é fazer com que todos os pagamentos sejam gerenciados pelo próprio Banco do Brasil, por meio de ordem bancária emitida pela OSC, em sistema similar ao utilizado em nível federal.

Enquanto não adotadas as providências acima pela Segov, esta equipe de auditoria focou em analisar os processos de prestação de contas da amostra e percebeu que cada Apac realizava a abertura da conta bancária em instituições financeiras diferentes, como Banco do Brasil, Caixa Econômica Federal, Bradesco, Santander, Itaú, entre outros.

Ademais, nem nos termos de colaboração nem em outro documento dos autos havia a informação sobre em qual instituição financeira pública deveria ser aberta conta bancária, o que já inviabiliza essa ação, haja vista que cabe à Sejusp determinar em qual instituição bancária será aberta a conta bancária.

Outro ponto a ser abordado é que a FBAC desconhece esse modelo de ofício de abertura de conta contido no SIGCON-Saída e que nunca lhe foi repassado ofício assinado pela Secretaria para abertura de conta bancária. Ora, por desconhecer este fato, a FBAC, junto com as Apacs, adaptou o modelo de ofício federal e, sem auxílio da Sejusp, foram individualmente em cada instituição financeira angariar a isenção das tarifas bancárias.

O que se verifica é a necessidade da Sejusp de adaptar melhor seu fluxo de trabalho interno, a fim de que sempre que formalizar nova parceria com alguma OSC, em ato contínuo, independentemente de solicitação da Apac, determine em qual instituição financeira pública será aberta a conta bancária e envie à entidade parceira o modelo de ofício de solicitação de isenção de tarifa bancária contido no SIGCON-Saída.

Desta forma, a Sejusp evitará cobranças indevidas de tarifas pelas instituições bancárias geradas em decorrência da solicitação, pelas Apacs, de abertura de conta específica para gerenciar os recursos da parceria, bem como atuará de forma preventiva, evitando que constantemente as Apacs venham a sofrer bloqueios no Siafi em razão do não pagamento de débitos decorrentes de despesas com tarifas bancárias, sendo obrigadas a arcar duplamente com despesas das quais elas estariam isentas nos termos do MROSC, mas que, ainda assim, são consideradas irregulares e cobradas pela Sejusp.

Ante o exposto, esta equipe de auditoria propõe as seguintes medidas:

I. Recomendar à Sejusp que:
a) Formalize consulta à AGE, visando reduzir a insegurança jurídica e evitar a realização de glosas desnecessárias, por meio da consolidação de entendimentos a respeito dos pontos de divergência abaixo mencionados, identificados pela Sejusp na análise de prestação de contas, que são passíveis de acarretar dano ao erário e, consequentemente, gerar a obrigação de ressarcimento pelas Apacs:
 i. prazo prescricional nos casos de ressarcimento de débitos;
 ii. ausência de cotações de preços;
 iii. pagamento de multas e juros nos casos em que houver atraso de repasses;

iv. excesso de gastos com determinada rubrica acima do limite previsto no plano de trabalho;
v. pagamento de aviso prévio indenizado aos funcionários da OSC nos casos de rescisão de contrato de trabalho.
b) Encaminhe aos gestores das Apacs o ofício de "solicitação de isenção de tarifas bancárias", devidamente assinado, cujo modelo encontra-se disponibilizado no SIGCON-Saída, para que, quando da abertura de contas bancárias específicas para gestão dos recursos públicos recebidos em decorrência da formalização das parcerias, eles possam apresentá-lo à instituição financeira pública determinada pela Sejusp, a fim de garantir que ela não realize cobranças indevidas, em cumprimento ao disposto no art. 51 da Lei nº 13.019/14.

II. Determinar à Sejusp que:
a) Indique, nos termos de parceria firmados com as OSCs, em qual instituição financeira pública elas devem realizar a abertura de conta corrente específica para recebimento dos recursos repassados para o cumprimento da parceria, nos termos do disposto no art. 51 da Lei nº 13.019/14.

Os benefícios que se espera com este trabalho são: (i) evitar a judicialização desnecessária entre a Sejusp e OSCs parceiras; (ii) evitar que as Apacs incorram novamente na irregularidade relativa a pagamento com despesas de tarifas bancárias, as quais não teriam ocorrido, caso a Sejusp tivesse adotado medidas preventivas e diligentes perante as instituições financeiras e às Apacs no sentido de orientar as OSCS a respeito da necessidade do preenchimento do modelo de isenção de tarifas e de sua apresentação ao banco no momento da abertura da conta para gerenciamento dos recursos da parceria; (iii) minimizar a insegurança jurídica gerada nos processos de prestação de contas, em razão da divergência de entendimentos entre Sejusp e Apacs a respeito de quais regularidades ensejam dano ao erário e, por conseguinte, evitar o surgimento de glosas desnecessárias realizadas pela Sejusp e que gerem a obrigação de ressarcimento ao erário, por meio de consulta formal formulada à AGE para que manifeste seu entendimento a respeito das questões controvertidas identificadas nas análises das prestações de contas; (iv) minimizar os riscos de que as Apacs não consigam se manter financeiramente e sejam extintas em razão da ausência de repasse de recursos pela Sejusp para celebração novas parcerias.

3.11 Dificuldade no ressarcimento de valores a receber provenientes de prestação de contas reprovadas

Neste achado, o primeiro passo é entender três conceitos distintos dentro da Sejusp que se iniciam após a conclusão do processo de análise da prestação de contas e tem o intento único de recompor, em favor do Estado, o dano sofrido por eventuais irregularidades e glosas ocorridas durante a execução das atividades da parceria.

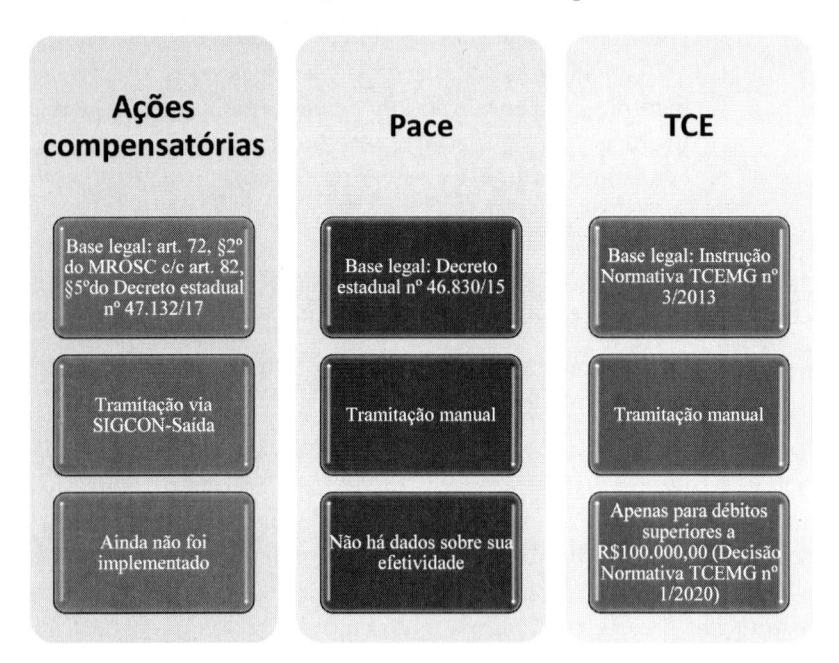

Ações compensatórias	Pace	TCE
Base legal: art. 72, §2º do MROSC c/c art. 82, §5º do Decreto estadual nº 47.132/17	Base legal: Decreto estadual nº 46.830/15	Base legal: Instrução Normativa TCEMG nº 3/2013
Tramitação via SIGCON-Saída	Tramitação manual	Tramitação manual
Ainda não foi implementado	Não há dados sobre sua efetividade	Apenas para débitos superiores a R$100.000,00 (Decisão Normativa TCEMG nº 1/2020)

O MROSC inovou o ordenamento jurídico e deu um passo fundamental na construção de uma administração dialógica, ao passo que instituiu a adoção de medidas compensatórias a serem adotadas pela OSC, a fim de compensar danos identificados nas prestações de contas.

Assim, no que tange às medidas compensatórias, o que ocorre é que, uma vez identificado algum dano ao erário na prestação de contas da OSC, o ordenador de despesas, ao invés de glosar ou instituir algum processo de ressarcimento, aprova um plano de trabalho temporário para que a OSC o cumpra, sem transferência de recursos do Estado, visando compensar o dano identificado na prestação de contas.

O MROSC assevera que as ações compensatórias não poderão ser utilizadas nos casos de dolo ou fraude, ou, ainda, no caso de restituição integral dos valores repassados à parceria, ou seja, inexecução total ou omissão no dever de prestação de contas.

O Decreto estadual nº 47.132/17 assevera que as ações compensatórias devem tramitar no SIGCON-Saída, não podem possuir prazo superior à metade da vigência da parceria e seu descumprimento enseja instauração de tomada de contas especial.

Até a presente data, não foi instituída na Sejusp a adoção de medidas compensatórias, todavia, destaca-se que, em reunião com a Segov, nos foi informado pelo referido órgão que nenhuma outra unidade federativa adotou essas ações compensatórias de dano.

Por outro lado, o Processo Administrativo de Crédito Estadual – Pace é um procedimento que se inicia após a conclusão da prestação de contas e antecede a instauração de TCE. Seu intento é buscar o ressarcimento ao erário de forma mais célere, portanto, neste procedimento, é permitido apenas o parcelamento do débito. Caso o Pace não logre êxito, são inscritos diretamente os débitos e responsáveis nos sistemas de devedores do Estado de Minas Gerais, ou se instaura TCE, caso o dano seja igual ou superior a R$100.000,00.

Nos termos do disposto no manual do MROSC,[64] somente nos casos de omissão na apresentação de prestação de contas ou de rejeição das contas é que o Pace-Parcerias é iniciado, conforme se verifica da figura a seguir:

APROVADA	Comprovação, de forma clara e objetiva, da regular execução da parceria.	• Baixa Contábil. • Notificar a OSC.
APROVADA COM RESSALVAS	Impropriedade ou qualquer outra falta de natureza formal de que não resulte dano ao erário.	• Baixa Contábil. • Notificar a OSC. • Registrar OSC para capacitações. • Representar ao TCEMG, em caso de irregularidades graves e insanáveis.
REJEITADA	Falta de comprovação total ou parcial da aplicação de recursos da parceria ou dano ao erário.	• Registrar inadimplência no Siafi-MG. • Iniciar o PACE-Parcerias.

Destaca-se que esta equipe de auditoria solicitou à CGE e à Sejusp informações sobre o percentual de efetividade do Pace no ressarcimento

---

[64] Manual MROSC, de outubro de 2017 (Disponível em: https://manual.sigconsaida.mg.gov.br/mrosc/prestacao-de-contas).

do dano, contudo, em razão de a tramitação acontecer de forma manual, não é possível fornecer informações gerenciais sobre o assunto, contudo, a CGE informou que, baseando-se na sua experiência prática, percebe-se que este procedimento tem pouca efetividade.

Por fim, a TCE é o procedimento excepcional que visa quantificar o dano e apurar responsáveis, com a fase interna tramitada manualmente e no âmbito da Sejusp, sendo que o setor responsável é a CPP. Já a fase externa é concluída nesta Corte de Contas.

Ademais, até a conclusão das atividades de execução desta auditoria, na CPP existia apenas um processo de TCE ativo no setor, referente a danos apurados na prestação de contas da Apac de Sacramento, não obstante, este processo foi devolvido ao ordenador de despesas por não ter havido processo prévio de Pace.

Compreendidos os institutos jurídicos acima, passa-se a analisar a situação de ressarcimento de dano no âmbito da Sejusp.

Com a atuação da força tarefa para redução do passivo antigo de prestações de contas analisadas, gerou-se um acúmulo excessivo de débitos não esperados pelas Apacs, tanto pelo acúmulo de dano em várias prestações de contas, como pela correção monetária aplicada, a qual mais que dobrou o valor de cada débito.

Destaca-se a decisão liminar no Processo de Denúncia nº 1.092.340, do Conselheiro Relator Durval Ângelo, o qual determinou que essas prestações de contas fossem encaminhadas à CPRAC da AGE para negociação entre Sejusp e Apacs, com auxílio da FBAC.

Até o término da fase de execução desta auditoria, a Sejusp, em atendimento à determinação do conselheiro relator, havia encaminhado 24 processos de prestação de contas à Câmara de Prevenção e Resolução Administrativa de Conflitos – CPRAC da Advocacia-Geral do Estado para negociação. Destaca-se que a informação que obtivemos até a conclusão dos trabalhos é que houve êxito apenas em um processo, no qual foi realizado parcelamento do débito.

O setor de Assessoria de Acompanhamento Administrativo da Sejusp informou que as negociações na CPRAC da AGE não estão sendo exitosas pelo fato de a FBAC discordar da caracterização do dano, por entender que tais débitos estariam prescritos e pela pouca margem de discricionariedade na negociação, em razão de existir normativo apenas permitindo o parcelamento, pois inexiste norma interna da Sejusp regulando quais ações compensatórias podem ser utilizadas pelas OSCs.

Ademais, a CGE informou que os procedimentos de ressarcimento de dano na Secretaria são atualmente custosos, tendo em vista que envolvem muitos servidores para a instauração de procedimentos paralelos com o mesmo objetivo. Por esta razão, a CGE, inclusive, já realizou consulta ao TCEMG para analisar a possibilidade de não exigir abertura de TCE quando se houver instaurado Pace.

Então, analisando o panorama geral da Secretaria, vislumbram-se dois problemas: (i) falta de flexibilidade na compensação de danos, por inexistência de norma interna do dirigente máximo do órgão que estabeleça critérios objetivos e conceda segurança jurídica aos servidores da Sejusp; (ii) entraves burocráticos e procedimentais na obtenção do ressarcimento do dano.

Sobre a falta de flexibilidade na compensação de danos, tem-se que as negociações da Sejusp com as Apacs no âmbito da CPRAC estão engessadas, pois, segundo a Secretaria, as ações compensatórias necessitam de regulamentação, não restando outra alternativa às Apacs senão propor o parcelamento dos débitos.

Compulsando-se o Decreto estadual nº 47.132/17, tem-se a seguinte redação sobre o tema:

> Art. 85. Caberá ao administrador público, com fundamento no parecer técnico conclusivo da análise de prestação de contas final, no prazo de quinze dias, aprovar as contas, se comprovada, de forma clara e objetiva, a execução da parceria, salvo no caso de dano ao erário. [...]
> §8º No caso de rejeição da prestação de contas final, o órgão ou entidade estadual parceiro deverá notificar a OSC para que, no prazo de trinta dias, realize o ressarcimento, de forma integral ou parcelada, do dano ao erário apurado, sob pena de registro de inadimplência no Siafi-MG ou sistema que vier a substituí-lo e instauração da tomada de contas especial.
> Art. 85-A. Recebida a notificação de que trata o §8º do art. 85, *a OSC poderá solicitar o ressarcimento ao erário por meio de ações compensatórias de interesse público, mediante a apresentação de novo plano de trabalho*, desde que:
> I – seja solicitado antes da instauração da tomada de contas especial;
> II – não seja constatado dolo ou fraude;
> III – não seja o caso de restituição integral de recursos.
> §1º *Compete exclusivamente ao dirigente máximo do órgão ou entidade estadual parceiro autorizar o ressarcimento de que trata o caput, observada em sua análise de conveniência e oportunidade se os serviços são essenciais*, as características da política pública setorial, o percentual do dano ao erário apurado em relação ao valor total da parceria e a eventual reincidência em irregularidade de natureza formal, de que tratam os §§1º e 4º a 6º do art. 85, ou da qual resulte dano ao erário.

§2º As ações compensatórias serão formalizadas e operacionalizadas, respectivamente, por meio de termo específico e de alteração no Sigcon-MG – Módulo Saída, com prévia manifestação das áreas técnica e jurídica, vinculada à parceria original e com data de término compatível com o novo plano de trabalho.

§3º O administrador público poderá solicitar manifestação da unidade de controle interno para subsidiar a avaliação de ausência ou existência de indícios de dolo ou fraude no caso concreto, assegurado à OSC o contraditório e a ampla defesa.

§4º O termo de ações compensatórias deverá contemplar cláusula específica prevendo procedimentos e prazos para a comprovação das medidas adotadas pela OSC parceira e a aprovação da compensação pelo gestor e pelo administrador público.

§5º O prazo para a realização das ações compensatórias de interesse público não deverá ultrapassar a metade do prazo previsto para a execução da parceria, considerando a parceria original.

§6º Ato do dirigente máximo do órgão ou entidade estadual parceiro poderá estabelecer critérios para padronização de ações compensatórias, observadas características da política pública setorial.

§7º O descumprimento, total ou parcial, injustificado das metas e resultados pactuados nas ações compensatórias ensejará a instauração da tomada de contas especial.

Analisando o decreto, não se vislumbra obrigatoriedade alguma em criar normativo específico regulando as ações compensatórias, pelo contrário, o normativo acima assevera que cabe à OSC propor a ação compensatória, com o devido plano de trabalho, e o ordenador de despesas decidirá se aprova ou não a medida proposta, de acordo com seus critérios de conveniência e oportunidade, a essencialidade dos serviços prestados, o valor do dano e o grau de reincidência da entidade parceira. Logo, não há impeditivo legal para que sejam adotadas as ações compensatórias, bastando apenas que a OSC solicite e o ordenador aprove, caso haja interesse público.

Embora não haja empecilho legal para adoção das ações compensatórias, insta salientar que a ausência de normativo interno específico expedido pelo dirigente máximo da Sejusp regulamentando a matéria, torna sua concessão demasiadamente subjetiva, além de gerar dificuldade em equalizar o valor do dano à ação compensatória proposta.

Já imaginando essa dificuldade, o Decreto estadual nº 47.132/17, em seu art. 85-A, §6º, previu a faculdade do ordenador de despesas de estabelecer critérios para padronização de ações compensatórias.

Neste sentido, mesmo sendo uma faculdade do administrador público, é notória a necessidade de se regular a matéria, concedendo maior segurança jurídica aos servidores no trato destas ações, estabelecendo critérios objetivos para que a OSC saiba, previamente, quando e como será possível compensar eventuais danos identificados pelo órgão concedente, não ficando a cargo da única e exclusiva subjetividade do ordenador de despesas.

Inclusive, normatizando os critérios objetivos de concessão das ações compensatórias, evita-se surgimento de litígios nas esferas administrativas, judiciais e de controle externo, questionando eventual quebra de isonomia ou economicidade, haja vista a subjetividade dada ao administrador público na autorização do ressarcimento por meio de ações compensatórias.

Uma vez positivados estes critérios, os servidores da Sejusp ganham autonomia e segurança jurídica em negociar e gerenciar essas ações compensatórias com as OSCs, fazendo com que o Estado logre melhor êxito no ressarcimento do dano, conciliando a restituição do que foi perdido em razão das irregularidades identificadas nas prestações de contas com o fortalecimento da política pública setorial abrangida pela ação compensatória.

Noutra esteira, analisando o outro problema enfrentado pela Sejusp, qual seja, os entraves burocráticos e procedimentais na obtenção do ressarcimento do dano, tem-se uma verdadeira mistura de atos processuais e dificuldade na condução destes processos de ressarcimento de danos, principalmente quando passarem a ser instituídas as ações compensatórias.

A ideia inicial do Estado é que os três procedimentos (ações compensatórias, Pace e TCE) sejam autônomos e sequenciais entre si.

Destarte, quando rejeitada a prestação de contas da OSC, esta será notificada para em 30 dias promover o ressarcimento ou propor alguma ação compensatória, com a apresentação do respectivo plano de trabalho.

A ação compensatória será verificada e ajustada, com posterior análise técnica e jurídica, para então ser aprovada pelo ordenador de despesas. Caso seja negada a ação compensatória, o próximo passo é instaurar o Pace.

Instaurado o Pace, encaminham-se os autos à DCC para emissão do auto de apuração de dano ao erário – AADE. Este documento faz uma síntese de todas as medidas adotadas, identifica os responsáveis, quantifica o dano e abre vistas à OSC para apresentar defesa ou solicitar parcelamento.

Após a defesa, devolvem-se os autos à DCC para emissão de relatório complementar, o qual será analisado pelo ordenador de despesas, podendo este conceder o parcelamento, acatar os argumentos de defesa ou manter a reprovação da prestação de contas. Caso decida, por esta última opção, instaura-se a TCE e encaminham-se os autos à CPP, caso o valor do dano seja igual ou superior a R$100.000,00 (cem mil reais).

A CPP, por sua vez, vai analisar tudo o que foi feito até o momento, realizar atos diligenciais, se for o caso, e abrir vista para defesa da entidade convenente. Após defesa, a CPP emite relatório conclusivo contendo a síntese dos fatos, a identificação dos responsáveis, a quantificação do dano e análise das irregularidades identificadas.

Em ato contínuo, os autos da tomada de contas especial são encaminhados à Controladoria Setorial e ao dirigente máximo do órgão, no caso em tela, a Sejusp, com posterior envio da documentação ao TCEMG para o início da fase externa.

Conforme exposto em reunião pela CGE, tem-se três procedimentos autônomos (ações compensatórias, Pace e TCE) que têm o mesmo objetivo e geram um alto custo operacional, principalmente de tempo de trabalho de servidores.

Além disso, os três procedimentos têm aspectos e fases em comum, porquanto que em todos estes procedimentos é necessário, por exemplo, quantificar o dano. No caso do Pace e da TCE, são ainda mais similares, pois tais processos devem fazer uma síntese dos procedimentos adotados, identificar responsáveis e abrir prazo para defesa.

Os procedimentos de ressarcimento de dano são tão próximos entre si, que a imagem a seguir representa adequadamente a situação encontrada:

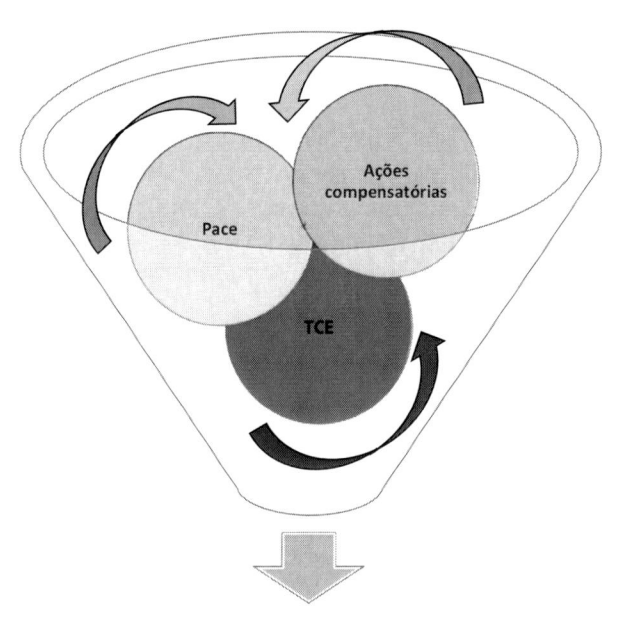

Ressarcimento de dano

A imagem demonstra três esferas que são os três procedimentos que buscam o mesmo fim, o ressarcimento de dano, contudo, cada esfera gira para um lado diferente, de forma que se chocam e atrasam uma a outra na consecução do seu objetivo.

Apenas com o Pace e TCE já se encontra um processo moroso e custoso, inclusive com a adição de uma nova etapa com a adoção das ações compensatórias. O problema não é a simples existência de processos simplificados para ressarcimento de dano, mas a forma pensada pelo Estado de Minas Gerais em fazer como se fosse uma escada, em que, para ir a um procedimento específico, tem de automaticamente passar por outro.

Entende-se que, para agilizar os processos de ressarcimento de dano, cabe ao Estado de Minas Gerais repensar o fluxo processual desses processos (Pace, TCE e ações compensatórias), de modo que um processo atue de forma subsidiária ao outro, ou apenas em situações específicas.

Seria interessante avaliar a possibilidade de o Pace ser utilizado nos débitos inferiores ao valor de alçada do TCEMG, ou tentar unificar as ações compensatórias com um pedido subsidiário de parcelamento, ou tornar alternativa a instauração das ações compensatórias ou do Pace. Essas situações descritas são apenas exemplos para ilustrar a necessidade de ser redesenhado o fluxo processual destes procedimentos, a fim de criar um procedimento mais célere, que não repita os mesmos atos e impeça que muitos processos já ingressem no TCEMG prescritos.

Insta salientar que o Controlador-Geral do Estado, Rodrigo Fontenelle, em 18.1.2019, a respeito deste assunto, formulou ao TCEMG o seguinte questionamento: "Pode o gestor público não instaurar TCE, tendo em vista o pequeno valor do dano e o encaminhamento do Auto de Apuração de Dano ao Erário à AGE ao final do Processo Administrativo de constituição do crédito estadual não tributário?".

A consulta eletrônica formulada pelo controlador-geral, autuada como Processo nº 1.058.707, foi distribuída ao Conselheiro Relator Sebastião Helvécio, e a questão de mérito foi submetida à apreciação do Plenário, sendo concedida vista do processo de consulta ao Conselheiro Cláudio Terrão, na 7ª Sessão Ordinária do Tribunal Pleno, realizada no dia 3.6.2020.

Em seu voto vista, o Conselheiro Cláudio Terrão argumentou o seguinte:

> *O atual contexto legal e normativo, portanto, não permite responder positivamente o questionamento formulado*, tendo em vista que a *obrigação de instauração da TCE, quando presentes as hipóteses do art. 47 da Lei Orgânica desta Corte, não encontra exceção fundada no pequeno valor do prejuízo*, sendo que o Decreto nº 46.830/15, que regulamenta o *PACE-Parcerias e se aplica a toda a Administração vinculada ao Executivo do Estado de Minas Gerais, determina o encaminhamento do AADE à Advocacia-Geral do Estado e também à autoridade competente para instaurar a TCE, como medidas cumulativas, e não excludentes*.
> Até este ponto, considero que o meu entendimento acerca da questão converge para o raciocínio desenvolvido no voto condutor.
> Há, porém, um *aspecto latente na indagação*, refletido no documento complementar anexado ao formulário de consulta, que eu gostaria de apreciar mais detidamente, que diz respeito ao *custo-benefício da formalização da TCE em sua fase interna*.
> A ponderação da Controladoria-Geral do Estado (CGE-MG) foi colocada nos seguintes termos:
> A *Decisão Normativa nº 01/2016 do Tribunal de Contas do Estado dispensa o encaminhamento de tomadas de contas especiais instauradas cujos valores sejam menores que R$ 30.000,00 (trinta mil reais); porém não traz nenhuma hipótese de possibilidade de ausência de instauração por pequenos valores.*

Em paralelo a isso, já há meios eficazes alternativos no âmbito do Poder Executivo do Estado de Minas Gerais, considerando as mudanças implementadas por recentes normativos supracitados no âmbito da Administração Pública direta, autárquica e fundacional, que já incluem o encaminhamento para a Advocacia-Geral do Estado (AGE) dos Autos de Apuração de Danos ao Erário (AADE), a fim de possibilitar a cobrança extrajudicial (quando os valores forem abaixo do disposto no Decreto nº 45.989/2012) ou judicial (nos demais casos) correspondente.

Desta forma, pode se entender que, *atualmente, seria um ato antieconômico instaurar TCE com valores abaixo de R$ 30.000,00, uma vez que a TCE é processo formal, oneroso e excepcional, com designação de servidores para fazerem trabalho com dedicação quase exclusiva, para apuração de fatos, quantificação do dano, identificação dos responsáveis e obter o respectivo ressarcimento quando não haverá julgamento com a aplicação de sanção e imputação de débito aos responsáveis, com a constituição de um título executivo extrajudicial.*

Disso pode se concluir que há, somente nos casos em que uma eventual TCE não seria encaminhada para o Tribunal de Contas, uma justificativa supralegal de não instauração de TCE, tendo em vista que os valores a serem cobrados pelo órgão não seriam de tamanha monta suficiente para cobrir os gastos que a administração pública terá com o próprio procedimento de cobrança. [grifos aditados]

Não é novo o debate acerca dos custos das formalidades no âmbito estatal, que remonta, aliás, as primeiras reformas administrativas ocorridas sob a égide da Constituição de 1988, quando já se sobrelevava a *importância de evoluir do modelo burocrático para uma Administração pautada mais nos resultados do que na forma*. Internamente nesta Corte, o tema também é constantemente suscitado, estando presente em diversas iniciativas estratégicas de modernização do controle externo.

Nesse panorama, *parece-me bem colocada a preocupação manifestada pela CGE-MG, quanto à economicidade da instauração de procedimento para cumprimento de etapas formais da TCE*, na situação em que *já se saiba de antemão que o dano é de pequena monta e que não haverá encaminhamento para julgamento pelo Tribunal de Contas, enquanto são também adotadas providências paralelas para restituição do prejuízo, no caso a cobrança administrativa e a inscrição em dívida ativa.*

É aqui que avanço na discussão, por entender que as ferramentas de controle – tanto interno quanto externo – não configuram um fim em si mesmas, devendo servir a um propósito sistêmico de proteção do patrimônio e dos interesses públicos, que não restará atendido caso não haja uma avaliação de custo-benefício, de racionalidade e de economicidade durante a sua utilização.

Sob esse prisma, o cumprimento das obrigações, inclusive constitucionais, de apurar irregularidades e reportá-las ao controle externo deve obedecer às formalidades próprias dos atos oficiais, cuidando, porém, de adequá-las às finalidades a que se destinam, diante das circunstâncias objetivas de cada caso, sempre se pautando nos princípios que orientam a atividade administrativa, como o da legalidade, da moralidade, da proporcionalidade, da razoabilidade e da finalidade.

Trata-se, exatamente, do que fez esta Corte ao regulamentar o exercício de seu mister constitucional, fixando um valor de alçada ao encaminhamento das TCEs para julgamento, com o objetivo de concentrar seus recursos de fiscalização naquilo em que a relação de custo benefício seja positiva, aliada aos critérios citados no art. 226 do Regimento Interno, como a materialidade, o risco, a relevância e a oportunidade.

[...] Na linha dessa tendência, entendo que é legítima a interpretação das normas vigentes sob o viés material, a fim de promover sua regulamentação *focada no equilíbrio entre as formalidades e os objetivos, de modo a materializar nos procedimentos administrativos a racionalidade e a economicidade, como bem posto na decisão reportada acima.*

Por essa razão, não visualizo óbice para que os gestores públicos, no âmbito de suas estruturas e de suas esferas de competência, regulamentem a simplificação dos procedimentos para apuração dos fatos quando o montante do prejuízo estiver dentro do valor de alçada fixado por este Tribunal, desde que observadas as determinações legais e mantidos os objetivos pretendidos pela TCE, notadamente a perseguição da recomposição do erário.

Assim, entendo que *nada obsta que o Executivo estadual, ao qual está vinculado o consulente, revise os seus normativos, a fim de promover a simplificação e a racionalização dos procedimentos ali desenvolvidos para a apuração dos prejuízos sofridos que não atinjam o valor de alçada, de modo que possam ser cumpridas as obrigações legais com o melhor aproveitamento dos recursos, com a otimização da instrução processual e sem a replicação e a sobreposição de atividades, guardados os elementos mínimos que devem ser informados a esta Corte.*

Outrossim, a partir da percepção aqui expressada, de *valorização da racionalização processual, da economicidade e da eficiência, considero pertinente também,* em que pese estarmos em uma deliberação em abstrato, *propor à Presidência desta Corte que seja avaliada, no âmbito de iniciativas já existentes para modernização dos processos de trabalho nas tomadas de conta especial, a oportunidade de se revisar também as normas internas acerca do tema, com o propósito de conferir maior flexibilidade aos jurisdicionados na formalização de procedimentos destinados a apurar responsabilidades por dano ao erário, quando inferior ao valor de alçada.*

Convém destacar, por fim, que também os poderes estaduais e municipais poderão instituir regulamentação específica, sem prejuízo de adotarem outros limites de alçada para fins de racionalização do procedimento de recuperação de débitos, desde que, por óbvio, tais limites estejam contidos no valor de alçada do Tribunal de Contas do Estado de Minas Gerais.

Por fim, o conselheiro relator do voto vista, na sua conclusão, acompanhou o voto do conselheiro relator da consulta e ainda propôs à Presidência o seguinte:

> Pelos fundamentos expostos, acompanho o voto do relator quanto à resposta à consulta formulada e, ainda, proponho à *Presidência que seja avaliada a oportunidade da revisão das normas internas acerca do tema, com o propósito de conferir maior flexibilidade aos jurisdicionados na formalização de procedimentos destinados a apurar responsabilidades por dano ao erário, quando inferior ao valor de alçada.*
>
> Além disso, por ocasião da intimação do consulente acerca do parecer emitido, proponho que seja também cientificado acerca da *possibilidade, ainda no contexto normativo vigente, de o Executivo revisar os seus normativos, a fim de promover a simplificação e a racionalização dos procedimentos ali desenvolvidos para a apuração dos prejuízos sofridos que não atinjam o valor de alçada,* de modo que possam ser cumpridas as obrigações legais com o melhor aproveitamento dos recursos, com a otimização da instrução processual e sem a replicação e a sobreposição de atividades, guardados os elementos mínimos que devem ser informados a esta Corte.

O voto vista do Conselheiro Relator Cláudio Terrão foi aprovado com as colocações dos Conselheiros Gilberto Diniz e Cláudio Terrão, acrescentando ao voto a seguinte ponderação: "Encareço, porém, a conveniência de se consultarem mutuamente esta Corte de Contas e o Poder Executivo Estadual, no momento mesmo em que estiverem promovendo revisões dos respectivos regramentos pertinentes à responsabilização por dano ao erário".

Nota-se que os próprios conselheiros do TCEMG já se manifestaram no sentido que se faz necessário um aprimoramento processual nos normativos que regulamentam o Pace e a TCE, a fim de torná-los menos burocráticos, mais efetivos e de não haver replicação ou sobreposição de atividades.

Destarte, cabe ao administrador público avaliar a melhor medida a ser adotada e, ao editar normativo sobre os critérios das ações compensatórias, tentar compatibilizar este procedimento com o Pace e as TCEs, evitando um fluxo processual moroso e que prejudique o direito ressarcitório do Estado.

Outro ponto de melhoria, tanto para tornar os processos mais céleres, quanto para avaliar o grau de efetividade dos procedimentos, é adotar sistemas eletrônicos para condução de tais procedimentos.

A ideia da Segov é gerenciar e tramitar operacionalmente as ações compensatórias como termo aditivo, no SIGCON-Saída, contudo, os processos de TCEs e Paces continuaram a ser conduzidos de forma manual.

Veja-se que há necessidade de que todos os processos sejam operados eletronicamente, principalmente para fornecer relatórios com dados eletrônicos da efetividade no ressarcimento de danos de cada procedimento, emissão de alertas automáticos para cobrança de atos processuais das OSCs e contagem de prazos prescricionais.

Inclusive, em reunião desta equipe de auditoria com a CGE, foi informado que o referido órgão não pôde informar sobre o grau de efetividade de ressarcimento obtido por meio de TCE e Pace, haja vista inexistir sistema eletrônico que gerencie tais processos, o que dificulta o exercício do controle interno e a propositura de melhorias na condução de processo, principalmente porque a falta de sistematização desses dados ocorre em todas as Secretarias do Estado de Minas Gerais.

Destaca-se que é de suma importância existir o gerenciamento eletrônico dos prazos prescricionais, porquanto que uma vez admitido o parcelamento ou compensação de danos os prazos prescricionais ficam suspensos enquanto forem adimplidos os compromissos assumidos nesses instrumentos. Portanto, o gerenciamento eletrônico evita que uma OSC cumpra parcialmente uma compensação ou parcelamento e depois, no decorrer dos atos processuais de TCE, posteriormente, entenda-se estarem os débitos prescritos, enquanto na prática a prescrição não tenha ocorrido, em razão da suspensão dos prazos prescricionais.

Destarte, cabe à Segov avaliar se é o caso de implementar funcionalidades no SIGCON-Saída ou criar um novo sistema eletrônico para gerenciar os processos de ações compensatórias, Pace e TCEs, inclusive com a possibilidade de contabilizar os casos de suspensão e interrupção dos prazos prescricionais.

Ante exposto, esta equipe de auditoria propõe as seguintes medidas:

I. Recomendar à Sejusp que:
a) Elabore, nos termos do art. 85-A, §6º, do Decreto estadual nº 47.132/17, normativo que estabeleça os critérios objetivos para a adoção de ações compensatórias, e revise o fluxo processual para não haver sobreposição de atividades entre os processos de Pace, TCE e ações compensatórias.

II. Recomendar à Segov que:
a) Crie um módulo eletrônico específico de gerenciamento, nos termos do art. 85-A, §2º do Decreto estadual nº 47.132/17, de ações compensatórias, bem como para condução de Pace e de tomada de contas especial, contendo minimamente as seguintes funcionalidades:
  i. solicitação de ações compensatórias;
  ii. instauração e acompanhamento de Pace;
  iii. emissão de alertas automáticos e acompanhamento dos prazos de manifestação e defesa das OSCs;
  iv. gerenciamento e alteração de propostas de parcelamentos e ações compensatórias de ressarcimentos;
  v. gerenciamento e contagem de suspensão de prazos prescricionais;
  vi. instauração e gerenciamento de processos de TCE;
  vii. emissão de relatórios sobre: ressarcimentos obtidos por Pace, irregularidades constantes; ressarcimentos obtidos em TCE.

Os benefícios esperados com este trabalho são: (i) tornar o Pace e a TCE mais efetivos e ágeis para facilitar a obtenção do ressarcimento do dano; (ii) fomentar a autocomposição e o efetivo ressarcimento de dano no âmbito das parcerias firmadas pelo Estado de Minas Gerais; (iii) regulamentar, por meio da expedição pelo dirigente máximo da Sejusp de ato normativo interno, definindo os critérios objetivos para a concessão de ações compensatórias; (iv) realizar a tramitação e o gerenciamento das ações compensatórias, Pace e TCE em sistemas eletrônicos para tornar os processos mais céleres e avaliar o grau de efetividade do ressarcimento do dano ao erário; (v) mapear e redesenhar o fluxo dos procedimentos para obtenção do ressarcimento de dano ao erário para identificar os gargalos e implementar melhorias.

4 Síntese dos achados de auditoria

Seguem os principais achados de auditoria encontrado durante a execução dos trabalhos, bem como os respectivos níveis de risco:

Item	Achados	Risco total[65]	Nível do risco
3.1	Deficiência no controle e monitoramento do desempenho das Apacs pela Sejusp	23,5	Extremo
3.2	Morosidade na conclusão das análises de prestações de contas pela Sejusp	16	Alto
3.3	Necessidade de implementar melhorias e novas funcionalidades no Cagec	8,58	Médio
3.4	Necessidade de aprimoramento do sistema eletrônico SIGCON-Saída	23,5	Extremo
3.5	Liberação de perfis de acesso à Sejusp e ao Poder Judiciário para consulta e utilização dos dados do sistema eletrônico Infoapac	6,9	Médio
3.6	Deficiência de informações disponibilizadas nos Portais de Transparência e no SIGCON-Saída relativas às parcerias firmadas entre Sejusp e Apacs	8,52	Médio
3.7	Dificuldade no preenchimento e na manutenção do quadro total de funcionários das Apacs propostos nos planos de trabalho dos termos de parcerias firmados com a Sejusp	11,34	Médio
3.8	Necessidade de aprimorar os procedimentos de monitoramento das taxas de ocupação e otimizar o processo de ampliação e preenchimento de vagas dos CRSs das Apacs	16,6	Alto
3.9	Insuficiência de capacitação dos gestores e encarregados de tesouraria das Apacs e dos servidores da Sejusp	16,12	Alto
3.10	Insegurança jurídica em razão de divergências de entendimento entre Sejusp e Apacs, nos processos de prestação de contas, a respeito das irregularidades que caracterizam dano	18,7	Alto
3.11	Dificuldade no ressarcimento de valores a receber provenientes de prestação de contas reprovadas	17,8	Alto

---

[65] Destaca-se o seguinte apetite ao risco adotado na matriz de achados: Extremo (de 23 a 25); Alto (12 a 22,9); Médio (de 5,1 a 11,9) e Baixo (de 0 a 5).

5 Conclusão

Durante a execução dos trabalhos, foi possível constatar que as Apacs têm apresentado resultados positivos na execução de suas atividades, principalmente no que se refere ao seu baixo custo e ao atingimento de índices elevados de ressocialização e não reincidência dos seus recuperandos, o que demonstra a efetividade da metodologia apaqueana.

A equipe de auditoria concluiu ainda que a Fraternidade Brasileira de Assistência aos Condenados (FBAC) desempenha um importante papel no aperfeiçoamento da gestão e no monitoramento das Apacs, visando garantir a disseminação do método apaqueano, bem como auxiliando a capacitação, orientação e fiscalização das referidas OSCs.

Embora o MROSC vise a um monitoramento e avaliação da parceria com enfoque nos resultados, percebeu-se que no âmbito da Sejusp ainda não houve as adequações normativas, operacionais e culturais para atendimento ao disposto na referida norma, o que resulta em processos de monitoramento e prestação de contas com enfoque estritamente financeiro.

Essa inadequação decorre da ausência de capacitação dos servidores da Sejusp e dos funcionários das Apacs, da necessidade de aprimoramento de sistemas eletrônicos para gestão de todas as fases da parceria e da elaboração de normativos que tornem os procedimentos menos burocráticos, mais dialógicos, céleres e efetivos.

Conquanto ainda haja necessidade de melhorias na atuação da Sejusp para gestão das parcerias com as Apacs, reconhece-se que, durante a execução dos trabalhos de auditoria, houve um grande empenho dos servidores do Estado em promover mudanças nos procedimentos adotados na gestão dessas parcerias e em implantar um novo plano de trabalho contendo metas como foco nos resultados, assim como dispõe o MROSC.

Reconhecem-se, ainda, os desafios adicionais impostos pela necessidade de se promover maior interlocução e articulação entre Sejusp, FBAC/Apacs e o Poder Judiciário para o cumprimento das metas dos planos de trabalho, em razão da singularidade, complexidade e relevância do objeto da parceria.

Por fim, em sendo acolhidos os apontamentos e as propostas de recomendações e determinações formuladas pela equipe de auditoria, deverá o gestor apresentar um plano de ação ao Tribunal, nos termos do disposto no art. 7º e seguintes da Resolução nº 16/2011, apresentando a esta Corte de Contas as medidas que irá implementar, os cronogramas das ações a serem implementadas, com a identificação de prazos e respectivos responsáveis, bem como os benefícios esperados ou alcançados com a adoção de cada medida.

6 Propostas de encaminhamento

Considerando o objetivo da política estadual de segurança pública, a importância e efetividade da metodologia apaqueana e todas as evidências coletadas e expostas no decorrer deste relatório, esta equipe de auditoria propõe:

I. Recomendar que:

(continua)

Proposta	Achado (nº)	Responsável
Diante do acima exposto, recomenda-se à Sejusp que aprimore os modelos dos relatórios de monitoramento produzidos pelas OSCs, para que passem a exigir: – a comprovação do cumprimento qualitativo do objeto com base em documentos e informações que possibilitem aferir, de forma objetiva, o cumprimento qualitativo das novas metas e indicadores estabelecidos nos novos planos de trabalho constantes das parcerias celebradas a partir de 2022, para que possa retratar o efetivo alcance dos resultados decorrentes da execução das atividades desenvolvidas pelas Apacs; – a obrigatoriedade no preenchimento dos dados relativos ao registro dos profissionais que prestam serviços assistenciais nas Apacs, para que, quando da análise do relatório de monitoramento das OSCs, a Sejusp possa verificar se a pessoa que assinou as listas é o profissional habilitado e responsável pelo atendimento dos recuperandos.	3.1	Sejusp
Elabore plano de ação para as OSCs com critérios de medição do desempenho, informando às Apacs as possíveis medidas que poderão ser adotadas nos casos de descumprimento total ou parcial do objeto, de acordo com as notas obtidas por cada uma das filiadas da FBAC durante o monitoramento e avaliação das parcerias.	3.1	Sejusp

(continua)

Proposta	Achado (nº)	Responsável
Aprimore relatórios técnicos da DCA: – inserido tópico específico versando sobre a tempestividade da entrega de documentação pela Apac e os motivos de eventuais atrasos ou glosas realizadas no decorrer da execução da parceria; – realizando a análise individual do cumprimento de cada meta, atribuindo nota de monitoramento à OSC e informando, com prazo, quais medidas deverão ser saneadas pela Apac, bem como boas práticas, caso existam.	3.1	Sejusp
Aprimore os relatórios de visitas técnicas utilizados como instrumento para subsidiar o monitoramento e avaliação do cumprimento das metas previstas nos planos de trabalho das parcerias firmadas com as Apacs, fazendo constar quais metas foram consideradas insatisfatórias, o que precisa ser aperfeiçoado pela Apac, prazo para correção das inconformidades, os parâmetros utilizados para aferição dos resultados e o período de análise dos documentos.	3.1	Sejusp
Aprimore a forma de seleção das Apacs no cronograma de visitas técnicas, passando a utilizar critérios objetivos pautados em análises de riscos.	3.1	Sejusp
Adeque o modelo de documento que consolida os resultados obtidos por meio da pesquisa de satisfação, para que possa aferir de forma eficiente e efetiva o cumprimento do objeto com foco no desempenho da entidade convenente, com as seguintes modificações: – atualização das questões às novas metas, aos indicadores e aos critérios objetivos previstos nos novos planos de trabalho firmados em 2022; – inserção de informações a respeito da quantidade de atendimentos realizados com os entrevistados e os motivos da sua avaliação em cada aspecto da parceria, para fins de comprovação do cumprimento do objeto e o alcance de resultados.	3.1	Sejusp
Promova alterações na Resolução nº 219/2021, que regulamenta os processos de seleção das amostras, para que o escopo selecionado para a análise não seja ampliado em demasia a ponto de gerar uma quantidade excessiva de processos a serem analisados, que irá impactar no acúmulo de prestação de contas pendentes de análise e agravar o problema do passivo, informando ao Tribunal as providências que serão adotadas.	3.2	Sejusp

(continua)

Proposta	Achado (nº)	Responsável
Edite normativo que estabeleça parâmetros objetivos mínimos de seletividade para análise dos processos de prestação contas, com base em critérios de materialidade, relevância, oportunidade e risco.	3.2	CGE
Implemente melhorias nas funcionalidades do Cagec, para solucionar as inconsistências identificadas e assegurar a confiabilidade das informações constantes do referido sistema, de forma que seja possível à Sejusp distinguir as entidades que estão com as atividades suspensas, das que foram encerradas e das que estão em pleno funcionamento, minimizando o risco de obter informações equivocadas a respeito da atual situação formal da convenente/parceira.	3.3	Segov
Aprimore os dados constantes do histórico do CRC emitido pelo Cagec para que possa contemplar informações padronizadas e específicas a respeito do bloqueio de convenentes/parceiras no Siafi e a respeito do monitoramento e avaliação das OSCs.	3.3	Segov
Aprimore a arquitetura lógica do sistema SIGCON-Saída, de forma que consiga suportar o grande número de acessos dos usuários e comportar a grande quantidade de informações que são armazenadas em seus bancos de dados pelos seus operadores, no intuito de minimizar erros e instabilidades do sistema.	3.4	Segov
Aprimore o SIGCON-Saída, avaliando a viabilidade de dividir a aba "caracterização da proposta" em várias abas, no intuito de evitar que o excesso de informações preenchidas em um único campo impossibilite que elas sejam salvas no sistema antes da ocorrência do *logout* automático.	3.4	Segov
Avalie, no intuito de auxiliar o gestor na tomada de decisões e facilitar o controle interno e externo, a oportunidade e conveniência de fazer constar minimamente, dos novos módulos a serem criados no SIGCON-Saída, as funcionalidades a seguir: 1. Módulo de Gerenciamento e Monitoramento das Parcerias – acompanhamento de repasses financeiros realizados à OSC, comparando o planejado e o executado; – elaboração, acompanhamento e execução de cronograma de visitas técnicas com base em riscos;	3.4	Segov

(continua)

Proposta	Achado (nº)	Responsável
– análise de cumprimento de metas executadas em relação às previstas no plano de trabalho, com nota final de monitoramento; – emissão de relatórios sobre notas de monitoramento das OSCs, realização e conclusão de visitas técnicas e comparação de indicadores. 2. Módulo de prestação de contas das parcerias – acompanhamento e inserção de despesas pelas OSC em tempo real; – análise das prestações de contas dividida em duas fases, sendo a primeira, a de avaliação de execução de objeto, e a segunda, de execução financeira, permitindo, neste último caso, a análise individual das despesas; – em aprimoramento posterior, realizar análise financeira de prestação de contas automatizada por robô; – após permitir a análise de cumprimento de objeto, diferenciação das prestações de contas em quatro categorias: metas inadimplidas; objetos de denúncia/representação; auxílio de interveniente; metas cumpridas (são as únicas que entram no cálculo da amostra); – fornecer a informação de todas as prestações de contas aptas a comporem a amostra; – emissão de alertas automáticos e acompanhamento dos prazos de manifestação e defesa das OSCs; – emissão de relatórios sobre: OSCs com mais glosas, irregularidades constantes, comparação percentual de glosas e erros entre as prestações de contas de OSCs que cumpriram as metas e as que não cumpriram as metas.	3.4	Segov
Solicite à FBAC a liberação de perfis de acesso ao Infoapac, bem como a realização dos devidos treinamentos, para a DCA e DCC, a fim de subsidiar, de forma complementar, o monitoramento das parcerias a partir dos dados e relatórios produzidos pelo sistema, e ao TJMG, para acompanhar as taxas de ocupação dos CRSs e avaliar o desempenho da Apac dentro da sua esfera de competência.	3.5	Sejusp
Oriente os dirigentes das Apacs para que expandam os canais de divulgação dos editais de seleção de pessoal, de forma que essas informações sejam divulgadas no Facebook, Instagram, LinkedIn, rádio local, Sine (Sistema Nacional de Emprego), órgão da prefeitura local, entre outros.	3.7	Sejusp

(continua)

Proposta	Achado (nº)	Responsável
Acompanhe constantemente os reajustes nas remunerações que forem concedidos à categoria dos profissionais prestadores de serviços de contabilidade para que, caso se faça necessário, promova alterações no normativo que atualmente regulamenta os cargos e remuneração dos funcionários das Apacs, para recompor a perda salarial decorrente da inflação.	3.7	Sejusp
Informe ao TCEMG os resultados da inclusão do cargo de gerente geral nos planos de trabalho das parcerias com as Apacs de Grande Porte II, no tocante à redução dos índices de rotatividade dos funcionários das Apacs e aprimoramento na gestão das referidas OSCs, a fim de avaliar a efetividade de expandir este cargo para as demais Apacs, independentemente da classificação do porte.	3.7	Sejusp
Aprimorem os processos e procedimentos de ocupação e gerenciamento de vagas nas Apacs, tendo em vista as seguintes constatações: – ausência de normas e fluxos de trabalho que estabeleçam a forma, os prazos e as competências para preenchimento das vagas dos CRS das Apacs, visando agilizar o processo de ingresso do preso no CRS. – precários procedimentos de ocupação nos CRSs, sugerindo estudar a viabilidade de criação, no âmbito da Sejusp, de "celas de espera" e de lista eletrônica de presos que preencham os requisitos da Portaria Conjunta nº 1.182/PR/2021-TJMG para ingresso nas Apacs.	3.8	Sejusp
Avaliem e informem ao TCEMG, sem causar prejuízos à metodologia apaqueana, a conveniência e oportunidade de estabelecer um novo teto de ocupação nos CRSs, definindo critérios objetivos para reprogramação de vagas no CRS, com reavaliação dos cálculos proporcionais de aumento de quadro de pessoal, de acordo com o número de recuperandos.	3.8	Sejusp
Elaborem planos para a realização de treinamentos contínuos, presencial ou em EAD, para os servidores do órgão e gestores e encarregados de tesouraria das Apacs, no intuito de minimizar ou atenuar as deficiências apontadas nas fases de monitoramento e de prestação de contas das parcerias, abordando, em aspectos práticos, os seguintes temas:	3.9	Sejusp e Segov

(continua)

Proposta	Achado (nº)	Responsável
– monitoramento e avaliação de indicadores e metas com priorização nos resultados, de acordo com o MROSC; – elaboração de papéis de trabalho e relatórios para visitas técnicas; – gestão de riscos; – análises de prestações de contas com foco no resultado, de acordo com o MROSC; – condução de Pace e tomada de contas especial; – manuseio operacional e novas funcionalidades do sistema SIGCON-Saída e Cagec.	3.9	Sejusp e Segov
Ampliem o acesso ao conhecimento disponibilizando cursos de capacitação *on-line* em plataforma digital, criando critérios de avaliação do aluno, pesquisa de satisfação e fórum de discussão de dúvidas, e aprimorem a forma de obtenção do certificado.	3.9	Sejusp e Segov
Aprimorem os sistema SIGCON-Saída para inserir campo de informação sobre a realização e data de capacitação dos funcionários das OSCs parceiras, a fim de que seja possível mapear continuamente as necessidades de capacitação dos funcionários das Apacs e responsáveis pela prestação de contas e monitoramento.	3.9	Segov
Formalize consulta à AGE, visando reduzir a insegurança jurídica e evitar a realização de glosas desnecessárias, por meio da consolidação de entendimentos a respeito de quais das irregularidades a seguir mencionadas, identificadas pela Sejusp na análise de prestação de contas, são passíveis de acarretar dano ao erário e, consequentemente, gerar a obrigação de ressarcimento pelas Apacs: – prazo prescricional nos casos de ressarcimento de débitos; – ausência de cotações de preços; – pagamento de multas e juros nos casos em que houver atraso de repasses; – excesso de gastos com determinada rubrica acima do limite previsto no plano de trabalho; – pagamento de aviso prévio indenizado aos funcionários da OSC nos casos de rescisão de contrato de trabalho.	3.10	Sejusp

(conclusão)

Proposta	Achado (nº)	Responsável
Encaminhe aos gestores das Apacs o ofício de "solicitação de isenção de tarifas bancárias", devidamente assinado, cujo modelo se encontra disponibilizado no SIGCON-Saída, para que, quando da abertura de contas bancárias específicas para gestão dos recursos públicos recebidos em decorrência da formalização das parcerias, eles possam apresentá-lo à instituição financeira pública determinada pela Sejusp, a fim de garantir que ela não realize cobranças indevidas, em cumprimento ao disposto no art. 51 da Lei nº 13.019/14.	3.10	Sejusp
Elabore, nos termos do art. 85-A, §6º do Decreto estadual nº 47.132/17, normativo que estabeleça os critérios objetivos para a adoção de ações compensatórias e revise o fluxo processual para não haver sobreposição de atividades entre os processos de Pace, TCE e ações compensatórias.	3.11	Sejusp
Crie um módulo eletrônico específico de gerenciamento, nos termos do art. 85-A, §2º do Decreto estadual nº 47.132/17, de ações compensatórias, bem como para condução de Pace e de tomada de contas especial, contendo minimamente as seguintes funcionalidades: – solicitação de ações compensatórias; – instauração e acompanhamento de Pace; – emissão de alertas automáticos e acompanhamento dos prazos de manifestação e defesa das OSCs; – gerenciamento e alteração de propostas de parcelamentos e ações compensatórias de ressarcimentos; – gerenciamento e contagem de suspensão de prazos prescricionais; – instauração e gerenciamentos de processos de TCE; – emissão de relatórios sobre: ressarcimentos obtidos por Pace, irregularidades constantes; ressarcimentos obtidos em TCE.	3.11	Segov

II. Determinar que:

(continua)

Proposta	Achado (nº)	Responsável
Aprimore o modelo dos relatórios de monitoramento e avaliação do cumprimento do objeto e das metas estabelecidos nos planos de trabalho das parcerias firmadas com as Apacs, inserindo os impactos dos benefícios sociais das parcerias, com o fito de aferir de forma efetiva e eficiente o desempenho da entidade convenente, em conformidade com o disposto nos arts. 58 e 59 da Lei nº 13.019/2014.	3.1	Sejusp
Utilize os dados obtidos na pesquisa de satisfação com os beneficiários dos planos de trabalho como elemento de análise, constando expressamente seus resultados em tópico específico, nos relatórios técnicos de monitoramento da DCA, de forma a subsidiar a avaliação do cumprimento do objeto das parcerias firmadas entre Sejusp e Apacs, conforme preconiza o art. 58, §2º, da Lei nº 13.019/14.	3.1	Sejusp
Acoste aos autos dos processos de monitoramento justificativa quando da inviabilidade de realização de pesquisa de satisfação com os beneficiários dos planos de trabalho, conforme preconiza o art. 58, §2º, da Lei nº 13.019/14.	3.1	Sejusp
Mapeie e adeque os fluxos e procedimentos de análises de prestações de contas das OSCs ao disposto no inc. II do art. 66 e no art. 71 da Lei nº 13.019/2014, no intuito de priorizar a análise das prestações de contas das Apacs que não cumpriram as metas e de operacionalizar a seleção amostral, com base em critérios de risco, relevância e materialidade, a fim de conferir celeridade, eficiência e efetividade na análise dos processos de prestação de contas.	3.2	Sejusp
Elabore, no prazo de 120 dias, um plano de ação que contemple alternativas de solução do passivo de prestações de contas pendentes de análise, haja vista o descumprimento do prazo determinado no art. 71 da Lei nº 13.019/14.	3.2	Sejusp
Promova a integração do sistema Cagec com o banco de dados do Cafimp e do TST, para emissão de certidões, de forma automática, em atendimento ao disposto no art. 15 da Resolução Conjunta Segov/CGE de 5.1.2020.	3.3	Segov

(conclusão)

Proposta	Achado (nº)	Responsável
Resolva os problemas de inconsistências de dados do Cagec com o sistema financeiro do Estado, a partir da implantação do GRP Minas.	3.3	Segov
Crie módulos de gerenciamento e monitoramento das parcerias e de prestação de contas para que o sistema SIGCON-Saída contemple todo o ciclo de formalização das parcerias ou convênios, nos termos do art. 92 do Decreto estadual nº 47.132/17.	3.4	Segov
Atenda às exigências de transparência e publicidade previstas em todas as etapas das parcerias, desde a fase preparatória até o fim das prestações de contas, disponibilizando as informações que devem constar obrigatoriamente no Portal da Transparência do Estado e Minas Gerais, de forma objetiva, transparente, clara e em linguagem de fácil compreensão, a fim de fomentar o controle social da execução das parcerias firmadas com as Apacs, nos termos do disposto no art. 87 da Lei nº 13.019/14, no art. 8º do Decreto nº 47.132/2017, e nos arts. 6º, 7º e 8º da Lei nº 12.527.	3.6	Sejusp
Oriente a FBAC a publicar a situação da prestação de contas das parcerias firmadas entre Sejusp e Apacs, para que possa disponibilizar, em seu portal próprio da transparência, a data prevista para a sua apresentação, a data em que foi apresentada, o prazo para a sua análise e o resultado conclusivo, de forma objetiva, transparente, clara e em linguagem de fácil compreensão, nos termos do disposto nos arts. 7º e 8º do Decreto nº 47.132/2017, no art. 11 da Lei nº 13.019/2014 e no art. 97 do Decreto nº 47.132/2017.	3.6	Sejusp
Adote medidas necessárias à efetivação da transparência ativa e ao aumento do controle social, disponibilizando dados e perfil de acesso aos cidadãos para consulta pública das informações constantes no sistema SIGCON-Saída, nos termos do disposto nos arts. 7º e 8º do Decreto nº 47.132/2017 que regulamenta o MROSC.	3.6	Segov
Indique, nos termos de parceria firmados com as OSCs, em qual instituição financeira pública elas devem realizar a abertura de conta corrente específica para recebimento dos recursos repassados para o cumprimento da parceria, nos termos do disposto no art. 51 da Lei nº 13.019/14.	3.10	Sejusp

Segue gráfico-resumo das recomendações e determinações, quantificando o número de propostas de encaminhamento por responsável.

Gráfico 16 – Número preliminar de propostas
de encaminhamento por responsável

	SEJUSP	SEGOV	SEJUSP e SEGOV	CGE
N° de propostas	24	11	2	1

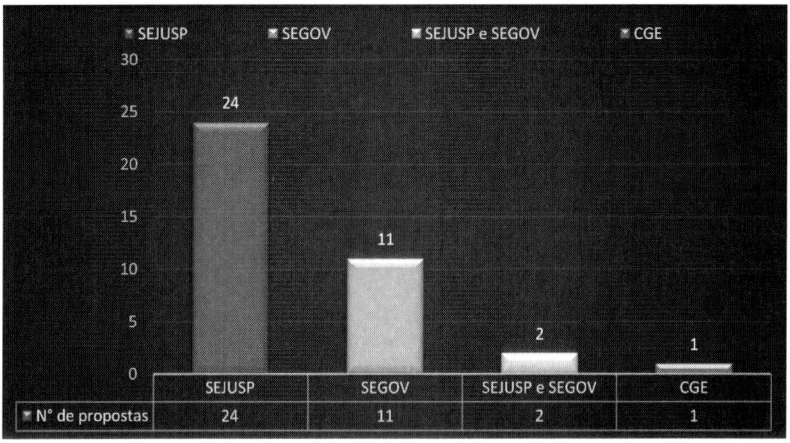

Fonte: Autoria da própria equipe.

Por derradeiro, considerando que o objeto desta auditoria também envolve ou se relaciona com interesses de outros órgãos e com o Poder Judiciário, visando proporcionar maior efetividade quanto à solução dos achados constantes desta auditoria, propõe-se a remessa de fotocópia deste relatório para a Controladoria-Geral do Estado (CGE), à Fraternidade Brasileira de Assistência aos Condenados (FBAC) e ao Tribunal de Justiça do Estado de Minas Gerais (TJMG), para fins de ciência e eventuais providências que entenderem cabíveis, em suas respectivas esferas e autonomia.

Sem mais informações, encerra-se este relatório de auditoria operacional.

Belo Horizonte/MG, 27 de março de 2023.

Referências

ANDRADE, Durval Ângelo. *APAC a face humana da prisão*. 6. ed. rev. e atual. Belo Horizonte: [s.n.], 2021.

BRASIL. *Decreto-Lei nº 4.657, de 04 de setembro de 1942*. Lei de Introdução às normas do Direito Brasileiro. Disponível em: http://www.planalto.gov.br/ccivil_03/decreto-lei/del4657.htm.

BRASIL. Depen. *Resolução nº 3, de 13 de setembro de 2019*. Propõe como Diretriz de Política Penitenciária o fortalecimento da participação da sociedade civil na Execução Penal através do Método APAC. Disponível em: https://www.in.gov.br/en/web/dou/-/resolucao-n-3-de-13-de-setembro-de-2019-*-297760651.

BRASIL. *Lei nº 12.527, de 18 de novembro de 2011*. Regula o acesso a informações previsto no inciso XXXIII do art. 5º, no inciso II do § 3º do art. 37 e no § 2º do art. 216 da Constituição Federal; altera a Lei nº 8.112, de 11 de dezembro de 1990; revoga a Lei nº 11.111, de 5 de maio de 2005, e dispositivos da Lei nº 8.159, de 8 de janeiro de 1991; e dá outras providências. Disponível em: http://www.planalto.gov.br/ccivil_03/_ato2011-2014/2011/lei/l12527.htm#:~:text=1%C2%BA%20Esta%20Lei%20disp%C3%B5e%20sobre,216%20 da%20Constitui%C3%A7%C3%A3o%20Federal.

BRASIL. *Lei nº 13.019, de 31 de julho de 2014*. Estabelece o regime jurídico das parcerias entre a administração pública e as organizações da sociedade civil, em regime de mútua cooperação, para a consecução de finalidades de interesse público e recíproco, mediante a execução de atividades ou de projetos previamente estabelecidos em planos de trabalho inseridos em termos de colaboração, em termos de fomento ou em acordos de cooperação; define diretrizes para a política de fomento, de colaboração e de cooperação com organizações da sociedade civil. Disponível em: http://www.planalto.gov.br/ccivil_03/_ato2011-2014/2014/lei/l13019.htm.

BRASIL. Segov. *Entenda o MROSC* – Marco Regulatório das Organizações da Sociedade Civil – Lei 13.019/2014. Brasília-DF: Segov, 2016. ISBN 978-85-85142-71-1. Disponível em: https://antigo.plataformamaisbrasil.gov.br/images/docs/MROSC/Publicacoes_SG_PR/LIVRETO_MROSC_WEB.pdf.

DI PIETRO, Maria Sylvia Zanella. *Parcerias na Administração Pública*: concessão, permissão franquia, terceirização, parceria público-privada. 12. ed. rev. e atual. Rio de Janeiro: Forense, 2019.

FBAC. Tutoriais para encarregado administrativo. *Fbac.org*, Belo Horizonte, 2022. Disponível em: http://www.fbac.org.br/infoapac/tutoriaisadmin.php.

LEAL, Débora Cristina Cordeira Campos; PINTO, Luciana Moraes Raso Sardinha; MOURTHÉ, Naíla Garcia. A Pós-Graduação em Finanças Públicas da Escola de Contas e Capacitação Professor Pedro Aleixo: sua relevância na qualificação do servidor público de Minas Gerais. *In*: CONGRESSO CONSAD, XI. *Anais eletrônicos*... Belo Horizonte: Consad, 23 mar. 2022. Disponível em: https://escoladecontas.tce.mg.gov.br/tribunal-apresenta-artigo-sobre-pos-graduacao-a-distancia-em-brasilia/. Acesso em: 7 nov. 2022.

MINAS GERAIS. *Decreto nº 47.132, de 20 de janeiro de 2017*. Regulamenta a Lei Federal nº 13.019, de 31 de julho de 2014, que estabelece o regime jurídico das parcerias entre a administração pública e as organizações da sociedade civil, em regime de mútua cooperação, para a consecução de finalidades de interesse público e recíproco, mediante a execução de atividades ou de projetos previamente estabelecidos em planos de trabalho inseridos em termos de colaboração, em termos de fomento ou em acordos de cooperação; define diretrizes para a política de fomento, de colaboração e de cooperação com organizações da sociedade civil; e altera as Leis nos 8.429, de 2 de junho de 1992, e

9.790, de 23 de março de 1999, e dá outras providências. Disponível em: https://www.almg.gov.br/consulte/legislacao/completa/completa-nova-min.html?tipo=DEC&num=47132&comp=&ano=2017&texto=consolidado.

MINAS GERAIS. *Decreto nº 47.795, de 19 de dezembro de 2019*. Dispõe sobre a organização da Secretaria de Estado de Justiça e Segurança Pública. Disponível em: https://www.almg.gov.br/consulte/legislacao/completa/completa-nova-min.html?tipo=DEC&num=47795&ano=2019.

MINAS GERAIS. *Decreto nº 48.138, de 17 de fevereiro de 2021*. Dispõe sobre o Sistema de Gestão de Convênios, Portarias e Contratos do Estado de Minas Gerais, no âmbito do Poder Executivo. Disponível em: https://www.almg.gov.br/consulte/legislacao/completa/completa.html?tipo=DEC&num=48138&comp=&ano=2021.

MINAS GERAIS. *Lei Complementar nº 83, de 28 de janeiro de 2005*. Dispõe sobre a estrutura orgânica da Advocacia-Geral do Estado – AGE e dá outras providências. Disponível em: https://leisestaduais.com.br/mg/lei-complementar-n-83-2005-minas-gerais-dispoe-sobre-a-estrutura-organica-da-advocacia-geral-do-estado-age-e-da-outras-providencias.

MINAS GERAIS. *Marco Regulatório das Organizações da Sociedade Civil MROSC para OSCS e OEEPS*. 1. ed. Belo Horizonte: [s.n.], 2017. v. 1. Disponível em: http://www.governo.mg.gov.br/Images/ckeditor/dfvlhnzv.flaManual_Mrosc_out_2017%20-%20final.pdf.

MINAS GERAIS. Prodemge. *Carta Anual Versão 1*. Auditores Independentes atuais da empresa Maciel Auditores S/S. Belo Horizonte: Prodemge, 2011. E-book. Disponível em: https://www.prodemge.gov.br/component/phocadownload/category/5700-governanca?download=259:carta-anual-2017-versao-1.

MINAS GERAIS. *Resolução nº 166, de 16 de julho de 2021*. Dispõe sobre o porte e a equipe de trabalho dos Centros de Reintegração Social (CRSs), geridos pelas Associações de Proteção e Assistência aos Condenados (APACs) e institui o Grupo de Trabalho de acompanhamento e monitoramento de vagas nos CRSs. Disponível em: https://www.almg.gov.br/consulte/legislacao/completa/completa-nova-min.html?tipo=DEC&num=47795&ano=2019.

MINAS GERAIS. *Resolução nº 219, de 09 de setembro de 2021*. Institui os percentuais de análise de relatório de monitoramento, prestação de contas e relatório de execução financeira para as parcerias com Organizações da Sociedade Civil (OSC) de responsabilidade da Secretaria de Estado de Justiça e Segurança Pública (Sejusp). Disponível em: http://www.seguranca.mg.gov.br/images/2022/Fevereiro/Documentos/RESOLUCAO%20SEJUSP%20N219%201.pdf.

MINAS GERAIS. Segov. *Manual de utilização do CAGEC*. Belo Horizonte: Segov, 2022. Disponível em: https://manual.portalcagec.mg.gov.br/o-que-e-o-cagec.

MINAS GERAIS. Sigcon. *Manual de utilização do SIGCON*. Belo Horizonte: Segov, 2022. Disponível em: https://manual.sigconsaida.mg.gov.br.

MINAS GERAIS. Tribunal de Contas do Estado. Consulta nº 1058707. Controladoria-Geral Do Estado. Preliminar. Admissibilidade. Mérito. Tomada de contas especial. Instauração. Auto de apuração do dano ao erário. Valor do dano apurado. Encaminhamento à Advocacia-Geral do Estado e ao Tribunal de Contas do Estado de Minas Gerais. Conselheiro Relator: Sebastião Helvécio. Data da Sessão: 22, jul. 2020. *Diário Oficial de Contas*, Belo Horizonte, 10 ago. 2020.

MINAS GERAIS. Tribunal de Contas do Estado. Denúncia nº 1092340. Fraternidade Brasileira de Assistência aos Condenados (FBAC). Prestação de contas das Associações de Proteção e Assistência aos Condenados (APACs) perante a Secretaria de Estado de Justiça e Segurança Pública (SEJUSP). Pendências. Possível paralisação dos repasses. Inviabilização de funcionamento das Apacs. Marco regulatório do terceiro setor. Prestação de contas por resultados. Momento de excepcionalidade. COVID-19. Fumus boni iuris e periculum in mora. Medida cautelar. Decisão monocrática. Referendo. Conselheiro Relator: Durval Ângelo. Data da Sessão: 04, ago. 2020. *Diário Oficial de Contas*, Belo Horizonte, 25 ago. 2020.

MINAS GERAIS. Tribunal de Contas do Estado. Tomada de Contas Especial nº 862691. Secretaria de estado de assuntos especiais. Convênio. I. associação privada. Indícios de dano ao erário. Fato gerador. Data remota. Ausência de citação válida. Prejuízo material ao contraditório. Contas iliquidáveis. Trancamento das contas. II. estado de minas gerais. Tomadas de contas especiais. Instauração. Atrasos longos e recorrentes. Obstrução da atividade de controle externo. Lesão ao princípio republicano. Fixação de prazo para providências. Multa diária. Conselheiro Relator: José Alves Viana. Data da Sessão: 02, ago. 2016. *Diário Oficial de Contas*, Belo Horizonte, 25 ago. 2016.

MINAS GERAIS. Tribunal de Justiça. *Cartilha Programa Novos Rumos*. Belo Horizonte: TJMG, 2018. Disponível em: https://www.tjmg.jus.br/lumis/portal/file/fileDownload.jsp?fileId=8A80E40A64666AED01646709B2837B67.

NASCIMENTO, Jaqueline Gonçalves; SILVA, Nara Rodrigues. *O papel pedagógico/orientativo dos Tribunais de Contas*. Goiás: [s.n.], [s.d.]. Disponível em: https://portal.tce.go.gov.br/documents/20181/199018/O%20Papel%20Pedag%C3%B3gico%20e%20Orientativo%20dos%20Tribunais%20de%20Contas/21be46ca-a46b-4d88-8cb5-0f00d8076f2b.pdf. Acesso em: 7 nov. 2022.

SANTOS, Luís Carlos Rezende e; FERREIRA, Valdeci; SABATIELLO, Valdeci. *APAC*: a humanização do sistema prisional. Sistematização de processos e fundamentos jurídico-metodológicos que embasam a expansão do método como política pública no Brasil. Belo Horizonte: AVSI; AVSIBRASIL; FBAC; Minas Pela Paz; TJMG, 2018. Disponível em: http://www.avsibrasil.org.br/wp-content/uploads/2021/03/APAC-humanizacao-do-sistema-prisional.pdf.

SANTOS, Luís Carlos Rezende e; SAPORI, Luís Flávio. *Tratamento penitenciário* – Um estudo sobre tortura, maus-tratos e assistências às pessoas privadas de liberdade. Belo Horizonte. D'Plácido, 2022.

Apêndice I – Análise dos comentários do gestor
I – INTRODUÇÃO

A presente auditoria tem por objetivo avaliar o desempenho da SEJUSP na gestão das parcerias firmadas com as APACs, contemplando todas as fases, bem como analisar o problema do acúmulo do passivo de prestações de contas.

O Relatório Preliminar foi protocolizado em 03/06/2022 e, nos termos da Resolução nº 16/2011 desta Corte, que dispõe sobre os procedimentos a serem adotados em auditoria operacional realizada pelo Tribunal de Contas do Estado de Minas Gerais, o Conselheiro Relator determinou seu encaminhamento aos gestores da Secretaria de Estado de Justiça e Segurança Pública – SEJUSP/MG e da Secretaria de Estado de Governo – SEGOV, ao Presidente do Tribunal de Justiça do Estado de Minas Gerais - TJMG, ao Presidente das Associações de Proteção e Assistência aos Condenados – APACs e à Diretora da Fraternidade Brasileira de Assistência aos Condenados - FBAC, a fim de que se manifestassem sobre as análises realizadas e sobre a pertinência das propostas de recomendação e determinação formuladas, para posterior análise das mesmas e elaboração de Relatório Final por esta Unidade Técnica.

Em atendimento à intimação, a SEJUSP/MG, a SEGOV e o TJMG apresentaram suas considerações sobre o Relatório Preliminar (peças 19, 20, 21, 22, 27 e 28 SGAP). O Presidente das APACs e a Diretora da FBAC, embora devidamente intimados (peças 25 e 26 SGAP), não se manifestaram nos autos.

Com base nas manifestações contidas nos autos, a Equipe de Auditoria analisou e sintetizou as informações no quadro apresentado a seguir.

II – ANÁLISE

(continua)

Achado	Recomendação	Jurisdicionado	Comentários do Gestor	Conclusão da Equipe de Auditoria
3.1	Diante do acima exposto, recomenda-se à SEJUSP que aprimore os modelos dos relatórios de monitoramento produzidos pelas OSCs, para que passem a exigir: i. A comprovação do cumprimento qualitativo do objeto com base em documentos e informações que possibilitem aferir, de forma objetiva, o cumprimento qualitativo das novas metas e indicadores estabelecidos nos novos Planos de Trabalhos constantes das parcerias celebradas a partir de 2022, para que possa retratar o efetivo alcance dos resultados decorrentes da execução das atividades desenvolvidas pelas APACs; ii. A obrigatoriedade no preenchimento dos dados relativos ao registro dos profissionais que prestam serviços assistenciais nas APACs, para que, quando da análise do relatório de monitoramento das OSCs, a SEJUSP possa verificar se a pessoa que assinou as listas é o profissional habilitado e responsável pelo atendimento dos recuperandos.	SEJUSP	Embora devidamente intimado, não houve manifestação do gestor.	Pela manutenção da recomendação.
3.1	Elabore plano de ação para as OSCs com critérios de medição do desempenho, informando às APACs as possíveis medidas que poderão ser adotadas nos casos de descumprimento total ou parcial do objeto, de acordo com as notas obtidas por cada um das filiadas da FBAC durante o monitoramento e avaliação das parcerias;	SEJUSP	Embora devidamente intimado, não houve manifestação do gestor.	Pela manutenção da recomendação.

(continua)

Achado	Recomendação	Jurisdicionado	Comentários do Gestor	Conclusão da Equipe de Auditoria
3.1	Aprimore relatórios técnicos da DCA: i. Inserido tópico específico versando sobre a tempestividade da entrega de documentação pela APAC e os motivos de eventuais atrasos ou glosas realizadas no decorrer da execução da parceria. Realizando a análise individual do cumprimento de cada meta, atribuindo nota de monitoramento à OSC e informando, com prazo, quais medidas deverão ser saneadas pela APAC, bem como boas práticas, caso existam.	SEJUSP	Embora devidamente intimado, não houve manifestação do gestor.	Pela manutenção da recomendação.
3.1	Aprimore os relatórios de visitas técnicas utilizado como instrumento para subsidiar o monitoramento e avaliação do cumprimento das metas previstas nos planos de trabalho das parcerias firmadas com as APACs, fazendo constar quais metas foram consideradas insatisfatórias, o que precisa ser aperfeiçoado pela APAC, prazo para correção das inconformidades, os parâmetros utilizados para aferição dos resultados e o período de análise dos documentos.	SEJUSP	Embora devidamente intimado, não houve manifestação do gestor.	Pela manutenção da recomendação.
3.1	Aprimore a forma de seleção das APACs no cronograma de visitas técnicas, passando a utilizar critérios objetivos pautados em análises de riscos.	SEJUSP	Embora devidamente intimado, não houve manifestação do gestor.	Pela manutenção da recomendação.

(continua)

Achado	Recomendação	Jurisdicionado	Comentários do Gestor	Conclusão da Equipe de Auditoria
3.1	Adeque o modelo de documento que consolida os resultados obtidos por meio da pesquisa de satisfação, para que possa aferir de forma eficiente e efetiva o cumprimento do objeto com foco no desempenho da entidade convenente, com as seguintes modificações: i. Atualização das questões às novas metas, indicadores e aos critérios objetivos previstos nos novos planos de trabalho firmados em 2022; ii. Inserir informações a respeito da quantidade de atendimentos realizados com os entrevistados e os motivos da sua avaliação em cada aspecto da parceria, para fins de comprovação do cumprimento do objeto e o alcance de resultados.	SEJUSP	Embora devidamente intimado, não houve manifestação do gestor.	Pela manutenção da recomendação.
3.2	Promova alterações na Resolução nº 219/2021, que regulamenta os processos de seleção das amostras, para que o escopo selecionado para a análise, não seja ampliado em demasia a ponto de gerar uma quantidade excessiva de processos a serem analisados, que irá impactar no acúmulo de prestação de contas pendentes de análise e agravar o problema do passivo, informando ao Tribunal as providências que serão adotadas.	SEJUSP	Embora devidamente intimado, não houve manifestação do gestor.	Pela manutenção da recomendação.
3.2	Edite normativo que estabeleça parâmetros objetivos mínimos de seletividade para análise dos processos de prestação contas, com base em critérios de materialidade, relevância, oportunidade e risco.	SEJUSP	Embora devidamente intimado, não houve manifestação do gestor.	Pela manutenção da recomendação.

(continua)

Achado	Recomendação	Jurisdicionado	Comentários do Gestor	Conclusão da Equipe de Auditoria
3.3	Implemente melhorias nas funcionalidades do CAGEC, para solucionar as inconsistências identificadas e assegurar a confiabilidade das informações constantes do referido sistema, de forma que seja possível à SEJUSP distinguir as entidades que estão com as atividades suspensas, das que foram encerradas e das que estão em pleno funcionamento, minimizando o risco de obter informações equivocadas a respeito da atual situação formal da convenente/parceira.	SEGOV	Que houve retrocesso na integração entre CAGEC e Receita Federal, contudo, a perspectiva é que em 2023 haja o aprimoramento completo desta integração. Ademais, informou também que a responsabilidade para o preenchimento das informações sobre a situação legal do convenente é exclusiva de seu representante legal.	A Equipe de Auditoria mantém a recomendação haja vista: i. Não há especificação de quais melhorias serão implementadas com o aprimoramento da integração do CAGEC com a Receita Federal em 2023. ii. Embora a entidade parceira seja responsável pelo preenchimento e atualização dos dados no CAGEC, a SEGOV, que é responsável pela gestão e mudanças no sistema (art. 71 do Decreto Estadual nº 46.319/13), não informou se irá implementar melhorias que permitam a criação de campos para o preenchimento de informações sobre extinção ou suspensão das atividades da OSC parceira. Além disso, não informou se seriam adotados mecanismos de controle que minimizassem os riscos decorrentes de eventual ausência, demora ou preenchimento incorreto das informações pela OSC.

(continua)

Achado	Recomendação	Jurisdicionado	Comentários do Gestor	Conclusão da Equipe de Auditoria
3.3	Aprimore os dados constantes do histórico do CRC emitido pelo CAGEC para que possa contemplar informações padronizadas e específicas a respeito do bloqueio de convenentes/parceiras no SIAFI e a respeito do monitoramento e avaliação das OSCs	SEGOV	A SEGOV informou que já existe interligação do CAGEC com o SIAFI-MG e que compete às Secretarias responsáveis o preenchimento e modificação de informações sobre eventual bloqueio das entidades parceiras.	A Equipe de Auditoria mantém a recomendação, haja vista que: i. Embora a Secretaria concedente dos recursos seja responsável pelo preenchimento sobre eventual bloqueio de OSC parceira, a recomendação trata da implementação de melhorias que permitam a padronização dos dados preenchidos e criação de campos para inserção de informações complementares sobre o monitoramento e o bloqueio de OSCs, tais como, número de processo, motivo do bloqueio/desbloqueio, notas de monitoramento, valores de eventuais glosas ou parcelamento de débito. Reitera-se que a SEGOV é a responsável pela gestão e mudanças no sistema (art. 71 do Decreto Estadual nº 46.319/13).

(continua)

Achado	Recomendação	Jurisdicionado	Comentários do Gestor	Conclusão da Equipe de Auditoria
3.4	Aprimore a arquitetura lógica do sistema SIGCON-Saída, de forma que consiga suportar o grande número de acessos dos usuários e comportar a grande quantidade de informações que são armazenadas em seus bancos de dados pelos seus operadores, no intuito de minimizar os erros e instabilidades do sistema	SEGOV	O jurisdicionado informou que houve uma melhoria na capacidade dos servidores do SIGCON-Saída e que há previsão de novas melhorias. Inclusive, planeja-se que, até meados de setembro, a Prodemge faça uma migração para o Exadata, o que aprimorará a performance do sistema.	A Equipe de Auditoria mantém a recomendação, haja vista que: i. Como esta melhoria ainda se encontra em fase de implementação, necessita-se manter o achado para que se possa realizar futuro monitoramento para verificar se houve cumprimento da recomendação e se a medida adotada foi efetiva.
3.4	Aprimore o SIGCON-saída, avaliando a viabilidade de dividir a aba "caracterização da proposta", em várias abas, no intuito de evitar que o excesso de informações preenchidas em um único campo, impossibilite que elas sejam salvas no sistema antes da ocorrência do *logout* automático	SEGOV	Essa demanda já foi especificada pela equipe da Superintendência e está na lista de prioridades para ser executada em meados de outubro de 2022.	A Equipe de Auditoria mantém a recomendação, haja vista que: i. Como esta melhoria ainda se encontra em fase de implementação, necessita-se manter o achado para que se possa realizar futuro monitoramento para verificar se houve cumprimento da recomendação e se a medida adotada foi efetiva.

(continua)

Achado	Recomendação	Jurisdicionado	Comentários do Gestor	Conclusão da Equipe de Auditoria
3.4	Avalie, no intuito de auxiliar o gestor na tomada de decisões e facilitar o controle interno e externo, a oportunidade e conveniência de fazer constar minimamente, dos novos módulos a serem criados no SIGCON-Saída, as funcionalidades abaixo: 1. Módulo de Gerenciamento e Monitoramento das Parcerias i. Acompanhamento de repasses financeiros realizados à OSC, comparando o planejado e o executado; ii. Elaboração, acompanhamento e execução de cronograma de visitas técnicas com base em riscos; iii. Análise de cumprimento de metas executadas em relação às previstas no plano de trabalho, com nota final de monitoramento; iv. Emissão de relatórios sobre: notas de monitoramento das OSCs, realização e conclusão de visitas técnicas e comparação de indicadores. 2. Módulo de Prestação de Contas das Parcerias i. Acompanhamento e inserção de despesas pelas OSC em tempo real; ii. Análise das prestações de contas dividida em duas fases, sendo a primeira, a de avaliação de execução de objeto, e a segunda, de execução financeira, permitindo, neste último caso, a análise individual das despesas; iii. Em aprimoramento posterior, realizar análise financeira de prestação de contas automatizada por robô.	SEGOV	Essa demanda já foi especificada pela equipe da Superintendência e está na lista de prioridades para ser futuramente executada.	A Equipe de Auditoria mantém a recomendação, haja vista que: i. Como esta melhoria ainda se encontra em fase de implementação, necessita-se manter o achado para que se possa realizar futuro monitoramento para verificar se houve cumprimento da recomendação e se a medida adotada foi efetiva.

(continua)

Achado	Recomendação	Jurisdicionado	Comentários do Gestor	Conclusão da Equipe de Auditoria
3.4	iv. Após permitir a análise de cumprimento de objeto, diferenciação das prestações de contas em quatro categorias: metas inadimplidas; objetos de denúncia/representação; auxílio de interveniente; metas cumpridas (são as únicas que entram no cálculo da amostra); v. Fornecer a informação de todas as prestações de contas aptas a comporem a amostra; vi. Emissão de alertas automáticos e acompanhamento dos prazos de manifestação e defesa das OSCs; vii. Emissão de relatórios sobre: OSCs com mais glosas, irregularidades constantes; comparação percentual de glosas e erros entre as prestações de contas de OSCs que cumpriram as metas e as que não cumpriram as metas.			
3.5	Solicite à FBAC a liberação de perfis de acesso ao INFOAPAC, bem como a realização dos devidos treinamentos, para a DCA e DCC, a fim de subsidiar, de forma complementar, o monitoramento das parcerias a partir dos dados e relatórios produzidos pelo sistema, e ao TJ MG, para acompanhar as taxas de ocupação dos CRSs e avaliar o desempenho da APAC dentro da sua esfera de competência.	SEJUSP	Embora devidamente intimado, não houve manifestação do gestor.	Pela manutenção da recomendação.
3.7	Oriente os dirigentes das APACs para que expandam os canais de divulgação dos editais de seleção de pessoal, de forma que essas informações sejam divulgadas no *facebook, instagram, linkedin*, rádio local, SINE (Sistema Nacional de Emprego), órgão da Prefeitura local, dentre outros.	SEJUSP	Embora devidamente intimado, não houve manifestação do gestor.	Pela manutenção da recomendação.

(continua)

Achado	Recomendação	Jurisdicionado	Comentários do Gestor	Conclusão da Equipe de Auditoria
3.7	Acompanhe constantemente os reajustes nas remunerações que forem concedidos à categoria dos profissionais prestadores de serviços de contabilidade para que, caso se faça necessário, promova alterações no normativo que atualmente regulamenta os cargos e remuneração dos funcionários das APACs, para recompor a perda salarial decorrente da inflação.	SEJUSP	Embora devidamente intimado, não houve manifestação do gestor.	Pela manutenção da recomendação.
3.7	Informe ao TCEMG os resultados da inclusão do cargo de Gerente Geral nos Planos de Trabalhos das parcerias com as APACs de grande porte II, no tocante à redução dos índices de rotatividade dos funcionários das APACs e aprimoramento na gestão das referidas OSCs, a fim de avaliar a efetividade de expandir este cargo para as demais APACs, independente da classificação do porte.	SEJUSP	Embora devidamente intimado, não houve manifestação do gestor.	Pela manutenção da recomendação.
3.8	Aprimorem os processos e procedimentos de ocupação e gerenciamento de vagas nas APACs, tendo em vista as seguintes constatações: i. Ausência de normas e fluxos de trabalho que estabeleçam a forma, os prazos e as competências para preenchimento das vagas dos CRS das APACs, visando agilizar o processo de ingresso do preso no CRS. ii. Precários procedimentos de ocupação nos CRSs, sugerindo estudar a viabilidade de criação, no âmbito da SEJUSP, de "Celas de Espera" e de lista eletrônica de presos que preencham os requisitos da Portaria Conjunta nº 1.182/PR/2021- TJ MG para ingresso nas APACs.	SEJUSP	A SEJUSP informa que pretende iniciar a formulação das normas e dos fluxos de trabalho destinados a dispor sobre a forma, os prazos e as competências para preenchimento das vagas dos CRSs. Ademais, informa ser inviável a criação de "Celas de Espera".	A Equipe de Auditoria mantém parcialmente a recomendação, haja vista que: i. Em relação aos procedimentos, normas e fluxos de trabalho para ocupação e preenchimento de vagas nos CRSs: Como a criação destas normas ainda se encontra em fase de discussão, necessita-se manter o achado para que se possa realizar futuro monitoramento para verificar

(continua)

Achado	Recomendação	Jurisdicionado	Comentários do Gestor	Conclusão da Equipe de Auditoria
3.8		SEJUSP	porquanto, que o Estado de Minas Gerais possui déficit de 2.881 (vinte e dois mil oitocentos e oitenta e uma) vagas de custodiados e que 61, das 182, Unidades Prisionais encontram-se interditadas judicialmente. Por fim, no tocante à criação de lista eletrônica de presos, relatou dificuldades nos processos de ocupação das vagas nos CRSs.	se houve cumprimento da recomendação e se a medida adotada foi efetiva. ii. No tocante às "Celas de Espera", entende-se ser plausível a justificativa da sua inviabilidade momentânea de criação, tendo em vista o alto déficit carcerário atual, somado à interdição de 1/3 das Unidades Prisionais do Estado, razão pela qual retira-se a recomendação. iii. Sobre a criação de lista eletrônica de presos para ocupação de vagas nos CRSs, o jurisdicionado não demonstrou inviabilidade ou inefetividade em adotar a medida, razão pela qual mantém-se a recomendação.
3.8	Avaliem e informem ao TCEMG, sem causar prejuízos à metodologia apaqueana, a conveniência e oportunidade de estabelecer um novo teto de ocupação nos CRSs, definindo critérios objetivos para reprogramação de vagas no CRS, com reavaliação dos cálculos proporcionais de aumento de quadro de pessoal, de acordo com o número de recuperandos.	SEJUSP	A Secretaria entende que a medida não é oportuna ou conveniente, em razão da sua complexidade e do baixo percentual (7%) de APACs que	A Equipe de Auditoria mantém a recomendação, haja vista que: i. A justificativa calcada somente no baixo percentual e na complexidade da matéria não se mostra razoável, uma vez que cabe ao órgão cumprir o teto

(continua)

Achado	Recomendação	Jurisdicionado	Comentários do Gestor	Conclusão da Equipe de Auditoria
3.8		SEJUSP	estão com limites acima do teto de vagas nos CRSs. Todavia, a SEJUSP registra a intenção de dedicar-se à temática apresentada.	estabelecido no seu próprio normativo, bem como evitar o agravamento da situação irregular.
3.8	Elaborem planos para a realização de treinamentos contínuos, presencial ou em EAD, para os servidores do órgão e gestores e encarregados de tesouraria das APACs, no intuito de minimizar ou atenuar as deficiências apontadas nas fases de monitoramento e de prestação de contas das parcerias, abordando, em aspectos práticos, os seguintes temas: i. Monitoramento e avaliação de indicadores e metas com priorização nos resultados, de acordo com o MROSC; ii. Elaboração de papéis de trabalho e relatórios para visitas técnicas; iii. Gestão de riscos; iv. Análises de prestações de contas com foco no resultado, de acordo com o MROSC; v. Condução de PACE e Tomada de Contas Especial; vi. Manuseio operacional e novas funcionalidades do sistema SIGCON-Saída e CAGEC	SEGOV e SEJUSP	A SEGOV respondeu que tem investido na elaboração de manuais explicativos, bem como na gravação e disponibilização das capacitações realizadas em plataforma de Ensino à Distância - EAD de acesso público (acesso em https://ead.sigconsaida.mg.gov.br/login/index.php). Ademais, também informou que os cursos de "Gestão de Riscos" e de "Tomada de	A Equipe de Auditoria mantém a recomendação, haja vista que: i. Conforme já abordado no relatório, embora exista uma plataforma EAD da SEGOV, esta plataforma carece ainda de melhorias e aprimoramento que deverão ser avaliados posteriormente. Sendo assim, necessita-se manter o achado para que se possa realizar futuro monitoramento a fim de verificar se houve cumprimento da recomendação e se a medida adotada foi efetiva. ii. No tocante aos cursos de "gestão de riscos" e "Tomada de

(continua)

Achado	Recomendação	Jurisdicionado	Comentários do Gestor	Conclusão da Equipe de Auditoria
3.8		SEGOV e SEJUSP	Contas Especial" são de competência da CGE, enquanto que os cursos de "PACE" dependem da atualização das Instrução Normativa nº 03/2013 do TCE MG. Por sua vez, a SEJUSP, embora devidamente intimada, não se manifestou sobre esta recomendação.	Contas Especial", independente de qual seja o setor autor do curso, por ser a plataforma de responsabilidade da SEGOV, deve-se então, o referido setor ser corresponsável, no mínimo, pela existência e disponibilização do curso.
3.9	Ampliem o acesso ao conhecimento disponibilizando cursos de capacitação online em plataforma digital, criando critérios de avaliação do aluno, pesquisa de satisfação, fórum de discussão de dúvidas e aprimorem a forma de obtenção do certificado.	SEGOV e SEJUSP	Alguns dos cursos da plataforma EAD-SCCP possuem a função de emitir certificado. A Superintendência busca aprimorar rotineiramente a plataforma e acrescentar novas funcionalidades. Por sua vez, a SEJUSP, embora devidamente intimada, não se manifestou sobre esta recomendação.	A Equipe de Auditoria mantém a recomendação, haja vista que: i. Como esta melhoria ainda se encontra em fase de implementação, necessita-se manter o achado para que se possa realizar futuro monitoramento para verificar se houve cumprimento da recomendação e se a medida adotada foi efetiva.

(continua)

Achado	Recomendação	Jurisdicionado	Comentários do Gestor	Conclusão da Equipe de Auditoria
3.9	Aprimorem o sistema SIGCON-Saída para inserir campo de informação sobre a realização e data de capacitação dos funcionários das OSCs parceiras, a fim de que seja possível mapear continuamente as necessidades de capacitação dos funcionários das APACs e responsáveis pela prestação de contas e monitoramento.	SEGOV	Que será implementada a medida quando a plataforma de EAD disponibilizada esteja com um volume maior de cursos.	A Equipe de Auditoria mantém a recomendação, haja vista que: i. Como esta melhoria ainda não foi implementada, necessita-se manter o achado para que se possa realizar futuro monitoramento para verificar se houve cumprimento da recomendação e se a medida adotada foi efetiva.
3.10	Formalize consulta formal à AGE, visando reduzir a insegurança jurídica e evitar a realização de glosas desnecessárias, por meio da consolidação de entendimentos a respeito de quais das irregularidades abaixo mencionadas, identificadas pela SEJUSP na análise de prestação de contas, são passíveis de acarretar dano ao erário e, consequentemente, gerar a obrigação de ressarcimento pelas APACs: i. Prazo prescricional nos casos de ressarcimento de débitos; ii. Ausência de cotações de preços; i. Pagamento de multas e juros nos casos em que houver atraso de repasses; iv. Excesso de gastos com determina rubrica acima do limite previsto no plano de trabalho; v. Pagamento de aviso prévio indenizado aos funcionários da OSC nos casos de rescisão de contrato de trabalho.	SEJUSP	Embora devidamente intimado, não houve manifestação do gestor.	Pela manutenção da recomendação.

(continua)

Achado	Recomendação	Jurisdicionado	Comentários do Gestor	Conclusão da Equipe de Auditoria
3.10	Encaminhe aos gestores das APACs o ofício de "solicitação de isenção de tarifas bancárias", devidamente assinado, cujo modelo encontra-se disponibilizado no SIGCON-Saída, para que, quando da abertura de contas bancárias específicas para gestão dos recursos públicos recebidos em decorrência da formalização das parcerias, eles possam apresentá-lo à instituição financeira pública determinada pela SEJUSP, a fim de garantir que ela não realize cobranças indevidas, em cumprimento ao disposto no art. 51 da Lei nº 13.019/14.	SEJUSP	Embora devidamente intimado, não houve manifestação do gestor.	Pela manutenção da recomendação.
3.11	Elabore, nos termos do art. 85-A, §6º do Decreto Estadual nº 47.132/17, normativo que estabeleça os critérios objetivos para a adoção de ações compensatórias e revise o fluxo processual para não haver sobreposição de atividades entre os processos de PACE, TCE e ações compensatórias.	SEJUSP	Embora devidamente intimado, não houve manifestação do gestor.	Pela manutenção da recomendação.
3.11	Crie um módulo eletrônico específico de gerenciamento, nos termos do art. 85-A, §2º do Decreto Estadual nº 47.132/17, de ações compensatórias, bem como para condução de PACE e de Tomada de Contas Especial, contendo minimamente as seguintes funcionalidades: i. Solicitação de ações compensatórias; ii. Instauração e acompanhamento de PACE; iii. Emissão de alertas automáticos e acompanhamento dos prazos de manifestação e defesa das OSCs;	SEGOV	A SEGOV informou que ainda não tem conhecimento sobre nenhuma ação compensatória realizada no Estado, destarte, ainda não possuímos uma experiência prática	A Equipe de Auditoria mantém a recomendação, haja vista que: i. No tocante ao módulo eletrônico de gerenciamento de medidas compensatórias, como esta melhoria ainda não foi implementada, necessita-se manter o achado para que se possa realizar futuro

(continua)

Achado	Recomendação	Jurisdicionado	Comentários do Gestor	Conclusão da Equipe de Auditoria
3.11	iv. Gerenciamento e alteração de propostas de parcelamentos e ações compensatórias de ressarcimentos; v. Gerenciamento e contagem de suspensão de prazos prescricionais; vi. Instauração e gerenciamentos de processos de TCE; vii. Emissão de relatórios sobre: ressarcimentos obtidos por PACE, irregularidades constantes; ressarcimentos obtidos em TCE.	SEGOV	sobre a questão. Entretanto, há estudos para regulamentação do assunto. No que diz respeito ao PACE, a SEGOV está revisando a legislação e, por essa razão, ainda não é possível especificar um fluxo de negócio para viabilizar a construção de novas funcionalidades no sistema. Cabe ressaltar que há dependência da definição, por parte do TCE-MG, de ocorrência ou não de mudança da Instrução Normativa nº 03/2013. No tocante à Tomada de Contas Especial, a SEGOV entende que não é de sua competência.	monitoramento para verificar se houve cumprimento da recomendação e se a medida adotada foi efetiva. ii. Embora o novo normativo sobre processos de Tomada de Contas Especiais não tenha ainda entrado em vigor, isso não impede futuras atualizações e melhorias no gerenciamento eletrônico de informações sobre o PACE. Ademais, nada impede posterior adequações no sistema quando da vigência deste novo normativo pelo TCE.MG. iii. No tocante à Tomada de Contas Especial, não foi apresentada norma que fundamente a alegação da SEGOV sobre a competência exclusiva da CGE sobre o assunto. Outrossim, verifica-se não ser possível dissociar o processo de ressarcimento de dano do ciclo de execução e formação do convênio, porquanto, que o ressarcimento de dano decorre

(continua)

Achado	Recomendação	Jurisdicionado	Comentários do Gestor	Conclusão da Equipe de Auditoria
3.11		SEGOV		de falhas no cumprimento de metas e na gestão do recurso público transferido, não sendo viável criar um sistema isolado e que não se comunique com o SIGCON-Saída ou com os outros mecanismos de ressarcimento de dano (ações compensatórias e PACE).
3.1	Aprimore o modelo dos relatórios de monitoramento e avaliação do cumprimento do objeto e das metas estabelecidos nos Planos de Trabalho das parcerias firmadas com as APACs, inserido os impactos dos benefícios sociais das parcerias, com o fito de aferir de forma efetiva e eficiente o desempenho da entidade convenente, em conformidade com o disposto nos arts. 58 e 59 da Lei nº 13.019/2014.	SEJUSP	Embora devidamente intimado, não houve manifestação do gestor.	Pela manutenção da determinação.
3.1	Utilize os dados obtidos na pesquisa de satisfação com os beneficiários dos planos de trabalho como elemento de análise, constando expressamente seus resultados em tópico específico, nos relatórios técnicos de monitoramento da DCA, de forma a subsidiar a avaliação do cumprimento do objeto das parcerias firmadas entre SEJUSP e APACs, conforme preconiza o art. 58, §2º, da lei nº 13.019/14.	SEJUSP	Embora devidamente intimado, não houve manifestação do gestor.	Pela manutenção da determinação.

(continua)

Achado	Recomendação	Jurisdicionado	Comentários do Gestor	Conclusão da Equipe de Auditoria
3.1	Acoste aos autos dos processos de monitoramento justificativa quando da inviabilidade de realização de pesquisa de satisfação com os beneficiários dos planos de trabalho, conforme preconiza o art. 58, §2°, da lei n° 13.019/14.	SEJUSP	Embora devidamente intimado, não houve manifestação do gestor.	Pela manutenção da determinação.
3.2	Mapeie e adeque os fluxos e procedimentos de análises de prestações de contas das OSCs ao disposto no inciso II do art. 66 e no art. 71 da Lei nº 13.019/2014, no intuito de priorizar a análise das prestações de contas das APACs que não cumpriram as metas e de operacionalizar a seleção amostral, com base em critérios de risco, relevância e materialidade, a fim de conferir celeridade, eficiência e efetividade na análise dos processos de prestação de contas	SEJUSP	Embora devidamente intimado, não houve manifestação do gestor.	Pela manutenção da determinação.
3.2	Elabore, no prazo de 120 dias, um plano de ação que contemple alternativas de solução do passivo de prestações de contas pendentes de análise, haja vista o descumprimento do prazo determinado no art. 71 da lei n° 13.019/14.	SEJUSP	Embora devidamente intimado, não houve manifestação do gestor.	Pela manutenção da determinação.
3.3	Promova a integração do sistema CAGEC com o banco de dados do CAFIMP e do TST, para emissão de certidões, de forma automática, em atendimento ao disposto no art. 15 da Resolução Conjunta SEGOV/CGE de 05 de janeiro de 2020.	SEGOV	O jurisdicionado informa ser relevante a medida, contudo destaca não ter capacidade adotá-la	A Equipe de Auditoria mantém a determinação, haja vista que: i. A Resolução Conjunta SEGOV/CGE nº 15/20 assevera sobre a necessidade de integração

(continua)

Achado	Recomendação	Jurisdicionado	Comentários do Gestor	Conclusão da Equipe de Auditoria
3.3		SEGOV	neste momento, em razão da ausência de recursos orçamentários para manutenção do serviço e a necessidade de articulação política minuciosa com os gestores dos órgãos detentores dos sistemas a serem integrados ao CAGEC.	automática do CAGEC com os demais sistemas correlatos; ii. O jurisdicionado não anexou documentação comprobatória de eventuais tentativas de formalização de contratos visando promover a integração dos sistemas com o CAGEC; iii. Ademais, a SEGOV não detalhou os custos para a realização e manutenção da integração, a fim de demonstrar a real inexistência de recursos orçamentários para formalização imediata das referidas integrações.
3.3	Resolva os problemas de inconsistências de dados do CAGEC com o sistema financeiro do Estado, a partir da implantação do GRP Minas	SEGOV	A SEGOV informa que as inconsistências apresentadas no relatório estão atreladas ao CNPJ das APACs em situação de extinção ou exclusão, dada a inatividade. Desta feita, o órgão reforça que	A Equipe de Auditoria mantém a determinação haja vista: i. Embora a entidade parceira seja responsável pelo preenchimento e atualização dos dados no CAGEC, a SEGOV, que é responsável pela gestão e mudanças no sistema (art. 71 do Decreto Estadual nº 46.319/13), logo, independente da atuação

(continua)

Achado	Recomendação	Jurisdicionado	Comentários do Gestor	Conclusão da Equipe de Auditoria
3.3		SEGOV	a responsabilidade de atualização dos dados da OSC é do convenente/parceiro, vez que somente este logra das informações pertinentes. Outrossim, comunica que a previsão de implementação do sistema GRP se dará em janeiro de 2024.	da entidade parceira, cabe à SEGOV adotar mecanismos de controle que minimizem os riscos decorrentes de eventual ausência, demora ou preenchimento incorreto das informações pela OSC. ii. Não foi informado se com a futura implantação do GRP Minas, os problemas de inconsistência de dados serão solucionados.
3.4	Crie módulos de gerenciamento e monitoramento das parcerias e de prestação de contas para que o sistema SIGCON-saída contemple todo o ciclo de formalização das parcerias ou convênios, nos termos do art. 92 do Decreto Estadual nº 47.132/17.	SEGOV	O desenvolvimento dos referidos módulos eletrônicos está em curso.	A Equipe de Auditoria mantém a determinação, haja vista que: i. Como esta melhoria ainda não foi implementada, necessita-se manter o achado para que se possa realizar futuro monitoramento para verificar se houve cumprimento da determinação e se a medida adotada foi efetiva.

(continua)

Achado	Recomendação	Jurisdicionado	Comentários do Gestor	Conclusão da Equipe de Auditoria
3.6	Atenda às exigências de transparência e publicidade previstas em todas as etapas das parcerias, desde a fase preparatória até o fim das prestações de contas, disponibilizando as informações que devem constar obrigatoriamente no Portal da Transparência do Estado e Minas Gerais, de forma objetiva, transparente, clara e em linguagem de fácil compreensão, a fim de fomentar o controle social da execução das parcerias firmadas com as APACs, nos termos do disposto no art. 87 da lei nº 13.019/14, no art. 8º do Decreto nº 47.132/2017, e nos arts. 6º, 7º e 8º da Lei nº 12.527.	SEJUSP	Embora devidamente intimado, não houve manifestação do gestor.	Pela manutenção da recomendação.
3.6	Oriente a FBAC a publicar a situação da prestação de contas das parcerias firmadas entre SEJUSP e APACs, para que possa disponibilizar, em seu Portal próprio da Transparência, a data prevista para a sua apresentação, a data em que foi apresentada, o prazo para a sua análise e o resultado conclusivo, de forma objetiva, transparente, clara e em linguagem de fácil compreensão, nos termos do disposto nos arts. 7º e 8º do Decreto nº 47.132/2017, no art. 11 da Lei nº 13.019/2014 e no art. 97 do Decreto nº 47.132/2017.	SEJUSP	Embora devidamente intimado, não houve manifestação do gestor.	Pela manutenção da determinação.

(conclusão)

Achado	Recomendação	Jurisdicionado	Comentários do Gestor	Conclusão da Equipe de Auditoria
3.6	Adote medidas necessárias à efetivação da transparência ativa e aumento do controle social, disponibilizando dados e perfil de acesso aos cidadãos para consulta pública das informações constantes no sistema SIGCON-Saída, nos termos do disposto nos arts. 7º e 8º do Decreto nº 47.132/2017 que regulamenta o MROSC.	SEGOV	O desenvolvimento dos referidos módulos eletrônicos está em curso.	A Equipe de Auditoria mantém a determinação, haja vista que: i. Como esta melhoria ainda não foi implementada, necessita-se manter o achado para que se possa realizar futuro monitoramento para verificar se houve cumprimento da determinação e se a medida adotada foi efetiva.
3.10	Indique, nos termos de parceria firmados com as OSCs em qual instituição financeira pública elas devem realizar a abertura de conta corrente específica para recebimento dos recursos repassados para o cumprimento da parceria, nos termos do disposto no art. 51 da Lei nº 13.019/14.	SEJUSP	Embora devidamente intimado, não houve manifestação do gestor.	Pela manutenção da determinação.

Apêndice II – Lista final de recomendações/determinações

Com base nas novas documentações e justificativas apresentadas pelos jurisdicionados, esta Equipe de Auditoria entendeu ser necessária a inclusão de novas recomendações pelos motivos a seguir expostos.

ACHADO 3.8 – Necessidade de aprimorar os procedimentos de monitoramento das taxas de ocupação e otimizar o processo de ampliação e preenchimento de vagas dos CRSs das APACs

O TJMG informou que está trabalhando na edição de um novo Ato Normativo versando sobre as transferências de recuperandos para as APACs, o qual definirá os critérios objetivos, procedimentos gerais e prazos para o cumprimento das diligências que se façam necessárias para realizar o efetivo preenchimento das vagas nos CRSs.

Contudo, a edição desta norma ainda se encontra em fase de tratativa junto aos Juízes da Execução Penal e demais órgãos como SEJUSP, FBAC e APAC local.

Por sua vez, a SEJUSP apresentou a relação de portarias que estabelecem todos os critérios específicos de ocupação de vagas nos CRSs das APACs, adotados pelos juízes de execução de cada uma das varas das comarcas situadas nos municípios mineiros.

Destaca-se que, além da definição de critérios mínimos de transferência de presos do sistema comum para o sistema APACs previstos na Portaria nº 1182/PR/2021 do TJMG, a mesma norma também permite, visando a segurança dos trabalhos, a criação, por meio de portarias, de critérios específicos estabelecidos pelos juízes competentes das varas de execução penal de cada uma das comarcas dos municípios mineiros.

Com o fito de averiguar o impacto que o enrijecimento dos critérios de preenchimento de vagas ocasiona no processo de ocupação nos CRSs, esta Equipe de Auditoria decidiu selecionar 3 varas de Execução Penal que possuem critérios mais rígidos e 3 varas que possuem critérios mais flexíveis e verificou que as nas varas em que os critérios são mais rígidos, a taxa de ocupação é acentuadamente inferior às varas que são mais flexíveis.

Segue abaixo o comparativo realizado:

(continua)

Comarca	Critérios de Ocupação	Grupo	Percentual de Ociosidade no CRS[2]
Betim	Apenas Regime Fechado; Preso não reincidente; Não esteja o preso respondendo outros processos penais; Não ter sofrido sanção grave no período de 01 ano antes da decisão; Execução de pena no mínimo de 01 ano no regime fechado.	Rígido	81%
Itabirito	Apenas Regime Fechado e Semiaberto; Condenação Definitiva (sem recurso); Não esteja o preso respondendo outros processos penais; Não ter sofrido sanção no período de 01 ano antes da decisão; Execução de pena no mínimo de 01 ano; Residência do preso ou de familiares na Comarca há pelo menos 01 ano; Oitiva prévia do Ministério Público e da defesa.	Rígido	49%

---

[2] Período de janeiro de 2022 a agosto de 2022.

(conclusão)

Comarca	Critérios de Ocupação	Grupo	Percentual de Ociosidade no CRS[1]
Varginha	Apenas Regime Fechado; Condenação Definitiva (sem recurso); Não ter sofrido sanção média ou grave no período de 01 ano antes da decisão; Execução de pena no mínimo de 01 ano no regime fechado; Residência do preso ou de familiares na Comarca há pelo menos 01 ano.	Rígido	32%
Manhumirim	Não há criação de critérios específicos de ocupação.	Flexível	25%
Caratinga	Apenas presos do Regime Fechado.	Flexível	16%
Itaúna	Residência do preso ou de familiares na Comarca há pelo menos 01 ano, salvo se não houver atendimento do percentual mínimo de ocupação estabelecido na parceria com o Poder Executivo.	Flexível	13%
Média percentual de ociosidade das Comarcas Rígidas			54%
Média percentual de ociosidade das Comarcas Flexíveis			18%

Neste sentido, considerando o fato de que o próprio TJMG está iniciando o processo de elaboração de um novo ato normativo sobre as transferências de presos do sistema prisional comum para as APACs, esta equipe de auditoria, a fim de aprimorar o processo de ocupação de vagas nos CRSs, recomenda ao TJMG:

- Que o novo ato normativo sobre as transferências de presos do sistema prisional comum para as APACs preveja que o Juiz da Execução Penal, ao criar, por meio de portarias, critérios específicos de ocupação de vagas nos CRSs das

---

[1] Período de janeiro de 2022 a agosto de 2022.

APACs, solicite previamente ao Grupo de Trabalho de acompanhamento e monitoramento de vagas nos Centros de Reintegração Social, parecer opinativo analisando o impacto que esses critérios específicos de ocupação de vagas a serem criados poderão acarretar no equilíbrio entre manutenção da segurança pública e o alcance da eficiência na ocupação das vagas no sistema APAC.

ACHADO 3.9 – Insuficiência de capacitação dos Gestores e Encarregados de Tesouraria das APACs e dos Servidores da SEJUSP

Nos termos do disposto no art. 8º da Lei 13.019/2014, "a administração pública adotará as medidas necessárias, tanto na capacitação de pessoal, quanto no provimento dos recursos materiais e tecnológicos necessários, para assegurar a capacidade técnica e operacional, na celebração de parcerias."

Destaca-se que a Escola de Contas do TCEMG vem ampliando bastante na capacitação dos seus servidores e jurisdicionados ofertando cursos presenciais e à distância em busca da melhoria do desempenho da gestão.

No que se refere aos cursos à distância, a Escola de Contas do TCEMG enfrentou uma série de desafios na elaboração e implantação dos dois primeiros cursos de especialização na modalidade EAD, por se tratar de uma modalidade recente e que requeria a adoção de metodologias e recursos que atendessem às suas especificidades, tendo em vista que são distintos dos utilizados nas modalidades presenciais.

A experiência desta Corte de Contas, na modalidade EAD, foi considerada exitosa, uma vez que ela foi a pioneira na oferta de 120 vagas nos dois cursos de especialização latu sensu 100% à distância em Finanças Públicas, ofertados a servidores dos Poderes executivo e legislativo dos municípios mineiros com população até 50.000 habitantes, os quais foram concluídos nos anos de 2020 e 2021. (LEAL; PINTO; MOURTHÊ, 2022)

Além de ser referência na oferta de cursos de especialização na modalidade EAD em Minas Gerais, esta Corte de Contas vem cumprindo com o seu papel constitucional e pedagógico, uma vez que tem possibilitado a capacitação de servidores de diversos municípios do Estado de Minas Gerais, ofertando uma educação de qualidade e contribuindo de forma efetiva para o aperfeiçoamento do controle externo, do controle social e das boas práticas da administração pública.

Além destes cursos de especialização ofertados aos municípios mineiros, a Escola de Contas e outras escolas de governo vêm disponibilizando diversos outros cursos que podem ser realizados por órgãos e entidades da esfera estadual, razão pela qual esta equipe de auditoria recomenda que a SEJUSP incentive seus servidores a participarem dos cursos de capacitação disponíveis nas plataformas das diversas escolas de governo, em especial, os gratuitos que constam do portal da Escola de Contas Professor Pedro Aleixo.

O intuito do TCEMG, juntamente com outros órgãos parceiros, é viabilizar a capacitação contínua e fomentar a melhoria da gestão dos recursos públicos e o controle social nas esferas estadual e dos municípios mineiros, por meio da oferta de cursos à distância aos seus servidores e aos jurisdicionados, conforme se verifica nos seguintes endereços eletrônicos:

- https://escoladecontas.tce.mg.gov.br/coordenadoria-de--capacitacao/#capacitacao-cursos-eadHYPERLINK;
- https://escoladecontas.tce.mg.gov.br/coordenadoria-de--capacitacao/#capacitacao-cursos-ead;www.nllc.com.br";www.nllc.com.br;
- https://irbcontas.org.br/irb-conhecimento;
- https://eeventos.tce.mg.gov.br/controladoriaemmovimento.

Considerando que as ofertas e as plataformas de capacitação à distância da SEJUSP e da SEGOV encontram-se ainda incipientes, faz-se necessário intensificar ainda mais a atuação de caráter pedagógico do TCEMG na esfera da sua competência, para que ele supra as insuficiências de capacitação identificadas neste relatório de auditoria.

Desta forma, seria importante que esta Corte de Contas, com base nos apontamentos constantes deste relatório de auditoria relativos, às carências de capacitação em temas relevantes para viabilizar o controle dos gastos públicos e a concretização da boa e regular gestão dos recursos públicos, mapeasse, planejasse e formalizasse cursos, no sentido de orientar e melhor qualificar os gestores do Estado e da FBAC/APACs, para que eles possam aprimorar os processos de prestação de contas e de avaliação e monitoramento de indicadores de desempenho dos convênios/parcerias.

Além disso, é fundamental contar também com o apoio da CGE para que o referido órgão de controle interno possa ofertar, em parceria com esta Corte de Contas, e na esfera de sua competência, cursos voltados para o mapeamento e gestão de riscos no âmbito da SEJUSP, no intuito de fortalecer os controles e a governança do referido órgão estadual.

O papel da CGE seria o de orientá-los a respeito da adoção de processos, procedimentos e ferramentas de controle interno eficazes na gestão de convênios/parcerias e que sejam capazes de mitigar os riscos de erros e de eventuais prejuízos aos cofres públicos.

Destaca-se ainda que esta Corte de Contas está desenvolvendo, em parceria com a Controladoria Geral do Município de Belo Horizonte, o Programa Controladoria em Movimento, o qual será realizado de forma presencial, no auditório Simão Pedro Toledo do TCEMG.

Na programação dos dias 21/11 a 24/11 de 2022 serão ministrados os cursos de Gestão de Risco no Setor Público, Nova Lei de Licitações, Tomada de Contas Especiais, Fiscalização e Gestão de Contratos.

O referido Programa consiste na disponibilização de uma série de treinamentos para servidores e gestores do Poder Executivo de Belo Horizonte com o objetivo de promover a capacitação continuada de agentes públicos de todos os órgãos e entidades da Prefeitura de Belo Horizonte em temas relevantes e transversais, para melhor desempenho de suas funções, o que implica, consequentemente, em melhores entregas aos cidadãos e usuários dos serviços públicos.

Diante da relevância da atuação conjunta dos órgãos de controle externo e interno em prol da melhoria do desempenho dos órgãos e entidades públicas submetidos à jurisdição desta Corte de Contas, e considerando que esta equipe de auditoria identificou insuficiência de capacitação para servidores públicos da SEJUSP seria interessante que esta Corte de Contas também ofertasse capacitações contínuas aos servidores e gestores do Poder Executivo do Estado de Minas Gerais de forma similar ofertados aos servidores do Poder Executivo da Prefeitura de BH por intermédio do Programa Controladoria em Movimento.

Tal recomendação de atuação integrada dos controles em prol da boa gestão dos recursos públicos proposta por esta equipe de auditoria poderia ocorrer nos termos do disposto no Acordo de Cooperação nº 006/2016 celebrado, no dia 19/12/2016, entre Estado de Minas Gerais, por intermédio de sua Controladoria-Geral e o Tribunal de Contas do Estado.

O referido Acordo visa "o desenvolvimento de projetos e ações que possam contribuir para a prevenção e o combate à corrupção, para a promoção da transparência e da ética pública, para o fomento do controle social e para o fortalecimento da gestão pública, com maior efetividade na gestão dos recursos públicos".

Em relação às medidas de cooperação previstas na cláusula segunda do referido Acordo, destaca-se:

> I - atuar conjuntamente em ações de prevenção à corrupção e promoção de transparência e da ética pública, por meio da realização de eventos de sensibilização e de capacitação, objetivando maior participação da sociedade no controle dos gastos públicos;
> II- realizar trabalhos conjuntos de interesse comum, nas áreas de controle interno e de prevenção e combate à corrupção, incluindo atividades de educação corporativa na modalidade presencial ou à distância, cessão de instrutores e material didático, elaboração ou adaptação de cursos, e outras ações de apoio à execução;

Outrossim, ressalta-se a seguinte obrigação das partes previstas na cláusula terceira do referido Acordo:

> I - planejar e executar ações integradas entre os partícipes, com vistas a estimular o controle social e fortalecer a gestão dos recursos públicos pelo Estado e pelos Municípios mineiros;

Destarte, recomenda-se ao TCEMG:

- Promover, de forma integrada com a CGE (Controladoria Geral do Estado), nos termos do Acordo de Cooperação nº 006/2016, ações de capacitações direcionadas aos servidores da SEJUSP e funcionários da FBAC/APACs sobre as seguintes temáticas:
    i. Apresentação e avaliação de prestações de contas dos convênios e parcerias firmados entre Estado de Minas Gerais e APACs à luz do MROSC;
    ii. Avaliação de indicadores de desempenho definidos nos Planos de Trabalho dos convênios e parcerias firmados entre APACs e Estado, para fins de aferir, de forma objetiva, o cumprimento das metas pactuadas e, consequentemente, identificar e mensurar os resultados alcançados;

iii. Gestão de riscos na análise dos convênios e parcerias, orientando o jurisdicionado estadual a desenvolver mecanismos de controle interno eficientes e eficazes e que sejam capazes de mitigar a incidência de erros e melhorar o desempenho da administração pública;
iv. Adoção de metodologias, ferramentas e instrumentos de controle eficazes para realizar o monitoramento do cumprimento das metas de desempenho pactuadas nos convênios/parcerias;
v. Mapeamento, planejamento e formalização de planos e metodologias de capacitação voltados para atender às fragilidades e necessidades do jurisdicionado estadual identificadas neste relatório de auditoria, ofertando cursos de capacitações periódicos e que abarquem temas específicos de suma relevância para a melhoria do desempenho da SEJUSP na gestão dos convênios/parcerias, bem como das APACs na administração e aplicação dos recursos públicos estaduais, no intuito de minimizar erros e evitar eventuais prejuízos aos cofres públicos.

Por fim, segue abaixo a tabela definitiva das recomendações/determinações propostas por esta Equipe de Auditoria:

I. Recomendar que:

(continua)

PROPOSTA	ACHADO (N°)	RESPONSÁVEL
Diante do acima exposto, recomenda-se à SEJUSP que aprimore os modelos dos relatórios de monitoramento produzidos pelas OSCs, para que passem a exigir: i. A comprovação do cumprimento qualitativo do objeto com base em documentos e informações que possibilitem aferir, de forma objetiva, o cumprimento qualitativo das novas metas e indicadores estabelecidos nos novos Planos de Trabalhos constantes das parcerias celebradas a partir de 2022, para que possa retratar o efetivo alcance dos resultados	3.1	SEJUSP

(continua)

PROPOSTA	ACHADO (N°)	RESPONSÁVEL
decorrentes da execução das atividades desenvolvidas pelas APACs; ii. A obrigatoriedade no preenchimento dos dados relativos ao registro dos profissionais que prestam serviços assistenciais nas APACs, para que, quando da análise do relatório de monitoramento das OSCs, a SEJUSP possa verificar se a pessoa que assinou as listas é o profissional habilitado e responsável pelo atendimento dos recuperandos.	3.1	SEJUSP
Elabore plano de ação para as OSCs com critérios de medição do desempenho, informando às APACs as possíveis medidas que poderão ser adotadas nos casos de descumprimento total ou parcial do objeto, de acordo com as notas obtidas por cada um das filiadas da FBAC durante o monitoramento e avaliação das parcerias;	3.1	SEJUSP
Aprimore relatórios técnicos da DCA: i. Inserido tópico específico versando sobre a tempestividade da entrega de documentação pela APAC e os motivos de eventuais atrasos ou glosas realizadas no decorrer da execução da parceria. ii. Realizando a análise individual do cumprimento de cada meta, atribuindo nota de monitoramento à OSC e informando, com prazo, quais medidas deverão ser saneadas pela APAC, bem como boas práticas, caso existam.	3.1	SEJUSP
Aprimore os relatórios de visitas técnicas utilizado como instrumento para subsidiar o monitoramento e avaliação do cumprimento das metas previstas nos planos de trabalho das parcerias firmadas com as APACs, fazendo constar quais metas foram considerados insatisfatórias, o que precisa ser aperfeiçoado pela APAC, prazo para correção das inconformidades, os parâmetros utilizados para aferição dos resultados e o período de análise dos documentos.	3.1	SEJUSP
Aprimore a forma de seleção das APACs no cronograma de visitas técnicas, passando a utilizar critérios objetivos pautados em análises de riscos.	3.1	SEJUSP

(continua)

PROPOSTA	ACHADO (N°)	RESPONSÁVEL
Adeque o modelo de documento que consolida os resultados obtidos por meio da pesquisa de satisfação, para que possa aferir de forma eficiente e efetiva o cumprimento do objeto com foco no desempenho da entidade convenente, com as seguintes modificações: i. Atualização das questões às novas metas, indicadores e aos critérios objetivos previstos nos novos planos de trabalho firmados em 2022; ii. Inserir informações a respeito da quantidade de atendimentos realizados com os entrevistados e os motivos da sua avaliação em cada aspecto da parceria, para fins de comprovação do cumprimento do objeto e o alcance de resultados.	3.1	SEJUSP
Promova alterações na Resolução n° 219/2021, que regulamenta os processos de seleção das amostras, para que o escopo selecionado para a análise, não seja ampliado em demasia a ponto de gerar uma quantidade excessiva de processos a serem analisados, que irá impactar no acúmulo de prestação de contas pendentes de análise e agravar o problema do passivo, informando ao Tribunal as providências que serão adotadas.	3.2	SEJUSP
Edite normativo que estabeleça parâmetros objetivos mínimos de seletividade para análise dos processos de prestação contas, com base em critérios de materialidade, relevância, oportunidade e risco.	3.2	CGE
Implemente melhorias nas funcionalidades do CAGEC, para solucionar as inconsistências identificadas e assegurar a confiabilidade das informações constantes do referido sistema, de forma que seja possível à SEJUSP distinguir as entidades que estão com as atividades suspensas, das que foram encerradas e das que estão em pleno funcionamento, minimizando o risco de obter informações equivocadas a respeito da atual situação formal da convenente/parceira.	3.3	SEGOV
Aprimore os dados constantes do histórico do CRC emitido pelo CAGEC para que possa contemplar informações padronizadas e específicas a respeito do bloqueio de convenentes/parceiras no SIAFI e a respeito do monitoramento e avaliação das OSCs	3.3	SEGOV

(continua)

PROPOSTA	ACHADO (Nº)	RESPONSÁVEL
Aprimore a arquitetura lógica do sistema SIGCON-Saída, de forma que consiga suportar o grande número de acessos dos usuários e comportar a grande quantidade de informações que são armazenadas em seus bancos de dados pelos seus operadores, no intuito de minimizar os erros e instabilidades do sistema	3.4	SEGOV
Aprimore o SIGCON-saída, avaliando a viabilidade de dividir a aba "caracterização da proposta", em várias abas, no intuito de evitar que o excesso de informações preenchidas em um único campo, impossibilite que elas sejam salvas no sistema antes da ocorrência do *logout* automático	3.4	SEGOV
Avalie, no intuito de auxiliar o gestor na tomada de decisões e facilitar o controle interno e externo, a oportunidade e conveniência de fazer constar minimamente, dos novos módulos a serem criados no SIGCON-Saída, as funcionalidades abaixo: 1. Módulo de Gerenciamento e Monitoramento das Parcerias i. Acompanhamento de repasses financeiros realizados à OSC, comparando o planejado e o executado; ii. Elaboração, acompanhamento e execução de cronograma de visitas técnicas com base em riscos; iii. Análise de cumprimento de metas executadas em relação às previstas no plano de trabalho, com nota final de monitoramento; iv. Emissão de relatórios sobre: notas de monitoramento das OSCs, realização e conclusão de visitas técnicas e comparação de indicadores. 2. Módulo de Prestação de Contas das Parcerias i. Acompanhamento e inserção de despesas pelas OSC em tempo real; ii. Análise das prestações de contas dividida em duas fases, sendo a primeira, a de avaliação de execução de objeto, e a segunda, de execução financeira, permitindo, neste último caso, a análise individual das despesas; iii. Em aprimoramento posterior, realizar análise financeira de prestação de contas automatizada por robô.	3.4	SEGOV

(continua)

PROPOSTA	ACHADO (N°)	RESPONSÁVEL
iv. Após permitir a análise de cumprimento de objeto, diferenciação das prestações de contas em quatro categorias: metas inadimplidas; objetos de denúncia/representação; auxílio de interveniente; metas cumpridas (são as únicas que entram no cálculo da amostra); v. Fornecer a informação de todas as prestações de contas aptas a comporem a amostra; vi. Emissão de alertas automáticos e acompanhamento dos prazos de manifestação e defesa das OSCs; vii. Emissão de relatórios sobre: OSCs com mais glosas, irregularidades constantes; comparação percentual de glosas e erros entre as prestações de contas de OSCs que cumpriram as metas e as que não cumpriram as metas.	3.4	SEGOV
Solicite à FBAC a liberação de perfis de acesso ao INFOAPAC, bem como a realização dos devidos treinamentos, para a DCA e DCC, a fim de subsidiar, de forma complementar, o monitoramento das parcerias a partir dos dados e relatórios produzidos pelo sistema, e ao TJ MG, para acompanhar as taxas de ocupação dos CRSs e avaliar o desempenho da APAC dentro da sua esfera de competência.	3.5	SEJUSP
Oriente os dirigentes das APACs para que expandam os canais de divulgação dos editais de seleção de pessoal, de forma que essas informações sejam divulgadas no *facebook*, *instagram*, *linkedin*, rádio local, SINE (Sistema Nacional de Emprego), órgão da Prefeitura local, dentre outros.	3.7	SEJUSP
Acompanhe constantemente os reajustes nas remunerações que forem concedidos à categoria dos profissionais prestadores de serviços de contabilidade para que, caso se faça necessário, promova alterações no normativo que atualmente regulamenta os cargos e remuneração dos funcionários das APACs, para recompor a perda salarial decorrente da inflação.	3.7	SEJUSP

(continua)

PROPOSTA	ACHADO (N°)	RESPONSÁVEL
Informe ao TCEMG os resultados da inclusão do cargo de Gerente Geral nos Planos de Trabalhos das parcerias com as APACs de grande porte II, no tocante à redução dos índices de rotatividade dos funcionários das APACs e aprimoramento na gestão das referidas OSCs, a fim de avaliar a efetividade de expandir este cargo para as demais APACs, independente da classificação do porte.	3.7	SEJUSP
Aprimorem os processos e procedimentos de ocupação e gerenciamento de vagas nas APACs, tendo em vista as seguintes constatações: i. Ausência de normas e fluxos de trabalho que estabeleçam a forma, os prazos e as competências para preenchimento das vagas dos CRS das APACs, visando agilizar o processo de ingresso do preso no CRS. ii. Precários procedimentos de ocupação nos CRSs, sugerindo estudar a viabilidade de criação, no âmbito da SEJUSP, de lista eletrônica de presos que preencham os requisitos da Portaria Conjunta nº 1.182/PR/2021- TJ MG para ingresso nas APACs.	3.8	SEJUSP
Avaliem e informem ao TCEMG, sem causar prejuízos à metodologia apaqueana, a conveniência e oportunidade de estabelecer um novo teto de ocupação nos CRSs, definindo critérios objetivos para reprogramação de vagas no CRS, com reavaliação dos cálculos proporcionais de aumento de quadro de pessoal, de acordo com o número de recuperandos.	3.8	SEJUSP
Que o novo ato normativo sobre as transferências de presos do sistema prisional comum para as APACs preveja que o Juiz da Execução Penal, ao criar, por meio de portarias, critérios específicos de ocupação de vagas nos CRSs das APACs, solicite previamente ao Grupo de Trabalho de acompanhamento e monitoramento de vagas nos Centros de Reintegração Social, parecer opinativo analisando o impacto que esses critérios específicos de ocupação de vagas a serem criados poderão acarretar no equilíbrio entre manutenção da segurança pública e o alcance da eficiência na ocupação das vagas no sistema APAC.	3.8	TJMG

(continua)

PROPOSTA	ACHADO (N°)	RESPONSÁVEL
Elaborem planos para a realização de treinamentos contínuos, presencial ou em EAD, para os servidores do órgão e gestores e encarregados de tesouraria das APACs, no intuito de minimizar ou atenuar as deficiências apontadas nas fases de monitoramento e de prestação de contas das parcerias, abordando, em aspectos práticos, os seguintes temas: i. Monitoramento e avaliação de indicadores e metas com priorização nos resultados, de acordo com o MROSC; ii. Elaboração de papeis de trabalho e relatórios para visitas técnicas; iii. Gestão de riscos; iv. Análises de prestações de contas com foco no resultado, de acordo com o MROSC; v. Condução de PACE e Tomada de Contas Especial; vi. Manuseio operacional e novas funcionalidades do sistema SIGCON-Saída e CAGEC	3.9	SEJUSP e SEGOV
Ampliem o acesso ao conhecimento disponibilizando cursos de capacitação online em plataforma digital, criando critérios de avaliação do aluno, pesquisa de satisfação, fórum de discussão de dúvidas e aprimorem a forma de obtenção do certificado.	3.9	SEJUSP e SEGOV
Aprimorem os sistema SIGCON-Saída para inserir campo de informação sobre a realização e data de capacitação dos funcionários das OSCs parceiras, a fim de que seja possível mapear continuamente as necessidades de capacitação dos funcionários das APACs e responsáveis pela prestação de contas e monitoramento	3.9	SEGOV
Promover, de forma integrada com a CGE (Controladoria Geral do Estado), nos termos do Acordo de Cooperação nº 006/2016, ações de capacitações direcionadas aos servidores da SEJUSP e funcionários da FBAC/APACs sobre nas seguintes temáticas: i. Apresentação e avaliação de prestações de contas dos convênios e parcerias firmados entre Estado de Minas Gerais e APACs à luz do MROSC; ii. Avaliação de indicadores de desempenho definidos nos Planos de Trabalho dos convênios	3.9	TCEMG

(continua)

PROPOSTA	ACHADO (N°)	RESPONSÁVEL
e parcerias firmados entre APACs e Estado, para fins de aferir, de forma objetiva, o cumprimento das metas pactuadas e, consequentemente, identificar e mensurar os resultados alcançados; iii. Gestão de riscos na análise dos convênios e parcerias, orientando o jurisdicionado estadual a desenvolver mecanismos de controle interno eficientes e eficazes e que sejam capazes de mitigar a incidência de erros e melhorar o desempenho da administração pública; iv. Adoção de metodologias, ferramentas e instrumentos de controle eficazes para realizar o monitoramento do cumprimento das metas de desempenho pactuadas nos convênios/parcerias; v. Mapeamento, planejamento e formalização de planos e metodologias de capacitação voltados para atender às fragilidades e necessidades do jurisdicionado estadual identificadas neste relatório de auditoria, ofertando cursos de capacitações periódicos e que abarquem temas específicos de suma relevância para a melhoria do desempenho da SEJUSP na gestão dos convênios/parcerias, bem como das APACs na administração e aplicação dos recursos públicos estaduais, no intuito de minimizar erros e evitar eventuais prejuízos aos cofres públicos.	3.9	TCEMG
Formalize consulta formal à AGE, visando reduzir a insegurança jurídica e evitar a realização de glosas desnecessárias, por meio da consolidação de entendimentos a respeito de quais das irregularidades abaixo mencionadas, identificadas pela SEJUSP na análise de prestação de contas, são passiveis de acarretar dano ao erário e, consequentemente, gerar a obrigação de ressarcimento pelas APACs: i. Prazo prescricional nos casos de ressarcimento de débitos; ii. Ausência de cotações de preços; iii. Pagamento de multas e juros nos casos em que houver atraso de repasses; iv. Excesso de gastos com determina rubrica acima do limite previsto no plano de trabalho; v. Pagamento de aviso prévio indenizado aos funcionários da OSC nos casos de rescisão de contrato de trabalho.	3.10	SEJUSP

(conclusão)

PROPOSTA	ACHADO (N°)	RESPONSÁVEL
Encaminhe aos gestores das APACs o ofício de "solicitação de isenção de tarifas bancárias", devidamente assinado, cujo modelo encontra-se disponibilizado no SIGCON-Saída, para que, quando da abertura de contas bancárias específicas para gestão dos recursos públicos recebidos em decorrência da formalização das parcerias, eles possam apresentá-lo à instituição financeira pública determinada pela SEJUSP, a fim de garantir que ela não realize cobranças indevidas, em cumprimento ao disposto no art. 51 da Lei n° 13.019/14.	3.10	SEJUSP
Elabore, nos termos do art. 85-A, §6° do Decreto Estadual n° 47.132/17, normativo que estabeleça os critérios objetivos para a adoção de ações compensatórias e revise o fluxo processual para não haver sobreposição de atividades entre os processos de PACE, TCE e ações compensatórias.	3.11	SEJUSP
Crie um módulo eletrônico específico de gerenciamento, nos termos do art. 85-A, §2° do Decreto Estadual n° 47.132/17, de ações compensatórias, bem como para condução de PACE e de Tomada de Contas Especial, contendo minimamente as seguintes funcionalidades: i. Solicitação de ações compensatórias; ii. Instauração e acompanhamento de PACE; iii. Emissão de alertas automáticos e acompanhamento dos prazos de manifestação e defesa das OSCs; iv. Gerenciamento e alteração de propostas de parcelamentos e ações compensatórias de ressarcimentos; v. Gerenciamento e contagem de suspensão de prazos prescricionais; vi. Instauração e gerenciamentos de processos de TCE; vii. Emissão de relatórios sobre: ressarcimentos obtidos por PACE, irregularidades constantes; ressarcimentos obtidos em TCE.	3.11	SEGOV

II. Determinar que:

(continua)

PROPOSTA	ACHADO (N°)	RESPONSÁVEL
Aprimore o modelo dos relatórios de monitoramento e avaliação do cumprimento do objeto e das metas estabelecidos nos Planos de Trabalho das parcerias firmadas com as APACs, inserido os impactos dos benefícios sociais das parcerias, com o fito de aferir de forma efetiva e eficiente o desempenho da entidade convenente, em conformidade com o disposto nos arts. 58 e 59 da Lei n° 13.019/2014.	3.1	SEJUSP
Utilize os dados obtidos na pesquisa de satisfação com os beneficiários dos planos de trabalho como elemento de análise, constando expressamente seus resultados em tópico específico, nos relatórios técnicos de monitoramento da DCA, de forma a subsidiar a avaliação do cumprimento do objeto das parcerias firmadas entre SEJUSP e APACs, conforme preconiza o art. 58, §2°, da lei n° 13.019/14.	3.1	SEJUSP
Acoste aos autos dos processos de monitoramento justificativa quando da inviabilidade de realização de pesquisa de satisfação com os beneficiários dos planos de trabalho, conforme preconiza o art. 58, §2°, da lei n° 13.019/14.	3.1	SEJUSP
Mapeie e adeque os fluxos e procedimentos de análises de prestações de contas das OSCs ao disposto no inciso II do art. 66 e no art. 71 da Lei n° 13.019/2014, no intuito de priorizar a análise das prestações de contas das APACs que não cumpriram as metas e de operacionalizar a seleção amostral, com base em critérios de risco, relevância e materialidade, a fim de conferir celeridade, eficiência e efetividade na análise dos processos de prestação de contas	3.2	SEJUSP
Elabore, no prazo de 120 dias, um plano de ação que contemple alternativas de solução do passivo de prestações de contas pendentes de análise, haja vista o descumprimento do prazo determinado no art. 71 da lei n° 13.019/14.	3.2	SEJUSP

(continua)

PROPOSTA	ACHADO (Nº)	RESPONSÁVEL
Promova a integração do sistema CAGEC com o banco de dados do CAFIMP e do TST, para emissão de certidões, de forma automática, em atendimento ao disposto no art. 15 da Resolução Conjunta SEGOV/CGE de 05 de janeiro de 2020.	3.3	SEGOV
Resolva os problemas de inconsistências de dados do CAGEC com o sistema financeiro do Estado, a partir da implantação do GRP Minas	3.3	SEGOV
Crie módulos de gerenciamento e monitoramento das parcerias e de prestação de contas para que o sistema SIGCON-saída contemple todo o ciclo de formalização das parcerias ou convênios, nos termos do art. 92 do Decreto Estadual nº 47.132/17.	3.4	SEGOV
Atenda às exigências de transparência e publicidade previstas em todas as etapas das parcerias, desde a fase preparatória até o fim das prestações de contas, disponibilizando as informações que devem constar obrigatoriamente no Portal da Transparência do Estado e Minas Gerais, de forma objetiva, transparente, clara e em linguagem de fácil compreensão, a fim de fomentar o controle social da execução das parcerias firmadas com as APACs, nos termos do disposto no art. 87 da lei nº 13.019/14, no art. 8º do Decreto nº 47.132/2017, e nos arts. 6º, 7º e 8º da Lei nº 12.527.	3.6	SEJUSP
Oriente a FBAC a publicar a situação da prestação de contas das parcerias firmadas entre SEJUSP e APACs, para que possa disponibilizar, em seu Portal próprio da Transparência, a data prevista para a sua apresentação, a data em que foi apresentada, o prazo para a sua análise e o resultado conclusivo, de forma objetiva, transparente, clara e em linguagem de fácil compreensão, nos termos do disposto nos arts. 7º e 8º do Decreto nº 47.132/2017, no art. 11 da Lei nº 13.019/2014 e no art. 97 do Decreto nº 47.132/2017.	3.6	SEJUSP

(conclusão)

PROPOSTA	ACHADO (N°)	RESPONSÁVEL
Adote medidas necessárias à efetivação da transparência ativa e aumento do controle social, disponibilizando dados e perfil de acesso aos cidadãos para consulta pública das informações constantes no sistema SIGCON-Saída, nos termos do disposto nos arts. 7° e 8° do Decreto n° 47.132/2017 que regulamenta o MROSC.	3.6	SEGOV
Indique, nos termos de parceria firmados com as OSCs em qual instituição financeira pública elas devem realizar a abertura de conta corrente específica para recebimento dos recursos repassados para o cumprimento da parceria, nos termos do diposto no art. 51 da Lei n° 13.019/14.	3.10	SEJUSP

Segue gráfico-resumo das recomendações e determinações, quantificando o número de propostas de encaminhamento por responsável.

Gráfico 17 – Número definitivo de propostas de encaminhamento por responsável.

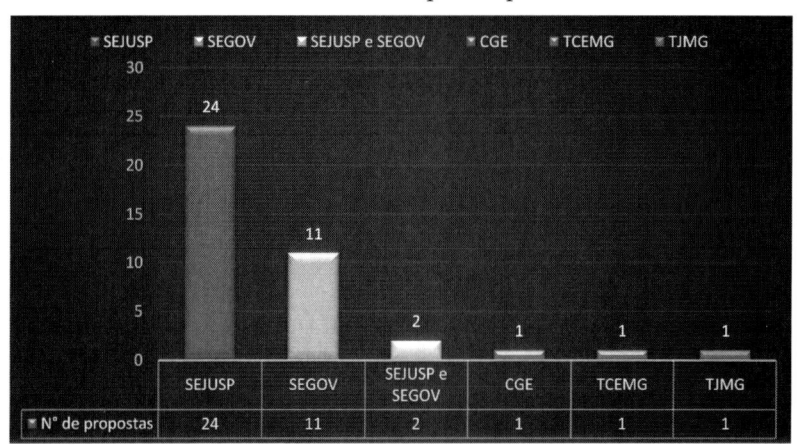

	SEJUSP	SEGOV	SEJUSP e SEGOV	CGE	TCEMG	TJMG
N° de propostas	24	11	2	1	1	1

Fonte: Autoria da própria equipe.

Por derradeiro, considerando que o objeto desta auditoria também envolve ou se relaciona com interesses de outros órgãos e com o Poder Judiciário, visando proporcionar maior efetividade quanto à solução dos achados constantes desta auditoria, propõe-se a remessa de fotocópia deste relatório para a Controladoria Geral do Estado (CGE) e à Fraternidade Brasileira de Assistência aos Condenados (FBAC), para fins de ciência e eventuais providenciais que entenderem cabíveis, em suas respectivas esferas e autonomia.

CAPÍTULO III

VOTO AUDITORIA OPERACIONAL APAC[3]

Processo: 1119965
Natureza: AUDITORIA OPERACIONAL
Interessados: Secretaria de Estado de Justiça e Segurança Pública de Minas Gerais (SEJUSP), Controladoria-Geral do Estado (CGE), Secretaria de Estado de Governo (SEGOV), Tribunal de Justiça do Estado de Minas Gerais (TJMG), Tribunal de Contas do Estado de Minas Gerais (TCEMG) e Fraternidade Brasileira de Assistência aos Condenados (FBAC).
Exercício: 2022
Objeto: avaliar o desempenho na gestão dos instrumentos de parceria firmados entre a SEJUSP e as Associações de Proteção e Assistência aos Condenados (APACs)
RELATOR: CONSELHEIRO DURVAL ÂNGELO
«sessão_do_dia»

Auditoria operacional. Avaliação de desempenho da secretaria de estado de justiça e segurança pública na gestão de parcerias firmadas com associações de proteção e assistência aos condenados. Recomendações. Determinações. Plano de ação.

1. Considerando que os recursos repassados pela Secretaria de Estado de Justiça e Segurança Pública (SEJUSP) às Associações de Proteção e Assistência aos Condenados (APACs) constituem a sua maior fonte de custeio e que a ausência de repasse de recursos, em razão da rejeição de prestações de contas originárias de parcerias entre elas firmadas, poderá inviabilizar o exercício das atividades das APACs e

---

[3] Voto referente à Auditoria Operacional APAC nº 1119965, deliberado na sessão da 1ª Câmara do TCEMG no dia 7 de março de 2023.

acarretar, inclusive, a sua extinção, mostra-se necessário o aprimoramento dos controles na gestão dessas parcerias.

2. Com o advento da Lei n. 13.019/2014 (marco regulatório da organização da sociedade civil - MROSC), é importante que se promova uma mudança de cultura na SEJUSP, tendo em vista que o foco das análises das parcerias firmadas com as APACs passou a ser os resultados, não mais se restringindo aos aspectos estritamente financeiros.

3. Pelos dados extraídos do Portal da Fraternidade Brasileira de Assistência aos Condenados (FBAC) e fornecidos pela SEJUSP, as APACs, enquanto entidades parceiras da Justiça na execução penal, têm apresentado bom desempenho na execução do objeto das parcerias firmadas com a SEJUSP, uma vez que, com base numa metodologia voltada à humanização do cumprimento da pena privativa de liberdade e no respeito à dignidade da pessoa humana, as suas atividades possuem como principais resultados o baixo índice de reincidência do recuperando e a economia aos cofres públicos, já que os custos para a criação de vagas e manutenção de recuperandos são inferiores aos do sistema prisional comum.

4. Para o êxito das parcerias firmadas com as APACs à luz do MROSC, é imprescindível que a SEJUSP: (4.1) realize adequações nas metas e nos indicadores previstos nos planos de trabalho e aprimore os instrumentos de controle e monitoramento, para que possa avaliar, de forma qualitativa e por meio de parâmetros objetivos, o cumprimento das metas pactuadas e os resultados alcançados; (4.2) otimize os seus procedimentos de análise das prestações de contas encaminhadas pelas APACs, tornando-os mais céleres, eficazes e efetivos, para evitar o acúmulo de prestações de contas pendentes de análise e a morosidade na cobrança do dano eventualmente apurado; e (4.3) disponha de sistemas eletrônicos que lhe permitam monitorar, de forma concomitante e tempestiva, todos os ciclos da parceria e aferir o cumprimento das metas definidas no planos de trabalho e os resultados alcançados.

«MINUTA_DE» ACÓRDÃO

Vistos, relatados e discutidos estes autos, **ACORDAM** os Exmos. Srs. Conselheiros «deste_Colegiado», por unanimidade, na conformidade da Ata de Julgamento e diante das razões expendidas no voto do Relator, em:
I) pppp_____;
II) mmm_____;
a) xxxxx_____;
b) yyyyy_____;

c) zzzzz_____;
III) uuuuu_____;
IV) bbbbb_____;
V) kkkkk_____.
Belo Horizonte, ___ de _____ de ____.
DURVAL ÂNGELO
Relator
(*assinado digitalmente*)
Votaram, nos termos acima, «quem_votou».
Presente à sessão «procurador_presente».
Plenário Governador Milton Campos, «data».
«NOME_DO_PRESIDENTE»
«Presidente»
«NOME_DO_CONSELHEIRO»
«Relator»
(*assinado digitalmente*)

«sessão_do_dia»
«NOME_DO_RELATOR»
I – RELATÓRIO

Tratam os autos de Auditoria Operacional realizada com a finalidade de avaliar o desempenho da Secretaria de Estado de Justiça e Segurança Pública (SEJUSP) na gestão das parcerias firmadas com as Associações de Proteção e Assistência aos Condenados (APACs), considerando todas as suas fases, bem como de analisar o problema do acúmulo do passivo de prestações de contas.

A realização da presente auditoria teve origem na Denúncia n. 1.092.340, protocolizada pela Fraternidade Brasileira de Assistência aos Condenados (FBAC) e distribuída à minha relatoria. Nos referidos autos, a FBAC questionou a regularidade de ato administrativo praticado pela SEJUSP que havia suspendido repasses de recursos financeiros às APACs e à própria FBAC, sob a justificativa de terem sido verificados débitos pendentes de quitação em prestações de contas de parcerias celebradas anteriormente a fevereiro de 2017.

Na sessão de 4/8/2020, a Primeira Câmara, ao referendar decisão monocrática prolatada por este conselheiro, deferiu medida cautelar requerida pela FBAC e determinou ao Secretário da SEJUSP a adoção imediata das seguintes providências:

a) suspender qualquer ato administrativo editado por qualquer Ordenador de Despesas da SEJUSP, de modo que nenhum débito de glosas das APACs e FBAC, constituídos até janeiro/2017, em virtude de convênios (ou outros termos de parceria) anteriores vigente até essa data, seja impedimento para os repasses previstos em plano de trabalho dos atuais termos de colaboração celebrados pelas APACs e FBAC;

b) se abster de editar qualquer ato administrativo, de modo que nenhum débito de glosas das APACs e FBAC, constituídos até janeiro/2017, em virtude de convênios (ou outros termos de parceria) anteriores vigente até essa data, seja impedimento para os repasses previstos em plano de trabalho dos atuais termos de colaboração celebrados pelas APACs e FBAC;

c) com o cumprimento dos itens "a" e "b" e em caso de ausência de qualquer outro impedimento que extrapole os limites dessa decisão, determinar a realização dos pagamentos pendentes e futuros, para todas as APACs e FBAC, regularmente, conforme previsto em plano de trabalho dos termos de colaboração vigentes, até que este Tribunal de Contas decida sobre o mérito da presente denúncia;

Após a concessão da medida cautelar, a Superintendência de Controle Externo (SCE), suscitada a se manifestar nos autos da Denúncia n. 1.092.340, propôs a este conselheiro a realização de auditoria, com a finalidade de examinar, de forma pormenorizada, os procedimentos adotados pela SEJUSP para adequar a apreciação das contas a ela prestadas aos parâmetros da Lei n. 13.019/2014 e do Decreto Estadual n. 47.132/2017. Além disso, a SCE ponderou que a realização da auditoria possibilitaria uma análise conclusiva a respeito da adequação, ou não, dos atos administrativos adotados pela SEJUSP quando da apreciação das prestações de contas encaminhadas pelas APACs e, consequentemente, da pertinência, ou não, da suspensão dos repasses de recursos financeiras às APACs em razão de glosas identificadas em prestações de contas anteriores.

Desse modo, após ter acatado a proposta da SCE, foi publicada a Portaria n. 17/SCE/2021 que instituiu a equipe para a realização da presente auditoria, tendo o relatório preliminar sido concluído em 3/6/2022, conforme se depreende da peça n. 3.

Em seguida, com fundamento no art. 4º, VI, da Resolução n. 16/2011,[4] determinei a intimação de Ricardo Lopes Campos Alves, Presidente da Associação de Proteção e Assistência aos Condenados da Comarca de Nova Lima, Igor Mascarenhas Eto, Secretário da Secretaria de Estado de Governo (SEGOV), Rogério Greco, Secretário da Secretaria de Estado de Justiça e Segurança Pública (SEJUSP), Tatiana Flávia Faria de Souza, Diretora da Fraternidade Brasileira de Assistência aos Condenados (FBAC), José Arthur Filho, Presidente do Tribunal de Justiça do Estado de Minas Gerais (TJMG), para que se manifestassem sobre o relatório preliminar de auditoria, em especial sobre a pertinência das propostas de recomendação e de determinação formuladas (peça n. 7).

Em relação ao TJMG, solicitei que fossem prestadas informações: (1) sobre as medidas e os diagnósticos elaborados pelo grupo de trabalho instituído pela Resolução SEJUSP n. 166, de 16 de julho de 2021, visando a atingir as metas de taxa de ocupação dos Centros

---

[4] [**Resolução n. 16/2011**: dispõe sobre os procedimentos a serem adotados em auditoria operacional realizada pelo Tribunal de Contas do Estado de Minas Gerais.]

de Reintegração Social (CRSs), previstas nos planos de trabalho, e a implantar "celas de espera" e lista eletrônica de presos que preencham os requisitos da Portaria Conjunta n. 1.182/PR/2021 do TJMG[5] para ingresso nas APACs; e (2) sobre o processo de planejamento, criação, expansão e financiamento da construção de novos CRSs, inclusive com a utilização de recursos próprios do órgão judicial.

Embora regularmente intimados, ficaram silentes Ricardo Lopes Campos Alves e Tatiana Flávia Faria de Souza (peça n. 29).

Analisadas as manifestações encaminhadas pela SEGOV, SEJUSP e TJMG, constantes das peças n. 20, n. 21, n. 22 e n. 28, a 3ª Coordenadoria de Fiscalização do Estado elaborou, à peça n. 30, relatório final de auditoria, com as recomendações e as determinações que entendeu pertinentes.

II – FUNDAMENTAÇÃO
II.1 – CONSIDERAÇÕES PRELIMINARES SOBRE A IMPORTÂNCIA SOCIAL DA AUDITORIA E O ESCOPO DELIMITADO

A equipe de auditoria destacou a importância social do tema que envolve a presente auditoria, tendo em vista que a situação carcerária do Estado de Minas Gerais e em todo o país caracteriza-se pelas condições degradantes das prisões e pelo tratamento desumano conferido aos presos, que são privados de direitos assistenciais básicos para que mantenham condições mínimas de saúde, higiene e dignidade. Desse cenário do sistema prisional comum, resulta o alto índice de reincidência, o descumprimento do princípio da dignidade da pessoa humana, garantido no art. 1º da Declaração Universal dos Direitos Humanos e no inciso III do art. 1º da Constituição da República, e a inobservância do objetivo previsto na Lei n. 7.210/1984 (Lei de Execução Penal) de proporcionar ao condenado condições para a sua recuperação e retorno à convivência em sociedade.

Conforme ressaltado pela equipe de auditoria, além do tratamento desumano e degradante a que são submetidos os presos no sistema prisional comum, existe o problema da superlotação. De acordo com os dados fornecidos pela SEJUSP, o número de ocupação carcerária

---

[5] [PORTARIA CONJUNTA N. 1182/PR/2021: estabelece normas para a transferência de presos em cumprimento de pena privativa de liberdade para os Centros de Reintegração Social - CRS, geridos pelas Associações de Proteção e Assistência aos Condenados - APACs, e revoga as Portarias Conjuntas da Presidência n. 653, de 11 de julho de 2017, n. 669, de 22 de agosto de 2017, e n. 759, de 14 de agosto de 2018.]

nas 19 Regiões Integradas de Segurança Pública (RISP) do Estado de Minas Gerais atingiu o total de 46.658 presos, de modo que o déficit de vagas nessas regiões atingiu o total de 20.955, o que equivale a 44,91% de presos acima da capacidade das vagas disponibilizadas pelo sistema prisional do Estado.

É exatamente nesse contexto de ineficácia e colapso do sistema carcerário brasileiro que as Associações de Proteção e Assistência aos Condenados (APACs), como entidades parceiras do Estado, surgem como uma alternativa mais eficaz na execução penal e na administração do cumprimento de penas nos regimes fechado, semiaberto e aberto, uma vez que a sua metodologia é baseada na valorização humana e encontra-se voltada à assistência ao recuperando, bem como à sua recuperação e reintegração social, nos termos do art. 1º, 10 e 11 da Lei de Execução Penal.

A APAC é uma entidade civil de direito privado, sem fins lucrativos, que possui patrimônio, personalidade jurídica e gestão próprias, sendo todas filiadas à Fraternidade Brasileira de Assistência aos Condenados (FBAC), a qual constitui uma associação civil de direito privado, de utilidade pública e sem fins lucrativos, responsável por manter a unidade de propósito das APACs, por orientar e fiscalizar a correta aplicação da metodologia e por ministrar cursos e treinamentos para funcionários, voluntários, recuperandos e autoridades, de modo a consolidar as APACs existentes e contribuir para a expansão e multiplicação de novas APACs.

A equipe de auditoria relatou que o apoio do Tribunal de Justiça de Minas Gerais (TJMG) às APACs teve início com a instituição, em dezembro de 2001, do Projeto Novos Rumos na Execução Penal, hoje denominado Programa Novos Rumos, o qual passou a ser uma política pública do órgão. Salientou que o referido programa demarcou a atuação inovadora do TJMG para a humanização do cumprimento das penas privativas de liberdade, a reinserção do egresso e a justiça social, tendo prestado apoio na disseminação e na consolidação da metodologia "apaqueana", especialmente na mobilização de juízes e da sociedade civil para o bom funcionamento e expansão das APACs no Estado de Minas Gerais.

Informou, também, a equipe de auditoria que o Poder Legislativo do Estado de Minas Gerais, ao aprovar a Lei n. 15.299/2004 (dispõe sobre a realização de convênios entre o Estado e as APACs), contribuiu para que as APACs saíssem da "marginalidade legal" e ampliou o seu acesso a recursos públicos, uma vez que até então sobreviviam de doações.

Ressaltou, ainda, a equipe de auditoria que o apoio institucional do TJMG, do Governo do Estado, do Poder Legislativo e do Ministério Público Estadual contribuíram para a instalação de APACs em diversas comarcas do território mineiro, o que trouxe resultados positivos na execução da política pública de execução penal.

Segundo informações colhidas no *site* da FBAC, existem 63 APACs em funcionamento no Brasil que possuem Centro de Reintegração Social (CRS) próprio, sendo que, desse total, 46 APACs encontram-se no Estado de Minas Gerais para atendimento do público prisional masculino e feminino. Consta, também, no sítio eletrônico da FBAC, que as 63 APACs em funcionamento no Brasil possuem capacidade de ocupação total de 6.321 recuperandos, comportando as 46 APACs do Estado de Minas Gerais 5.324 recuperandos.

Destacou a equipe de auditoria que as 46 APACs localizadas no Estado de Minas Gerais são mantidas com recursos advindos das parcerias celebradas com a SEJUSP, a qual fica, portanto, incumbida de gerir essas parcerias e de avaliar o desempenho das APACs no atingimento das metas pactuadas.

Explicou, também, que, além dos repasses advindos das parcerias firmadas com a SEJUSP, as atividades das APACs são custeadas por recursos originários de outras fontes, tais como doações de pessoas físicas e de entidades religiosas ou filantrópicas, projetos de prestação pecuniária aprovados pelo TJMG e venda de produtos feitos nas oficinas profissionalizantes. No entanto, com base nos dados financeiros extraídos do Sistema de Informações das APACs (INFOAPAC), instituído pela FBAC, a equipe de auditoria constatou que, para se manterem, as APACs dependem totalmente dos recursos decorrentes das parcerias firmadas com a SEJUSP, tendo em vista que eles representaram 90,7% de suas receitas.[6]

Desse modo, considerando que os recursos repassados pela SEJUSP às APACs constituem a sua maior fonte de custeio e que a ausência desses repasses, em virtude de rejeição de prestações de contas originárias de parcerias anteriormente celebradas, poderá inviabilizar o exercício de suas atividades e acarretar, inclusive, a sua extinção, a

---

[6] O percentual informado refere-se à média aritmética dos dados financeiros de 22 APACs, no período de janeiro a junho/2021.

equipe de auditoria concluiu ser de suma importância o aprimoramento dos controles na gestão dessas parcerias.

Asseverou a equipe de auditoria que, com o advento da Lei n. 13.019/2014 (marco regulatório das organizações da sociedade civil - MROSC), é importante se promover uma mudança de cultura no âmbito da SEJUSP, uma vez que a análise das parcerias firmadas com as OSCs passou a ter como foco os resultados, não mais se restringindo à verificação da regularidade da execução financeira dos recursos repassados pelo órgão ou entidade parceiro.

Consoante a equipe de auditoria, pelos dados extraídos do Portal da FBAC e fornecidos pela SEJUSP, as APACs, enquanto entidades parceiras da Justiça na execução penal, têm apresentado bom desempenho na execução do objeto das parcerias firmadas com a SEJUSP, nos termos preconizados no MROSC. Destacou a equipe de auditoria que, com base numa metodologia voltada à humanização do cumprimento da pena privativa de liberdade e no respeito à dignidade da pessoa humana, as atividades das APACs possuem como principais resultados o índice **de reincidência do recuperando**, que é significativamente inferior ao do sistema prisional comum, o que contribui para reduzir a criminalidade e a violência na sociedade,[7] e a **economia aos cofres públicos**, já que os custos para a criação de vagas e manutenção de recuperandos são inferiores aos do sistema prisional comum.[8]

Acrescentou a equipe de auditoria que, para o êxito das parcerias firmadas com as APACs à luz do MROSC, é imprescindível que a SEJUSP: (1) realize adequações nas metas e nos indicadores previstos nos planos de trabalho e aprimore os instrumentos de controle e monitoramento, para que possa avaliar, de forma qualitativa e por meio de parâmetros objetivos, o cumprimento das metas pactuadas e os resultados alcançados; (2) otimize os seus procedimentos de análise das prestações de contas encaminhadas pelas APACs, tornando-os mais céleres, eficazes e efetivos, para evitar o acúmulo de prestações de contas pendentes de análise e a morosidade na cobrança do dano eventualmente apurado; e (3) disponha de sistemas eletrônicos que

---

[7] Conforme dados extraídos do Portal da FBAC, o percentual médio de reincidência no sistema prisional nacional convencional é de 80%, enquanto nas APACs é de 13,90% e nas APACs femininas de 2,84%.

[8] Conforme dados fornecidos pela SEJUSP, durante o exercício de 2020, a média de custo mensal do preso no sistema convencional foi de R$2.801,24, enquanto, nas APACs, foi de R$1.288,48.

lhe permitam monitorar de forma concomitante e tempestiva todos os ciclos da parceria e aferir o cumprimento das metas definidas no plano de trabalho e os resultados alcançados.

Por fim, a equipe de auditoria esclareceu que o escopo da auditoria operacional foi delimitado pelas seguintes questões:

1. Quais as causas e a situação do passivo da SEJUSP relativo à prestação de contas das APACs pendentes de análise e como contribuir para a sua redução e efetividade na adoção de medidas compensatórias ou de obtenção de ressarcimento do dano?
2. Quais as causas da intempestividade da SEJUSP nas análises das prestações de contas das parcerias com as APACs e como aprimorar tais procedimentos?
3. A análise das prestações de contas e o monitoramento estão em conformidade com o MROSC e aptos a aferir os resultados alcançados pelas atividades desenvolvidas pelas APACs de forma efetiva e eficaz?
4. Os sistemas eletrônicos utilizados pela SEJUSP para o gerenciamento dos convênios com as APACs e ressarcimento de dano são efetivos?

II.2 – ANÁLISE DAS PROPOSTAS DE ENCAMINHAMENTO DA EQUIPE DE AUDITORIA.

No relatório preliminar de auditoria à peça n. 3, a 3ª Coordenadoria de Fiscalização do Estado (3ª CFE) apontou 11 (onze) achados e propôs, em relação a cada um deles, a expedição de **recomendações/determinações, conforme narrado abaixo.**

II.2.1 – PRIMEIRO ACHADO: DEFICIÊNCIA NO CONTROLE E MONITORAMENTO DO DESEMPENHO DAS APACs PELA SEJUSP.

II.2.1.1 – Das propostas de recomendação apresentadas pela equipe de auditoria

No relatório preliminar de auditoria, em relação ao primeiro achado, a 3ª CFE propôs, a título de **recomendação**, que a SEJUSP:

(II.2.1.1.1) aprimore os modelos dos relatórios de monitoramento produzidos pelas APACs, para que passem a exigir:

(II.2.1.1.1.1) a comprovação do cumprimento qualitativo do objeto com base em documentos e informações que possibilitem aferir, de forma objetiva, o cumprimento qualitativo das novas metas e indicadores estabelecidos nos novos planos de trabalho constantes das parcerias celebradas a partir de 2022, para que possa retratar o efetivo alcance dos resultados decorrentes da execução das atividades desenvolvidas pelas APACs;

(II.2.1.1.1.2) a obrigatoriedade no preenchimento dos dados relativos ao registro dos profissionais que prestam serviços assistenciais nas APACs, para que, quando da análise do relatório de monitoramento produzido por aquelas associações, a SEJUSP possa verificar se a pessoa que assinou as listas é o profissional habilitado e responsável pelo atendimento dos recuperandos;

(II.2.1.1.2) elabore plano de ação para as APACs com critérios de medição do desempenho, informando-as das medidas que poderão ser adotadas nos casos de descumprimento total ou parcial do objeto, de acordo com as notas obtidas por cada uma das filiadas da FBAC durante o monitoramento e avaliação das parcerias;

(II.2.1.1.3) aprimore relatórios técnicos da Diretoria de Custódias Alternativas (DCA):

(II.2.1.1.3.1) inserindo tópico específico versando sobre a tempestividade da entrega de documentação pela APAC e os motivos de eventuais atrasos ou glosas realizadas no decorrer da execução da parceria;

(II.2.1.1.3.2) realizando a análise individual do cumprimento de cada meta, atribuindo nota de monitoramento à APAC e informando, com prazo, quais medidas deverão ser saneadas pela associação, bem como boas práticas, caso existam;

(II.2.1.1.4) aprimore os relatórios de visita técnica utilizados como instrumento para subsidiar o monitoramento e avaliação do cumprimento das metas previstas nos planos de trabalho das parcerias firmadas com as APACs, fazendo constar quais metas foram consideradas insatisfatórias, o que precisa ser aperfeiçoado pela APAC, prazo para correção das inconformidades, os parâmetros utilizados para aferição dos resultados e o período de análise dos documentos;

(II.2.1.1.5) aprimore a forma de seleção das APACs no cronograma de visitas técnicas, passando a utilizar critérios objetivos pautados em análises de riscos;

(II.2.1.1.6) adeque o modelo de documento que consolida os resultados obtidos por meio da pesquisa de satisfação, para que possa aferir de forma eficiente e efetiva o cumprimento do objeto com foco no desempenho da APAC, com as seguintes modificações:

(II.2.1.1.6.1) atualização das questões às metas, indicadores e critérios objetivos previstos nos planos de trabalho das parcerias firmadas entre a SEJUSP e as APACs a partir de 2022;

(II.2.1.1.6.2) inserir informações a respeito da quantidade de atendimentos realizados com cada um dos beneficiários do plano de trabalho e dos motivos que ensejaram avaliação negativa de determinado quesito da pesquisa de satisfação, para fins de comprovação do cumprimento do objeto e alcance de resultados.

No relatório final de auditoria, a 3ª CFE informou que a SEJUSP não apresentou qualquer consideração sobre as recomendações expedidas no primeiro achado e **propôs a sua manutenção**.

No tocante à recomendação (II.2.1.1.1), de aprimoramento dos modelos dos relatórios de monitoramento produzidos pelas APACs, entendo que ela deve ser convertida em determinação, uma vez que, conforme narrado no relatório final de auditoria, os atuais modelos de relatório de monitoramento disponibilizados no *site* da SEJUSP possuem inconsistências por terem sido baseados em planos de trabalho de parcerias celebradas com as APAC antes do ano de 2022, **quando o foco de análise dessas parcerias residia principalmente em aspectos financeiros, em desconformidade com o regime da Lei n. 13.019/2014**. Nesse contexto, a equipe de auditoria afirmou que "**o modelo de relatório de monitoramento atualmente disponibilizado às APACs, não está apto a atender ao disposto na lei n. 13.019/2014**", por não retratarem o desempenho real daquelas associações no cumprimento do objeto da parceria, nos termos transcritos a seguir:

> O que se constatou é que os relatórios de monitoramentos elaborados pelas APACs são encaminhados dentro do prazo de até 15 dias após o término do período a ser monitorado e são realizados em conformidade com os modelos disponibilizados no site da SEJUSP.
> Os relatórios padrões são acompanhados de fotografias e de listas de atendimento assinadas pelos recuperandos e pelos profissionais responsáveis pelas consultas realizadas, visando comprovar a efetiva prestação dos serviços de assistências médicas, odontológicas, psicológicas, social, jurídicas, bem como para demonstrar a realização de eventos, cultos e palestras no âmbito das APACs, conforme previsto nos cronogramas dos Planos de Trabalho das parcerias firmadas entre SEJUSP e APACs.
> No entanto, em algumas fichas de atendimentos constantes dos relatórios não foi possível identificar o número de registro do Conselho Profissional dos responsáveis pelos atendimentos aos recuperandos, pois constava somente a assinatura de pessoas que, em tese, seriam os profissionais

habilitados contratados pelas APACs, para a prestação de serviços assistenciais aos recuperandos.

Outra inconsistência verificada nestes relatórios foi a ausência de informações a respeito dos percentuais que deveriam ser atingidos por cada uma das APACs para a aferição do cumprimento qualitativo das metas relativas às prestações de serviços assistências e a ausência do número total de eventos, cultos e palestras que deveriam ser promovidos no curso das parcerias para que as metas ligadas ao cumprimento do objeto fossem consideradas cumpridas.

No que se refere ao apontamento supramencionado, a equipe constatou que a causa da ausência destas informações nos relatórios de monitoramento encaminhados pelas APACs é decorrente da deficiência na definição dos indicadores e metas e da ausência de especificação de critérios objetivos e da forma de mensuração dos resultados pela SEJUSP nos Planos de Trabalho constantes das parcerias firmadas nos últimos cinco anos entre SEJUSP e APACs.

O que se verifica, portanto, é que o modelo de relatório de monitoramento atualmente disponibilizado às APACs, não está apto a atender ao disposto na lei nº 13.019/2014, tendo em vista que as informações que dele devem constar, para fins de subsidiar o monitoramento e avaliação da SEJUSP, não permitem que sejam aferidos, de forma qualitativa, os resultados alcançados e o grau de efetividade do desempenho das APACs (excelente, aceitável, inaceitável), mas somente permite aferir se as atividades previstas foram realizadas em conformidade com o Plano de Trabalho e se os recursos utilizados foram aplicados regularmente na execução da parceria.

Em que pese estes relatórios encaminhados à SEJUSP, no formato em que se encontram hoje, não retratem o desempenho real das OSCs, esta equipe verificou que há informações a respeito do cumprimento qualitativo das metas por parte das APACs, que, atualmente, encontram-se armazenadas somente no âmbito da FBAC e que poderiam ser melhor aproveitadas, caso a SEJUSP as solicitasse nos relatórios de monitoramento, para fins de verificar o cumprimento das metas e resultados previstos nos novos Planos de Trabalho constantes das parcerias celebradas a partir de 2022.

Diante do contexto acima narrado, considerando que, nos termos do inciso II do art. 6º da Lei n. 13.019/2014, "a priorização do controle de resultados" constitui uma das diretrizes fundamentais do regime jurídico de parceria; considerando que, nos termos do §3º do art. 64 da Lei n. 13.019/2014, deverão ser consideradas na análise das prestações de contas a verdade real e os resultado alcançados; e considerando que os atuais modelos de relatório de monitoramento, disponibilizados pela SEJUSP e preenchidos pelas APACs, não serão capazes de produzir o efeito almejado pela Lei n. 13.019/2014 no monitoramento e na análise das prestações de contas das parcerias, reforço a necessidade de a recomendação (II.2.1.1.1) ser convertida em determinação.

Quanto ao subitem (II.2.1.1.1.1) da recomendação (II.2.1.1.1), convertida em determinação, entendo que deva ser realizada pequena adequação na redação do seu comando, para se deixar claro que os documentos e as informações a serem apresentados nos relatórios de monitoramento produzidos pelas APACs deverão possibilitar a aferição do cumprimento das metas previstas para a parceria, **a partir dos indicadores estabelecidos e aprovados no plano de trabalho**. Tal esclarecimento faz-se necessário, uma vez que, nos termos do art. 22, IV, do art. 23, parágrafo único, VI, e do art. 59, §1º, II, da Lei n. 13.019/2014,[9] os indicadores nada mais representam do que parâmetros, quantitativos ou qualitativos, a serem utilizados para a aferição do cumprimento das metas.

Quanto à recomendação (II.2.1.1.2), de elaboração de plano de ação para as APACs com critérios de medição de desempenho, também entendo que ela deve ser convertida em determinação, uma vez que, conforme narrado no relatório final de auditoria, a ausência do referido plano impede que os gestores das parcerias exerçam, de forma adequada, os poderes de controle e de fiscalização que lhe conferem a Lei n. 13.019/2014, nos termos transcritos a seguir:

---

[9] Art. 22. Deverá constar do plano de trabalho de parcerias celebradas mediante termo de colaboração ou de fomento: (Redação dada pela Lei nº 13.204, de 2015)
(...)
IV - definição dos parâmetros a serem utilizados para a aferição do cumprimento das metas. (Redação dada pela Lei nº 13.204, de 2015)
Art. 23. A administração pública deverá adotar procedimentos claros, objetivos e simplificados que orientem os interessados e facilitem o acesso direto aos seus órgãos e instâncias decisórias, independentemente da modalidade de parceria prevista nesta Lei. (Redação dada pela Lei nº 13.204, de 2015)
(...)
VI - indicadores, quantitativos ou qualitativos, de avaliação de resultados. (Redação dada pela Lei nº 13.204, de 2015)
Art. 59. A administração pública emitirá relatório técnico de monitoramento e avaliação de parceria celebrada mediante termo de colaboração ou termo de fomento e o submeterá à comissão de monitoramento e avaliação designada, que o homologará, independentemente da obrigatoriedade de apresentação da prestação de contas devida pela organização da sociedade civil. (Redação dada pela Lei nº 13.204, de 2015)
§1º O relatório técnico de monitoramento e avaliação da parceria, sem prejuízo de outros elementos, deverá conter: (Redação dada pela Lei nº 13.204, de 2015)
(...)
II - análise das atividades realizadas, do cumprimento das metas e do impacto do benefício social obtido em razão da execução do objeto até o período, com base nos indicadores estabelecidos e aprovados no plano de trabalho;

É importante frisar que a atuação tempestiva e concomitante da FBAC para verificar o cumprimento das medidas propostas e para avaliar o grau de desempenho das APACs no alcance dos resultados decorrentes das atividades por elas desempenhadas, tem contribuído para a manutenção do propósito das APACs no cumprimento do objetivo de conferir um tratamento humanizado às pessoas privadas de sua liberdade, proteger a sociedade e promover a justiça restaurativa.

Nota-se, portanto, que o papel desenvolvido pela FBAC com relação às suas filiadas é de extrema relevância para que elas mantenham seu propósito de fiel cumprimento da metodologia apaqueana e para que possam corrigir os rumos e atingir os resultados na execução de suas atividades de forma efetiva e eficaz.

Destaca-se que a FBAC desenvolveu um plano de ação a ser trabalhado com cada APAC de acordo com a nota que esta obtiver no monitoramento interno que a FBAC realiza com as respectivas OSCs.

Em contrapartida, não há nenhum plano de ação prévio na SEJUSP, o que enseja falta de padronização entre os servidores sobre quais ações a serem tomadas caso a APAC não atinja os resultados esperados.

Em questionário aplicado aos servidores da DCA da SEJUSP, estes foram inquiridos para detalhar qual o procedimento a ser adotado nos casos de não atingimentos de metas pela APAC.

Deste questionamento a equipe de auditoria obteve as seguintes respostas:

ID	Resposta
8	Nada a declarar
10	O Foco do resultado no atingimento das metas será adotado a partir do ano de 2022.
9	Não sei informar
11	- Solicitar à OSCs a justificativa para o não cumprimento das metas; - Analisar a justificativa e orientar a OSC sobre os procedimentos a serem adotados; - Acompanhar e verificar, se no próximo exercício a dificuldade foi sanada.
12	Não sei responder as questões Q14, Q14 A1, Q16 Q17 e Q18 porque não faço parte do Núcleo de Prestação de Contas da DCA.
14	É emitida uma notificação a APAC para apuração da prestação de contas e a não resposta ou a não quitação de documentação faltante ou de outrem é cancelada a verba da OSC até a sua regularização, como prevê o Decreto 47132 de 20/01/2017.

Os servidores da DCA informaram respostas totalmente diferentes, o que demonstra falta de padronização do setor a respeito dos procedimentos a serem adotados caso a APAC não atinja as metas, fazendo com que a ação a ser tomada com a APAC pela SEJUSP varie não pelo seu desempenho no monitoramento, mas em razão da subjetividade utilizada pelo servidor que a analisou.

Destarte, há a necessidade da DCA elaborar um plano contendo ações e medidas a serem tomadas com as APACs, de acordo com a nota que estas obtiveram no monitoramento, garantindo assim isonomia, transparência e efetividade da condução de correção das impropriedades apuradas pela DCA.

Nesse contexto, considerando que, nos termos do inciso III do art. 8º da Lei n. 13019/2014, os gestores deverão controlar e fiscalizar a execução das parcerias **em tempo hábil e de modo eficaz**; e considerando que, nos termos do inciso II do art. 61 da referida lei, o gestor da parceria possui como obrigação "informar ao seu superior hierárquico a existência de fatos que comprometam ou possam comprometer as atividades ou metas da parceria e de indícios de irregularidades na gestão dos recursos, bem como **as providências adotadas ou que serão adotadas para sanar os problemas detectados**" (Grifos nossos.); mostra-se necessário a SEJUSP regulamentar os procedimentos a serem adotados no caso de verificar, no curso do monitoramento, que a APAC não está cumprindo as metas da parceria e, por essa razão, enfatizo o meu posicionamento de se transformar a recomendação (II.2.1.1.2) em determinação.

Ressalto, por oportuno, que a SEJUSP somente conseguirá cumprir a diretriz estabelecida no inciso II do art. 6º da Lei n. 13.019/2014, de **priorização do controle de resultados**, se utilizar mecanismos efetivos de acompanhamento e fiscalização da execução das parcerias, que permitam à APAC adotar, **já no curso do monitoramento**, medidas para sanar as inconsistências detectadas e, ao final da parceria, obter resultado satisfatório no cumprimento das metas previstas nos planos de trabalho.

Em relação às recomendações (II.2.1.1.3), (II.2.1.1.4), (II.2.1.1.5) e (II.2.1.1.6), considerando que a SEJUSP não se opôs expressamente a elas; e considerando os benefícios esperados com a sua implantação,[10] acato a proposição da 3ª CFE de se mantê-las.

II.2.1.2 – Das propostas de determinação apresentadas pela equipe de auditoria

No relatório preliminar de auditoria, em relação ao primeiro achado, a 3ª CFE propôs, a título de **determinação**, que a SEJUSP:

(II.2.1.2.1) aprimore o modelo dos relatórios de monitoramento e avaliação do cumprimento do objeto e das metas estabelecidos nos planos de trabalho das parcerias firmadas com as APACs, inserindo os impactos dos benefícios sociais das parcerias, para aferir de forma efetiva e eficiente o desempenho das APACs, em conformidade com o disposto nos arts. 58 e 59 da Lei n. 13.019/2014;

---

[10] Os benefícios estão listados nas páginas 62, 63, 65 e 68 do relatório final de auditoria, constante à peça n. 30 do SGAP.

(II.2.1.2.2) utilize os dados obtidos na pesquisa de satisfação com os beneficiários dos planos de trabalho como elemento de análise, constando expressamente seus resultados em tópico específico nos relatórios técnicos de monitoramento da Diretoria de Custódias Alternativas (DCA), de forma a subsidiar a avaliação do cumprimento do objeto das parcerias firmadas entre a SEJUSP e as APACs, conforme preconiza o art. 58, §2°, da Lei n. 13.019/2014;

(II.2.1.2.3) acoste aos autos dos processos de monitoramento justificativa quando da inviabilidade de realização de pesquisa de satisfação com os beneficiários dos planos de trabalho, conforme preconiza o art. 58, §2°, da Lei n. 13.019/2014.

No relatório final de auditoria, a 3ª CFE afirmou que a SEJUSP não apresentou qualquer consideração sobre as determinações expedidas no primeiro achado e **propôs a sua manutenção**.

No tocante à determinação (II.2.1.2.1), aprimoramento do modelo dos relatórios de monitoramento e avaliação realizados pela SEJUSP, a 3ª CFE, no relatório final de auditoria, apontou os benefícios esperados com a implantação da determinação, nos termos transcritos abaixo:

> Os benefícios esperados com o aprimoramento dos relatórios de monitoramento e avaliação realizados pela SEJUSP são:
> a) A melhoria na aferição do desempenho das APACs, de forma que o seu conteúdo possa ser levado em consideração no monitoramento e avaliação do cumprimento do objeto e quando da emissão de parecer técnico conclusivo de análise das prestações de contas das parcerias firmadas entre SEJUSP e APACs a partir do novo plano de trabalho aprovado em 2022 pela SEJUSP, o qual define novas metas e indicadores voltados para o cumprimento do objeto e alcance dos resultados.
> b) Aprimorar a comunicação entre SEJUSP e FBAC no monitoramento das parcerias firmadas a partir de 2022, de forma a manter um diálogo permanente e contínuo, visando a correção dos apontamentos realizados pela SEJUSP, a revisão de metas e dos resultados, caso necessário, no intuito de evitar que alguma irregularidade não sanada possa levar à denúncia ou rescisão da parceria, o que pode acarretar inúmeros prejuízos às APACs e à Administração Pública.

Com base no contexto acima narrado, considerando que, nos termos do inciso II do §1º do art. 59 da Lei n. 13019/2014, no relatório técnico de monitoramento e avaliação da parceria, deverá constar "análise das atividades realizadas, do cumprimento das metas e do impacto do benefício social obtido em razão da execução do objeto até o período, com base nos indicadores estabelecidos e aprovados no plano de trabalho"; e considerando os benefícios esperados com a aplicação daquele dispositivo no âmbito da SEJUSP, mantenho a determinação (II.2.1.2.1). Tendo em vista que, na determinação (II.2.1.2.1), são mencionados de forma genérica os arts. 58 e 59 da Lei n. 13.019/2014; e tendo em vista que se mostra aconselhável conferir redação objetiva, clara, concisa e precisa ao seu conteúdo, voto para que, na sua parte final, seja feita referência apenas ao art. 59, §1º, II, da Lei n. 13.019/2014, nos termos seguintes:

> Determina-se à SEJUSP que aprimore o modelo dos relatórios de monitoramento e avaliação do cumprimento do objeto e das metas estabelecidos nos planos de trabalho das parcerias firmadas com as APACs, inserindo os impactos dos benefícios sociais das parcerias, para aferir de forma efetiva e eficiente o desempenho das APACs, em conformidade com o disposto no art. 59, §1º, II, da Lei n. 13.019/2014.

Quanto às determinações (II.2.1.2.2) e (II.2.1.2.3), acato a proposição de 3ª CFE de se mantê-las, considerando que, nos termos do §2º do art. 58 da Lei n. 13.019/2014, os resultados da pesquisa de satisfação com os beneficiários do plano de trabalho deverão ser utilizados "como subsídio na avaliação da parceria celebrada e do cumprimento dos objetivos pactuados, bem como na reorientação e no ajuste das metas e atividades definidas"; e considerando que, nos termos daquele mesmo dispositivo legal, a administração pública deverá realizar "sempre que possível" a pesquisa de satisfação com os beneficiários do plano de trabalho nas parcerias com vigência superior a 1 (um) ano.

Com o objetivo de evitar que a determinação (II.2.1.2.2) adentre em nível de detalhamento que restrinja a discricionariedade do administrador público quanto à escolha dos meios para se adequar ao disposto no art. 58, §2°, da Lei n. 13.019/2014, proponho que seja suprimida a expressão "em tópico específico", ficando a determinação com o seguinte teor:

> Determina-se à SEJUSP que utilize os dados obtidos na pesquisa de satisfação com os beneficiários dos planos de trabalho como elemento de análise, constando expressamente seus resultados nos relatórios técnicos de monitoramento da Diretoria de Custódias Alternativas (DCA), de forma a subsidiar a avaliação do cumprimento do objeto das parcerias firmadas entre a SEJUSP e as APACs, conforme preconiza o art. 58, §2°, da Lei n. 13.019/2014.

II.2.2 – SEGUNDO ACHADO: MOROSIDADE NA CONCLUSÃO DAS ANÁLISES DE PRESTAÇÕES DE CONTAS PELA SEJUSP.

II.2.2.1 – Das propostas de recomendação apresentadas pela equipe de auditoria

No relatório preliminar de auditoria, em relação ao segundo achado, a 3ª CFE propôs, a título de **recomendação**, que a SEJUSP:

(II.2.2.1.1) promova alterações na Resolução n. 219/2021, que regulamenta os processos de seleção das amostras, para que o escopo selecionado para a análise não seja ampliado em demasia a ponto de gerar uma quantidade excessiva de processos a serem analisados que irá impactar no acúmulo de prestação de contas pendentes de análise e agravar o problema do passivo.

Também em relação ao segundo achado, a 3ª CFE propôs, a título de **recomendação**, que a Controladoria-Geral do Estado (CGE):

(II.2.2.1.2) edite normativo que estabeleça parâmetros objetivos mínimos de seletividade para análise dos processos de prestação de contas, com base em critérios de materialidade, relevância, oportunidade e risco.

No relatório final de auditoria, a 3ª CFE afirmou que a SEJUSP não apresentou qualquer consideração sobre as recomendações expedidas no segundo achado e **propôs a sua manutenção**.

Quanto à recomendação (II.2.2.1.1), voto pela sua manutenção, considerando que, conforme relatado pela equipe de auditoria, a Resolução n. 219, de 9 de setembro de 2021,[11] editada pela SEJUSP, prevê critérios **que ampliam, de forma significativa, o universo de prestações de contas que terão como objeto de análise o relatório de execução financeira**, conforme será demonstrado abaixo.

Nos termos dos incisos I e II do *caput* do art. 66 da Lei n. 13.019/2014, a prestação de contas de parceria celebrada com a OSC envolverá a análise do **relatório de execução do objeto**, elaborado pela OSC, contendo as atividades ou projetos desenvolvidos para o cumprimento do objeto e o comparativo de metas propostas com os resultados alcançados, bem como a análise do **relatório de execução financeira**,

---

[11] RESOLUÇÃO SEJUSP Nº 219, DE 09 DE SETEMBRO DE 2021: institui os percentuais de análise de relatório de monitoramento, prestação de contas e relatório de execução financeira para as parcerias com Organizações da Sociedade Civil (OSC) de responsabilidade da Secretaria de Estado de Justiça e Segurança Pública (Sejusp).

com a descrição das despesas e receitas efetivamente realizadas e sua vinculação com a execução do objeto.

Em conformidade com o inciso II do *caput* do art. 66 da Lei n. 13.019/2014, o relatório de execução financeira deverá ser analisado **na hipótese de descumprimento de metas e resultados estabelecidos no plano de trabalho**. Nesse cenário, como bem observado pela equipe de auditoria, com o advento do MROSC, "o foco das prestações de contas no âmbito das parcerias passou a ser a análise dos resultados obtidos com a execução do objeto e não mais a comprovação da forma como as despesas eram executadas".

Salientou, ainda, a equipe de auditoria que a Lei n. 13.019/2014 prevê um procedimento mais simplificado de análise de prestação de contas, o qual deverá ser concluído pela administração pública no prazo de até cento e cinquenta dias, prorrogável justificadamente por igual período, em consonância com o art. 71 da referida Lei.

A equipe de auditoria asseverou que a SEJUSP, ao editar da Resolução n. 219/2021, ampliou a quantidade de prestações de contas que terão o relatório de execução financeira analisado em relação ao preceituado no inciso II do *caput* do art. 66 da Lei n. 13.019/2014, o que tem inviabilizado o cumprimento do prazo estabelecido no art. 71 da referida lei.

Dando continuidade ao raciocínio acima desenvolvido, a equipe de auditoria ponderou que, embora a Lei n. 13.019/2014 exija a análise do relatório de execução financeira na hipótese de descumprimento das metas previstas no plano de trabalho, a SEJUSP, ao editar a Resolução n. 219/2021, passou a impor a análise do relatório de execução financeira em várias outras situações, mesmo quando não evidenciado o descumprimento das metas pela OSC no relatório de execução do objeto. A título de ilustração, transcrevo excerto do relatório final de auditoria:

> (...) em 29 de setembro de 2021, após o início dos trabalhos desta Equipe de Auditoria, a SEJUSP emitiu a resolução nº 219, a qual regulou os processos de seleção e quantificação das amostras.
> A referida resolução, dispõe no art. 2º, que todas as convenentes terão seus relatórios de execução do objeto analisados, entretanto, a análise financeira ocorrerá em apenas 20% das prestações de contas elegíveis na amostra, mais todas as prestações de contas contidas no art 3º desta mesma resolução, quais sejam:
> "Art. 3º - O relatório de execução financeira sempre deverá compor as prestações de contas anuais ou finais dos termos de colaboração ou

de fomento que tiverem acréscimo de valores decorrente de fatores discricionários, tramitados via termo aditivo dentro do mesmo exercício financeiro, quais sejam:

I- acréscimo de cargos;

II- acréscimo de novas rubricas para aquisição de itens na planilha de detalhamento de despesas;

III- acréscimo de valores nas rubricas existentes na planilha de detalhamento de despesas, por meio da apresentação de três orçamentos que superem o índice de preços ao consumidor amplo (IPCA);

IV- acréscimo no valor global do instrumento.".

Aqui já se identifica o primeiro motivo de não se concluírem tempestivamente os procedimentos de análise de prestação de contas, qual seja, a ampliação demasiada da amostra.

(...)

Neste sentido, esta Equipe de Auditoria entende que há uma quantidade demasiada de prestações de contas a serem analisadas pela DCC [Diretoria de Contratos e Convênios] da SEJUSP, a qual não dispõe de estrutura de pessoal suficiente para atender, de forma tempestiva, à grande demanda de análise financeira e nem para gerenciar e cobrar a entrega das justificativas financeiras pelas APACs, relativas ao cumprimento da diligência solicitada pela SEJUSP, acarretando no descumprimento dos prazos da conclusão dos referidos processos previstos pelo MROSC.

Diante disso, para conferir maior eficiência às análises, cabe à SEJUSP avaliar a pertinência e oportunidade de, além do critério de observância da ordem cronológica dos processos de prestação de contas que derem entrada no setor, criar outros critérios objetivos e secundários de priorização de análise financeira destes processos, principalmente daquelas que não adimplirem a totalidade das metas, reavaliando a pertinência de excluir do cálculo das amostras as parcerias descritas no art. 3º da resolução SEJUSP nº 219/21, a fim de haver foco nas prestações de contas que apresentem maior relevância, risco e materialidade, para tanto, podem ser utilizados outros parâmetros ou critérios relacionados à complexidade do objeto, suspeita de irregularidades ou do valor da parceria.

Com base no acima exposto, voto pela manutenção da recomendação (II.2.2.1.1), uma vez que se mostra pertinente e relevante a SEJUSP realizar a um estudo a respeito da Resolução n. 219/2021, com o intuito de focar a análise das prestações de contas das parcerias firmadas com as OSCs no cumprimento de metas, buscando a apreciação célere e tempestiva das prestações de contas e a diminuição do passivo desses processos no âmbito da Secretaria.

No tocante à recomendação (II.2.2.1.2), voto pela sua supressão, uma vez que o seu conteúdo ultrapassa o objeto da presente auditoria operacional, abrangendo, na realidade, a questão do passivo de prestações de contas de convênios ou de outros instrumentos congêneres pendentes de análise **não apenas na SEJUSP, mas também em todas as Secretarias do Governo de Minas Gerais**. Com o propósito de demonstrar que a proposta de encaminhamento da equipe de auditoria partiu de uma situação **que não se relaciona estritamente com as parcerias firmadas entre a SEJUSP e as APACs**, transcrevo o seguinte excerto do relatório final de auditoria:

> (...) para reduzir o atual passivo das Secretarias de Estado, cabe ao executivo de MG estabelecer parâmetros objetivos mínimos para a seletividade dos processos de prestações de contas a serem analisados pela administração estadual, a fim de que sejam definidos critérios de materialidade, relevância, oportunidade e risco na seleção destes processos.
> Contudo, destaca-se que esses parâmetros objetivos de seletividade devem ser elaborados de forma conjunta com o TCEMG, a fim de garantir a legalidade, economicidade, segurança jurídica e razoabilidade na condução dos processos.
> Insta salientar que o alto passivo de prestação de contas é um problema generalizado no âmbito das Secretarias do poder executivo estadual, o que demonstra a importância em obter o apoio desta Corte de Contas para adoção de medidas internas que visem aprimorar seus normativos e procedimentos internos, trazendo soluções que irão impactar positivamente na redução do problema do alto passivo de prestação de contas em todas as Secretarias de Minas Gerais.

Diante do exposto, considerando que a recomendação (II.2.2.1.2) possui conteúdo genérico, não se atendo aos fatos examinados no presente processo, voto pela sua supressão.

II.2.2.2 – Das propostas de determinação apresentadas pela equipe de auditoria

No relatório preliminar de auditoria, em relação ao segundo achado, a 3ª CFE propôs, a título de **determinação**, que a SEJUSP:

(II.2.2.2.1) mapeie e adeque os fluxos e procedimentos de análises de prestações de contas das OSCs ao disposto no inciso II do art. 66 e no art. 71 da Lei n. 13.019/2014, no intuito de priorizar a análise das prestações de contas das APACs que não cumpriram as metas e de operacionalizar a seleção amostral, com base em critérios de risco, relevância e materialidade, a fim de conferir celeridade, eficiência e efetividade à análise dos processos de prestação de contas;

(II.2.2.2.2) elabore, no prazo de 120 (cento e vinte) dias, um plano de ação que contemple alternativas de solução do passivo de prestações de contas pendentes de análise, tendo em vista o descumprimento do prazo determinado no art. 71 da Lei n. 13.019/2014.

No relatório final de auditoria, a 3ª CFE afirmou que a SEJUSP não apresentou qualquer consideração sobre as determinações expedidas no segundo achado e **propôs a sua manutenção**.

Em relação à determinação (II.2.2.2.1), voto para que seja convertida em recomendação.

A despeito da importância de a SEJUSP rever os seus procedimentos de análises de prestação de contas de parcerias firmadas com as OSCs, com o objetivo de torná-los mais céleres e passíveis de serem concluídos dentro do prazo estabelecido no art. 71 da Lei n. 13.019/2014, entendo que o Tribunal de Contas não possui competência para expedir determinação nesse sentido, considerando as duas situações descritas a seguir.

Primeira situação, o prazo estabelecido no art. 71 da Lei n. 13.019/2014 para a administração pública concluir a apreciação da prestação de contas, é **impróprio**. Explico-me: nos termos do inciso I do §4º do art. 71 da Lei n. 13.019/2014, o transcurso do prazo sem a conclusão da apreciação da prestação de contas "não significa impossibilidade de apreciação em data posterior ou vedação a que se adotem medidas saneadoras, punitivas ou destinadas a ressarcir danos que possam ter sido causados aos cofres públicos". Na realidade, nos termos do inciso II do §4º do art. 71 da Lei n. 13.019/2014, o descumprimento do prazo possui como única consequência impedir a incidência de juros de mora sobre débitos eventualmente apurados, no período entre o final do prazo e a data de apreciação da prestação de contas, nos casos em que não for constatado dolo da OSC ou de seus prepostos.

Segunda situação, embora o inciso II do *caput* do art. 66 da Lei n. 13.019/2014 estabeleça que o relatório de execução financeira será analisado na prestação de contas da parceria firmada com a OSC apenas na hipótese de descumprimento de metas e resultados estabelecidos no plano de trabalho, **não existe vedação legal** para que o órgão ou entidade parceiro estabeleça outros critérios em que a análise do relatório de execução financeira também se fará necessária. A título exemplificativo, menciono que, nos termos do art. 76, II, do Decreto

n. 47.132/2017, o Governo de Minas Gerais previu que, nas prestações de contas das parcerias celebradas entre a administração pública do Poder Executivo e as OSCs, além da hipótese de descumprimento de metas e resultados estabelecidos no plano de trabalho, o relatório de execução financeira será analisado em caso de parceria prevendo o aporte de recursos por interveniente, em caso de parceria selecionada por amostragem e em caso em que for aceita denúncia de irregularidade na execução do objeto ou dos recursos financeiros.

Quanto à determinação (II.2.2.2.2), também voto para que seja convertida em recomendação, pois, como antes visto, o prazo estabelecido no art. 71 da Lei n. 13.019/2014 para a administração pública concluir a apreciação da prestação de contas, é **impróprio**. Além disso, partindo do pressuposto de que a presente proposta de encaminhamento apenas menciona, de forma genérica, a necessidade de a SEJUSP adotar alternativas para a solução do passivo de prestação de contas pendentes de análise, **sem especificar as providências concretas que deverão ser utilizadas pela Secretaria para se atingir aquele resultado**, reforço a necessidade de a determinação (II.2.2.2.2) ser convertida em recomendação.

Na redação final da determinação (II.2.2.2.2), convertida em recomendação, irei suprimir a sua parte inicial, uma vez que, na parte dispositiva desta decisão, ordenarei à SEJUSP o encaminhamento de plano de ação com a especificação das ações que serão adotadas para o cumprimento de todas as recomendações e determinações a ela expedidas, nos termos do preceituado no art. 7º da Resolução n. 16/2011 deste Tribunal. Desse modo, voto para que a proposta de encaminhamento seja emitida nos seguintes termos:

> Recomenda-se à SEJUSP que implemente alternativas de solução do passivo de prestações de contas pendentes de análise, tendo em vista o prazo determinado no art. 71 da Lei n. 13.019/2014.

II.2.3 – TERCEIRO ACHADO: NECESSIDADE DE IMPLEMENTAR MELHORIAS E NOVAS FUNCIONALIDADES NO CADASTRO GERAL DE CONVENENTES DO ESTADO DE MINAS GERAIS (CAGEC).

II.2.3.1 – Das propostas de recomendação apresentadas pela equipe de auditoria

No relatório preliminar de auditoria, em relação ao terceiro achado, a 3ª CFE propôs, a título de **recomendação**, que a SEGOV:

(II.2.3.1.1) implemente melhorias nas funcionalidades do CAGEC, para solucionar as inconsistências identificadas e assegurar a confiabilidade das informações constantes do sistema, de forma que seja possível à SEJUSP distinguir as entidades que estão com as atividades suspensas, das que foram encerradas e das que estão em pleno funcionamento, minimizando o risco de obter informações equivocadas a respeito da atual situação da convenente/parceira; e

(II.2.3.1.2) aprimore os dados constantes do histórico do Certificado de Registro Cadastral (CRC) emitido pelo CAGEC para que possa contemplar informações padronizadas e específicas a respeito do bloqueio de convenentes/parceiras no Sistema Integrado de Administração Financeira do Estado de Minas Gerais (SIAFI/MG) e a respeito do monitoramento e avaliação das OSCs.

No tocante à recomendação (II.2.3.1.1), consta, no relatório final de auditoria, como comentários da SEGOV:

> Que houve retrocesso na integração entre CAGEC e Receita Federal, contudo, a perspectiva é que em 2023 haja o aprimoramento completo desta integração. Ademais, informou também que a responsabilidade para o preenchimento das informações sobre a situação legal do convenente é exclusiva de seu representante legal.

Após analisar as considerações da SEGOV, a 3ª CFE sugeriu a manutenção da recomendação (II.2.3.1.1), com base nas seguintes justificativas:

> i. Não há especificação de quais melhorias serão implementadas com o aprimoramento da integração do CAGEC com a Receita Federal em 2023.
> ii. Embora a entidade parceira seja responsável pelo preenchimento e atualização dos dados no CAGEC, a SEGOV, que é responsável pela gestão e mudanças no sistema (art. 71 do Decreto Estadual nº 46.319/13), não informou se irá implementar melhorias que permitam a criação de campos para o preenchimento de informações sobre extinção ou suspensão das atividades da OSC parceira. Além disso, não informou se seriam adotados mecanismos de controle que minimizassem os riscos decorrentes de eventual ausência, demora ou preenchimento incorreto das informações pela OSC.

Quanto à recomendação (II.2.3.1.2), consta, no relatório final de auditoria, que "a SEGOV informou que já existe interligação do CAGEC com o SIAFI-MG e que compete às Secretarias responsáveis o preenchimento e modificação de informações sobre eventual bloqueio das entidades parceiras".

Após analisar as considerações da SEGOV, a 3ª CFE sugeriu a manutenção da recomendação (II.2.3.1.2), com base nas seguintes justificativas:

> i. Embora a Secretaria concedente dos recursos seja responsável pelo preenchimento sobre eventual bloqueio de OSC parceira, a recomendação trata da implementação de melhorias que permitam a padronização dos dados preenchidos e criação de campos para inserção de informações complementares sobre o monitoramento e o bloqueio de OSCs, tais como, número de processo, motivo do bloqueio/desbloqueio, notas de monitoramento, valores de eventuais glosas ou parcelamento de débito. Reitera-se que a SEGOV é a responsável pela gestão e mudanças no sistema (art. 71 do Decreto Estadual nº 46.319/13).

Considerando os argumentos apresentados pela 3ª CFE; considerando que, nos termos do *caput* do art. 71 do Decreto Estadual n. 46.319/2013, o CAGEC é gerido pela SEGOV; e considerando os benefícios esperados com a implantação das propostas de encaminhamento, voto pela manutenção das recomendações (II.2.3.1.1) e (II.2.3.1.2).[12]

II.2.3.2 – Das propostas de determinação apresentadas pela equipe de auditoria

No relatório preliminar de auditoria, em relação ao terceiro achado, a 3ª CFE propôs, a título de **determinação**, que a SEGOV:

(II.2.3.2.1) promova a integração do sistema CAGEC com o banco de dados do Cadastro de Fornecedores Impedidos de Contratar com a Administração Pública Estadual (CAFIMP) e do Tribunal Superior do Trabalho (TST), para emissão de certidões, de forma automática, em atendimento ao disposto no art. 15 da Resolução Conjunta SEGOV/CGE n. 5, de 24 de janeiro de 2020;

(II.2.3.2.2) resolva os problemas de inconsistências de dados do CAGEC com o sistema financeiro do Estado, a partir da implantação do Sistema Integrado de Gestão Governamental de Minas Gerais (GRP Minas).

No tocante à determinação (II.2.3.2.1), consta, no relatório final de auditoria, como comentários da SEGOV:

---

[12] Os benefícios estão listados nas páginas 89 e 91 do relatório final de auditoria, constante à peça n. 30 do SGAP.

O jurisdicionado informa ser relevante a medida, contudo destaca não ter capacidade adotá-la neste momento, em razão da ausência de recursos orçamentários para manutenção do serviço e a necessidade de articulação política minuciosa com os gestores dos órgãos detentores dos sistemas a serem integrados ao CAGEC.

Após analisar as considerações da SEGOV, a 3ª CFE sugeriu a manutenção da determinação (II.2.3.2.1), com base nas seguintes justificativas:

i. A Resolução Conjunta SEGOV/CGE nº 15/20 assevera sobre a necessidade de integração automática do CAGEC com os demais sistemas correlatos;
ii. O jurisdicionado não anexou documentação comprobatória de eventuais tentativas de formalização de contratos visando promover a integração dos sistemas com o CAGEC;
iii. Ademais, a SEGOV não detalhou os custos para a realização e manutenção da integração, a fim de demonstrar a real inexistência de recursos orçamentários para formalização imediata das referidas integrações.

Em relação à determinação (II.2.3.2.2), consta, no relatório final de auditoria, como comentários da SEGOV:

A SEGOV informa que as inconsistências apresentadas no relatório estão atreladas ao CNPJ das APACs em situação de extinção ou exclusão, dada a inatividade.
Desta feita, o órgão reforça que a responsabilidade de atualização dos dados da OSC é do convenente/parceiro, vez que somente este logra das informações pertinentes.
Outrossim, comunica que a previsão de implementação do sistema GRP se dará em janeiro de 2024.

Após analisar as considerações da SEGOV, a 3ª CFE sugeriu a manutenção da determinação (II.2.3.2.2), com base nas seguintes justificativas:

i. Embora a entidade parceira seja responsável pelo preenchimento e atualização dos dados no CAGEC, a SEGOV, que é responsável pela gestão e mudanças no sistema (art. 71 do Decreto Estadual nº 46.319/13),[13]

---

[13] Art. 71 – O Cagec, instituído pelo Decreto nº 44.293, de 10 de maio de 2006, gerido pela Secretaria de Estado de Governo – Segov –, passará a reger-se por Resolução Conjunta do Secretário de Estado de Governo e do Controlador-Geral do Estado.

logo, independente da atuação da entidade parceira, cabe à SEGOV adotar mecanismos de controle que minimizem os riscos decorrentes de eventual ausência, demora ou preenchimento incorreto das informações pela OSC.
ii. Não foi informado se com a futura implantação do GRP Minas, os problemas de inconsistência de dados serão solucionados.

Com fundamento nos argumentos da 3ª CFE, mantenho as duas propostas de encaminhamento, entretanto, voto para que elas sejam convertidas em recomendações. Explico-me: as propostas de encaminhamento (II.2.3.2.1) e (II.2.3.2.2) foram formalizadas com fundamento no disposto no art. 15 da Resolução Conjunta SEGOV/CGE n. 5/2020 (estabelece o regulamento do Cadastro Geral de Convenentes do Estado de Minas Gerais), *in verbis*:

> Art. 15 - Os documentos e dados de convenentes/parceiros e de pessoas físicas a eles vinculados **poderão** ser obtidos e atualizados automaticamente pelo Cagec por meio de integração com:
> I - o Sistema Integrado de Administração Financeira - SIAFI-MG, ou outro sistema que vier a substituí-lo;
> II - os sistemas da Caixa Econômica Federal;
> III - o Sistema Integrado de Administração da Receita do Estado de Minas Gerais – SIARE-MG, da Secretaria de Estado de Fazenda – SEF, ou outro sistema que vier a substituí-lo;
> IV - o Cadastro Informativo de Inadimplência em relação à Administração Pública do Estado de Minas – CADIN, ou outro sistema que vier a substituí-lo;
> V - a base do Sistema de Informações para Convenentes/Parceiros via Web Service – InfoConv-WS da RFB, ou outro sistema que vier a substituí-lo;
> VI - a Sistema de Informações Policiais – SIP da Polícia Civil do Estado de Minas Gerais – PCMG, ou outro sistema que vier a substituí-lo;
> VII - a Sistema de Registro Mercantil – SRM, para os fornecedores registrados na Junta Comercial do Estado de Minas Gerais – Jucemg, ou outro sistema que vier a substituí-lo;
> VIII - o Cadastro de Fornecedores Impedidos de Licitar e Contratar com a Administração Pública Estadual – CAFIMP, ou outro sistema que vier a substituí-lo;
> IX - outros sistemas mantidos por órgãos e entidades públicas estaduais e de outros entes federados.
> (Grifos nossos.)

Nesse contexto, destaco que, nos arts. 12 e 13 Resolução Conjunta SEGOV/CGE n. 5/2020, está previsto como **responsabilidade do**

convenente/parceiro, aqui incluída a OSC, **o fornecimento de dados e documentos** para realizar o seu cadastro no CAGEC. Em seguida, no art. 15 daquela resolução, está previsto que os dados e os documentos do convenente/parceiro **poderão** ser obtidos e atualizados automaticamente pelo CAGEC, por meio da integração desse com outros sistemas. Daí se conclui que a integração do CAGEG com sistemas mantidos por órgãos e entidades públicas do Estado de Minas Gerais ou de outros entes federados é uma POSSIBILIDADE, e não uma OBRIGATORIEDADE.

Além disso, a própria equipe de auditoria, no relatório final, afirma ser RECOMENDÁVEL a integração do CAGEC com outros sistemas, nos termos transcritos a seguir:

> Não obstante, em relação ao TST, SIP e CAFIMP, é plenamente possível e **recomendável** que o CAGEC possua plena comunicabilidade com tais bancos de dados, porquanto se trata de sistemas já consolidados e essenciais para toda e qualquer contratação pública no âmbito estadual, inclusive o SIP e o CAFIMP são sistemas pertencentes ao próprio ente estadual, o que torna menos dificultoso e oneroso integrar tais sistemas. (**Grifo nosso.**)

Diante do exposto, considerando que o comando do art. 15 da Resolução Conjunta SEGOV/CGE n. 5/2020 **não** possui natureza mandamental; e considerando que a implementação da medida depende do aceite do órgão ou entidade responsável pelo sistema com o qual o CAGEC poderá ser integrado, além de gerar despesas para a SEGOV, voto para que as determinações (II.2.3.2.1) e (II.2.3.2.2) sejam convertidas em recomendações.

II.2.4 – QUARTO ACHADO: NECESSIDADE DE APRIMORAMENTO DO SISTEMA DE GESTÃO DE CONVÊNIOS, PORTARIAS E CONTRATOS DO ESTADO DE MINAS GERAIS, MÓDULO SAÍDA (SIGCON-SAÍDA).

II.2.4.1 – Das propostas de recomendação apresentadas pela equipe de auditoria

No relatório preliminar de auditoria, em relação ao quarto achado, a 3ª CFE propôs, a título de **recomendação**, que a SEGOV:

(II.2.4.1.1) aprimore a arquitetura lógica do sistema SIGCON-Saída, de forma que consiga suportar o grande número de acessos dos usuários e comportar a grande quantidade de informações que são armazenadas em seus bancos de dados pelos seus operadores, no intuito de minimizar os erros e instabilidades do sistema;

(II.2.4.1.2) aprimore o SIGCON-Saída, avaliando a viabilidade de dividir a aba "caracterização da proposta" em várias abas, no intuito de evitar que o excesso de informações preenchidas em um único campo, impossibilite que elas sejam salvas no sistema antes da ocorrência do *logout* automático;

(II.2.4.1.3) avalie, no intuito de auxiliar o gestor na tomada de decisão e de facilitar o controle interno e externo, a oportunidade e conveniência de fazer constar, minimamente, dos novos módulos a serem criados no SIGCON-Saída, as funcionalidades abaixo:

(II.2.4.1.3.1) Módulo de Gerenciamento e Monitoramento das Parcerias:

(II.2.4.1.3.1.1) acompanhamento de repasses financeiros realizados à OSC, comparando o planejado e o executado;

(II.2.4.1.3.1.2) elaboração, acompanhamento e execução de cronograma de visitas técnicas com base em riscos;

(II.2.4.1.3.1.3) análise de cumprimento de metas executadas em relação às previstas no plano de trabalho, com nota final de monitoramento;

(II.2.4.1.3.1.4) emissão de relatórios sobre notas de monitoramento das OSCs, realização e conclusão de visitas técnicas e comparação de indicadores;

(II.2.4.1.3.2) Módulo de Prestação de Contas das Parcerias:

(II.2.4.1.3.2.1) acompanhamento e inserção de despesas pelas OSCs em tempo real;

(II.2.4.1.3.2.2) análise das prestações de contas dividida em duas fases, sendo a primeira, a de avaliação de execução de objeto, e a segunda, de execução financeira, permitindo, neste último caso, a análise individual das despesas;

(II.2.4.1.3.2.3) análise financeira de prestação de contas automatizada por robô;

(II.2.4.1.3.2.4) classificação das prestações de contas em quatro categorias: metas inadimplidas; objetos de denúncia/representação; auxílio de interveniente; e metas cumpridas;

(II.2.4.1.3.2.5) fornecimento da informação de todas as prestações de contas aptas a comporem a amostra;

(II.2.4.1.3.2.6) emissão de alertas automáticos e acompanhamento dos prazos de manifestação e defesa das OSCs;

(II.2.4.1.3.2.7) emissão de relatórios sobre OSCs com mais glosas, irregularidades constantes; e comparação percentual de glosas e erros entre as prestações de contas de OSCs que cumpriram as metas e as das que não cumpriram as metas.

No tocante à recomendação (II.2.4.1.1), consta, no relatório final de auditoria, como comentários da SEGOV:

> O jurisdicionado informou que houve uma melhoria na capacidade dos servidores do SIGCON-Saída e que há previsão de novas melhorias. Inclusive, planeja-se que, até meados de setembro, a Prodemge faça uma migração para o Exadata, o que aprimorará a performance do sistema.

Após analisar as considerações da SEGOV, a 3ª CFE sugeriu a manutenção da recomendação (II.2.4.1.1), sob a justificativa de que "como esta melhoria ainda se encontra em fase de implementação, necessita-se manter o achado para que se possa realizar futuro monitoramento para verificar se houve cumprimento da recomendação e se a medida adotada foi efetiva".

Quanto à recomendação (II.2.4.1.2), consta, no relatório final de auditoria, que a SEGOV informou que a "demanda já foi especificada pela equipe da Superintendência e está na lista de prioridades para ser executada em meados de outubro de 2022".

Após analisar as considerações da SEGOV, a 3ª CFE sugeriu a manutenção da recomendação (II.2.4.1.2), sob a justificativa de que "como esta melhoria ainda se encontra em fase de implementação, necessita-se manter o achado para que se possa realizar futuro monitoramento para verificar se houve cumprimento da recomendação e se a medida adotada foi efetiva".

No que concerne à recomendação (II.2.4.1.3), consta, no relatório final de auditoria, que a SEGOV informou que a "demanda já foi especificada pela equipe da Superintendência e está na lista de prioridades para ser futuramente executada".

Após analisar as considerações da SEGOV, a 3ª CFE sugeriu a manutenção da recomendação (II.2.4.1.3), sob a justificativa de que "como esta melhoria ainda se encontra em fase de implementação, necessita-se manter o achado para que se possa realizar futuro monitoramento para verificar se houve cumprimento da recomendação e se a medida adotada foi efetiva".

No tocante às recomendações (II.2.4.1.1) e (II.2.4.1.2), considerando os argumentos apresentados pela 3ª CFE; considerando que, nos termos do inciso II do art. 2º do Decreto Estadual n. 48.138/2021, compete à SEGOV realizar a manutenção, o gerenciamento e o desenvolvimento de novas funcionalidades no SIGCON-Saída; e considerando os benefícios esperados com implantação das recomendações,[14] voto pela sua manutenção.

Quanto à recomendação (II.2.4.1.3), observa-se que o seu conteúdo é para a SEGOV avaliar a conveniência e a oportunidade de inserir determinadas funcionalidades no "Módulo de Gerenciamento e Monitoramento das Parcerias" e no "Módulo de Prestação de Contas das Parcerias" do SIGCON-Saída.

Pela resposta apresentada pela SEGOV à peça n. 22, observa-se que ela, de forma fundamentada, deixou claro que não seria conveniente, nem oportuno, a implantação a curto prazo de algumas das funcionalidades mencionadas pela equipe de auditoria, seja porque elas não fazem parte do produto principal a ser desenvolvido, seja porque elas se mostram complexas, seja porque elas demandam recursos orçamentários, nos termos transcritos a seguir:

> Achado 3.4 - Avalie, no intuito de auxiliar o gestor na tomada de decisões e facilitar o controle interno e externo, a oportunidade e conveniência de fazer constar minimamente, dos novos módulos a serem criados no SIGCON-Saída, as funcionalidades abaixo:
> 1. Módulo de Gerenciamento e Monitoramento das Parcerias
> i. Acompanhamento de repasses financeiros realizados à OSC, comparando o planejamento e o executado
> Está previsto no desenvolvimento de um módulo que abarca registro da execução e monitoramento dos instrumentos vigentes. Uma das formas especificadas diz respeito à necessidade de comparar o planejado com o executado de modo a realizar a análise físico-financeira.
> ii. Elaboração, acompanhamento e execução de cronograma de visitas técnicas com base em riscos
> Parte dessa demanda está prevista no Módulo de Fiscalização. Entretanto, a implementação de análise de risco ainda está distante da realidade do sistema mas se encontra no escopo do projeto, como uma melhoria futura. Ainda, em conversas com a Controladoria Geral do Estado (CGE), levantamos uma necessidade semelhante mas que ainda carece de definição e especificação. (Grifo nosso.)
> iii. Análise de cumprimento de metas executadas em relação às previstas no plano de trabalho, com nota final de monitoramento

---

[14] Os benefícios estão listados na página 105 do relatório final de auditoria, constante à peça n. 30 do SGAP.

As funcionalidades para comparação de metas a serem desenvolvidas preveem a realização via sistema, bem como as análises relacionadas ao cronograma de execução para o monitoramento de metas.

Apesar disso, implementar uma nota para o monitoramento dos registros ainda não é uma realidade do sistema e carece de definição e especificação para que seja priorizado o desenvolvimento. (Grifo nosso.)

iv. Emissão de relatórios sobre: notas de monitoramento das OSCs, realização e conclusão de visitas técnicas e comparação de indicadores
Em razão de estarmos em fase de implementação de funcionalidades de registro de execução e monitoramento, **ainda não é possível gerar relatórios complexos.**

Ademais, as especificidades recomendadas pela equipe da auditoria ainda não foram especificadas no sistema nem fazem parte do produto principal a ser desenvolvido.

Dessa forma, essas necessidades poderão ser tratadas no longo prazo. (Grifos nossos.)

2. Módulo de Prestação de Contas das Parcerias
i. Acompanhamento e inserção de despesas pelas OSC em tempo real
A Superintendência está em processo de contratação do BB Gestão Ágil (Sistema Integrado de Recursos), que é uma ferramenta que permite a abertura de contas em massa e o consumo de informações das contas bancárias criadas. Isso permitirá acompanhar as movimentações das contas em tempo real e informações relativas à prestação de contas.

Além disso, ocorrerá o desenvolvimento de uma API [Interface de Programação de Aplicação] de integração com o SIGCON-Saída de forma a permitir que os dados de execução financeira possam ser visualizados no sistema.

ii. Análise das prestações de contas dividida em duas fases, sendo a primeira, a de avaliação de execução de objeto, e a segunda, de execução financeira, permitindo, neste último caso, a análise individual das despesas
A previsão de desenvolvimento do módulo de Prestação de Contas abarca essas duas fases principais e irá utilizar as informações preenchidas anteriormente no sistema no momento da execução do instrumento.

iii. Em aprimoramento posterior, realizar análise financeira de prestação de contas automatizada por robô
Ao que diz respeito sobre a automatização por robô, a SCCP [Superintendência Central de Convênios e Parcerias] tem a intenção de implementar algumas funcionalidades com automação, entretanto, **ainda é necessário desenvolver os módulos e descrever fluxos de processos para então iniciar leituras por robô. Caso haja orçamento disponível, a intenção desta SCCP é começar a formulação deste projeto no próximo exercício.** **(Grifo nosso.)**

iv. Após permitir a análise de cumprimento de objeto, diferenciação das prestações de contas em quatro categorias: metas inadimplidas; objetos de denúncia/representação; auxílio de interveniente; metas cumpridas (são as únicas que entram no cálculo da amostra)
Essa sugestão é um pouco mais complexa e necessita de maior especificação, definição e mudança de arcabouço legal para previsão destas especificidades a luz do Princípio da Legalidade expresso constitucionalmente. **Entendemos pode ser tratada no longo prazo pelo exposto. (Grifos nossos.)**

v. Fornecer a informação de todas as prestações de contas aptas a comporem a amostra
A análise amostral depende de regulamentação própria do órgão ou entidade. Por ser uma definição complexa, não é factível, no presente momento, desenvolver uma funcionalidade que represente todas as realidades dos órgãos. (Grifo nosso.)
Uma vez que, a capacidade operacional de cada órgão para analisar prestações de contas tem variações, isso dificulta a criação de uma regra geral possível de ser inserida no SIGCON-Saída.

vi. Emissão de alertas automáticos e acompanhamento dos prazos de manifestação e defesa das OSCs
Para a prestação de contas, com a implementação do novo módulo estará prevista as notificações automáticas de prazos previstos em regulamento estadual. Entretanto, **para as etapas após a prestação de contas (PACE-Parcerias e Tomada de Contas Especial), pelo fato de não haver projeto em execução não existe possibilidade de inclusão no sistema hoje. (Grifo nosso.)**

vii. Emissão de relatórios sobre: OSCs com mais glosas, irregularidades constantes; comparação percentual de glosas e erros entre as prestações de contas de OSCs que cumpriram as metas e as que não cumpriram as metas
Essa recomendação é muito importante para o controle mais efetivo das parcerias e será tratado no momento da especificação e desenvolvimento da etapa de análise da prestação de contas pelo órgão ou entidade estadual parceiro.

Com base no contexto acima narrado, considerando que a avaliação propriamente dita da conveniência e oportunidade de se inserirem determinadas funcionalidades no "Módulo de Gerenciamento e Monitoramento das Parcerias" e no "Módulo de Prestação de Contas das Parcerias" do SIGCON-Saída, já foi realizada pela SEGOV; e considerando que a SEGOV não se opôs expressamente a nenhuma delas, embora tenha admitido a impossibilidade de se implementá-las a curto prazo, proponho a manutenção da recomendação (II.2.4.1.3) com uma pequena alteração de redação em sua parte inicial:

> Recomenda-se à SEGOV que, no intuito de auxiliar o gestor na tomada de decisão e de facilitar o controle interno e externo, faça constar, minimamente, dos novos módulos a serem criados no SIGCON-Saída as funcionalidades abaixo:
> (...)

II.2.4.2 – Das propostas de determinação apresentadas pela equipe de auditoria

No relatório preliminar de auditoria, em relação ao quarto achado, a 3ª CFE propôs, a título de **determinação**, que a SEGOV crie módulos de gerenciamento e monitoramento das parcerias e de prestação de contas para que o sistema SIGCON-Saída contemple todo o ciclo de formalização das parcerias ou convênios, nos termos do art. 92 do Decreto Estadual n. 47.132/2017.

Suscitada a se manifestar sobre a proposta de encaminhamento, a SEGOV, à peça n. 22, informou que o desenvolvimento dos referidos módulos eletrônicos está em curso.

Após analisar as considerações da SEGOV, a 3ª CFE, no relatório final de auditoria, sugeriu a manutenção da determinação, sob a justificativa de que "como esta melhoria ainda não foi implementada, necessita-se manter o achado para que se possa realizar futuro monitoramento para verificar se houve cumprimento da determinação e se a medida adotada foi efetiva".

Como destacado pela equipe de auditoria e confirmado pela SEGOV, o SIGCON- Saída **não** está adaptado para a inserção de informações relativas ao monitoramento e à avaliação, bem como às prestações de contas das parcerias celebradas entre o Estado de Minas Gerais e as OSCs.

Cabe ressaltar que o art. 65 da Lei n. 13.019/2014 exige que as prestações de contas das parcerias firmadas com as OSCs e os atos delas decorrentes tramitem em sistema eletrônico:

> Art. 65. A prestação de contas e todos os atos que dela decorram **dar-se--ão** em plataforma eletrônica, permitindo a visualização por qualquer interessado. (Redação dada pela Lei nº 13.204, de 2015) (**Grifo nosso**.)

O art. 92 do Decreto Estadual n. 47.132/2017 ampliou as diretrizes do art. 65 da Lei 13.019/2014, uma vez que determinou a utilização de sistema eletrônico em outras etapas das parceiras, além da prestação de contas:

> Art. 92 – A tramitação de processos, notificação e transmissão de documentos para a celebração, a programação orçamentária, a liberação de recursos, o monitoramento e avaliação e a prestação de contas de termos de colaboração e de fomento **serão registrados** no Sigcon-MG – Módulo Saída, disponibilizado via rede mundial de computadores, por meio de página específica denominada Portal de Convênios de Saída e Parcerias, observado o disposto no Decreto nº 48.138, de 2021. (**Grifo nosso**.)

Diante do exposto considerando que os comandos do art. 65 da Lei n. 13.019/2014 e do art. 92 do Decreto Estadual n. 47.132/2017 **possuem natureza mandamental**; e considerando que, nos termos do inciso II do art. 2º do Decreto Estadual n. 48.138/2021, compete à SEGOV realizar a manutenção, o gerenciamento e o desenvolvimento de novas funcionalidades no SIGCON-Saída, mantenho a presente determinação.

II.2.5 – QUINTO ACHADO: LIBERAÇÃO DE PERFIS DE ACESSO À SEJUSP E AO PODER JUDICIÁRIO PARA CONSULTA E UTILIZAÇÃO DOS DADOS DO SISTEMA DE INFORMAÇÃO DAS APACs (INFOAPAC).

No relatório preliminar de auditoria, em relação ao quinto achado, a 3ª CFE propôs, a título de **recomendação**, que a SEJUSP solicite à FBAC a liberação de perfis de acesso ao INFOAPAC e a realização dos devidos treinamentos na utilização do sistema, para a DCA e para a Diretoria de Contratos e Convênios (DCC), a fim de subsidiar, de forma complementar, o monitoramento das parcerias a partir dos dados e relatórios produzidos pelo sistema, e para o TJMG, a fim de acompanhar as taxas de ocupação dos CRSs e de avaliar o desempenho da APAC dentro da sua esfera de competência.

No relatório final de auditoria, a 3ª CFE afirmou que a SEJUSP não apresentou qualquer consideração sobre a recomendação expedida no quinto achado e propôs a sua manutenção.

Considerando que a SEJUSP não se opôs expressamente à recomendação e considerando os benefícios esperados com a sua implantação,[15] acato a proposição da 3ª CFE de se mantê-la.

II.2.6 – SEXTO ACHADO: DEFICIÊNCIA DE INFORMAÇÕES DISPONIBILIZADAS NOS PORTAIS DE TRANSPARÊNCIA E NO SIGCON-SAÍDA RELATIVAS ÀS PARCERIAS FIRMADAS ENTRE SEJUSP E APACs.

No relatório preliminar de auditoria, em relação ao sexto achado, a 3ª CFE propôs, a título de **determinação**, que a SEJUSP:

(II.2.6.1) atenda às exigências de transparência e publicidade previstas em todas as etapas das parcerias, desde a fase preparatória até o fim das prestações de contas, disponibilizando as informações que devem constar no Portal da Transparência do Estado de Minas Gerais, de forma objetiva, transparente, clara e em linguagem de fácil compreensão, a fim de fomentar o controle social da execução das parcerias firmadas com as APACs, nos termos do disposto no art. 87 da Lei n. 13.019/2014, no art. 8º do Decreto Estadual n. 47.132/2017, e nos arts. 6º, 7º e 8º da Lei n. 12.527/2011;

(II.2.6.2) oriente a FBAC a publicar a situação da prestação de contas das parcerias firmadas entre a SEJUSP e as APACs, para que possa disponibilizar, em seu portal próprio de transparência, a data prevista para a sua apresentação, a data em que foi apresentada, o prazo para a sua análise e o resultado conclusivo, de forma objetiva, transparente, clara e em linguagem de fácil compreensão, nos termos do disposto nos arts. 7º, 8º e 97 do Decreto Estadual n. 47.132/2017 e no art. 11 da Lei n. 13.019/2014.

Também em relação ao sexto achado, a 3ª CFE propôs, a título de **determinação**, que a SEGOV:

(II.2.6.3) adote medidas necessárias à efetivação da transparência ativa e aumento do controle social, disponibilizando dados das parcerias e perfil de acesso aos cidadãos para consulta pública das informações constantes no sistema SIGCON-Saída, nos termos dos arts. 7º e 8º do Decreto Estadual n. 47.132/2017.

---

[15] Os benefícios estão listados na página 112 do relatório final de auditoria, constante à peça n. 30 do SGAP.

No relatório final de auditoria, a 3ª CFE afirmou que a SEJUSP não apresentou qualquer consideração sobre as determinações (II.2.6.1) e (II.2.6.2) e **sugeriu a sua manutenção**.

No tocante à determinação (II.2.6.3), consta, no relatório final de auditoria, que a SEGOV informou que o desenvolvimento dos referidos módulos eletrônicos está em curso.

Após analisar as considerações da SEGOV, a 3ª CFE manifestou-se pela manutenção da determinação (II.2.6.3), sob a justificativa de que "como esta melhoria ainda se encontra em fase de implementação, necessita-se manter o achado para que se possa realizar futuro monitoramento para verificar se houve cumprimento da determinação e se a medida adotada foi efetiva".

As propostas de encaminhamento da equipe de auditoria foram formalizadas com fundamento nos arts. 10, 11 e 87 da Lei n. 13.019/2014 e nos arts. 7º, 8º e 97 do Decreto Estadual n. 47.132/2017, os quais transcrevo abaixo:

> [Lei n. 13.019/2014]
> Art. 10. A administração pública deverá manter, em seu sítio oficial na internet, a relação das parcerias celebradas e dos respectivos planos de trabalho, até cento e oitenta dias após o respectivo encerramento. (Redação dada pela Lei nº 13.204, de 2015)
> Art. 11. A organização da sociedade civil deverá divulgar na internet e em locais visíveis de suas sedes sociais e dos estabelecimentos em que exerça suas ações todas as parcerias celebradas com a administração pública. (Redação dada pela Lei nº 13.204, de 2015)
> Parágrafo único. As informações de que tratam este artigo e o art. 10 deverão incluir, no mínimo:
> I - data de assinatura e identificação do instrumento de parceria e do órgão da administração pública responsável;
> II - nome da organização da sociedade civil e seu número de inscrição no Cadastro Nacional da Pessoa Jurídica - CNPJ da Secretaria da Receita Federal do Brasil - RFB;
> III - descrição do objeto da parceria;
> IV - valor total da parceria e valores liberados, quando for o caso; (Redação dada pela Lei nº 13.204, de 2015)
> V - situação da prestação de contas da parceria, que deverá informar a data prevista para a sua apresentação, a data em que foi apresentada, o prazo para a sua análise e o resultado conclusivo.
> VI - quando vinculados à execução do objeto e pagos com recursos da parceria, o valor total da remuneração da equipe de trabalho, as funções que seus integrantes desempenham e a remuneração prevista para o respectivo exercício. (Incluído pela Lei nº 13.204, de 2015)

Art. 87. As exigências de transparência e publicidade previstas em todas as etapas que envolvam a parceria, desde a fase preparatória até o fim da prestação de contas, naquilo que for necessário, serão excepcionadas quando se tratar de programa de proteção a pessoas ameaçadas ou em situação que possa comprometer a sua segurança, na forma do regulamento. (Redação dada pela Lei nº 13.204, de 2015)
[Decreto Estadual n. 47.132/2017]
Art. 7º – A administração pública do Poder Executivo estadual e a OSC deverão disponibilizar a relação dos termos de colaboração, termos de fomento e acordos de cooperação, celebrados a partir da entrada em vigor da Lei Federal nº 13.019, de 2014, em ordem cronológica de data de publicação do extrato da parceria, mantendo-se em até cento e oitenta dias contados da decisão final do administrador público acerca da prestação de contas.
(*Caput* com redação dada pelo art. 5º do Decreto nº 48.177, de 16/4/2021, em vigor a partir de 1º/8/2021.)
§1º – Da relação de que trata o *caput* deverão constar as seguintes informações:
I – órgão ou entidade estadual parceiro, número e data de assinatura e de publicação da parceria;
II – razão social da OSC parceira e respectivo Cadastro Nacional de Pessoa Jurídica – CNPJ;
III – número do plano de trabalho, tipo de atendimento e objeto da parceria;
IV – valor total previsto na parceria e valores liberados, quando for o caso;
V – data de início e término da parceria, incluindo eventuais prorrogações;
VI – situação da prestação de contas final da parceria, incluindo a data prevista para sua apresentação, data em que foi apresentada, prazo para análise e resultado conclusivo;
VII – valor total da remuneração da equipe de trabalho, as funções que seus integrantes desempenham e a remuneração prevista para o exercício e os encargos sociais e trabalhistas correspondentes, quando pagos com recursos da parceria, nos termos do art. 33;
VIII – razão social e CNPJ das OSCs executantes e não celebrantes, quando houver atuação em rede, conforme comunicação de que trata o §2º do art. 63;
(Inciso com redação dada pelo art. 5º do Decreto nº 48.177, de 16/4/2021, em vigor a partir de 1º/8/2021.)
IX – meios para apresentação de denúncia sobre aplicação irregular dos recursos envolvidos na parceria, nos termos do art. 10 deste decreto e do art. 12 da Lei Federal nº 13.019, de 2014.
(Inciso acrescentado pelo art. 5º do Decreto nº 48.177, de 16/4/2021, em vigor a partir de 1º/8/2021.)

§2º – A Secretaria de Estado de Governo – Segov – e a Controladoria-Geral do Estado – CGE –, em articulação com os órgãos e entidades estaduais, adotarão medidas necessárias para a efetivação das ações de transparência ativa e aumento do controle social.
(Parágrafo renumerado pelo art. 2º do Decreto nº 47.202, de 9/6/2017.)
§3º – A divulgação das informações de que trata o §1º serão realizadas:
I – pela administração pública do Poder Executivo no Portal da Transparência do Estado, no sítio eletrônico www.transparencia.mg.gov.br, no tocante aos termos de colaboração e termos de fomento, ou no sítio eletrônico do órgão ou entidade estadual parceiro, observado o disposto no art. 97;
II – pela OSC, no sítio eletrônico oficial e em locais visíveis de suas sedes sociais e dos estabelecimentos que exerçam suas ações.
(Parágrafo acrescentado pelo art. 5º do Decreto nº 48.177, de 16/4/2021, em vigor a partir de 1º/8/2021.)
§4º – É facultado ao órgão ou entidade estadual parceiro permitir a divulgação, pela OSC parceira, das informações de que trata o §1º em redes sociais ou no Mapa das OSCs, quando a organização não dispuser de sítio eletrônico oficial.
(Parágrafo acrescentado pelo art. 5º do Decreto nº 48.177, de 16/4/2021, em vigor a partir de 1º/8/2021.)
Art. 8º – Os órgãos ou entidades estaduais e as OSCs assegurarão, às pessoas naturais e jurídicas, o direito de acesso à informação, que será proporcionado mediante procedimentos objetivos e ágeis, de forma transparente, clara e em linguagem de fácil compreensão, observadas as determinações e os prazos da Lei Federal nº 12.527, de 18 de novembro de 2011, e dos arts. 61 e 62 do Decreto nº 45.969, de 24 de maio de 2012, assegurada a proteção de dados pessoais nos termos da Lei Federal nº 13.709, de 14 de agosto de 2018.
(Artigo com redação dada pelo art. 6º do Decreto nº 48.177, de 16/4/2021.)
Art. 97 – Enquanto o Portal de Convênios de Saída e Parcerias e o Portal da Transparência do Estado de Minas Gerais não contemplarem a publicação de todas as informações exigidas neste decreto, cada órgão ou entidade estadual parceiro deverá providenciar a divulgação de que trata o art. 7º em seu respectivo sítio eletrônico oficial.

Além dos dispositivos acima transcritos, destaco que o *caput* do art. 5º da Lei n. 13.019/2014 prevê como fundamentos do regime jurídico das parcerias celebradas com as OSCs a participação social, a transparência na aplicação dos recursos públicos e a publicidade. Acrescento que, nos termos do disposto nos incisos I, IV e V do *caput* do art. 5º da referida lei, o regime jurídico das parcerias celebradas com as OSCs destina-se a assegurar "o reconhecimento da participação social como direito do cidadão", "o direito à informação, à transparência e ao controle social das ações públicas" e "a integração e a transversalidade dos procedimentos, mecanismos e instâncias de participação social". Ainda sob a luz do MROSC, destaco que, em consonância com o inciso V do art. 6º da Lei n. 13.019/2014, constitui diretriz fundamental do regime jurídico das parcerias celebradas com as OSCs "o estabelecimento de mecanismos que ampliem a gestão de informação, transparência e publicidade".

Pela análise da legislação pátria, conclui-se que a SEJUSP e as APACs possuem o **dever** de conferir transparência e publicidade às parcerias entre elas celebradas, considerando todas as suas etapas, desde a fase preparatória até o fim da prestação de contas, excetuadas as hipóteses previstas na Lei n. 13.019/2014. Além disso, verifica-se que a SEGOV, em articulação com a SEJUSP, possui o **dever** de adotar as medidas necessárias para a efetivação das ações de transparência ativa e aumento do controle social no tocante às parcerias celebradas com as APACs, cabendo, aqui, destacar que, nos termos do inciso II do art. 2º do Decreto Estadual n. 48.138/2021, compete à SEGOV realizar a manutenção, o gerenciamento e o desenvolvimento de novas funcionalidades no SIGCON-Saída.

Nesse contexto, voto pela manutenção da determinação (II.2.6.1), destinada à SEJUSP, e da determinação (II.2.6.3), destinada à SEGOV.

Em relação à determinação (II.2.6.2), destinada à SEJUSP, voto para que seja transformada em recomendação. Explico-me: as OSCs, **independentemente de qualquer provocação do** órgão **ou entidade parceiro**, possuem o dever de conferir transparência e publicidade às parcerias celebradas com o Poder Público. Em outras palavras, não há, na legislação, qualquer determinação para que o órgão ou entidade parceiro expeça orientação sobre normas de transparência e publicidade à OSC, motivo pelo qual entendo não ser adequado exigir que a SEJUSP assim o proceda.

II.2.7 – SÉTIMO ACHADO: DIFICULDADE NO PREENCHIMENTO E NA MANUTENÇÃO DO QUADRO TOTAL DE FUNCIONÁRIOS DAS APACs PROPOSTOS NOS PLANOS DE TRABALHOS DOS TERMOS DE PARCERIA FIRMADOS COM A SEJUSP.

No relatório preliminar de auditoria, em relação ao sétimo achado, a 3ª CFE propôs, a título de **recomendação**, que a SEJUSP:

(II.2.7.1) oriente os dirigentes das APACs para que expandam os canais de divulgação dos editais de seleção de pessoal, de forma que essas informações sejam divulgadas no *Facebook, Instagram, Linkedin*, rádio local, Sistema Nacional de Emprego (SINE), órgão da Prefeitura local e outros;

(II.2.7.2) acompanhe constantemente os reajustes concedidos às remunerações da categoria dos profissionais prestadores de serviço de contabilidade, para que, caso se faça necessário, promova alterações no ato normativo que atualmente regulamenta os cargos e as remunerações dos funcionários das APACs, no intuito de evitar a defasagem salarial do seu quadro de pessoal, com destaque para o encarregado de tesouraria; e

(II.2.7.3) informe ao Tribunal de Contas do Estado de Minas Gerais (TCEMG) os resultados da inclusão do cargo de gerente geral nos planos de trabalho das parcerias firmadas com as APACs de grande porte II no tocante à redução dos índices de rotatividade dos funcionários das APACs e ao aprimoramento na gestão das referidas associações, a fim de que este Tribunal possa avaliar a efetividade de se expandir esse cargo para as demais APACs, independentemente da classificação do porte.

No relatório final de auditoria, a 3ª CFE afirmou que a SEJUSP não se manifestou sobre as recomendações expedidas no sétimo achado e propôs a sua manutenção.

No tocante à recomendação (II.2.7.1), considerando que a SEJUSP não se opôs expressamente a ela e considerando os benefícios esperados com a sua implantação,[16] acato a proposição da 3ª CFE de se mantê-la. Além disso, tendo em vista o relevante papel exercido pela FBAC no aperfeiçoamento da gestão e no monitoramento das APACs, estendo a recomendação (II.2.7.1) àquela entidade.

Quanto à recomendação (II.2.7.2), considerando que a SEJUSP não se opôs expressamente a ela e considerando os benefícios esperados com a sua implantação,[17] acato a proposição da 3ª CFE de se mantê-la.

Em relação à recomendação (II.2.7.3), considerando que ela retrata o envio de informações para que o TCEMG obtenha suporte probatório para exercer as suas atividades de fiscalização, voto pela sua conversão

---

[16] Os benefícios estão listados nas páginas 133 e 134 do relatório final de auditoria, constante à peça n. 30 do SGAP.

[17] Os benefícios estão listados nas páginas 133 e 134 do relatório final de auditoria, constante à peça n. 30 do SGAP.

em diligência, nos termos do art. 140, §2º, da Resolução n. 12/2008 deste Tribunal (Regimento Interno).[18]

Ainda sobre a recomendação (II.2.7.3), convertida em diligência, considerando a informação prestada pela equipe de auditoria de que FBAC foi responsável por aprovar novo estatuto padrão, no qual se prevê a inclusão, nos quadros funcionais das APACs, do cargo de gerente geral, amplio o cumprimento da diligência para aquela entidade.

Por fim, ainda sobre a diligência (II.2.7.3), considerando a informação prestada pela equipe de auditoria de que a SEJUSP implantou, como projeto piloto, o cargo de gerente geral para as APACs de grande porte II **durante a execução das atividades de auditoria** e considerando que os trabalhos da equipe de auditoria se iniciaram em agosto de 2021 e se encerraram em novembro de 2022, entendo que os impactos trazidos pela implantação do cargo na redução dos índices de rotatividade na função de presidente das APACs e no aprimoramento da gestão das referidas associações, somente poderão ser aferidos ao final do exercício de 2023, motivo pelo qual fixarei o prazo de 15/2/2024 para o encaminhamento das informações.

II.2.8 – OITAVO ACHADO: NECESSIDADE DE APRIMORAR OS PROCEDIMENTOS DE MONITORAMENTO DAS TAXAS DE OCUPAÇÃO E OTIMIZAR O PROCESSO DE AMPLIAÇÃO E PREENCHIMENTO DE VAGAS DOS CRSs DAS APACs.

No relatório preliminar de auditoria, em relação ao oitavo achado, a 3ª CFE propôs, a título de **recomendação**, que a SEJUSP:

(II.2.8.1) aprimore os processos e procedimentos de ocupação e gerenciamento de vagas nas APACs, tendo em vista as seguintes constatações:

(II.2.8.1.1) ausência de normas e fluxos de trabalho que estabeleçam a forma, os prazos e as competências para preenchimento das vagas dos CRSs das APACs, visando agilizar o processo de ingresso do preso no CRS;

(II.2.8.1.2) precários procedimentos de ocupação dos CRSs, mostrando-se aconselhável estudar a viabilidade de criação, no âmbito da SEJUSP, de "celas de espera" e de lista eletrônica de presos que

---

[18] Art. 140. (...)
§2º Considera-se diligência toda requisição de documentos, pedido de esclarecimentos complementares ou de providências necessárias à instrução do processo.

preencham os requisitos da Portaria Conjunta n. 1.182/PR/2021 do TJMG[19] para ingresso nas APACs;

(II.2.8.2) avalie e informe ao TCEMG, sem causar prejuízos à metodologia apaqueana, a conveniência e oportunidade de estabelecer um novo teto de ocupação nos CRSs, definindo critérios objetivos para reprogramação de vagas no CRS, com reavaliação dos cálculos proporcionais de aumento de custo de recuperando e de quadro de pessoal, de acordo com o porte das APACs.

No tocante à recomendação (II.2.8.1), consta, no relatório final de auditoria, como comentários da SEJUSP:

> A SEJUSP pretende iniciar a formulação das normas e dos fluxos de trabalho destinados a dispor sobre a forma, os prazos e as competências para preenchimento das vagas dos CRSs.
> Ademais, informa ser inviável a criação de "Celas de Espera", porquanto, que o Estado de Minas Gerais possui déficit de 2.881 (vinte e dois mil oitocentos e oitenta e uma) vagas de custodiados e que 61, das 182, Unidades Prisionais encontram-se interditadas judicialmente.
> Por fim, no tocante à criação de lista eletrônica de presos, relatou dificuldades nos processos de ocupação das vagas nos CRSs.

Após analisar as considerações da SEJUSP, a 3ª CFE sugeriu a manutenção **PARCIAL** da recomendação (II.2.8.1), nos termos seguintes:

> i. Em relação aos procedimentos, normas e fluxos de trabalho para ocupação e preenchimento de vagas nos CRSs: Como a criação destas normas ainda se encontra em fase de discussão, necessita-se manter o achado para que se possa realizar futuro monitoramento para verificar se houve cumprimento da recomendação e se a medida adotada foi efetiva.
> ii. No tocante às "Celas de Espera", entende-se ser plausível a justificativa da sua inviabilidade momentânea de criação, tendo em vista o alto déficit carcerário atual, somado à interdição de 1/3 das Unidades Prisionais do Estado, razão pela qual retira-se a recomendação.
> iii. Sobre a criação de lista eletrônica de presos para ocupação de vagas nos CRSs, o jurisdicionado não demonstrou inviabilidade ou inefetividade em adotar a medida, razão pela qual mantém-se a recomendação.

---

[19] **[PORTARIA CONJUNTA Nº 1182/PR/2021**: estabelece normas para a transferência de presos em cumprimento de pena privativa de liberdade para os Centros de Reintegração Social - CRS, geridos pelas Associações de Proteção e Assistência aos Condenados - APACs, e revoga as Portarias Conjuntas da Presidência nº 653, de 11 de julho de 2017, nº 669, de 22 de agosto de 2017, e nº 759, de 14 de agosto de 2018.]

Com fundamento nos argumentos da 3ª CFE, mantenho **PARCIALMENTE** a recomendação (II.2.8.1), suprimindo a questão afeta à realização de estudos sobre a viabilidade de criação, no âmbito da SEJUSP, das "celas de espera".

Quanto à recomendação (II.2.8.2), consta, no relatório final de auditoria, como comentários da SEJUSP:

> A Secretaria entende que a medida não é oportuna ou conveniente, em razão da sua complexidade e do baixo percentual (7%) de APACs que estão com limites acima do teto de vagas nos CRSs.
> Todavia, a SEJUSP registra a intenção de dedicar-se à temática apresentada.

Após analisar as considerações da SEJUSP, a 3ª CFE sugeriu a manutenção da recomendação (II.2.8.2), nos termos seguintes:

> i. A justificativa calcada somente no baixo percentual e na complexidade da matéria não se mostra razoável, uma vez que cabe ao órgão cumprir o teto estabelecido no seu próprio normativo, bem como evitar o agravamento da situação irregular.

Discordo da conclusão apresentada pela 3ª CFE para a recomendação (II.2.8.2). Primeiramente, destaco que o cerne da recomendação é a SEJUSP **avaliar a conveniência e a oportunidade de estabelecer um novo teto de ocupação nos CRSs e informar o resultado dessa avaliação ao TCEMG**. Nesse contexto, a SEJUSP, à peça n. 20, informou a este Tribunal que, no presente momento, não se mostra oportuno, nem conveniente, a realização de estudos sobre a matéria, com base nas seguintes justificativas:

> A princípio, informo que, em 2021, a Resolução SEDS nº 1.373, de 09 de janeiro de 2013 foi revisada, sendo substituída pela Resolução Sejusp nº 166, de 16 de julho de 2021.
> À vista disso, esclareço que, quando do processo revisional, as áreas técnicas desta Secretaria e a FBAC foram ouvidas acerca de todas as disposições constantes na norma vigente.
> Nesse sentido, ressalto que discussões acerca do "piso" e do "teto" das ocupações nos CRSs foram estabelecidas, sendo identificado que uma multiplicidade de elementos carecem ser considerados para se cogitar qualquer alteração nessa temática. São exemplos desses elementos: fundamentos da metodologia apaqueana, custo do recuperando,

situação econômico-financeira da Secretaria, segurança do CRS, relação quantitativa de funcionário x recuperando, etc.

Dessa forma, considerando a complexidade dos estudos necessários, bem como o fato de apenas 7% (sete por cento) do CRSs não estarem compreendidos nas faixas constantes na Resolução Sejusp nº 166, de 16 de julho de 2021, deliberou-se que o momento não era oportuno à efetivação de qualquer alteração, principalmente em um cenário em que diversas outras situações atinentes à metodologia apaqueana ostentavam o status prioritário.

Não obstante, de modo a não comprometer o funcionamento dos CRSs, previu-se, no normativo vigente, a possibilidade da equipe de trabalho se adequar ao caso concreto:

Art. 3º - A equipe de trabalho do CRS corresponderá àquela atinente ao porte do CRS, conforme Anexo I desta Resolução.

§1º - Entende-se por equipe de trabalho do CRS o conjunto de profissionais contratados pela APAC e remunerados, a qualquer título, com os recursos da parceria.

§2º - Excepcionalmente, a critério do Administrador Público, a equipe de trabalho do CRS poderá ser composta por cargos e quantitativos diferentes dos previstos no Anexo I desta Resolução.

§3º - É facultado à APAC propor a alteração dos cargos e quantitativos, mediante a apresentação de justificativa técnica devidamente fundamentada e manifestação da FBAC, cabendo ao Administrador Público a sua aprovação.

(Grifos no original.)

Diante do exposto, entendo por cumprida a recomendação (II.2.8.2) pela SEJUSP, não havendo razão para se mantê-la.

Acrescento que, após analisar as informações prestadas pelo TJMG à peça n. 28, a 3ª CFE, no relatório final de auditoria, sugeriu, em relação ao oitavo achado, a inclusão de nova recomendação àquele Órgão, aqui denominada recomendação (II.2.8.3), para que o novo ato normativo sobre a transferência de preso do sistema prisional comum para as APACs preveja que o juiz da execução penal, ao criar, por meio de portaria, critérios específicos de ocupação de vaga nos CRSs das APACs, solicite previamente ao grupo de trabalho de acompanhamento e monitoramento de vagas nos CRSs parecer opinativo com a análise do impacto que esses critérios poderão acarretar no equilíbrio entre a manutenção da segurança pública e o alcance da eficiência na ocupação das vagas no sistema APAC.

Acolho a recomendação (II.2.8.3), uma vez que objetiva o aprimoramento do processo de ocupação de vagas nos CRSs, além de se mostrar pertinente, na medida em que, conforme esclarecido pelo TJMG à peça n. 28, será iniciado, em parceria com os juízes da execução penal, SEJUSP, FBAC e APAC local, processo de elaboração de novo ato normativo sobre a transferência de recuperandos para as APACs.

II.2.9 – NONO ACHADO: INSUFICIÊNCIA DE CAPACITAÇÃO DOS GESTORES E ENCARREGADOS DE TESOURARIA DAS APACs E DOS SERVIDORES DA SEJUSP.

No relatório preliminar de auditoria, em relação ao nono achado, a 3ª CFE propôs, a título de **recomendação**, que a SEJUSP e a SEGOV:

(II.2.9.1) elaborem planos para a realização de treinamentos contínuos, presencial ou em ensino à distância (EAD), para os servidores da SEJUSP e para os gestores e encarregados de tesouraria das APACs, no intuito de minimizar ou atenuar as deficiências verificadas nas fases de monitoramento e de prestação de contas das parcerias, abordando, em aspectos práticos, os seguintes temas:

(II.2.9.1.1) monitoramento e avaliação de indicadores e metas com priorização nos resultados, de acordo com o Marco Regulatório das Organizações da Sociedade Civil (MROSC);

(II.2.9.1.2) elaboração de papeis de trabalho e relatórios para visitas técnicas;

(II.2.9.1.3) gestão de riscos;

(II.2.9.1.4) análises de prestações de contas com foco no resultado, de acordo com o MROSC;

(II.2.9.1.5) condução de Processo Administrativo de Constituição do Crédito Estadual não Tributário (PACE) e de Tomada de Contas Especial (TCE);

(II.2.9.1.6) manuseio operacional e novas funcionalidades do sistema SIGCON-Saída e CAGEC;

(II.2.9.2) ampliem o acesso ao conhecimento, disponibilizando cursos de capacitação *online* em plataforma digital, com critérios de avaliação do aluno, pesquisa de satisfação e fórum de discussão de dúvidas, e aprimorem a forma de obtenção do certificado, de modo que somente possa ser obtido após a conclusão de todas as fases dos cursos ofertados.

Também em relação ao nono achado, a 3ª CFE propôs, a título de **recomendação**, que a SEGOV:

(II.2.9.3) aprimore o sistema SIGCON-Saída, para inserir campo no qual o funcionário da APAC deverá informar se passou, ou não, por treinamento específico, bem como a data de realização desse treinamento, a fim de que seja possível mapear continuamente as necessidades de capacitação dos novos funcionários da APAC, bem como de reciclagem dos funcionários mais antigos.

No tocante à recomendação (II.2.9.1), consta, no relatório final de auditoria, que a SEJUSP ficou silente, enquanto a SEGOV apresentou os seguintes comentários:

> A SEGOV respondeu que tem investido na elaboração de manuais explicativos, bem como na gravação e disponibilização das capacitações realizadas em plataforma de Ensino à Distância - EAD de acesso público (acesso em https://ead.sigconsaida.mg.gov.br/login/index.php).
> Ademais, também informou que os cursos de "Gestão de Riscos" e de "Tomada de Contas Especial" são de competência da CGE, enquanto que os cursos de "PACE" dependem da atualização das Instrução Normativa nº 03/2013 do TCE MG.

Após analisar as considerações da SEGOV, a 3ª CFE sugeriu a manutenção da recomendação (II.2.9.1), nos termos seguintes:

> i. (...) embora exista uma plataforma EAD da SEGOV, esta plataforma carece ainda de melhorias e aprimoramento que deverão ser avaliados posteriormente. Sendo assim, necessita-se manter o achado para que se possa realizar futuro monitoramento a fim de verificar se houve cumprimento da recomendação e se a medida adotada foi efetiva.
> No tocante aos cursos de "gestão de riscos" e "Tomada de Contas Especial", independente de qual seja o setor autor do curso, por ser a plataforma de responsabilidade da SEGOV, deve-se então, o referido setor ser corresponsável, no mínimo, pela existência e disponibilização do curso.

No tocante à recomendação (II.2.9.2), consta, no relatório final de auditoria, que a SEJUSP ficou silente, enquanto a SEGOV se manifestou dizendo que "alguns dos cursos da plataforma EAD-SCCP possuem a função de emitir certificado" e que "a Superintendência busca aprimorar rotineiramente a plataforma e acrescentar novas funcionalidades".

Após analisar as considerações da SEGOV, a 3ª CFE sugeriu a manutenção da recomendação (II.2.9.2), sob a justificativa de que "como esta melhoria ainda se encontra em fase de implementação, necessita-se manter o achado para que se possa realizar futuro monitoramento para verificar se houve cumprimento da recomendação e se a medida adotada foi efetiva".

No que concerne à recomendação (II.2.9.3), consta, no relatório final de auditoria, que a SEGOV afirmou que a medida será implementada quando a plataforma de EAD disponibilizada estiver com um volume maior de cursos.

Após analisar as considerações da SEGOV, a 3ª CFE sugeriu a manutenção da recomendação (II.2.9.3), sob a justificativa de que "como esta melhoria ainda não foi implementada, necessita-se manter o achado para que se possa realizar futuro monitoramento para verificar se houve cumprimento da recomendação e se a medida adotada foi efetiva".

Após analisar os elementos instrutórios, voto pela manutenção das recomendações (II.2.9.1), (II.2.9.2) e (II.2.9.3), considerando:

(a) que, nos termos do inciso I e do inciso VII do art. 6º da Lei n. 13.019/2014, são diretrizes fundamentais do regime jurídico de parceria "a promoção, o fortalecimento institucional, a capacitação e o incentivo à organização da sociedade civil para a cooperação com o poder público" e "a sensibilização, a capacitação, o aprofundamento e o aperfeiçoamento do trabalho de gestores públicos, na implementação de atividades e projetos de interesse público e relevância social com organizações da sociedade civil", respectivamente;

(b) que, nos termos do inciso I do art. 8º da Lei n. 13.019/2014, o administrador público, ao decidir sobre a celebração da parceria, "considerará, obrigatoriamente, a capacidade operacional da administração pública para celebrar a parceria, cumprir as obrigações dela decorrentes e assumir as respectivas responsabilidades"; e que, nos termos do parágrafo único do art. 8º da referida lei, a administração pública adotará as medidas necessárias, tanto na capacitação de pessoal, quanto no provimento dos recursos materiais e tecnológicos necessários, para assegurar a capacidade técnica e operacional, na celebração de parcerias;

(c) que, nos termos do *caput* do art. 71 do Decreto Estadual n. 46.319/2013, o CAGEC é gerido pela SEGOV; e que, nos termos do inciso II do art. 2º do Decreto Estadual n. 48.138/2021, compete à SEGOV realizar a manutenção, o gerenciamento e o desenvolvimento de novas funcionalidades no SIGCON-Saída;

(d) os benefícios esperados com a implantação das recomendações (II.2.9.1), (II.2.9.2) e (II.2.9.3)[20] e os argumentos apresentados pela 3ª CFE no relatório final de auditoria.

---

[20] Os benefícios estão listados na página 152 do relatório final de auditoria, constante à peça n. 30 do SGAP.

Acrescento que, no relatório final de auditoria, a 3ª CFE sugeriu, em relação ao nono achado, a inclusão de nova recomendação, aqui denominada recomendação (II.2.9.4), para que o TCEMG promova, de forma integrada com a CGE, nos termos do Acordo de Cooperação n. 006/2016, ações de capacitação direcionadas aos servidores da SEJUSP e aos funcionários da FBAC/APACs sobre as seguintes temáticas:

(II.2.9.4.1) apresentação e avaliação de prestações de contas dos convênios e parcerias firmados entre o Estado de Minas Gerais e as APACs, à luz do MROSC;

(II.2.9.4.2) avaliação de indicadores de desempenho definidos nos planos de trabalho dos convênios e parcerias firmados entre o Estado de Minas Gerais e as APACs, para se aferir, de forma objetiva, o cumprimento das metas pactuadas e, consequentemente, para se identificar e mensurar os resultados alcançados;

(II.2.9.4.3) gestão de riscos na análise dos convênios e parcerias, orientando a SEJUSP a desenvolver mecanismos de controle interno eficientes e eficazes e que sejam capazes de mitigar a incidência de erros e melhorar o desempenho da administração pública;

(II.2.9.4.4) adoção de metodologias, ferramentas e instrumentos de controle eficazes para realizar o monitoramento do cumprimento das metas de desempenho pactuadas nos convênios/parcerias;

(II.2.9.4.5) cursos periódicos voltados a atender às fragilidades e necessidades identificadas pela equipe de auditoria e que abarquem temas específicos de suma relevância para a melhoria do desempenho da SEJUSP na gestão dos convênios/parcerias firmados com as APACs, bem como para a melhoria do desempenho dessas associações na administração e na aplicação dos recursos públicos estaduais recebidos, no intuito de minimizar erros e de evitar eventuais prejuízos aos cofres públicos.

Considerando que a atuação do TCEMG não se restringe a fiscalizar e a punir o jurisdicionado, possuindo, também, caráter pedagógico e preventivo; e considerando que a Escola de Contas, por meio de ações de capacitação ofertadas ao jurisdicionado, desempenha papel fundamental na concretização da boa e regular gestão dos recursos públicos; acolho a recomendação (II.2.9.4). No entanto, não farei menção ao Acordo de Cooperação n. 006/2016, celebrado entre o TCEMG e a CGE, tendo em vista que, no referido instrumento, foram estabelecidos mecanismos de cooperação entre aqueles dois órgãos com vistas ao desenvolvimento de projetos e ações aptos a contribuir para a prevenção e combate à corrupção, para a promoção da transparência e da ética públicas, para o fomento do controle social e para o fortalecimento da gestão pública, com foco na proteção dos recursos públicos. Em outras palavras, o objeto do Acordo de Cooperação n. 006/2016 não abrange especificamente atividades de capacitação destinadas aos servidores da SEJUSP e aos funcionários da FBAC/APACs, com foco no aprimoramento do desempenho da SEJUSP na gestão das parcerias celebradas com as APACs e no aprimoramento do desempenho das APACs na administração e na aplicação dos recursos recebidos.

Destaco, ainda, que **a atuação integrada entre o TCEMG e a CGE** possui previsão no art. 74, IV e §1º, da Constituição da República,[21] no art. 81, IV e parágrafo único, da Constituição Estadual,[22] mostrando-se, portanto, dispensável que a expedição da recomendação seja baseada no Acordo de Cooperação n. 006/2016.

Além das observações acima, informo que o Acordo de Cooperação n. 006/2016 possuía cláusula de vigência de 60 (sessenta) meses, contados da data de sua assinatura, passível de ser alterada por termo aditivo, a critério dos partícipes. Nesse contexto, considerando que o acordo foi assinado em 19 de dezembro de 2016 e que não foi localizado, no *site* deste Tribunal, termo aditivo prorrogando a sua vigência, conclui-se que ele não está mais produzindo efeito, o que reforça o meu posicionamento de que não deve ser mencionado na recomendação a ser expedida a este Tribunal.

---

[21] Art. 74. Os Poderes Legislativo, Executivo e Judiciário manterão, de forma integrada, sistema de controle interno com a finalidade de:
(...)
IV - apoiar o controle externo no exercício de sua missão institucional.
§1º Os responsáveis pelo controle interno, ao tomarem conhecimento de qualquer irregularidade ou ilegalidade, dela darão ciência ao Tribunal de Contas da União, sob pena de responsabilidade solidária.

[22] Art. 81 - Os Poderes Legislativo, Executivo e Judiciário e as entidades da administração indireta manterão, de forma integrada, sistema de controle interno, com a finalidade de:
(...)
IV - apoiar o controle externo no exercício de sua missão institucional.
Par-ágrafo único - Os responsáveis pelo controle interno, ao tomarem conhecimento de qualquer irregularidade ou ilegalidade, dela darão ciência ao Tribunal de Contas, sob pena de responsabilidade solidária.

II.2.10 – DÉCIMO ACHADO: INSEGURANÇA JURÍDICA EM RAZÃO DE DIVERGÊNCIAS DE ENTENDIMENTO ENTRE SEJUSP E APACs, NOS PROCESSOS DE PRESTAÇÃO DE CONTAS, A RESPEITO DAS IRREGULARIDADES QUE CARACTERIZAM DANO.

II.2.10.1 – Das propostas de recomendação da equipe de auditoria

No relatório preliminar de auditoria, em relação ao décimo achado, a 3ª CFE propôs, a título de **recomendação**, que a SEJUSP:

(II.2.10.1.1) formalize consulta formal à AGE, visando reduzir a insegurança jurídica e evitar a realização de glosas desnecessárias, para obtenção de orientação jurídica sobre pontos de divergência entre a SEJUSP e as APACs no tocante à caracterização de dano ao erário nos processos de prestação de contas, adiante especificados:

(II.2.10.1.1.1) ausência de aplicação de prazo prescricional na pretensão de ressarcimento do Estado;

(II.2.10.1.1.2) ausência de cotações de preço para as compras e contratações de bens e serviços pela APAC;

(II.2.10.1.1.3) pagamento de multas e juros pela inadimplência das faturas das APACs decorrente de atraso no repasse financeiro pela SEJUSP;

(II.2.10.1.1.4) excesso de gastos com determinada rubrica acima do limite previsto no plano de trabalho;

(II.2.10.1.1.5) pagamento de aviso prévio indenizado aos funcionários da APAC no caso de rescisão de contrato de trabalho;

(II.2.10.1.2) encaminhe aos gestores das APACs o ofício de "solicitação de isenção de tarifas bancárias", devidamente assinado, cujo modelo encontra-se disponibilizado no SIGCON-Saída, para que, quando da abertura de contas bancárias específicas para gestão dos recursos públicos recebidos em decorrência da formalização das parcerias, eles possam apresentá-lo à instituição financeira pública determinada pela SEJUSP, a fim de garantir que ela não realize cobranças indevidas, em cumprimento ao disposto no art. 51 da Lei n. 13.019/2014.[23]

---

[23] Art. 51. Os recursos recebidos em decorrência da parceria serão depositados em conta corrente específica isenta de tarifa bancária na instituição financeira pública determinada pela administração pública. (Redação dada pela Lei nº 13.204, de 2015)
(...)

No relatório final de auditoria, a 3ª CFE afirmou que a SEJUSP não apresentou qualquer consideração sobre as recomendações (II.2.10.1.1) e (II.2.10.1.2) e **sugeriu a sua manutenção**.

Considerando que a SEJUSP não se opôs expressamente às recomendações e considerando os benefícios esperados com a sua implantação,[24] acato a proposição da 3ª CFE de se mantê-las.

Faço apenas uma observação em relação à recomendação (II.2.10.1.1). Conforme se observa do relatório final de auditoria, o pagamento de tarifas bancárias pelas APACs às instituições em que foram abertas as contas para gerenciar os recursos das parcerias também constitui um dos principais pontos de discordância entre a SEJUSP e as APACs no tocante à configuração de dano ao erário nos processos de prestação de contas. Desse modo, entendo que a referida hipótese deverá ser contemplada na recomendação, para que seja objeto de orientação jurídica da Advocacia-Geral do Estado.

II.2.10.2 – Das propostas de determinação da equipe de auditoria

No relatório preliminar de auditoria, em relação ao décimo achado, a 3ª CFE propôs, a título de **determinação**, que a SEJUSP indique, nos termos de parceria firmados com as APACs, em qual instituição financeira pública elas devem realizar a abertura de conta corrente específica para recebimento dos recursos repassados para o cumprimento da parceria, nos termos do art. 51 da Lei n. 13.019/2014.

No relatório final de auditoria, a 3ª CFE afirmou que a SEJUSP não apresentou qualquer consideração sobre a determinação expedida no décimo achado e **sugeriu a sua manutenção**.

A presente proposta de encaminhamento foi formalizada com fundamento no art. 51 da Lei Federal n. 13.019/2014, *in verbis*:

> Art. 51. Os recursos recebidos em decorrência da parceria serão depositados em conta corrente específica isenta de tarifa bancária **na instituição financeira pública determinada pela administração pública**. (Redação dada pela Lei nº 13.204, de 2015)
> (...)
> (Grifos nossos.)

---

[24] Os benefícios estão listados nas páginas 160 e 161 do relatório final de auditoria, constante à peça n. 30 do SGAP.

Considerando que a SEJUSP não se opôs expressamente à determinação; considerando os benefícios esperados com a sua implantação;[25] e considerando que, nos termos do art. 51 da Lei Federal n. 13.019/2014, cabe à SEJUSP indicar em qual instituição financeira pública a APAC deve abrir a conta bancária específica para gerenciar os recursos da parceria; mantenho a determinação do décimo achado.

II.2.11 – DÉCIMO PRIMEIRO ACHADO: DIFICULDADE NO RESSARCIMENTO DE VALORES A RECEBER PROVENIENTES DE PRESTAÇÃO DE CONTAS REPROVADAS

No relatório preliminar de auditoria, em relação ao décimo primeiro achado, a 3ª CFE propôs, a título de **recomendação**, que a SEJUSP:

(II.2.11.1) elabore, nos termos do art. 85-A, §6º, do Decreto Estadual n. 47.132/2017, normativo que estabeleça os critérios objetivos para a adoção de ações compensatórias e revise o fluxo processual para não haver sobreposição de atividades entre o processo de PACE, o processo de TCE e as ações compensatórias.

Também em relação ao décimo primeiro achado, a 3ª CFE propôs, a título de **recomendação**, que a SEGOV:

(II.2.11.2) crie, nos termos do art. 85-A, §2º, do Decreto Estadual n. 47.132/2017, um módulo eletrônico específico de gerenciamento de ações compensatórias, bem como de condução de PACE e de TCE, contendo minimamente as seguintes funcionalidades:

(II.2.11.2.1) solicitação de ações compensatórias;

(II.2.11.2.2) instauração e acompanhamento de PACE;

(II.2.11.2.3) emissão de alertas automáticos e acompanhamento dos prazos de manifestação e de defesa das OSCs;

(II.2.11.2.4) gerenciamento e alteração de propostas de parcelamento e ações compensatórias de ressarcimento;

(II.2.11.2.5) gerenciamento e contagem de prazos prescricionais, considerando-se as hipóteses de suspensão ou de interrupção desses prazos;

(II.2.11.2.6) instauração e gerenciamentos de processos de TCE;

(II.2.11.2.7) emissão de relatórios sobre ressarcimentos obtidos por PACE, irregularidades constantes; e sobre ressarcimentos obtidos em TCE.

---

[25] Os benefícios estão listados nas páginas 160 e 161 do relatório final de auditoria, constante à peça n. 30 do SGAP.

No relatório final de auditoria, a 3ª CFE afirmou que a SEJUSP não apresentou qualquer consideração sobre a recomendação (II.2.11.1) e **propôs a sua manutenção**.

Após analisar as considerações tecidas pela equipe de auditoria sobre o décimo primeiro achado, entendo que a parte inicial da recomendação (II.2.11.1), sobre a edição de ato normativo interno sobre as ações compensatórias, deve ser convertida em determinação. Explico-me: nos termos do §2º do art. 72 da Lei n. 13.019/2014,[26] quando a prestação de contas for avaliada como irregular, a OSC possui o direito de propor medidas compensatórias ao órgão ou entidade parceiro. No entanto, pelo cenário retratado pela equipe de auditoria, atualmente, **as APACs estão impedidas de solicitar as ações compensatórias pelo fato de a SEJUSP não possuir ato normativo interno que regulamente a questão**. A título de ilustração, transcrevo excerto do relatório final de auditoria:

> O MROSC inovou o ordenamento jurídico e deu um passo fundamental na construção de uma administração dialógica, ao passo que instituiu a adoção de medidas compensatórias a serem adotadas pela OSC, a fim de compensar danos identificados nas prestações de contas.
>
> Assim, no que tange às medidas compensatórias o que ocorre é que, uma vez identificado algum dano ao erário na prestação de contas da OSC, o ordenador de despesas, ao invés de glosar ou instituir algum processo de ressarcimento, aprova um plano de trabalho temporário para que a OSC o cumpra, sem transferência de recursos do Estado, visando compensar o dano identificado na prestação de contas.
> (...)

---

[26] Art. 72. As prestações de contas serão avaliadas:
(...)
III - irregulares, quando comprovada qualquer das seguintes circunstâncias: (Redação dada pela Lei nº 13.204, de 2015)
a) omissão no dever de prestar contas;
b) descumprimento injustificado dos objetivos e metas estabelecidos no plano de trabalho; (Redação dada pela Lei nº 13.204, de 2015)
c) dano ao erário decorrente de ato de gestão ilegítimo ou antieconômico;
d) desfalque ou desvio de dinheiro, bens ou valores públicos.
(...)
§2º Quando a prestação de contas for avaliada como irregular, após exaurida a fase recursal, se mantida a decisão, a organização da sociedade civil poderá solicitar autorização para que o ressarcimento ao erário seja promovido por meio de ações compensatórias de interesse público, mediante a apresentação de novo plano de trabalho, conforme o objeto descrito no termo de colaboração ou de fomento e a área de atuação da organização, cuja mensuração econômica será feita a partir do plano de trabalho original, desde que não tenha havido dolo ou fraude e não seja o caso de restituição integral dos recursos. (Incluído pela Lei nº 13.204, de 2015)

Destaca-se a decisão liminar no processo de Denúncia nº 1092340, do Conselheiro Relator Durval Ângelo, o qual determinou que essas prestações de contas fossem encaminhadas à CPRAC [Câmara de Prevenção e Resolução Administrativa de Conflitos] da AGE para negociação entre SEJUSP e APACs, com auxílio da FBAC.

Até o término da fase de execução desta auditoria, a SEJUSP, em atendimento à determinação do Conselheiro Relator, havia encaminhado 24 processos de prestação de contas à Câmara de Prevenção e Resolução Administrativa de Conflitos – CPRAC da Advocacia-Geral do Estado para negociação. Destaca-se que a informação que obtivemos até a conclusão dos trabalhos é que houve êxito apenas em um processo, no qual foi realizado parcelamento do débito.

O setor de Assessoria de Acompanhamento Administrativo da SEJUSP informou que as negociações na CPRAC da AGE não estão sendo exitosas pelo fato da FBAC discordar da caracterização do dano, por entender que tais débitos estariam prescritos e pela pouca margem de discricionariedade na negociação, em razão de existir normativo apenas permitindo o parcelamento, pois inexiste norma interna da SEJUSP regulando quais ações compensatórias podem ser utilizadas pelas OSCs. (...)

Sobre a falta de flexibilidade na compensação de danos, tem-se que as negociações da SEJUSP com as APACs no âmbito da CPRAC estão engessadas, pois, segundo a Secretaria, as ações compensatórias necessitam de regulamentação, não restando outra alternativa às APACs, senão propor o parcelamento dos débitos.

Ressalto que a equipe de auditoria, com fundamento nos §§1º e 6º do art. 85-A do Decreto Estadual n. 47.132/2017,[27] aderiu, no relatório final, ao posicionamento de que a edição de ato normativo interno

---

[27] Art. 85-A – Recebida a notificação de que trata o §8º do art. 85, a OSC poderá solicitar o ressarcimento ao erário por meio de ações compensatórias de interesse público, mediante a apresentação de novo plano de trabalho, desde que:
I – seja solicitado antes da instauração da tomada de contas especial;
II – não seja constatado dolo ou fraude;
III – não seja o caso de restituição integral de recursos.
§1º – Compete exclusivamente ao dirigente máximo do órgão ou entidade estadual parceiro autorizar o ressarcimento de que trata o *caput*, observada em sua análise de conveniência e oportunidade se os serviços são essenciais, as características da política pública setorial, o percentual do dano ao erário apurado em relação ao valor total da parceria e a eventual reincidência em irregularidade de natureza formal, de que tratam os §§1º e 4º a 6º do art. 85, ou da qual resulte dano ao erário.
(...)
§6º – Ato do dirigente máximo do órgão ou entidade estadual parceiro poderá estabelecer critérios para padronização de ações compensatórias, observadas características da política pública setorial.

regulamentando as ações compensatórias, constituiria uma **faculdade** da SEJUSP, nos termos transcritos a seguir:

> Analisando o decreto [Decreto Estadual n. 47.132/2017], não se vislumbra obrigatoriedade alguma em criar normativo específico regulando as ações compensatórias, pelo contrário, o normativo acima assevera que cabe à OSC propor a ação compensatória, com o devido plano de trabalho, e o ordenador de despesas decidirá se aprova ou não a medida proposta, de acordo com seus critérios de conveniência e oportunidade, a essencialidade dos serviços prestados, o valor do dano e o grau de reincidência da entidade parceira. Logo, não há impeditivo legal para que sejam adotadas as ações compensatórias, bastando apenas a OSC solicitar e o ordenador aprovar, caso haja interesse público.
> Embora não haja empecilho legal para adoção das ações compensatórias, insta salientar que a ausência de normativo interno específico expedido pelo dirigente máximo da SEJUSP regulamentando a matéria, torna sua concessão demasiadamente subjetiva, além de gerar dificuldade em equalizar o valor do dano à ação compensatória proposta.
> Já imaginando essa dificuldade, o Decreto Estadual nº 47.132/17, em seu art. 85-A, §6º, previu a faculdade do ordenador de despesas estabelecer critérios para padronização de ações compensatórias.

Com todo o respeito à análise empreendida pela equipe de auditoria, entendo que o foco da proposta de encaminhamento não deve ser as disposições do Decreto Estadual n. 47.132/2017, mas sim o §2º do art. 72 da Lei n. 13.019/2014, tendo em vista que esse último dispositivo prevê como prerrogativa da OSC propor medidas compensatórias quando a prestação de contas for avaliada como irregular. Como narrado pela equipe de auditoria, atualmente, as APACs somente podem solicitar o parcelamento do débito verificado na análise da prestação de contas, estando impedidas de exercer a prerrogativa que o art. 72, §2º, da Lei n. 13019/2014 lhes confere pelo fato de não existir ato normativo interno na SEJUSP regulamentando a matéria.

Embora a equipe de auditoria tenha defendido que a edição de ato normativo interno seria uma faculdade da SEJUSP, ela mesma reconhece, no relatório final, a **NECESSIDADE** de esse ato ser formalizado, nos termos transcritos a seguir:

> Neste sentido, mesmo sendo uma faculdade do administrador público, é **notória a necessidade de se regular a matéria**, concedendo maior segurança jurídica aos servidores no trato destas ações, estabelecendo critérios objetivos para que a OSC saiba, previamente, quando e como

será possível compensar eventuais danos identificados pelo órgão concedente, não ficando a cargo da única e exclusiva subjetividade do ordenador de despesas. (**Grifo nosso**.)

Com base no acima exposto, voto para que os dois comandos da recomendação (II.2.11.1) sejam separados, considerando que um deve ser objeto de determinação e o outro de recomendação, nos termos seguintes:

> **Determino** à SEJUSP que, nos termos do art. 72, §2º, da Lei n. 13.019/2014, elabore ato normativo que estabeleça os critérios objetivos para a adoção de ações compensatórias.
> **Recomendo** à SEJUSP que revise o fluxo processual para a obtenção do ressarcimento do dano ao erário, para não haver replicação ou sobreposição de atividades entre o processo de PACE, o processo de TCE e as ações compensatórias.

No tocante à recomendação (II.2.11.2), consta, no relatório final de auditoria, como comentários da SEGOV:

> A SEGOV informou que ainda não tem conhecimento sobre nenhuma ação compensatória realizada no Estado, destarte, ainda não possuímos uma experiência prática sobre a questão. Entretanto, há estudos para regulamentação do assunto.
> No que diz respeito ao PACE, a SEGOV está revisando a legislação e, por essa razão, ainda não é possível especificar um fluxo de negócio para viabilizar a construção de novas funcionalidades no sistema. Cabe ressaltar que há dependência da definição, por parte do TCE-MG, de ocorrência ou não de mudança da Instrução Normativa nº 03/2013.
> No tocante à Tomada de Contas Especial, a SEGOV entende que não é de sua competência.

Após analisar as considerações da SEGOV, a 3ª CFE sugeriu a manutenção da recomendação (II.2.11.2), nos termos seguintes:

> i. No tocante ao módulo eletrônico de gerenciamento de medidas compensatórias, como esta melhoria ainda não foi implementada, necessita-se manter o achado para que se possa realizar futuro monitoramento para verificar se houve cumprimento da recomendação e se a medida adotada foi efetiva.
> ii. Embora o novo normativo sobre processos de Tomada de Contas Especiais não tenha ainda entrado em vigor, isso não impede futuras atualizações e melhorias no gerenciamento eletrônico de informações

sobre o PACE. Ademais, nada impede posterior adequações no sistema quando da vigência deste novo normativo pelo TCE MG.

iii. No tocante à Tomada de Contas Especial, não foi apresentada norma que fundamente a alegação da SEGOV sobre a competência exclusiva da CGE sobre o assunto. Outrossim, verifica-se não ser possível dissociar o processo de ressarcimento de dano do ciclo de execução e formação do convênio, porquanto, que o ressarcimento de dano decorre de falhas no cumprimento de metas e na gestão do recurso público transferido, não sendo viável criar um sistema isolado e que não se comunique com o SIGCON-Saída ou com os outros mecanismos de ressarcimento de dano (ações compensatórias e PACE).

Considerando os argumentos apresentados pela 3ª CFE; considerando a importância de se formalizar em sistema eletrônico a tramitação do PACE e da TCE, seja para torná-los mais céleres, seja para se avaliar o grau de efetividade desses processos; considerando que a ação compensatória, o PACE e a TCE estão interligados, já que se iniciam após a conclusão do processo de análise da prestação de contas e visam ao ressarcimento de dano causado ao erário; e considerando os benefícios esperados com a implantação da recomendação (II.2.11.2),[28] acato a proposição da 3ª CFE de se mantê-la.

Por fim, **visando proporcionar maior efetividade quanto à solução do décimo achado de auditoria**, que envolve, como visto acima, a revisão pela SEJUSP do fluxo processual do PACE e da TCE, para que não haja replicação ou sobreposição de atividades entre esses dois processos, bem como a formalização pela SEGOV, em sistema informatizado, da tramitação do PACE e da TCE, entendo relevante expedir recomendação a este Tribunal de Contas, para que confira tratamento prioritário ao Processo de Ato Normativo n. 1.119.754, o qual possui como objeto "projeto de instrução normativa que objetiva alterar a vigente Instrução Normativa n. 13, de 2013, que dispõe sobre o processo de tomada de contas especial no âmbito dos órgãos e entidades das Administrações Diretas e Indiretas, estaduais e municipais".

III – CONCLUSÃO

Com base nos argumentos expostos na fundamentação deste voto, proponho as medidas abaixo especificadas.

---

[28] Os benefícios estão listados na página 174 do relatório final de auditoria, constante à peça n. 30 do SGAP.

III.1 – RECOMENDO à SEJUSP que:

III.1.1 - aprimore relatórios técnicos da Diretoria de Custódias Alternativas (DCA):

(III.1.1.1) inserindo tópico específico versando sobre a tempestividade da entrega de documentação pela APAC e os motivos de eventuais atrasos ou glosas realizadas no decorrer da execução da parceria;

(III.1.1.2) realizando a análise individual do cumprimento de cada meta, atribuindo nota de monitoramento à APAC e informando, com prazo, quais medidas deverão ser saneadas pela associação, bem como boas práticas, caso existam – **primeiro achado de auditoria**;

III.1.2 – aprimore os relatórios de visita técnica utilizados como instrumento para subsidiar o monitoramento e avaliação do cumprimento das metas previstas nos planos de trabalho das parcerias firmadas com as APACs, fazendo constar quais metas foram consideradas insatisfatórias, o que precisa ser aperfeiçoado pela APAC, prazo para correção das inconformidades, os parâmetros utilizados para aferição dos resultados e o período de análise dos documentos – **primeiro achado de auditoria**;

III.1.3 – aprimore a forma de seleção das APACs no cronograma de visitas técnicas, passando a utilizar critérios objetivos pautados em análises de riscos – **primeiro achado de auditoria**;

III.1.4 – adeque o modelo de documento que consolida os resultados obtidos por meio da pesquisa de satisfação, para que possa aferir de forma eficiente e efetiva o cumprimento do objeto com foco no desempenho da APAC, com as seguintes modificações:

(III.1.4.1) atualização das questões às metas, indicadores e critérios objetivos previstos nos planos de trabalho das parcerias firmadas entre a SEJUSP e as APACs a partir de 2022;

(III.1.4.2) inserir informações a respeito da quantidade de atendimentos realizados com cada um dos beneficiários do plano de trabalho e dos motivos que ensejaram avaliação negativa de determinado quesito da pesquisa de satisfação, para fins de comprovação do cumprimento do objeto e alcance de resultados – **primeiro achado de auditoria**;

III.1.5 – promova alterações na Resolução n. 219/2021, que regulamenta os processos de seleção das amostras, para que o escopo selecionado para a análise não seja ampliado em demasia a ponto de gerar uma quantidade excessiva de processos a serem analisados que irá impactar no acúmulo de prestação de contas pendentes de análise e agravar o problema do passivo – **segundo achado de auditoria**;

III.1.6 – mapeie e adeque os fluxos e procedimentos de análises de prestações de contas das OSCs ao disposto no inciso II do art. 66 e no art. 71 da Lei n. 13.019/2014, no intuito de priorizar a análise das prestações de contas das APACs que não cumpriram as metas e de operacionalizar a seleção amostral, com base em critérios de risco, relevância e materialidade, a fim de conferir celeridade, eficiência e efetividade à análise dos processos de prestação de contas – **segundo achado de auditoria;**

III.1.7 – implemente alternativas de solução do passivo de prestações de contas pendentes de análise, tendo em vista o prazo determinado no art. 71 da Lei n. 13.019/2014 – **segundo achado de auditoria;**

III.1.8 – solicite à FBAC a liberação de perfis de acesso ao INFOAPAC e a realização dos devidos treinamentos na utilização do sistema, para a DCA e para a Diretoria de Contratos e Convênios (DCC), a fim de subsidiar, de forma complementar, o monitoramento das parcerias a partir dos dados e relatórios produzidos pelo sistema, e para o TJMG, a fim de acompanhar as taxas de ocupação dos CRSs e de avaliar o desempenho da APAC dentro da sua esfera de competência – **quinto achado de auditoria;**

III.1.9 – oriente a FBAC a publicar a situação da prestação de contas das parcerias firmadas entre a SEJUSP e as APACs, para que possa disponibilizar, em seu portal próprio de transparência, a data prevista para a sua apresentação, a data em que foi apresentada, o prazo para a sua análise e o resultado conclusivo, de forma objetiva, transparente, clara e em linguagem de fácil compreensão, nos termos do disposto nos arts. 7º, 8º e 97 do Decreto Estadual n. 47.132/2017 e no art. 11 da Lei n. 13.019/2014 – **sexto achado de auditoria;**

III.1.10 – oriente os dirigentes das APACs para que expandam os canais de divulgação dos editais de seleção de pessoal, de forma que essas informações sejam divulgadas no *Facebook, Instagram, Linkedin*, rádio local, Sistema Nacional de Emprego (SINE), órgão da Prefeitura local e outros – **sétimo achado de auditoria;**

III.1.11 – acompanhe constantemente os reajustes concedidos às remunerações da categoria dos profissionais prestadores de serviço de contabilidade, para que, caso se faça necessário, promova alterações no ato normativo que atualmente regulamenta os cargos e as remunerações dos funcionários das APACs, no intuito de evitar a defasagem salarial do seu quadro de pessoal, com destaque para o encarregado de tesouraria – **sétimo achado de auditoria;**

III.1.12 – aprimore os processos e procedimentos de ocupação e gerenciamento de vagas nas APACs, tendo em vista as seguintes constatações: (a) ausência de normas e fluxos de trabalho que estabeleçam a forma, os prazos e as competências para preenchimento das vagas dos CRSs das APACs, visando agilizar o processo de ingresso do preso no CRS; e (b) precários procedimentos de ocupação dos CRSs, mostrando-se aconselhável estudar a viabilidade de criação, no âmbito da SEJUSP, de lista eletrônica de presos que preencham os requisitos da Portaria Conjunta n. 1.182/PR/2021 do TJMG para ingresso nas APACs – **oitavo achado de auditoria**;

III.1.13 – formalize consulta formal à AGE, visando reduzir a insegurança jurídica e evitar a realização de glosas desnecessárias, para obtenção de orientação jurídica sobre pontos de divergência entre a SEJUSP e as APACs no tocante à caracterização de dano ao erário nos processos de prestação de contas, adiante especificados:

(III.1.13.1) ausência de aplicação de prazo prescricional na pretensão de ressarcimento do Estado;

(III.1.13.2) ausência de cotações de preço para as compras e contratações de bens e serviços pela APAC;

(III.1.13.3) pagamento de multas e juros pela inadimplência das faturas das APACs decorrente de atraso no repasse financeiro pela SEJUSP;

(III.1.13.4) excesso de gastos com determinada rubrica acima do limite previsto no plano de trabalho;

(III.1.13.5) pagamento de aviso prévio indenizado aos funcionários da APAC no caso de rescisão de contrato de trabalho;

(III.1.13.6) pagamento de tarifas bancárias pela APAC à instituição financeira em que foi aberta a conta corrente para gerenciamento dos recursos da parceria – **décimo achado de auditoria**;

III.1.14 – encaminhe aos gestores das APACs o ofício de "solicitação de isenção de tarifas bancárias", devidamente assinado, cujo modelo encontra-se disponibilizado no SIGCON-Saída, para que, quando da abertura de contas bancárias específicas para gestão dos recursos públicos recebidos em decorrência da formalização das parcerias, eles possam apresentá-lo à instituição financeira pública determinada pela SEJUSP, a fim de garantir que ela não realize cobranças indevidas, em cumprimento ao disposto no art. 51 da Lei n. 13.019/2014 – **décimo achado de auditoria**;

III.1.15 – revise o fluxo processual para a obtenção do ressarcimento do dano ao erário, para não haver replicação ou sobreposição de atividades entre o processo de PACE, o processo de TCE e as ações compensatórias – **décimo primeiro achado de auditoria.**
III.2 – DETERMINO à SEJUSP que:
III.2.1 – aprimore os modelos dos relatórios de monitoramento produzidos pelas APACs, para que passem a exigir:
(III.2.1.1) a comprovação do cumprimento qualitativo do objeto com base em documentos e informações que possibilitem aferir, de forma objetiva, o cumprimento qualitativo das novas metas a partir dos indicadores estabelecidos nos novos planos de trabalho constantes das parcerias celebradas a partir de 2022, para que possa retratar o efetivo alcance dos resultados decorrentes da execução das atividades desenvolvidas pelas APACs;
(III.2.1.2) a obrigatoriedade no preenchimento dos dados relativos ao registro dos profissionais que prestam serviços assistenciais nas APACs, para que, quando da análise do relatório de monitoramento produzido por aquelas associações, a SEJUSP possa verificar se a pessoa que assinou as listas é o profissional habilitado e responsável pelo atendimento dos recuperandos – **primeiro achado de auditoria;**
III.2.2 – elabore plano de ação para as APACs com critérios de medição do desempenho, informando-as das medidas que poderão ser adotadas nos casos de descumprimento total ou parcial do objeto, de acordo com as notas obtidas por cada uma das filiadas da FBAC durante o monitoramento e avaliação das parcerias – **primeiro achado de auditoria;**
III.2.3 – aprimore o modelo dos relatórios de monitoramento e avaliação do cumprimento do objeto e das metas estabelecidos nos planos de trabalho das parcerias firmadas com as APACs, inserindo os impactos dos benefícios sociais das parcerias, para aferir de forma efetiva e eficiente o desempenho das APACs, em conformidade com o disposto no art. 59, §1º, II, da Lei n. 13.019/2014 – **primeiro achado de auditoria;**
III.2.4 – utilize os dados obtidos na pesquisa de satisfação com os beneficiários dos planos de trabalho como elemento de análise, constando expressamente seus resultados nos relatórios técnicos de monitoramento da Diretoria de Custódias Alternativas (DCA), de forma a subsidiar a avaliação do cumprimento do objeto das parcerias firmadas

entre a SEJUSP e as APACs, conforme preconiza o art. 58, §2°, da Lei n. 13.019/2014 – **primeiro achado de auditoria;**

III.2.5 – acoste aos autos dos processos de monitoramento justificativa quando da inviabilidade de realização de pesquisa de satisfação com os beneficiários dos planos de trabalho, conforme preconiza o art. 58, §2°, da Lei n. 13.019/2014 – **primeiro achado de auditoria;**

III.2.6 – atenda às exigências de transparência e publicidade previstas em todas as etapas das parcerias, desde a fase preparatória até o fim das prestações de contas, disponibilizando as informações que devem constar no Portal da Transparência do Estado de Minas Gerais, de forma objetiva, transparente, clara e em linguagem de fácil compreensão, a fim de fomentar o controle social da execução das parcerias firmadas com as APACs, nos termos do disposto no art. 87 da Lei n. 13.019/2014, no art. 8º do Decreto Estadual n. 47.132/2017, e nos arts. 6º, 7º e 8º da Lei n. 12.527/2011 – **sexto achado de auditoria;**

III.2.8 – observe as decisões (inclusive as Consultas) deste Tribunal de Contas visando reduzir a insegurança jurídica e evitar a realização de glosas desnecessárias, para obtenção de orientação jurídica sobre pontos de divergência entre a SEJUSP e as APACs no tocante à caracterização de dano ao erário nos processos de prestação de contas;

III.2.8 – indique, nos termos de parceria firmados com as APACs, em qual instituição financeira pública elas devem realizar a abertura de conta corrente específica para recebimento dos recursos repassados para o cumprimento da parceria, nos termos do art. 51 da Lei n. 13.019/2014 – **décimo achado de auditoria;**

III.2.9 – nos termos do art. 72, §2º, da Lei n. 13.019/2014, elabore ato normativo que estabeleça os critérios objetivos para a adoção de ações compensatórias – **décimo primeiro achado de auditoria.**

III.3 – RECOMENDO à SEGOV que:

III.3.1 – promova a integração do sistema CAGEC com o banco de dados do Cadastro de Fornecedores Impedidos de Contratar com a Administração Pública Estadual (CAFIMP) e do Tribunal Superior do Trabalho (TST), para emissão de certidões, de forma automática, em atendimento ao disposto no art. 15 da Resolução Conjunta SEGOV/CGE n. 5, de 24 de janeiro de 2020 – **terceiro achado de auditoria;**

III.3.2 – resolva os problemas de inconsistências de dados do CAGEC com o sistema financeiro do Estado, a partir da implantação do Sistema Integrado de Gestão Governamental de Minas Gerais (GRP Minas) – **terceiro achado de auditoria;**

III.3.3 – implemente melhorias nas funcionalidades do CAGEC, para solucionar as inconsistências identificadas e assegurar a confiabilidade das informações constantes do sistema, de forma que seja possível à SEJUSP distinguir as entidades que estão com as atividades suspensas, das que foram encerradas e das que estão em pleno funcionamento, minimizando o risco de obter informações equivocadas a respeito da atual situação da convenente/parceira – **terceiro achado de auditoria**;

III.3.4 – aprimore os dados constantes do histórico do Certificado de Registro Cadastral (CRC) emitido pelo CAGEC para que possa contemplar informações padronizadas e específicas a respeito do bloqueio de convenentes/parceiras no Sistema Integrado de Administração Financeira do Estado de Minas Gerais (SIAFI/MG) e a respeito do monitoramento e avaliação das OSCs – **terceiro achado de auditoria**;

III.3.5 – aprimore a arquitetura lógica do sistema SIGCON-Saída, de forma que consiga suportar o grande número de acessos dos usuários e comportar a grande quantidade de informações que são armazenadas em seus bancos de dados pelos seus operadores, no intuito de minimizar os erros e instabilidades do sistema – **quarto achado de auditoria**;

III.3.6 – aprimore o SIGCON-Saída, avaliando a viabilidade de dividir a aba "caracterização da proposta" em várias abas, no intuito de evitar que o excesso de informações preenchidas em um único campo, impossibilite que elas sejam salvas no sistema antes da ocorrência do *logout* automático – **quarto achado de auditoria**;

III.3.7 – no intuito de auxiliar o gestor na tomada de decisão e de facilitar o controle interno e externo, faça constar, minimamente, dos novos módulos a serem criados no SIGCON-Saída as funcionalidades abaixo:

(III.3.7.1) Módulo de Gerenciamento e Monitoramento das Parcerias:

(III.3.7.1.1) acompanhamento de repasses financeiros realizados à OSC, comparando o planejado e o executado;

(III.3.7.1.2) elaboração, acompanhamento e execução de cronograma de visitas técnicas com base em riscos;

(III.3.7.1.3) análise de cumprimento de metas executadas em relação às previstas no plano de trabalho, com nota final de monitoramento;

(III.3.7.1.4) emissão de relatórios sobre notas de monitoramento das OSCs, realização e conclusão de visitas técnicas e comparação de indicadores;

(III.3.7.2) Módulo de Prestação de Contas das Parcerias:

(III.3.7.2.1) acompanhamento e inserção de despesas pelas OSCs em tempo real;

(III.3.7.2.2) análise das prestações de contas dividida em duas fases, sendo a primeira, a de avaliação de execução de objeto, e a segunda, de execução financeira, permitindo, neste último caso, a análise individual das despesas;

(III.3.7.2.3) análise financeira de prestação de contas automatizada por robô;

(III.3.7.2.4) classificação das prestações de contas em quatro categorias: metas inadimplidas; objetos de denúncia/representação; auxílio de interveniente; e metas cumpridas;

(III.3.7.2.5) fornecimento da informação de todas as prestações de contas aptas a comporem a amostra;

(III.3.7.2.6) emissão de alertas automáticos e acompanhamento dos prazos de manifestação e defesa das OSCs;

(III.3.7.2.7) emissão de relatórios sobre OSCs com mais glosas, irregularidades constantes; e comparação percentual de glosas e erros entre as prestações de contas de OSCs que cumpriram as metas e as das que não cumpriram as metas – **quarto achado de auditoria**.

III.3.8 – aprimore o sistema SIGCON-Saída, para inserir campo no qual o funcionário da APAC deverá informar se passou, ou não, por treinamento específico, bem como a data de realização desse treinamento, a fim de que seja possível mapear continuamente as necessidades de capacitação dos novos funcionários da APAC, bem como de reciclagem dos funcionários mais antigos – **nono achado de auditoria**;

III.3.9 – crie, nos termos do art. 85-A, §2º, do Decreto Estadual n. 47.132/2017, um módulo eletrônico específico de gerenciamento de ações compensatórias, bem como de condução de PACE e de TCE, contendo minimamente as seguintes funcionalidades:

(III.3.9.1) solicitação de ações compensatórias;

(III.3.9.2) instauração e acompanhamento de PACE;

(III.3.9.3) emissão de alertas automáticos e acompanhamento dos prazos de manifestação e de defesa das OSCs;

(III.3.9.4) gerenciamento e alteração de propostas de parcelamento e ações compensatórias de ressarcimento;

(III.3.9.5) gerenciamento e contagem de prazos prescricionais, considerando-se as hipóteses de suspensão ou de interrupção desses prazos;

(III.3.9.6) instauração e gerenciamentos de processos de TCE;

(III.3.9.7) emissão de relatórios sobre ressarcimentos obtidos por PACE, irregularidades constantes; e sobre ressarcimentos obtidos em TCE – **décimo primeiro achado de auditoria**.

III.4 – DETERMINO à SEGOV que:

III.4.1 – crie módulos de gerenciamento e monitoramento das parcerias e de prestação de contas para que o sistema SIGCON-Saída contemple todo o ciclo de formalização das parcerias ou convênios, nos termos do art. 92 do Decreto Estadual n. 47.132/2017 – **quarto achado de auditoria**;

III.4.2 – adote medidas necessárias à efetivação da transparência ativa e aumento do controle social, disponibilizando dados das parcerias e perfil de acesso aos cidadãos para consulta pública das informações constantes no sistema SIGCON-Saída, nos termos dos arts. 7º e 8º do Decreto Estadual n. 47.132/2017 – **sexto achado de auditoria**.

III.5 – RECOMENDO à SEJUSP e à SEGOV que:

III.5.1 – elaborem planos para a realização de treinamentos contínuos, presencial ou em ensino à distância (EAD), para os servidores da SEJUSP e para os gestores e encarregados de tesouraria das APACs, no intuito de minimizar ou atenuar as deficiências verificadas nas fases de monitoramento e de prestação de contas das parcerias, abordando, em aspectos práticos, os seguintes temas:

(III.5.1.1) monitoramento e avaliação de indicadores e metas com priorização nos resultados, de acordo com o Marco Regulatório das Organizações da Sociedade Civil (MROSC);

(III.5.1.2) elaboração de papeis de trabalho e relatórios para visitas técnicas;

(III.5.1.3) gestão de riscos;

(III.5.1.4) análises de prestações de contas com foco no resultado, de acordo com o MROSC;

(III.5.1.5) condução de Processo Administrativo de Constituição do Crédito Estadual não Tributário (PACE) e de Tomada de Contas Especial (TCE);

(III.5.1.6) manuseio operacional e novas funcionalidades do sistema SIGCON-Saída e CAGEC – **nono achado de auditoria**;

III.5.2 – ampliem o acesso ao conhecimento, disponibilizando cursos de capacitação *online* em plataforma digital, com critérios de avaliação do aluno, pesquisa de satisfação e fórum de discussão de dúvidas, e aprimorem a forma de obtenção do certificado, de modo que somente possa ser obtido após a conclusão de todas as fases dos cursos ofertados – **nono achado de auditoria**.

III.6 – DETERMINO à SEJUSP e à FBAC que, **até o dia 15/2/2024**, informem os resultados da inclusão do cargo de gerente geral nos planos de trabalho das parcerias firmadas com as APACs de grande porte II no tocante à redução dos índices de rotatividade dos funcionários das APACs e ao aprimoramento da gestão das referidas associações, a fim de que este Tribunal possa avaliar a efetividade de se expandir esse cargo para as demais APACs, independentemente da classificação do porte – **sétimo achado de auditoria**.

III.7 – RECOMENDO ao TJMG que, no novo ato normativo sobre a transferência de preso do sistema prisional comum para as APACs, esteja previsto que o juiz da execução penal, ao pretender criar, por meio de portaria, critérios específicos de ocupação de vaga nos CRSs das APACs, deverá solicitar previamente ao grupo de trabalho de acompanhamento e monitoramento de vagas nos CRSs parecer opinativo com a análise do impacto que esses critérios poderão acarretar no equilíbrio entre a manutenção da segurança pública e o alcance da eficiência na ocupação das vagas no sistema APAC – **oitavo achado de auditoria**.

III.8 – RECOMENDO à FBAC que oriente os dirigentes das APACs para que expandam os canais de divulgação dos editais de seleção de pessoal, de forma que essas informações sejam divulgadas no *facebook, instagram, linkedin*, rádio local, Sistema Nacional de Emprego (SINE), órgão da Prefeitura local e outros – **sétimo achado de auditoria**.

III.9 – RECOMENDO ao TCEMG, na figura de seu Presidente, que:

III.9.1 – promova, de forma integrada com a CGE, ações de capacitação direcionadas aos servidores da SEJUSP e aos funcionários da FBAC/APACs sobre as seguintes temáticas:

(III.9.1.1) apresentação e avaliação de prestações de contas dos convênios e parcerias firmados entre o Estado de Minas Gerais e as APACs, à luz do MROSC;

(III.9.1.2) avaliação de indicadores de desempenho definidos nos planos de trabalho dos convênios e parcerias firmados entre o Estado de Minas Gerais e as APACs, para se aferir, de forma objetiva, o cumprimento das metas pactuadas e, consequentemente, para se identificar e mensurar os resultados alcançados;

(III.9.1.3) gestão de riscos na análise dos convênios e parcerias, orientando a SEJUSP a desenvolver mecanismos de controle interno eficientes e eficazes e que sejam capazes de mitigar a incidência de erros e de melhorar o desempenho da administração pública;

(III.9.1.4) adoção de metodologias, ferramentas e instrumentos de controle eficazes para realizar o monitoramento do cumprimento das metas de desempenho pactuadas nos convênios ou parcerias;

(III.9.1.5) cursos periódicos voltados a atender às fragilidades e necessidades identificadas pela equipe de auditoria e que abarquem temas específicos de suma relevância para a melhoria do desempenho da SEJUSP na gestão dos convênios/parcerias firmados com as APACs, bem como para a melhoria do desempenho dessas associações na administração e nas aplicação dos recursos públicos estaduais recebidos, no intuito de minimizar erros e de evitar eventuais prejuízos aos cofres públicos – **nono achado de auditoria**;

III.9.2 – confira tratamento prioritário ao Processo de Ato Normativo n. 1.119.754, o qual possui como objeto "projeto de instrução normativa que objetiva alterar a vigente Instrução Normativa n. 13, de 2013, que dispõe sobre o processo de tomada de contas especial no âmbito dos órgãos e entidades das Administrações Diretas e Indiretas, estaduais e municipais" – **décimo primeiro achado de auditoria**.

Intimem-se, por via postal, *e-mail* e publicação no Diário Oficial de Contas, os Secretários da Secretaria de Estado de Justiça e Segurança Pública (SEJUSP) e da Secretaria de Estado de Governo (SEGOV), para que, no prazo de 90 (noventa) dias, encaminhem plano de ação com a especificação das medidas que serão adotadas para o cumprimento das recomendações e determinações a eles expedidas, na forma prevista na Resolução nº 16/2011 deste Tribunal.

Com fundamento no art. 13 da Resolução nº 16/2011, cientifiquem-se os Secretários da SEJUSP e da SEGOV de que a ausência injustificada de apresentação do plano de ação, no prazo fixado, poderá ensejar a aplicação de multa, por descumprimento de determinação deste Tribunal, nos termos do inciso III do art. 85 da Lei Complementar Estadual n. 102/2008.

Os ofícios de intimação dos Secretários da SEJUSP e da SEGOV deverão estar acompanhados de cópia do relatório final de auditoria (peça n. 30), bem como do acórdão referente a esta deliberação.

Encaminhem-se, por via postal e *e-mail*, cópias do relatório final de auditoria e do acórdão referente a esta deliberação ao Presidente do Tribunal de Justiça de Minas Gerais, ao Controlador-Geral do Estado, ao Advogado-Geral do Estado e ao Diretor da Fraternidade Brasileira de Assistência aos Condenados.

Encaminhem-se, por *e-mail*, cópias do relatório final de auditoria e do acórdão referente a esta deliberação ao Presidente do Tribunal de Contas.

Nos termos do inciso X do art. 4º da Resolução n. 16/2011, disponibilizem-se, no sítio eletrônico deste Tribunal, o relatório final de auditoria, bem como as notas taquigráficas e o acórdão referentes a esta deliberação.

Recebidos os planos de ação, adotem-se as medidas previstas no §1º do art. 8º da Resolução n. 16/2011.

POSFÁCIO

Gente que faz o bem

Há na Terra, e sempre houve, trinta e seis homens retos cuja missão é justificar o mundo perante Deus. São os lamed wufniks. Não se conhecem entre si e são muito pobres. Se um homem chega a saber que é um lamed wufnik, morre imediatamente, e um outro, talvez em outra região do planeta, toma seu lugar, sem suspeitar, esses homens são os pilares secretos do universo. Não fosse por eles, Deus aniquilaria o gênero humano. São nossos salvadores e não sabem.[1]

A história anterior, pertencente ao folclore judaico, é apresentada pelo autor argentino Jorge Luís Borges em *O livro dos seres imaginários* (2007). Publicada originalmente em 1957, com o curioso título *Manual de zoologia fantástica*, a obra relaciona seres míticos e fantásticos, das mais diversas mitologias, de diferentes culturas e religiões.

Especificamente sobre os *lamed wufniks* – também denominados *lamed vav tazdikim* –, a etimologia ajuda-nos a compreender melhor sua simbologia. A expressão origina-se do iídiche, língua falada pelos judeus no Leste europeu, e relaciona-se às letras do alfabeto hebraico. Conforme a gematria,[2] *lamed* é a letra que representa o número 30 e *Vav*, o número 6. O número 36 significaria "vida dupla", por conter duas vezes o 18, valor numérico da palavra "vida". Já *tzadikim* é o plural de justo. Assim, os *lamed wufniks* são também chamados de "os trinta e seis justos". São conhecidos, ainda, como *tzadikim nistarim*: "justos ocultos", ou "santos ocultos".

Outra interpretação é apresentada pelo filósofo e historiador do misticismo judaico, Gershom Scholem, no ensaio *The Messianic Idea in*

---

[1] BORGES, Jorge Luis. *O livro dos seres imaginários*. Tradução de Heloísa Jahn. São Paulo: Companhia das Letras, 1957-2007. Título original: *El libro de los seres imaginarios*.

[2] Gematria, gemátria, guemátria ou guimátria: método de análise das palavras bíblicas em hebraico, por meio da atribuição de um valor numérico a cada letra. Aplica-se à exegese da Torá (Pentateuco). Um valor numérico é atribuído a cada letra do alfabeto hebraico, de forma que uma palavra tem valor que é o somatório das letras que a compõem. As escrituras podem, assim, ser interpretadas de acordo com o valor das palavras da relação de umas com as outras.

Judaism [1971] (1995).³ Ela identifica a origem da expressão em Isaías 30, 18: "Mas Iahweh espera a hora de poder mostrar-vos a sua graça, ele se ergue para mostrar-vos a sua compaixão, porque Iahweh é Deus de justiça: bem-aventurado todo aquele que *NELE* espera" (grifo nosso). A soma das letras do termo em hebraico para a palavra "nele" tem como resultado o número 36. Assim, a passagem bíblica poderia ser lida da seguinte forma: como são felizes todos aqueles que esperam nos trinta e seis.

Para além das muitas traduções e interpretações, ao nosso ver, o mais relevante simbolismo desse inspirador mito judaico é a possibilidade de qualquer homem ou mulher vir a ser um dos "justos". São pessoas simples, quase sempre, inconscientes da própria grandeza, e que trabalham anonimamente pelo bem da humanidade.

Com toda a certeza, o sucesso das Associações de Proteção e Assistência aos Condenados (APACs) deve-se também a muitos anônimos e anônimas: voluntários, dirigentes e funcionários, que se dedicam a fazer o bem, não raro, enfrentando riscos, situações-limite, desconfiança e o preconceito que ainda impera em nossa sociedade, quando se trata da humanização do sistema prisional, bem como dos direitos humanos em geral. Ao defenderem a causa das APACs, fazem brilhar "uma luz no fim do túnel", demonstrando que uma sociedade mais justa é possível.

Conhecendo a fundo esse trabalho, penso que Deus deve ter designado alguns dos "justos" para construírem um modelo prisional mais humano. Fato é que Jesus, como bom judeu, coloca como uma das obras de misericórdia "estive preso e me visitastes" (Mt 25, 36). Este "visitar" tem um sentido que vai além da dignidade no cumprimento da pena: implica a verdadeira recuperação daquele que cometeu um crime e na sua reinserção social. Ou seja, não se trata de uma questão meramente da ordem da "punição", ou do "castigo", mas que foi relacionada por Jesus entre os atos que atendem à necessidade de se fazer o bem, assim como para o nu, o doente, o que tem fome, sede, ou para o peregrino. Sobretudo, é uma questão de justiça, não somente para com o recuperando, mas para com a sociedade de um modo geral, como bem expressa um dos objetivos do Método APAC: "Proteger a

---

3   SCHOLEM, Gershom. *The messianic idea in judaism*: and other essays on jewish spirituality. Nova Iorque: Schocken Books Inc., 1971-1995.

sociedade, devolvendo ao seu convívio homens e mulheres em condições de respeitá-la".

Não se pode falar no Brasil do Método APAC, sem citar duas pessoas diferenciadas e apaixonadas por essa causa: dois advogados e juristas que foram "beber" na causa do encarcerado o sentido de "ser cristão" em um mundo de tantas contradições e injustiças, onde as desigualdades sociais e econômicas prevalecem como modelo vigente. Mundo este que perdeu, em muitas dimensões, o querigma do mestre e carpinteiro de Nazaré, crucificado por um império que impôs o modelo da *Pax* romana, razão da dor e do tormento dos excluídos de 20 séculos dantes.

Falo do saudoso Mário Ottoboni, precursor de toda esta caminhada iniciada em 1971 em São José dos Campos (SP). De lá, o espírito sempre jovem e alegre do Dr. Mário irradiou para todo o Brasil, configurando-o como um "apóstolo" da causa do apenado, que marca a luta pela humanização do cárcere no Brasil. E falo também daquele que sempre foi seu maior discípulo, como leigo missionário comboniano: Valdeci Antônio Ferreira, que em 1984 trouxe a experiência da APAC para Itaúna (MG). Ambos não só testemunharam a "ressurreição" para a "cruz" do cárcere no Brasil, mas escreveram e publicaram diversos livros sobre o tema, bem como fizeram inúmeras palestras, seminários e cursos, no Brasil e no exterior, firmando as grandes balizas do Método APAC.

Por isso, nesta publicação da Auditoria Operacional que tem como objeto "avaliar o desempenho na gestão dos instrumentos de parcerias firmadas entre a SEJUSP e as Associações de Proteção e Assistência aos Condenados (APACs)", reconheço esses dois nomes, que foram e ainda são as grandes estrelas-guias do Método APAC em Minas e no Brasil.

Sou, há muito, um entusiasta e defensor das APACs, e conheço a fundo essa experiência. Por isso, sinto-me à vontade para dizer que, entre os que se dedicam a ela, encontram-se muitos *lamed wufniks*. São pessoas que devemos tomar como referência e inspiração, para também fazermos a nossa parte, para estarmos do lado certo. Afinal, como profetizado no Antigo Testamento: "Quando vem a tormenta, desaparece o ímpio! Mas o justo está firme para sempre" (Pv 10, 25).

Durval Ângelo Andrade

Esta obra foi composta em fonte Palatino Linotype, corpo 10
e impressa em papel Offset 75g (miolo) e Supremo 250g (capa)
pela Gráfica Formato, em Belo Horizonte/MG.